Er ist als einziger Journalist Zeuge eines der wichtigsten Treffen der deutschen Nachkriegsgeschichte: zwischen Konrad Adenauer und dem israelischen Premierminister David Ben-Gurion im März 1960. Auch später begegnet er zentralen Personen der Zeitgeschichte, von Helmut Schmidt bis zum ägyptischen Präsidenten Anwar as-Sadat.
Hier schildert Ari Rath die spannende Geschichte seines Lebens. Er erzählt von seiner Kindheit in Wien, von der Flucht nach Palästina und dem harten Leben im Kibbuz, vom mühsamen Aufbau des Staates Israel und von den Jahren als Gründer und schließlich als Redakteur der ›Jerusalem Post‹, dem Sprachrohr eines politisch liberalen Israel.
Eine persönliche Geschichte, aber ebenso ein für deutsche Leser ungewöhnlicher Blick auf einschneidende Ereignisse des 20. Jahrhunderts. Ari Raths eindringliche Erinnerungen leisten einen unverzichtbaren Beitrag zum Verständnis der israelischen Geschichte und Gegenwart.

Ari Rath wurde 1925 in Wien geboren und musste im November 1938 flüchten. In Palästina, das er mit dem Kindertransport auf der »Galilea« erreichte, lebte er zunächst in einem Kibbuz. Seit 1958 war er Redakteur, seit 1975 Chefredakteur der ›Jerusalem Post‹. Er gehört zur Generation von Yitzhak Rabin, Teddy Kollek und Shimon Peres und war Berater von Ben-Gurion.
2005 erhielt er das deutsche Bundesverdienstkreuz, 2011 das Große Ehrenzeichen der Republik Österreich.

Stefanie Oswalt wurde 1967 in Emekeku / Nigeria geboren und wuchs in Köln auf. Sie lebt als freie Journalistin in Berlin.

Weiter Informationen, auch zu E-Book-Ausgaben, finden Sie bei www.fischerverlage.de

GEBAUER

Ari Rath
Ari heißt Löwe

Erinnerungen

Aufgezeichnet von
Stefanie Oswalt

FISCHER Taschenbuch

Erschienen bei FISCHER Taschenbuch
Frankfurt am Main, Juli 2014

Lizenzausgabe mit freundlicher Genehmigung
des Paul Zsolnay Verlags, Wien

Druck und Bindung: CPI books GmbH, Leck
Printed in Germany
ISBN 978-3-596-19836-8

Für meine Mutter Laura, die ich nicht kannte.

לאימי לאורה שלא היכרתי.

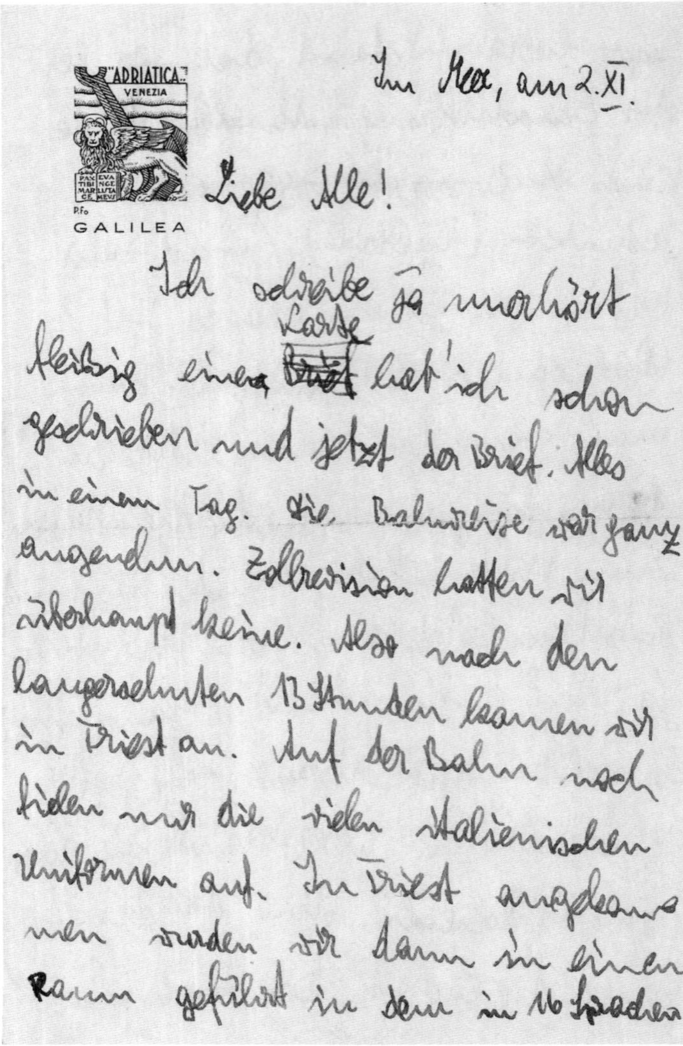
"ADRIATICA"
VENEZIA
PAX TIBI MARCE EVANGELISTA MEUS
GALILEA

Im Meer, am 2.XI.

Liebe Alle!

Ich schreibe ja unerhört fleißig eine ~~Brief~~ Karte hat ich schon geschrieben und jetzt den Brief. Alles in einem Tag. Die Bahnreise war ganz angenehm. Zollrevision hatten wir überhaupt keine. Also nach den langersehnten 13 Stunden kamen wir in Triest an. Auf der Bahn nach fielen uns die vielen Italienischen Uniformen auf. In Triest angekommen wurden wir dann in einen Raum geführt in dem in 16 Sprachen

Brief Ari Raths an seine Freunde in Wien,
geschrieben auf der Galilea auf dem Weg von Triest nach Haifa
am 2. November 1938

Prolog
Die Kreise schließen sich

Im November 1938, acht Monate nach dem »Anschluss«, hat mich die Stadt Wien im Alter von fast vierzehn Jahren aus der Heimat meiner Kindheit vertrieben. Alles, was mir lieb und wichtig war, wurde mir nach dem 11. März 1938 genommen, weil ich Jude bin. Die Erde, in der meine viel zu früh verstorbene Mutter Laura am Zentralfriedhof begraben ist, wurde zum fremden Boden für mich. Der Zutritt zu unserem geliebten Spielplatz im Liechtensteinpark bei der Porzellangasse im 9. Bezirk, wo sich mein Leben als Kind abspielte, war sofort für Juden verboten. Die gutgehende Firma meines Vaters Josef übernahm von heute auf morgen ein Nazikommissar. Über Nacht waren wir vogelfrei.

Gerade rechtzeitig gelang es mir, gemeinsam mit meinem drei Jahre älteren Bruder Maximilian/Meshulam nach Palästina, in das Land Israel, auszuwandern. Mit erheblichen Mühen und starken seelischen Kräften habe ich mir dort ein neues Leben aufgebaut. Nicht auszudenken, wie es verlaufen wäre, hätte ich damals, am 1. November, unseren Zug von Wien nach Triest versäumt. Das hätte leicht geschehen können, denn tags zuvor war ich den Nazis nur knapp entwischt: Wir hatten in der jüdischen Schule in der Schiffamtsgasse gerade tränenreich Abschied gefeiert, und ich lief mit meinen beiden besten Freunden schnellen Schritts durch die schon dunklen Gassen nach Hause. Plötzlich umzingelte uns eine Horde von Hitlerjungen auf Fahrrädern. Sie schrien »Judenbuben, Judenbuben« und zwangen uns, auf einen Lastwagen zu klettern, dessen Fahrerkabine mit einem großen Transparent »Hermann-Göring-Alteisensammlung« bedeckt war. Die Fahrt ging in einen großen Hof im Prater, wo wir umgeladen werden sollten, um uns zur Zwangsarbeit in die Lobau, ein Gewerbegebiet auf der gegenüberliegenden Donauseite, zu transportieren. Am nächsten Morgen hätten wir dort mit der Sortierung von Alteisen beginnen sollen. Während die

SA-Männer »runter, rauf« schrien, rief ich Paul und Herbert geistesgegenwärtig zu: »Wir laufen weg!« So schnell wir konnten, rannten wir in der Finsternis durch das große offene Tor auf die Ausstellungsstraße und weiter zum Praterstern. Zu unserem Glück brüllten die Nazis damals nur hinter uns her und schossen nicht. Wir waren gerettet.

Im Februar 2011 hat das Allgemeine Krankenhaus der Stadt Wien, in der besten Tradition der öffentlichen Universitätsmedizin, mein Leben gerettet. Am Ende einer Vortragsreise quälte ich mich mit großen Schmerzen, die, wie sich bald herausstellte, von einem Blinddarmdurchbruch herrührten. Zu diesem Übel gesellte sich nach der Notoperation eine Lungenentzündung. 36 Stunden lang schwebte ich völlig ahnungslos in Lebensgefahr – ein sehr sonderbares Gefühl, auch im Nachhinein. Später erklärten mir die guten Ärzte des AKH, es sei mein starker Lebenswille, der geholfen habe, die kritischen Stunden zu überwinden.

Während der zwölf Wochen meiner Genesung im neuen Maimonides-Zentrum an der Donau blickte ich jeden Tag von meinem Zimmer im fünften Stock über die Praterbrücke auf die Lobau. Bis heute hat dieser Name einen bedrohlichen Klang für mich. Selbst in meinen wildesten Träumen hätte ich mir niemals vorstellen können, eine so lange Zeit in Wien zu verbringen.

73 Jahre lang habe ich Österreich höchstens für kurze Zeit besucht. Längst fühle ich mich auf drei Kontinenten zu Hause. Wien mit seiner klassischen, mitteleuropäischen Kultur war immer mit mir und in mir, obwohl ich nach den fürchterlichen Erlebnissen von 1938 viele Jahre die Verbindung mit der Stadt meiner Geburt und meine Muttersprache Deutsch verdrängt habe. Bis heute spreche ich mit meinem Bruder Hebräisch. Nach unserer Ankunft in Palästina haben wir uns das feierlich versprochen, obwohl unsere Sprachkenntnisse damals noch sehr rudimentär waren. Keine meiner Nichten und ihrer Nachkommen hat übrigens Deutsch gelernt.

Mit der Waldheim-Affäre von 1986 begann eine intensive Auseinandersetzung der Österreicher mit ihrer Vergangenheit, in deren Folge ich mich Wien wieder annähern konnte. Ich lernte zahlreiche Politiker,

Schriftsteller und Künstler einer neuen Generation kennen, die sich an den wöchentlichen Protesten gegen Waldheim beteiligten. Viele von ihnen sind noch heute meine Freunde.

Auch in den Vereinigten Staaten fühle ich mich zu Hause, seit mich die Kibbuz-Bewegung im November 1946 vom jüdischen Palästina nach New York schickte. Ich war 22 Jahre alt und sollte junge jüdische Amerikaner und Amerikanerinnen für ein Leben in Palästina werben. Die 21 Monate, die ich in den USA verbrachte, eröffneten mir die vielseitige, mir bis dahin völlig unbekannte englischsprachige Welt. Englisch war in Palästina die Sprache der Polizisten, Soldaten und Kolonialbeamten der britischen Mandatsregierung, die man ablehnte und sogar hasste. Während der dreiwöchigen Schiffspassage von Haifa nach New York las ich jeden Tag Artikel in alten Ausgaben der *Palestine Post* (1950 in *Jerusalem Post* umbenannt), die bis in die 1990er Jahre hinein die einzige englischsprachige Zeitung des Landes war. Da es im Leben keine Zufälle gibt, ist es wahrscheinlich wenig verwunderlich, dass ich zwölf Jahre später meine journalistische Karriere bei der *Jerusalem Post* begann. Als deren Chefredakteur war ich sicherlich der einzige einer englischsprachigen Zeitung, der nie Englisch-Unterricht hatte.

Trotz meiner Wurzeln in Europa und der Neuen Welt ist der Stamm meines Lebensbaums aber zweifellos in Israel. Dort liegt der Mittelpunkt meiner persönlichen, politischen und kulturellen Interessen und Verbindungen. Dort lebt meine Familie, und seit 1957 ist Jerusalem meine Heimatstadt. Die Jugendjahre in der Ahawah-Schule in Haifa, der Aufbau unseres Kibbuz Chamadiya, mein Reservedienst in der israelischen Armee und vor allem die langen Jahre bei der *Jerusalem Post* – all dies bindet mich unauflösbar an Israel, dessen wechselvolle Geschichte ich oft hautnah miterleben konnte: wie der Traum von einem eigenen jüdischen Staat 1948 wahr wurde und wie er in den folgenden Jahrzehnten immer wieder verteidigt werden musste. Ich erinnere mich an meine Arbeit im Dienste von David Ben-Gurion und Teddy Kollek und an intensive Begegnungen mit führenden Politikern wie Yitzhak Rabin, Moshe Dayan, Golda Meir und Shimon Peres.

Rückblickend scheinen mir die 31 Jahre bei der *Jerusalem Post* meine wichtigsten und produktivsten. Zeitungen besaßen in der vordigitalen Zeit eine andere Bedeutung als heute. Wir informierten unsere Leser über das Geschehen in der Welt, zugleich aber lieferte die *Jerusalem Post* als einzige englischsprachige und damals auch liberal gesinnte israelische Zeitung für Außenstehende einen Blick in die Gesellschaft des jungen Staates. Zu den Sternstunden meines Journalistenlebens zählen persönliche Gespräche mit führenden internationalen Politikern wie Indira Gandhi, Olof Palme, Henry Kissinger, Konrad Adenauer und Bruno Kreisky.

Es ist meine tiefe Überzeugung, dass die Zukunft Israels von einem dauerhaften und gerechten Frieden mit den Palästinensern abhängt. Mit großer Euphorie haben wir bei der *Jerusalem Post* im November 1977 den historischen Besuch des ägyptischen Präsidenten Anwar as-Sadat in Jerusalem begrüßt. Bis zu meinem Abschied 1989 unterstützte das Blatt so weit wie möglich die verschiedenen Friedensinitiativen. Während dieser Jahre lernte ich führende ägyptische und palästinensische Politiker kennen, mit denen ich zum Teil bis heute in Kontakt stehe. Leider scheint mir aber der Frieden heute so fern wie nie: Der Niedergang der einst mächtigen Arbeiterbewegung, die bei der Staatsgründung eine Schlüsselrolle gespielt hat, erfüllt mich mit Trauer. Der zunehmende Einfluss der religiösen Siedlerbewegung auf das Militär und der Rechtsruck der israelischen Gesellschaft bereiten mir große Sorge. Die Aussichten sind düster, doch möchte ich am Abend meines Lebens die Hoffnung nicht aufgeben, den Aufbruch in eine friedliche Zukunft noch zu erleben.

Ich empfinde es als ein großes Geschenk, dass mich meine natürliche Neugier, mein gutes Gedächtnis und mein Optimismus nie verlassen haben. Dankbar blicke ich heute auf den Schatz meiner Erinnerungen zurück, und ich wundere mich selbst, wie viele von ihnen im Zusammenhang mit prägenden politischen Momenten des 20. Jahrhunderts stehen. Es ist Zeit, sie endlich aufzuschreiben.

Eine Kindheit in Wien

Meine Eltern stammen aus Galizien; meine Mutter Laura, geborene Gross, wurde 1889 in Stryj südlich von Lemberg geboren, mein Vater, Josef Rath, kam 1893 in Kolomiya zur Welt, einem Ort in der Nähe von Czernowitz, an der galizischen Grenze zur Bukowina. Stryj und Kolomiya gehörten damals zur kaiserlich-königlichen Habsburgermonarchie, heute liegen sie in der Ukraine.

Trotz jahrzehntelanger kommunistischer Herrschaft ist der österreichische Ursprung in den Städten Lwiw/Lemberg und Tscherniwzi/Czernowitz immer noch deutlich fühlbar. Als ich im September 2008 zum ersten Mal nach Lwiw kam, um die verlorene Welt meiner Eltern zu suchen, erinnerte es mich sehr an Wien. Altmodische Straßenbahnen fahren durch die kopfsteingepflasterten Straßen, viele der historischen Stadtpaläste haben überdauert, und hier und da gibt es auch wieder traditionelle Kaffeehäuser.

Mein Vater meldete sich am Anfang des Ersten Weltkriegs zum österreichischen Militär. Er hatte gerade seine Matura an einem deutschsprachigen Gymnasium in Kolomiya abgelegt und landete, da er körperlich eher schmächtig war, als Beamter im Kriegsministerium in Wien. Warum meine Mutter von Stryj nach Wien ging, weiß ich nicht. Beide Familien kannten sich schon in Galizien, doch lernten die Eltern einander erst während des Weltkriegs in Wien näher kennen und heirateten nach Kriegsende. Im November 1921 kam mein Bruder Maximilian (»Maxi«) zur Welt, ich gut drei Jahre später, am 6. Jänner 1925, dem Tag der Heiligen Drei Könige, sodass mein Geburtstag im katholischen Österreich immer ein schulfreier Tag war. Nach dem hebräischen (jüdischen) Mondkalender fiel mein Geburtstag auf den zehnten Tag des Monats Tewet, ein Fasttag für streng Religiöse, da an diesem Tag die erste Stadtmauer Jerusalems an die Römer gefallen ist.

Wir wohnten zunächst im 8. Bezirk in der Piaristengasse 46, um die Ecke des Theaters in der Josefstadt. Mein Bruder behauptet sich erinnern zu können, wie unser Vater im Taxi mit einem kleinen Bündel nach Hause kam, in dem ich mich befand. Einige Monate nach meiner Geburt zogen wir in die Porzellangasse 50 im 9. Bezirk in der Nähe des Franz-Josefs-Bahnhofs. Mein Vater und sein zehn Jahre älterer Bruder Jakob Fried (obwohl sie leibliche Brüder waren, trugen sie wegen eines Irrtums der österreichischen Magistratsbehörden in Kolomiya verschiedene Familiennamen) hatten zusammen eine Papiergroßhandelsfirma, Fried & Rath, gegründet, die sich vorerst in einem kleinen Geschäft in der Innenstadt befand. Nach einigen Jahren übersiedelten sie in größere Geschäftsräume gegenüber dem Kriegsministerium in der Wiesingerstraße. Ich erinnere mich, wie ich als Kind auf dem Warenaufzug gespielt habe, der große Papierballen von den Lieferwagen auf der Straße zu den Lagerräumen im Keller brachte. Als Belohnung für meine »Hilfe« in den Lagerräumen durfte ich im Kaffeehaus gegenüber eine Linzertorte oder ein Baiser mit Schlagobers bestellen.

Das Geschäft scheint ziemlich gutgegangen zu sein, da mein Vater und mein Onkel in den späteren zwanziger und Anfang der dreißiger Jahre von ihren Gewinnen in Berlin investieren konnten. Sie kauften fünf Mietshäuser. Allerdings stritten sie häufig, mein Vater war anscheinend der ungeduldigere und manchmal jähzornige jüngere Bruder. Schon als Kind fühlte ich mich meinem gütigen »Onkel Jakub« sehr verbunden. Der wiederholte Streit führte Anfang der dreißiger Jahre auch zur geschäftlichen Trennung der beiden, obwohl die Firma ihren Namen Fried & Rath bis zum Ende, nach dem »Anschluss« im März 1938, beibehielt. Von seinem Anteil an der Papiergroßhandelsfirma kaufte Jakob Fried Anfang der dreißiger Jahre eine große Pelzgerberei namens Schlammerdinger in der Muthgasse im 19. Bezirk. Dieses Geschäft hielt sich aber nicht lange; 1935, als Hitler in Deutschland bereits an der Macht war, zogen Onkel Jakob und seine Frau Bassia mit ihren Töchtern Dolly und Lore nach Berlin, um dort die Häuser der Familie zu verwalten. Das Haus in der Muthgasse blieb in seinem Besitz und wurde 1939 von den Nazis zwangsversteigert. Bis heute ist es nicht

Links: *Ari 1929* – rechts: *Ari mit seinem Vater (links), Onkel Jakob (rechts) und der Gouvernante 1931 auf dem Hermannskogel bei Wien*

in den Besitz seiner Familie zurückgelangt, obwohl alle Urkunden dieses Zwangsverkaufs vorhanden sind. So wissen wir, dass ein Architekt namens Pichler 17 100 Reichsmark für das Haus gezahlt hat, zuzüglich eines »Entjudungszuschlags« von 1800 Reichsmark an die Gestapo. In Österreich aber kann ein Grundstück an die ursprünglichen jüdischen Inhaber und ihre Erben nur dann zurückerstattet werden, wenn es im Besitz der Stadt oder des Landes Wien oder des Bundes ist. Bis heute profitieren also die Nachkommen der Ariseure von damals.

Meine erste konkrete Kindheitserinnerung ist zugleich eine der traurigsten meines Lebens: Während der Pessachfeiertage im April 1929 starb meine Mutter. Trotz meines guten Gedächtnisses habe ich überhaupt keine Erinnerung an sie und kann mir ihre Gestalt nicht vorstellen. Das einzige Bild, das ich von ihr habe, stammt aus dem schwarz gebundenen Traueralbum, das die jüdische »Chewra Kadischa«, die Beerdigungsgesellschaft, nach ihrem Tod der Familie übergeben hat. Es muss eines der

Die Brüder Max (links)
und Ari, 1929

letzten Fotos meiner Mutter sein, denn es zeigt ziemlich deutlich ihr geschwollenes Gesicht und ihren dicken Hals, die charakteristischen Symptome der Basedowschen Krankheit. Die damit verbundene Störung der Schilddrüse und des Stoffwechsels kann zu tiefer Depression führen und war damals noch nicht wirksam zu behandeln. Doch erinnere ich mich gut an den Tag, an dem das Unglück geschah: Wir beiden Kinder, mein siebeneinhalbjähriger Bruder Maxi und ich mit meinen vier Jahren und bald vier Monaten, waren mit unserer Gouvernante im sogenannten Beserlpark am Franz-Josefs-Bahnhof unterwegs, weil die Familie ein feierliches Mittagessen zum achtzehnten Geburtstag unserer Cousine Dolly vorbereitete. Plötzlich kam unsere Köchin ganz aufgeregt zu uns und flüsterte unserer Gouvernante etwas ins Ohr. Beide begannen fürchterlich zu weinen; darauf fuhren wir mit der Gouvernante mit der Straßenbahn zur Wohnung unseres Onkels Jakob in der Kaiserstraße im 7. Bezirk, wo wir einige Wochen blieben. Wir Buben hatten natürlich keine Ahnung, warum wir jetzt bei Onkel Jakob und seiner Familie wohnen sollten. Erst vierzig Jahre später, bei Dollys erstem Besuch in Israel, erzählte sie mir die dramatischen Ereignisse an diesem fürchterlichsten Tag meines Lebens. Dolly war mit der Straßenbahn zu unserem Haus gefahren und hatte schon beim Aussteigen den Rettungswagen und viel Polizei gesehen, die den Eingang zu unserem Haus sperrten. Als sie darauf bestand, als enge Verwandte der Familie Rath Zutritt in das Haus zu erhalten, erfuhr sie, was Schreckliches geschehen war. Kurz vor dem geplanten Geburtstagsessen war unsere Mutter plötzlich in den dritten Stock hinaufgerannt und hatte sich durch ein Fenster in den Hof des Hauses gestürzt. Sie war sofort tot. Für uns Kinder hieß es damals, unsere Mutter Laura sei an Lungenentzündung erkrankt und im Krankenhaus, wo wir sie nicht besuchen dürften. Ein ganzes Jahr lang hat man mich belogen, was man einem aufgeweckten Kind, wie ich eines war, nicht antun sollte.

Am ersten Todestag meiner Mutter durfte ich mit der Familie zur Enthüllung des Grabsteins auf dem jüdischen Friedhof am vierten Tor des Zentralfriedhofs mitkommen. Es ist ein riesiger Friedhof mit vielen tausend jüdischen Gräbern, die die Nazizeit und den Krieg überdauert haben. Ich habe nie verstanden, wieso die Nazis Millionen von jüdischen Menschen grausam ermordeten, jüdische Friedhöfe aber verschonten. Der ursprüngliche Grabstein meiner Mutter war eine runde, weißgraue Marmorsäule, in der Mitte schräg abgesägt, ein Symbol für ein frühzeitig abgeschnittenes Leben. Während der letzten Kämpfe um die Befreiung Wiens wurde dieser Grabstein von einem Kanonenschuss schwer beschädigt. Mein Bruder ließ ihn bei seinem ersten Besuch in Wien nach dem Krieg im Dezember 1947 durch einen einfachen, rechteckigen grauen Grabstein ersetzen. Wann immer ich in Wien bin, besuche ich das Grab meiner Mutter. Ich lege einen kleinen Stein auf ihr Grab und stelle einen Blumentopf hin, den ich am zweiten Tor kaufen muss, denn am Eingang zum jüdischen Friedhof gibt es keine Blumenläden – es kommen zu wenige Besucher hin. Ich trage dann immer mein kleines schwarzes Trauergebetbuch bei mir und spreche das traditionelle hebräisch-aramäische Trauergebet, das Kaddisch. Es beginnt mit den Worten »Jit'gadal wejitkadasch sch'me rabba« (Erhoben und geheiligt sei Sein großer Name). Eigentlich handelt es sich um ein Ruhmgebet: Gott, der Allmächtige wird hier in herrlichen Adjektiven angerufen und als derjenige gerühmt, der »Frieden in seinen Höhen macht und Frieden auf uns und auf ganz Israel bringen wird«. Das Kaddisch bringt keine persönliche Trauer zum Ausdruck. Deshalb bete ich auch immer »El male rachamim«, ein Gebet, das an den Gott voller Barmherzigkeit gerichtet ist und den Namen der oder des Verstorbenen nennt, für dessen ewige Ruhe im Himmelreich Gottes wir bitten.

Der frühe Tod meiner Mutter Laura, der den Verlust der wichtigsten Person in meinem Leben bedeutete, hat mich sehr geprägt und zweifellos mein Verhältnis zu Frauen bestimmt. Unmittelbar nach der Beerdigung zog Omama Frimtsche bei uns ein, meine Großmutter mütterlicherseits. Sie war eine liebevolle, großherzige Frau, aber die Mutterliebe konnte sie nicht ersetzen. Ich war ein Kind, das nie »Mama« sagen konnte. Der Begriff »Mutter« war für mich ein düsteres Grab. Überhaupt fehlte mir neben Omama Frimtsche eine ständige weibliche Bezugsperson, denn auch die Gouvernanten wechselten ständig. Kaum hatte ich mich an eine ein wenig gewöhnt, musste sie schon wieder weggehen. Mein eher verwöhnter und jedem Sport abgeneigter Bruder beschwerte sich bei unserem Vater so eindringlich über die Gouvernanten, die ihn in der Sommerfrische zum Bergsteigen oder Schwimmen gezwungen hätten, dass mein Vater immer nachgab. Ungeduldig, wie er war, wollte er wohl einfach seine Ruhe haben und kündigte die Gouvernante, bis die nächste kam. In sieben Jahren hatten wir mindestens sieben. Schon als Kind musste ich mich daran gewöhnen, mich nicht zu fest an Frauen zu binden, da ich immer fürchtete, sie würden mich bald wieder verlassen.

Wir waren eine typische moderne jüdische Familie der dreißiger Jahre in Mitteleuropa. Mein Vater hatte sich bereits vollständig an die westeuropäischen Werte und Gebräuche angepasst, obwohl er ursprünglich aus einer angesehenen Rabbiner-Familie stammte. Zu seinen Vorfahren zählte ein weiser Thora-Gelehrter namens Meshulam Rath, der Namensgeber für unseren Rabbiner-Onkel und auch für meinen Bruder Meshulam (Maximilian). Rabbiner Meshulam Rath, eigentlich ein

Cousin unseres Vaters, lebte vor dem Zweiten Weltkrieg in zwei kleinen Städten in Galizien und der Bukowina, Tschortkow und Chorsokow. Den Krieg überlebte er als Rabbiner in Czernowitz. Im Sommer 1946 kam er mit seiner Familie mit der Bahn aus Rumänien über die Türkei, Syrien und den Libanon nach Palästina. Seine Tochter Surka kannte ich aus meiner Kindheit, da sie uns einige Male in Wien besucht hatte und mir immer kleine Geschenke brachte. Gemeinsam mit vielen seiner chassidischen Anhänger, die lange schwarze Kaftane und breite Hüte trugen, erwartete ich in Rosch Hanikra, der Grenzstation zwischen dem Libanon und Palästina, mit großer Neugier die Familie meines Onkels. Ich war der Einzige ohne Kopfbedeckung in der Menge, die den angesehenen Rabbiner bei seiner Ankunft im Land Israel begrüßen wollten. Obwohl sein langer weißer Bart sein schmales Gesicht prägte, konnte ich die Gesichtszüge der Rath-Fried-Familie deutlich erkennen. Ich begleitete meinen neu gefundenen Onkel und seine Familie im Zug die kurze Strecke nach Haifa, wo ihre Station in Palästina war.

Rabbiner Meshulam Rath war streng religiös-orthodox, in seiner Weltanschauung jedoch fortschrittlich. So versuchte er auch strenge religiöse Bräuche der modernen Lebenswirklichkeit anzupassen. Seine pro-zionistische Einstellung machte ihn sehr unbeliebt in den Kreisen der ultraorthodoxen Partei Agudat Jisra'el, die damals in Polen sehr stark war, und behinderte seine rabbinische Karriere. Doch im jüdischen Palästina und nachher in Israel beantwortete er öfters schwierige talmudische Fragen für den langjährigen Oberrabbiner Yitzhak Halevy Herzog, den Vater von Israels Staatpräsidenten Chaim Herzog. Die jüdischen Rechtssprüche von Rabbiner Meshulam Rath sind in einem großen Sammelband unter dem Titel »Kol Hamewasser« (Die Stimme des Verkünders) erschienen. Einer der Brüder des Rabbiners, Moses Rath, der während des Ersten Weltkriegs ebenfalls aus Kolomiya nach Wien kam, hat das erste große hebräisch-deutsche Lehrbuch »Sfat Amenu« (Die Sprache unseres Volkes) verfasst und herausgegeben.

Für unser Wiener Alltagsleben aber spielte der Einfluss der Omama Frimtsche eine deutlich größere Rolle. Sie vermittelte uns die religiösen Traditionen. Freitagabend zündete sie die Schabbatkerzen an. Unser Vater sprach mehrmals den Segensspruch über den Wein und das traditionelle geflochtene Weißbrot, die »Challes«. Es gab natürlich auch »Gefilte Fisch« als Vorspeise und Hühnersuppe mit Nudeln. An den jüdischen Pessach-Feiertagen wechselte unsere treue Köchin und Haushälterin Mizzi mit der Großmutter das gesamte Geschirr aus. In den großen Kredenzen im Speisezimmer bewahrten wir das Jahr über Porzellan und Besteck für Pessach auf. Die Alltagstöpfe und Pfannen wurden mit siedendem Wasser koscher gemacht. Unser Vater hielt die Pessach-Feiertage jedes Jahr streng ein: Wie in der Diaspora üblich, feierten wir zwei Seder-Abende. Es wurde meist die ganze Hagadah gelesen – die Geschichte des Auszugs der Kinder Israel aus Ägypten – und ich, als der jüngste Bub, musste schon mit sechs Jahren die vier »Ma-Nischtana«-Fragen stellen: »Warum ist diese Nacht anders als alle Nächte?« Der zweite Teil des Seder-Abends, nach der üppigen Mahlzeit mit zwei Gläsern Wein oder Traubensaft für die Kinder, war dann lockerer und meist den traditionellen Liedern aus der Hagadah gewidmet.

Freitagabend und an den Feiertagen besuchten wir in der Regel den Müllnertempel in der Grünentorgasse, Ecke Müllnergasse, der in der Pogromnacht 1938 vollständig zerstört wurde. Dort wirkte Rabbiner Arthur Zacharias Schwarz, der Schwiegervater von Teddy Kollek, dem späteren Bürgermeister Jerusalems. Der Müllnertempel galt als konservativ und modern zugleich. Freitagabend wurde der erste Teil des Schabbatgebets, in dem die »Schabbatbraut« empfangen wird, mit Orgel und Chor begleitet. Die Gebetssprache war prononciert aschkenasisch, im Gegensatz zur sephardischen Aussprache, die wir im modernen, gesprochenen Hebräisch benutzen. Unsere streng fromme Omama Frimtsche betete mit meinem Bruder öfters in der kleinen »Schil« (jiddisch für Schule, ein kleines Gebetshaus) in der Stroheckgasse. Aus lauter Frömmigkeit band sie sich den Hausschlüssel am Schabbat mit einem Taschentuch an den Arm, damit nur ja alle Taschen leer blieben. Womöglich hätte sie sonst vielleicht einen Groschen in einer Tasche behalten und wäre in Versuchung geraten, etwas einzukaufen. Man sollte am Schabbat auch nichts tragen.

Omama Frimtsche legte Wert auf eine streng koschere Küche. Außerhalb des Hauses allerdings aßen wir öfters in gewöhnlichen Kaffeehäusern und Restaurants und durften auch am Schabbat mit der Straßenbahn fahren. Allerdings hatte mein Bruder Maxi unter dem Einfluss von Omama Frimtsche einige Jahre lang eine strengere fromme Phase und bestand darauf, nur koscheres Fleisch zu essen. Bei der Wahl eines Ortes für unsere alljährliche zweimonatige Sommerfrische war es ausschlaggebend, ob und von wo man koscheres Fleisch beziehen konnte. Ich hingegen machte mir keine Sorgen darüber und mokierte mich öfter über meinen Bruder, den ich »kuscheren Moische« nannte.

Von 1930 bis 1934 besuchte ich die Schubertschule in der Grünentorgasse, eine Volksschule, an der schon Franz Schubert unterrichtet hatte. Da ich vor dem 15. Januar geboren war, mussten wir beim Bezirksschulrat um Genehmigung ansuchen, dass ich schon vier Monate vor meinem sechsten Geburtstag in die Schule gehen konnte. Unsere Klassenlehrerin in den vier Volksschulklassen war Marie Blesson. Sie arbeitete nach Pestalozzi-Methoden und hatte mit ihrer gütigen und kenntnisreichen Persönlichkeit eine sehr positive Wirkung auf alle Schulkinder in den prägenden ersten Schuljahren. Für mich wurde sie zu einer Art Muttersatz. Ich war sehr überrascht, als 2006 eine Rundfunkjournalistin, deren Kind ebenfalls in der Schubertschule in der Grünentorgasse gelernt hatte, mir sehr persönliche Zeugnisse von mir und von meinem Bruder überreichte; sie hatte im Archiv des Bezirksamts Alsergrund die alten Fragebogen gefunden, mittels denen mein Vater und die Klassenlehrerin Marie Blesson in allen vier Volksschuljahren gegenüber dem Schulamt über unseren Entwicklungsstand berichteten. Zunächst war ich etwas schockiert, welch tiefen Einblick sie in die Gefühle und Gedankenwelt meiner Kinderjahre geben, heute schätze ich dieses Dokument allerdings aus zweierlei Gründen: Zum einen belegt es, wie fortschrittlich die damalige Wiener Grundschulpädagogik ausgerichtet war, zum anderen zeigt es mir, dass etliche Eigenschaften, die ich als sehr charakteristisch für mich empfinde, schon in frühester Kindheit angelegt waren. So attestiert mir der Fragebogen etwa ein »vorzügliches Gedächtnis«. Weiter heißt es: »(Das Kind) behält das Gelernte dauernd, beobachtet sehr genau, bemerkt jedes Detail, arbeitet ausdauernd, bringt häufig eigene Gedanken, verbessert seine Klassenkameraden [...] ist schlagfertig.« Außerdem sah Marie Blesson in mir ein heiteres Kind – allerdings »liebesbedürftig« und »sehr zugänglich für Lob«. Und über die häusliche Lage nach dem Tod meiner Mutter schreibt sie: »Das Kind wird von der Großmutter, die seit dem Tode der Mutter mit einem ›Fräulein‹ die Erziehung leitet, sehr verwöhnt.« Es mag an dieser großmütterlichen Verwöhnung gelegen haben, dass ich ein besonders dicker Bub war. Zwei- bis dreimal wöchentlich bereitete die Gouvernante in der häuslichen Badewanne einen höllischen Schwefelsud, in dem ich zum Abnehmen eine gute halbe Stunde schmoren musste – er hat seine Wirkung nicht verfehlt.

Bis Anfang der dreißiger Jahre musste unsere Familie die polnische Staatsbürgerschaft behalten, da unsere Eltern beide im polnisch-galizischen Teil der Monarchie geboren waren. Auch in den zitierten Schulfragebogen findet sich in der Rubrik »Staatsbürgerschaft und Heimatberechtigung« für meine Person der Eintrag: »Kolomea, Polen«. Obwohl mein Vater im Ersten Weltkrieg in der k.u.k. Armee auch in Wien gedient und sich in Wien niedergelassen hatte, wurde das von der Ersten Republik nicht als Berechtigung für die österreichische Staatsbürgerschaft anerkannt. Das bedeutete auch, dass er für uns ein sehr hohes Schulgeld zahlen musste, bis wir im Jahr 1931 österreichische Staatsbürger werden konnten.

An das Jahr 1931 erinnere ich mich aber aus einem anderen Grund: Im Sommer jenes Jahres fuhren wir für zwei Monate in die Sommerfrische nach Spital am Semmering, wo unser Vater ein Haus in der Nähe der Eisenbahn gemietet hatte. Ich liebte es, die Waggons der Güterzüge zu zählen, die in beiden Richtungen von der Steiermark nach Wien und zurück langsam über den Berg fuhren, und führte Strichlisten darüber, welche Züge die längsten waren. Die Gouvernante des Sommers 1931 war Laura Korn, die ich schon deshalb besonders mochte, weil sie denselben Vornamen trug wie meine verstorbene Mutter. An den Wochenenden besuchte uns auch ihr Freund Bruno Völkel, ein begeisterter Wanderer. Gemeinsam gingen wir sonntags zur Jause in eines der Gasthäuser in der Nähe. Bis heute steht mir Bruno mit seiner damals selte-

Mit Omama Frimtsche (Mitte) und der Gouvernante auf dem Semmering, 1930

nen Brille ohne Rahmen, seinen hohen Wanderschuhen, kurzen Lederhosen und langen weißen oder grünen Stutzen vor Augen.

An einem dieser Sonntage, an dem unser Vater nicht zu Besuch war, sagte Bruno zu meinem Bruder und zu mir: »Heute werden wir zur Jause nach Steinhaus wandern.« Das kleine Dorf lag etwa fünf Kilometer entfernt. Dieser Ausflug von Spital am Semmering nach Steinhaus hat mich tief geprägt. Zum ersten Mal ging ich von einem Ort zum anderen – und auf einmal erschloss sich mir die unglaubliche Freiheit des Menschen, zu bleiben oder zu gehen. Jederzeit, an jeden Ort. Bis dahin wusste ich, dass man von einem Ort zu einem anderen fährt und dabei abhängig ist von anderen Menschen oder von Transportmitteln, von der Bahn, der Kutsche, dem Auto oder dem Autobus. Noch Wochen später berichtete ich meinen Freunden und Verwandten begeistert: »Wir sind von einem Ort zum anderen gegangen.« Mein Leben lang habe ich diese Freiheit ausgiebig ausgekostet, über Tausende von Kilometern bin ich in meinem Erwachsenenleben allein im Auto gereist, frei und selbstbestimmt.

Schubertschule in der Grünentorgasse, Wien IX,
Ari ganz links

Schon als Kind interessierte ich mich auch für Politik. Seit meinem achten Lebensjahr las ich die Zeitungen, die der Vater mittags nach Hause brachte, die *Neue Freie Presse*, *Der Tag*, *Die Stunde* und andere. Bis heute steht mir die Zeitungsschlagzeile vom Januar 1933 vor Augen: »Adolf Hitler – deutscher Reichskanzler«. Auch wenn ich jeden Abend spätestens um zehn Uhr im Bett sein musste, hörte ich fast immer um halb elf die deutschen Nachrichten des französischen Senders Radio Straßburg, um zu erfahren, was man im »Westen« sagte und was wirklich in der Welt und in Österreich vorging.

Der Bürgerkrieg, der am 12. Februar 1934 ausbrach, ist eine dramatische Erinnerung für mich. Gleich in der Früh schickte unsere Lehrerin Marie Blesson die Schüler wieder nach Hause, weil es wegen des Generalstreiks keine Elektrizität und Heizung gab. Zur selben Zeit marschierten schon die Heimwehr und das Militär mit von Pferden gezogenen Kanonen auf der Porzellangasse Richtung Franz-Josefs-Bahnhof und Heiligenstadt auf. Die Bilder der schwerbeschädigten Gemeindebauten, etwa des Karl-Marx-Hofes, sind mir bis heute im Gedächtnis. Wie viele jüdische Familien, die nicht bei den Christlichsozialen tätig sein konnten, sympathisierte unsere Familie mit den Sozialdemokraten. Anders als von der antisemitischen Propaganda verbreitet, gab es im damaligen Wien nicht nur wohlhabende jüdische Patrizierfamilien, im Gegenteil: Jüdische Kleinhändler, Beamte, Handwerker und jüdisches Proletariat bildeten den weit größeren Anteil der jüdischen Bevölkerung.

Nach dem Abschluss der Grundschule im September 1934 folgte ich Maxi und wechselte auf das Wasagymnasium, ein humanistisches Bundesgymnasium in der Wasagasse im 9. Bezirk. Bis zum Sommer 1938 absolvierte ich die vier Klassen der Unterstufe, mit vier Jahren Latein und zwei Jahren Griechisch. Wieder war ich mit nur neun Jahren und acht Monaten der jüngste Schüler in meiner Klasse, was mich wenig tangierte. Umso mehr störte mich aber, dass ich am Wasagymnasium erstmals mit der antisemitischen Schulpolitik Österreichs in Berührung kam. Ich wurde nämlich der Klasse 1b zugeteilt, die als »Judenklasse« geführt wurde, während die 1a die »Christenklasse« war. Als formellen Grund für diese Klassentrennung, die es bis zu unserem Jahrgang nicht gegeben hatte, wurde der Religionsunterricht angegeben. Eine weitere – allerdings inoffizielle – Begründung lautete, dass die »Christenklasse« sich ohne die öfters »vorlauten« jüdischen Schüler besser entwickeln könne. Diese Klasseneinteilung war die Folge eines Erlasses vom 4. Juli 1934 des damaligen Unterrichtsministers Kurt von Schuschnigg. (Drei Wochen später übernahm Schuschnigg nach dem Putschversuch der Nazis und der Ermordung von Engelbert Dollfuß am 25. Juli das Amt des Bundeskanzlers.) Im Detail forderte der Erlass, dass in allen Gymnasien und Lehrerseminaren, in denen es genug Schüler und Schülerinnen für Parallelklassen gab, eine A-Klasse für Katholiken und eine B-Klasse für alle anderen eingerichtet werden sollte. De facto blieben für die B-Klasse alle jüdischen Schüler übrig, denn die wenigen evangelischen Schüler gingen in die »Christenklasse«. Bis heute gehört diese Episode, die viel über den österreichischen Alltags-Antisemitismus vor dem »Anschluss« im März 1938 und dem Machtantritt der Nationalsozialisten aussagt, zu den vielen verdrängten Themen der österreichischen Gesellschaft. Auch gutgesinnte und liberal denkende Österreicher sind vollkommen überrascht, wenn sie hören, dass es schon vier Jahre vor dem »Anschluss« separate »Judenklassen« gab. Renate Mercsanits, eine Lehrerin des Wasagymnasiums, hat diesen Teil der österreichischen Schulgeschichte erforscht, und dank ihr sind die betreffenden Akten und Erlässe heute im Archiv der Schule jedem zugänglich, der sich für das Thema interessiert.

Seit März 2006 erinnert im Wasagymnasium eine Tafel im imposanten Haupteingang an die Namen aller jüdischen Schüler, Schülerinnen und Lehrer, die 1938 vertrieben wurden. Auch der Name unseres beliebten Deutsch-Professors Otto Spranger ist darauf zu finden; er war selbst nicht jüdisch, weigerte sich aber, seine jüdische Frau zu verlassen, und musste deswegen seine Stelle aufgeben. Spranger flüchtete auf Skiern über die Alpen in die Schweiz und von dort nach New York, wohin ihm seine Frau folgte. Nach einer gründlichen Umschulung arbeitete er dort noch etliche Jahre als Psychotherapeut. 1947 trafen Meshulam und ich ihn in New York wieder. Alle konnten wir kaum glauben, dass nur neun Jahre vergangen waren, seit sich unsere Wege unter solch traurigen und dramatischen Umständen getrennt hatten. Das herrliche Gefühl, dass wir überlebt hatten, war unser Leitmotiv. Zur feierlichen Enthüllung der Tafel trafen sich im März 2006 etwa zwanzig überlebende und noch reisefähige ehemalige »Wasagassler«. Mir war die schwierige Aufgabe zugedacht, die Festrede im Namen aller ehemaligen jüdischen Schüler zu halten. Dabei verglich ich uns mit kleinen Setzlingen, die aus ihren Beeten in fremde Erde umgepflanzt wurden.

Den Nazi-Putschversuch im Juli 1934 erlebten wir aus der Ferne, denn wir waren wie immer mit unserer Gouvernante in der Sommerfrische, dieses Mal am Semmering, in der Villa Mary, einer Dependance des Südbahnhotels. Die Ermordung von Dollfuß und die sympathisch wirkende Persönlichkeit des neuen Bundeskanzlers Kurt von Schuschnigg machten nun auch viele jüdische Familien in Wien in gewissem Sinn »vaterlandstreu«.

Am 1. Mai 1935 mussten sämtliche Haupt- und Mittelschüler Wiens, auch die der »Judenklassen«, im großen Stadion im Prater zu einer riesigen Solidaritätskundgebung antreten. Etliche Wochen vorher übten wir in jeder Klasse das neue Dollfußlied ein, das dann aus vielen tausend Kehlen im Stadion erklang. »Ihr Jungen schließt die Reihen gut, ein Toter führt uns an. Er gab für Österreich sein Blut, ein wahrer deutscher Mann. Die Mörderkugel, die ihn traf, die riss das Volk aus Zank und Schlaf. Wir Jungen stehn bereit, mit Dollfuß in die neue Zeit.« Zur gleichen Zeit gab es Aufmärsche der verschiedenen »Stände« des neuen österreichischen Ständestaats, sie ersetzten die traditionellen Umzüge der Sozialisten am 1. Mai, die seit 1933 verboten waren.

An einem düsteren Herbstabend im November 1935 versammelte sich unsere gesamte Familie im klassischen Gebäude des alten Südbahnhofs, um von unserem Onkel Chaskel, Tante Adele, Omama Frimtsche und den Cousinen Mira und Lalla Abschied zu nehmen. Sie hatten beschlossen, nach Palästina auszuwandern, auch Adeles Brüder reisten mit. Schon damals fuhr jeden Abend um neun Uhr der Remus- oder Romulus-Zug von Wien nach Bologna und Rom, mit Kurswagen Richtung Venedig und Triest. Es war ein trauriger Abschied, denn ich wusste nicht, wann und ob wir uns wiedersehen würden. Palästina war damals sehr weit weg und fremd für mich. Außerdem herrschte eine äußerst angespannte Stimmung zwischen meinem Vater und Onkel Chaskel, die in schlimmem Streit voneinander schieden und sich auch nicht mehr versöhnen sollten. Chaskel nämlich hatte seine Mutter zunächst nicht nach Palästina mitnehmen wollen. Mein Vater stand kurz vor seiner Verlobung mit Rita Liebermann; obwohl Omama Frimtsche Rita schon kannte und sich gut mit ihr verstand, wollte unser Vater die neue Familie aber lieber ohne die Mutter seiner verstorbenen Frau gründen.

Zehn Monate nach seiner Ankunft in Tel Aviv nahm sich Onkel Chaskel in der Nacht nach Jom Kippur das Leben. (Wäre ich nicht so lebensfroh, müsste ich mir Sorgen machen, denn in meiner Familie mütterlicherseits gab es in drei Generationen etliche Selbstmorde. Meine Cousine Mira wurde Anfang der 1980er Jahre tot in ihrer Wohnung in Ramat Gan aufgefunden, und einige Jahre später nahm sich auch ihre

Tochter Dina das Leben.) Nach Chaskels tragischem Ende veranlasste unser Vater die sofortige Rückkehr von Omama Frimtsche nach Wien. Er wollte sie nicht allein ihrer Schwiegertochter Adele und der ganzen Familie Friedberg aussetzen. Omama Frimtsche zog im Herbst 1936 allerdings nicht wieder bei uns zu Hause ein, sondern bezog ein Zimmer in der Wohnung meiner Großmutter väterlicherseits. Omama Malcia wohnte in einem Biedermeierhaus in der Kochgasse im 8. Bezirk. Dort verwöhnten uns beide mit guten Torten und anderen Süßigkeiten.

In der Porzellangasse hatten inzwischen wichtige familiäre Veränderungen stattgefunden. Nach dem Tod meiner Mutter war mein Vater eine enge Beziehung mit seiner Prokuristin Maria Hauer eingegangen. Ich mochte sie, da sie mich öfters am Sonntag zu Fußballspielen ins Wiener Stadion mitnahm und mich verwöhnte. Mein Vater wollte Maria heiraten, und sie wäre auch gerne bereit gewesen, für meinen Vater zum Judentum überzutreten; meine Cousine Surka überzeugte ihren Vater, den Rabbiner-Onkel Meshulam Rath, Maria zu konvertieren und die Trauung vorzunehmen. Doch Maxi stellte sich quer: Er tobte so sehr, dass es für Maria unmöglich gewesen wäre, in unsere Familie einzuheiraten. Die vollkommene Ablehnung meines Bruders ihr gegenüber erreichte ihren Höhepunkt, als er sich weigerte, sie im November 1934 zu seiner Bar Mitzwa einzuladen. Zwar gab Maxi nach dramatischen Szenen mit dem Papa schließlich doch nach, aber Maria zog es vor, nicht zu kommen. Im Sommer 1935 resignierte mein Vater und sah ein, dass er auf Maria verzichten musste, wollte er das Verhältnis zu seinem ältesten Sohn nicht vollständig ruinieren. Sein Leben aber wollte er dennoch mit einer Frau teilen. Nach seinem wöchentlichen Besuch in unserer Sommerfrische, die in diesem Jahr in einer Dependance des Schlosshotels in Velden am Wörthersee war, fuhr er für eine Woche zum Millstätter See, wo sich seine Freunde und Freundinnen aus dem Café Viktoria am Schottentor trafen. Neben Maria gehörte auch Rita Liebermann zu dieser Gruppe. Einige Wochen nach den Sommerferien besuchte uns Rita zum ersten Mal in der Porzellangasse. Mein Vater und sie blieben längere Zeit allein im Wohnzimmer, und ich beobachtete sie durch das Schlüsselloch von unserem Kinderzimmer aus. Erschrocken sah ich, dass sie sich umarmten und küssten. Jetzt wusste ich zu meinem großen Bedauern, dass es mit Maria aus war. Im November, nach der Abreise von Omama Frimtsche nach Palästina, gab es ein feierliches Essen im Speisezimmer, das wir, außer zu den täglichen Klavierübungen auf unserem Bechstein-Flügel, meist nur an Feiertagen benutzten. Onkel Jakob, Tante Bassia, Dolly und Lore und einige vertraute Freunde und Freundinnen der Familie saßen um den großen, runden, festlich gedeckten Tisch, erhoben die Gläser und tranken Bruderschaft mit Rita. Das war quasi die Verlobung. Alle schwelgten im neu eingeführten »Du«, nur ich wollte mich nicht anschließen, denn mein Herz schlug noch für Maria. Als ich die Aufgabe hatte, den Gästen auf einem Silbertablett Kekse und Petits Fours anzubieten, fragte ich jedes Mal ganz natürlich: »Was möchtest du?« Doch als Rita an der Reihe war, wollte ich sie nicht duzen, aber auch nicht mit einem »Sie« beleidigen, und so entschloss ich mich, sie in der dritten Person anzusprechen: »Was möchte man hier?« Damit war das Eis gebrochen; alle lachten, Rita umarmte mich, und fortan waren wir alle per Du.

Am 6. März 1936 heiratete unser Vater Rita, eigentlich Henriette, Liebermann. Sie war 31 Jahre alt und stammte wie unsere Mutter aus Galizien, genauer gesagt aus Sambor, einer fünfzig Kilometer nordwestlich von Stryj gelegenen Kleinstadt. Rita wurde meine zweite Mutter, gütig und verständnisvoll. Gab es Ärger mit Papa, nahm sie uns in Schutz. Die Trauung feierten die beiden nur mit den erforderlichen Trauzeugen. Mein Bruder und ich durften dem neuen Ehepaar erst beim Air-France-Büro am Ring gratulieren, von wo es zum Flughafen ging. Noch am gleichen Tag flogen sie, was damals als sehr vornehm galt, nach Genua, um dort eine Mittelmeer-Rundreise anzutreten. Auf einen Besuch in Ägypten verzichteten Vater und Rita, sie blieben lieber einige Tage in Palästina, in Haifa, wo Ritas zwei Jahre ältere Schwester Tamara, eine begeisterte Pionierin, seit mehr als einem Jahr lebte. Sie besuchten auch Omama Frimtsche und reisten mit Tamara ein wenig durch das Land. Palästina erschien ihnen interessanter und moderner, als sie es erwartet hatten, aber auf keinen Fall wollten sie jemals dort leben. An dieser Einstellung hielten sie auch fest, als unser gutes Leben nach dem »Anschluss« im März 1938 zusammenbrach. Mein Vater, der gelegentlich durchaus für zionistische Zwecke spendete, wollte im März 1936 nicht einmal aus symbolischen Gründen ein ihm angebotenes Grundstück in Tel Aviv kaufen, obwohl es im Zentrum der Stadt lag und der Preis sehr günstig war. Schon wenige Jahre später wäre das eine ausgezeichnete Investition für die Zukunft gewesen.

Eine Widmung von Omama Frimtsche in einem Hagadah-Gebetbuch für die Pessach-Feiertage, das die Eltern aus Palästina mitbrachten und in der sie den innigen Wunsch aussprach, dass wir beiden Enkelkinder Ari und Maxi eines Tages in »Eretz Israel« leben würden, hatte für mich wenig Bedeutung. Überhaupt stand ich dem Zionismus noch sehr fern. Zwar erhielten wir zu Hause neben dem Klavierunterricht auch Hebräisch-Stunden, doch war das hauptsächlich als Vorbereitung für meine Bar Mitzwa. An Auswanderung dachte in unserer Familie damals niemand. Trotz aller besorgniserregenden Ereignisse richteten sich unsere Zukunftsgedanken und Pläne weiterhin auf Wien. Wir fühlten uns als gebürtige Wiener, auch wenn wir ab und zu von länger Ansässigen und eher assimilierten Wiener Juden abfällig als »polnische Juden« verspottet wurden. Ich war begeisterter Anhänger der Austria und nicht des jüdischen Fußballteams Hakoah, den berühmten Mittelstürmer Matthias Sindelar verehrte ich als einen meiner Helden. Wichtig erschien mir in jenen Tagen eher die Frage, wie ich weiter geheim Bridge mit drei meiner Schulkameraden spielen könnte, zu denen Eduard (Edi) Stern, der Sohn des damaligen Bridge-Europameisters, zählte, wie man sich in nicht jugendfreie Filme schwindeln konnte und wohin es in der nächsten Sommerfrische gehen würde.

Kurz nach der Rückkehr von seiner Hochzeitsreise kaufte mein Vater ein Auto, einen gebrauchten amerikanischen Wagen der Marke Nash. Es war zwar nur eine alte, schwarz lackierte, eigentlich hässliche Klapperkiste, doch ich war sehr stolz auf sie. Mit unserem Fahrer Alfred freundete ich mich sofort an. Der schlanke, immer gutgelaunte Alfred mit seinem schmalen Gesicht, dem kleinen Schnurrbart, Brille und Schiebermütze wurde für fast zwei Jahre zu einer wichtigen Figur in unserem Leben. Am Wochenende und während der Sommerfrische unternahmen wir lange Ausflüge mit unserem Auto und lernten viele schöne Landschaften entlang der Donau und in der Nähe des Semmerings kennen. Wir Buben saßen meist auf kleinen Hockern, die vor dem bequemen hinteren Sitz hineingestellt wurden. Zu Alfreds wichtigen Aufgaben gehörte es, meinen Bruder und mich, chronische Spätaufsteher, morgens rechtzeitig zum Wasagymnasium zu bringen, das kaum einen Kilometer von unserem Haus entfernt war. Natürlich schämten wir uns, mit Auto und Chauffeur zur Schule gebracht zu werden, und hielten Franzl dazu an, uns in der Türkenstraße aussteigen zu lassen. Kurz vor acht schlichen wir in unsere Klassen, oft kamen wir aber dennoch zu spät, was unser Mathematik-Professor Josef Sabbath, der später in Theresienstadt umgekommen ist, sarkastisch kommentierte: »Kommt Zeit, kommt Rath.«

Zur selben Zeit sprachen mein Vater und Rita auch von einem möglichen Umzug aus der Porzellangasse in eine schöne Villa im Cottage-Viertel in Döbling. Maxi absolvierte im Herbst 1937 die Tanzschule Elmayer, und ich hoffte sehr, in wenigen Jahren selbst dieses vornehme Wiener Institut in der Nähe der Hofburg besuchen zu können.

Im Dezember 1937 feierte ich meine Bar Mitzwa. Mein größtes Geschenk bestand darin, während den Weihnachtsferien für eine Woche nach Berlin fahren und dort meine Cousinen Dolly und Lore und unseren Onkel Jakob und Tante Bassia besuchen zu dürfen. Mit dem Nachtzug über Prag und Dresden reiste ich ganz allein, ich hatte nur einen fast leeren kleinen Koffer dabei und trug meinen ältesten und kleinsten Anzug, denn ich sollte ja in Berlin alles einkaufen, was ich brauchte. Die fünf Häuser, die mein Vater und unser Onkel in Berlin besaßen, warfen zwar gute Mieteinnahmen ab, aber wegen der Devisenkontrollen durch die Nazis konnte das Geld nicht nach Österreich überwiesen werden. Also fuhren meine Eltern drei-, viermal im Jahr zu Einkaufsreisen nach Deutschland. Nun also war ich an der Reihe. Dolly und Lore, damals 27 und 23 Jahre alt, beide fesche Damen mit vielen Verehrern, begleiteten mich schon am ersten Tag ins große Warenhaus Tietz. Als Erstes kaufte ich mir einen kleinen Tengo-Fotoapparat, mit dem ich in unbeobachteten Momenten die Aushängekästen mit dem *Stürmer*, die Schilder »Juden ist der Eintritt verboten« und die »Judenbänke«, die überall in Berlin zu sehen waren, aufnahm. Ich wollte damit meinem damals schon als Nazi bekannten Turnlehrer Franz Stefan beweisen, dass diese Kennzeichen des aktiven Antisemitismus in Hitler-Deutschland keine Greuelpropaganda des Westens waren, wie oft behauptet wurde. Den Film ließ ich erst in Wien entwickeln und brachte ihn mit Stolz in die Klasse. Professor Stefan schaute die Bilder aus Berlin an und musste zugeben, dass sie der Wirklichkeit entsprachen.

Am 31. Dezember 1937 feierte ich in der großen Wohnung meiner Verwandten in der Charlottenburger Meinekestraße mein erstes Silvester. Es gab ein rauschendes Tanzfest mit vielen jungen Freunden und Freundinnen von Dolly und Lore; beim riesigen Feuerwerk zu Mitternacht umarmten und küssten mich einige der jungen Damen im halbdunklen Tanzzimmer … Im Rückblick erscheint es mir unglaublich, wie unbeschwert man auch in jüdischen Milieus in Berlin damals noch Feste feiern konnte, obwohl Hitler bereits seit fünf Jahren an der Macht war und die Katastrophe vor der Tür stand.

Abschied von Österreich

Im Februar 1938 fuhr auch die ganze »Judenklasse« 4b unter der Leitung unseres Turnlehrers Franz Stefan zu einer Skiwoche in die Tauern. Ich war damals ziemlich gut auf den Skiern und gewann die Bronzemedaille bei den Skiläufern der Unterstufe, worauf Professor Stefan sehr stolz war.

Auf vielen Bauernhäusern wehten damals schon Hakenkreuzfahnen. Die künftigen Ereignisse warfen ihre Schatten voraus.

Am 12. Februar lud Adolf Hitler Bundeskanzler Schuschnigg nach Berchtesgaden vor. In Gegenwart des Führungsstabes der Wehrmacht zwang er den österreichischen Bundeskanzler, Österreichs Naziführer Arthur Seyß-Inquart als Innen- und Sicherheitsminister in seine Regierung zu berufen. Wegen seiner Greueltaten als Statthalter in den Niederlanden wurde Seyß-Inquart später bei den Nürnberger Prozessen zum Tode verurteilt. Am 9. März verkündete Bundeskanzler Schuschnigg überraschend eine Volksbefragung für Sonntag, den 13. März, an, die Österreichs Unabhängigkeit gegen den drohenden »Anschluss« an Nazi-Deutschland bekräftigen sollte. Zugleich hob er das seit vier Jahren bestehende Verbot der Sozialdemokratischen Partei auf. Das Bewusstsein, dass die Arbeiterbewegung Schuschnigg in seinem Kampf gegen den »Anschluss« und für Österreichs Unabhängigkeit unterstützen werde, weckte neue Hoffnungen.

Am Freitag, dem 11. März, erreichte der Machtkampf seinen Höhepunkt. Schon auf dem Schulweg zum Wasagymnasium standen einander fast an jeder Ecke gestiefelte Nazi-Funktionäre mit dem schon erlaubten Hakenkreuzabzeichen und neu legalisierte Anhänger der Sozialisten mit dem wieder gestatteten Abzeichen mit den drei Pfeilen gegenüber. Beim Studentenheim Porzellangasse, Ecke Grünentorgasse, kam es bereits zu Schlägereien. Beide Seiten betrieben heftige Propaganda für und gegen den »Anschluss«. Auf einmal wurden Heimwehrler der »Vaterländischen Front« und frühere sozialdemokratische Schutzbündler zu Verbündeten, denn in den Nationalsozialisten erkannten diese beiden Erzgegner von gestern den gemeinsamen Feind. Nur wenige wussten, dass in diesen Stunden Schuschnigg unter dem Druck Hitlers die Volksbefragung für unbestimmte Zeit verschieben musste.

In der Zehn-Uhr-Pause schlug ich meinen beiden besten Freunden, Herbert Steiner und Pauli Singer, vor, den Rest des Unterrichts zu schwänzen, um zur »Vaterländischen Front« in der Innenstadt zu gehen und Flugblätter gegen den »Anschluss« zu verteilen. Ich hatte nicht bemerkt, dass unser Klassenvorstand, Lateinprofessor Hans Pollak, einer der wenigen jüdischen Lehrer im Wasagymnasium, hinter mir stand und alles gehört hatte. Ohne zu zögern und zu meinem Entsetzen sprach er eine harte Strafe aus: Ich sollte die kommenden zwei Stunden in den kleinen Raum in der Bibliothek eingesperrt werden. Tatsächlich findet sich im Semesterzeugnis und im Jahreszeugnis meines letzten Schuljahrs in Wien Pollaks Vermerk, auf den ich mit gewissem Stolz blicke: »Arnold Rath – zwei Stunden Karzer wegen Disziplinwidrigkeit.« Herbert, Pauli und ich mussten unser Vorhaben also für zwei Stunden verschieben. Dann gingen wir in die Innenstadt, holten uns bei der »Vaterländischen Front« Flugblätter ab und verteilten sie auf der Straße. Kurz nach sechs Uhr abends eilten wir nach Hause. Ein ehemaliger Gewerkschaftsführer, der nach dem Februar 1934 nach Prag geflüchtet war, sollte um halb sieben in Radio Wien eine Ansprache für ein unabhängiges Österreich halten. Ich saß mit meinem Bruder, meinem Stiefonkel Josi Liebermann und unserer Haushälterin im Kinderzimmer und wartete ungeduldig vor dem Radioapparat, doch statt der erwarteten Rede sendete man Marschmusik. Gegen halb acht ertönte die Stimme von Bundeskanzler Schuschnigg. Mit leicht zittriger Stimme verlas er seine erzwungene Abdankungserklärung: »So verabschiede ich mich in dieser Stunde von dem österreichischen Volke mit einem deutschen Wort und einem Herzenswunsch: Gott schütze Österreich.« Mir traten die Tränen in die Augen. Gleich darauf ergriff der neu eingesetzte Bundeskanzler Arthur Seyß-Inquart das Wort. Er forderte seine Landsleute auf, die deutschen Truppen, die in der Nacht einmarschierten, freundlich zu empfangen. Wenig später spielte Radio Wien zum ersten Mal das Horst-Wessel-Lied, die heimliche Hymne der NSDAP.

Bald darauf gelang es meinem Vater, aus Berlin anzurufen. Rita und er befanden sich wieder einmal auf einer Einkaufsreise in Berlin, wo sie von den dramatischen Ereignissen erfuhren. Ihr Plan, am Samstag zurückzukehren, um an dem Plebiszit teilnehmen zu können, war gescheitert, weil die Grenzen geschlossen waren. Als Letzter in der Familie durfte ich kurz mit Papa sprechen und riet ihm, erst einmal in Prag abzuwarten, wie die Lage sich entwickeln würde. Sie kamen aber natürlich bei erster Gelegenheit nach ein paar Tagen zurück, um bei uns Kindern zu sein.

Samstagfrüh machten Maxi und ich uns auf den Weg zu unseren Großmüttern in die Kochgasse. Überall wehten große Hakenkreuzfahnen von den öffentlichen Gebäuden, aber auch von vielen Privathäusern und Wohnungen. Das imposante Gebäude der Tabakregie war mit riesigen Hakenkreuzfahnen bedeckt, auch die so beliebte Aida-Konditorei direkt gegenüber der Porzellangasse 50, wo ich so oft für wenig Taschengeld gute Tortenreste gekauft hatte, machte keine Ausnahme. Besonders schockierte uns, dass sämtliche Polizisten der Wiener Polizei bereits Samstagfrüh Hakenkreuzarmbinden trugen. Bald sahen wir junge und ältere Juden auf den Straßen knien, die unter Spott und Misshandlungen der Wiener Bevölkerung gezwungen wurden, die Wahllosungen gegen den »Anschluss« mit Zahnbürsten zu entfernen.

Am 22. März wurde der Unterricht wiederaufgenommen. Unsere jüdischen Lehrer kamen nicht mehr in die Schule. Der Deutschlehrer Otto Spranger betrat die Klasse und entschuldigte sich, dass er jetzt ein Hakenkreuzabzeichen tragen musste. Der Wiener Stadtschulrat deklarierte das Wasagymnasium als eine der Sammelschulen für jüdische Schüler. Im April mussten wir in die Kalvarienberggasse im 17. Bezirk übersiedeln, weil die NSDAP unser großes, gegenüber der Votivkirche günstig gelegenes Schulgebäude für sich beanspruchte, um dort ihre Parteizentrale einzurichten. Meine »Judenklasse« erhielt nun interessanten Zuwachs: Zu unseren 27 Schülern »mosaischen Glaubens« kamen noch einige jüdische Schüler aus anderen Gymnasien dazu, diese Schulen sollten »judenrein« werden. Außerdem stießen auch einige christliche Schüler aus »Mischehen« zu uns, die nach den Nürnberger Gesetzen als »Halbjuden« galten. So kam es, dass auch christliche Schüler im Juni 1938 Endzeugnisse der Klasse 4b erhielten. Mit solchen Zeugnissen wollte mir Hofrat Gump, der ehemalige Direktor des Wasagymnasiums, im März 1988 beweisen, dass es eben doch keine separaten »Judenklassen« gegeben habe. Er kam damals zu einem Vortrag, den ich in Wien als Zeitzeuge zum 50. Jahrestag des »Anschlusses« hielt, trug unter dem Arm zwei dicke Aktenordner aller Zeugnisse des Jahres 1938 und zeigte mir triumphierend die Abschlusszeugnisse unserer Klasse. Doch das Semesterzeugnis mit nur 27 Schülern mosaischen Glaubens war der überzeugende Beweis.

Auch zu Hause gab es schwerwiegende Veränderungen: Unsere treue Köchin Mizzi, die viele Jahre wie ein Mitglied der Familie bei uns gelebt hatte, und Anni, die Kinderpflegerin meiner kleinen, 1937 geborenen Halbschwester Henny, verließen uns bald, denn christliche Angestellte durften nicht mehr in jüdischen Haushalten arbeiten. An ihrer Stelle kam Berta, eine jüdische Beamtin, die ihren Posten verloren hatte und sich jetzt an Haushaltsarbeiten gewöhnen musste. Berta und ich waren öfters allein zu Hause, besonders nachdem unser Vater Anfang Mai verhaftet worden war. Jeden Abend saß ich am Radio und versuchte Auslandsnachrichten zu hören. Berta setzte sich mit ihrer Strickerei neben mich und begann langsam meine Oberschenkel zu streicheln. Nach einer Weile wollte sie auch einen Gutenachtkuss. Ich hauchte ihr einen unschuldigen Kuss auf die Wange, aber sie bestand auf einem Zungenkuss. Diese Szenen wiederholten sich immer öfter, und eines Tages, als sie sicher war, längere Zeit mit mir allein zu Hause zu sein, lockte mich Berta in ihr kleines Dienstmädchenzimmer. So verlor ich mit dreizehneinhalb Jahren meine Unschuld. Zwischen Berta und mir entwickelte sich ein regelrechtes Verhältnis, das einige Wochen andauerte und mir zunehmend gefiel, bis Berta ging, weil sie auswandern konnte. Diese prägende Episode meines jungen Lebens kommt mir im Rückblick wie eine Geschichte im »Reigen« von Arthur Schnitzler vor. Zugleich sehe ich sie heute als frühzeitige Vorbereitung auf meine Jahre als Erwachsener, die mir die Anpassung an das Leben in Palästina in einer gemeinsamen Gruppe von Jungen und Mädchen wesentlich erleichtert hat. Ich hatte öfter das Gefühl, dass meine engeren Beziehungen mit Mädchen unserer Gruppe ein Ersatz für die fehlende Wärme und Liebe einer Mutter und meiner Familie sein könnten.

Mein Vater führte mit mir und Maxi nun ein ernstes Gespräch, in dem er erklärte, dass wir zwar die Zukunftspläne ändern müssten und nicht ins Cottage-Viertel umziehen würden, generell aber bestehe kein Grund zur unmittelbaren Sorge. Er wies mich darauf hin, dass ich ja im Winter in Berlin erlebt hätte, wie das Leben ohne große Einschränkungen weiterging, obwohl die Nazis dort bereits seit 1933 an der Macht waren. Niemand ahnte, dass das dramatische Zusammentreffen des tief verwurzelten österreichischen Antisemitismus mit dem politischen deutschen Nationalsozialismus den Prozess der Judenverfolgung beschleunigen und extrem verschärfen würde.

Schon in den ersten Tagen nach dem »Anschluss« wurde klar, dass den jüdischen Einwohnern Wiens krasse Veränderungen bevorstanden. Nur wenige jüdische Familien wanderten sofort aus, wie die befreundete Familie Goldberger, die viel Geld ausgab, um in der Verwirrung der ersten Tage mit Autos über die tschechische Grenze zu entkommen. Nicht vielen dieser Flüchtlinge gelang es wie den Goldbergers, später nach Amerika zu fliehen. Wenige Tage nach dem »Anschluss« wurde Maxi auf der Straße, nicht weit von unserer Wohnung, zu einer »Reibpartie« gezwungen. Glücklicherweise konnte ihn die blonde Kinderschwester Anni, die damals noch im Haus war, bald befreien. Als einige Tage später unser Fahrer Alfred das Auto holen wollte, um, wie gewöhnlich, unseren Vater ins Geschäft am Stubenring zu bringen, hielt ihn der junge Mann aus der Garage gegenüber unserem Haus an und verlangte die Schlüssel. »Das Auto gehört uns«, sagte er eindringlich, wie es uns Alfred nachher berichtete. Wie so viele Tausende Wiener, die skrupellos die Wohnungen ihrer jüdischen Nachbarn ausräumten und die Möbel und Wertgegenstände raubten, wollte auch der Garagen-Mitarbeiter unseren Nash-Wagen auf eigene Initiative für sich in Beschlag nehmen. Doch die formellen »Arisierungen« jüdischer Geschäfte, die systematisch durchgeführt wurden, machten ihm einen Strich durch die Rechnung. SA-Sturmführer Boris Zeilinger, der mittlerweile als Nazi-Kommissar in die Papiergroßhandelsfirma Fried & Rath eingesetzt war, stellte sofort fest, dass ein Nash-Auto zum Inventar des Geschäfts gehörte. Er machte die illegale Enteignung unverzüglich rückgängig; in den nächsten Wochen holte Herr Zeilinger jeden Tag unseren Vater von zu Hause ab, um mit ihm gemeinsam ins Geschäft zu fahren. Alfred wurde nun im Büro beschäftigt, und für Maxi und mich war das schöne verwöhnte Leben im Wien der dreißiger Jahre zu Ende.

Auch wenn meine Eltern keinerlei Gedanken an Auswanderung hegten und uns Brüdern die zionistische Idee bislang gleichgültig gewesen war: Unter den neuen Umständen rückte diese nun doch in den Mittelpunkt unseres Interesses. Instinktiv wollten wir nur in ein Land auswandern, von wo wir nie wieder vertrieben werden würden. Der Begriff »Palästina« war zu dieser Zeit gleichbedeutend mit Zionismus, das Palästina-Amt in der Marc-Aurel-Straße war die Hauptstelle zionistischer Auswanderungstätigkeit. Auf einmal klangen die zwei Jahre zuvor an uns gerichteten Worte von Omama Frimtsche ganz anders. Ihr sehnlicher Wunsch, dass Maxi und ich eines Tages in Eretz Israel leben sollten, erschien plötzlich als reales Zukunftsbild. Der Schock über die enorme Begeisterung der österreichischen Bevölkerung für Hitler und den »Umbruch« hatte jede Basis für ein Weiterleben in Wien zerstört.

Der erste praktische Schritt in dieser neuen Lebensepoche bestand im Beitritt zur zionistischen Jugendbewegung »Makkabi Hazair« (Der junge Makkabäer). Bereits früher hatten Bekannte vergeblich versucht, mich für die revisionistische Jugendbewegung »Betar« (der Name einer Festung in Palästina) zu werben, die in einem Club gegenüber dem Heimat-Kino in der Porzellangasse ihre Marschübungen durchführte. Der militaristische Stil mit den blau-braunen Uniformen und Schulterriemen stieß mich ab, auch wenn er in zionistischer Form auftrat. Unser Vater allerdings konnte sich an den zionistischen Gedanken nur sehr langsam gewöhnen. Eines Tages kam Maxi mit einer illustrierten Broschüre der in Palästina bekannten landwirtschaftlichen Schule Mikwe

Israel in der Nähe von Tel Aviv nach Hause. Er wollte sich dort als Schüler bewerben, um eine Einreisegenehmigung nach Palästina zu bekommen. Papa blätterte das Heft schweigend durch. Dann sagte er, mit Tränen in den Augen: »Mein Sohn wird nicht Mist führen.« Er konnte nicht wissen, dass sein jüngerer Sohn später fünf Jahre lang im Kuhstall arbeiten würde.

Anfang Mai verhaftete die Polizei dreitausend jüdische Kaufleute, darunter auch meinen Vater. Morgens um halb sieben klopfte es laut an unserer Wohnungstür: »Polizei, aufmachen!« Unser Kinderzimmer lag gegenüber der Eingangstür zu unserer Wohnung. Mein Bruder und ich sprangen in unseren Nachthemden auf und schauten ängstlich durch den Türspion. Zwei Männer in Zivil standen im Hausflur. Vorsichtig öffneten wir die Tür gerade so weit, wie die Kette es zuließ. Zu unserem Entsetzen sagten sie, dass sie unseren Vater mitnehmen wollten. Wir liefen ins Schlafzimmer von Papa und Rita im hinteren Teil unserer Wohnung und sagten ihm, dass er sich sofort anziehen müsse, weil die Polizei ihn abholen wolle. Mein Vater reagierte erstaunlich gefasst. Er zog sich an, unterschrieb noch einige Blankoschecks für Rita, beruhigte uns, dass er bald wieder da sein werde; dann verabschiedete er sich von uns und ging mit den beiden Polizisten. Erst im Dezember 1946 sollte ich ihn in New York wiedersehen.

Gleich am nächsten Tag machten sich Rita und Maxi auf die Suche nach meinem Vater. Sie fanden ihn in einer Schule in der Karajangasse im 20. Bezirk, wohin man die Verhafteten gebracht hatte; die Gefängnisse waren völlig überfüllt. Von der Straße aus sahen sie ihn am Fenster. Als ich einen Tag später hinging, war die Schule leer. Später errichtete die Gestapo in dem Gebäude eine Sammelstelle für Transporte nach Auschwitz und Theresienstadt. Es hieß, man könne im Hauptquartier der Gestapo im Hotel Metropol Nachricht über das Schicksal der Häftlinge bekommen. Als den Frauen der Verhafteten in typisch deutscher Ordnung mitgeteilt wurde, dass alle ihre Männer in Dachau seien, hielt man das anfangs für unmöglich. Doch der Beweis lag einige Wochen später in Form eines kleinen blauen Briefs bei uns im Briefkasten: Mit Datum vom 16. Juli 1938 schickte uns mein Vater ein Lebenszeichen.

Auf den wenigen abgezählten Zeilen schrieb er kein einziges persönliches Wort, er ermächtigte lediglich Rita, in seinem Namen »fristgemäß« seine Vermögenserklärung abzugeben, die alle Juden auf Anordnung der Gestapo einzureichen hatten. Juden durften kein Vermögen besitzen. Seit der Verhaftung unseres Vaters übernahm die Leitung der Papiergroßhandlung Fried & Rath sowie die Verwaltung unserer Häuser in Berlin der bereits erwähnte SA-Sturmführer Boris Zeilinger.

Rita bemühte sich sehr, unseren Vater aus Dachau und später aus Buchenwald zu befreien, und sie traf Vorbereitungen für die Auswanderung der ganzen Familie. Entfernte Verwandte in den Vereinigten Staaten hatten uns ein Affidavit zugesagt. Zudem verfügten wir über eine Einreisebewilligung nach Kuba, um dort die amerikanische Einreisequote für aus Polen stammende Einwanderer abzuwarten. Maxi und ich hätten auch Children's Permits für einen Kindertransport nach England bekommen können, doch wir beide waren entschlossen, nur nach Palästina auszuwandern. Paradoxerweise war das wohl nur möglich, weil unser Vater in Dachau inhaftiert war, denn sonst hätte er sicherlich darauf bestanden, dass wir warten sollten, um gemeinsam mit der ganzen Familie zu flüchten. In Dachau unterschrieb mein Vater dann auch eine notariell beglaubigte Genehmigung zur Auswanderung seiner beiden minderjährigen Söhne nach Palästina. Die deutsche Ordnung musste auch im KZ sein.

Wir liefen nun von Pontius zu Pilatus, um einen gültigen deutschen Reisepass zu bekommen. Alle Ansuchen liefen über die zuständige Bezirkspolizeidirektion und mussten mit verschiedenen Amtsbestätigungen versehen sein, für die man sich jeweils separat anstellen musste: Finanzamt, Reichsfluchtsteuerstelle, Gesundheitsamt, Bezirks- und Stadtschulrat und so weiter. Um diesen komplizierten bürokratischen Prozess zu vereinfachen, wurde im August im Rothschild-Palais an der Prinz-Eugen-Straße, gegenüber dem Belvedere, die »Zentralstelle für jüdische Auswanderung« eröffnet. Stellte man sich am Abend vorher an, konnte man am nächsten Tag dort abgefertigt werden und einen gültigen deutschen Reisepass mit einem roten »J« für »Jude« erhalten. Die Deutschen hatten das auf Verlangen der Schweizer Behörden eingeführt, die einen besonderen Sichtvermerk für jüdische Emigranten forderten. Mein geschickter Bruder, der erst im November 1938 siebzehn Jahre alt wurde, konnte sich mittlerweile einen Ausweis als zionistischer Funktionär des Keren Kayemet, des Jüdischen Nationalfonds, beschaffen. Das ermöglichte uns den Eintritt in die Auswanderungsstelle ohne langes Anstehen. Es war eine geniale Erfindung: In einem großen Saal stand eine lange Reihe von Tischen, an denen Beamte der verschiedenen Ämter saßen, die unsere Ausreisebewilligung wie am Fließband mit einem Stempel beglaubigten. Am Ende dieses Prozesses mussten wir unseren deutschen Reisepass mit allen Unterlagen für eine letzte Bestätigung einem SS-Offizier vorweisen. Das war Adolf Eichmann, dessen erste größere Aufgabe darin bestand, so viele Juden so schnell wie möglich aus Wien und der Ostmark wegzuschaffen. In diesem Sinn kooperierte Eichmann auch mit Ehud Überall, einem wichtigen Funktionär im Palästina-Amt in der Marc-Aurel-Straße. Gemeinsam organisierten sie illegale Schiffstransporte über die Donau und das Schwarze Meer nach Palästina. Ehud Überall, ein enger Freund von Teddy Kollek und Mitarbeiter von David Ben-Gurion, wurde 1948 unter seinem hebraisierten Namen Avriel als erster israelischer Botschafter in Prag bekannt. Zuvor hatte er mit Genehmigung der Sowjetunion wichtige Waffentransporte aus der Tschechoslowakei in das jüdische Palästina organisiert.

Die von Eichmann organisierte beschleunigte Auswanderung der österreichischen Juden führte dazu, dass von allen Ländern unter der Nazi-Herrschaft die größte Anzahl von Juden aus Österreich die Shoah überlebte. Von den 195 000 Juden, die im März 1938 in Österreich lebten – allein in Wien waren es 180 000, zehn Prozent aller Einwohner der Hauptstadt –, konnten 130 000 noch rechtzeitig auswandern, sogar noch 1940, nach Beginn des Zweiten Weltkriegs. Ein Drittel, 65 000, ist in Vernichtungslagern umgekommen.

Maxi konnte ein Jugend-Alijah-Zertifikat nach Palästina bekommen, um sich dort im Kibbuz Gvat in der Nähe von Haifa einer Gruppe aus Wien anzuschließen. Ich gehörte zu der ersten Gruppe von fünfzig jüdischen Kindern aus Wien, Graz, Linz und Wiener Neustadt, die aus über tausend Auswanderungskandidaten in einem mehrstufigen Auswahlverfahren ermittelt wurden. So besuchte ich im September mit zweihundert Kindern für vier Wochen ein Vorbereitungsseminar in einer Schule in der Schiffamtsgasse im 2. Bezirk. Es war ein schwieriges Zusammensein, denn wir standen in harter Konkurrenz. Jeder wusste, dass nur einer von vier Teilnehmern nach Palästina fahren durfte. Sinai Ucko, ein Lehrer aus der Ahawah-Schule bei Haifa, und Aron Menczer, ein jüdischer Führer der Jugendbewegung Gordoniah aus Wien, trafen die Auswahl. Menczer war beliebt bei allen Kindern, die sehr an ihm hingen. Er erhielt Erlaubnis von der Gestapo, die Gruppe bis nach Triest zu begleiten, unter der Bedingung, dass er sofort zu seinen Kindern in der Gordoniah zurückkehren würde. Menczer hielt sein Versprechen und kam nach Wien zurück. Später durfte er sogar noch einmal eine Jugendgruppe bis nach Palästina begleiten, wo seine Brüder inzwischen lebten, trotzdem kehrte er wieder zu seinen Kindern zurück. 1942 wurde er nach Theresienstadt deportiert und schließlich in Auschwitz mit vertriebenen jüdischen Waisenkindern aus Polen ermordet. Aron Menczer war der österreichische Janusz Korczak.

Ich erinnere mich sehr genau an den letzten Teil des Vorbereitungsseminars: Wir sollten in einem Aufsatz begründen, warum wir nach Palästina, nach Eretz Israel, fahren wollten. Ich erwähnte sehr wohl, dass ich bereits die Aussicht auf ein Children's Permit nach England hatte und dass meine Familie auf ein Affidavit aus Amerika warte, ich sei aber entschlossen, nur nach Palästina auszuwandern, das Land, aus dem man mich nicht mehr vertreiben könne. Am nächsten Tag wurde ich vor Aron Menczer und Sinai Ucko zitiert. Mit vorwurfsvoller Stimme fragten sie mich: »Wenn du solche günstigen Möglichkeiten hast, aus Nazi-Wien auszuwandern, warum nimmst du einen Platz zur Fahrt nach Palästina in Anspruch, auf Kosten anderer Kinder, die keine Möglichkeiten haben, von hier wegzukommen?« Ich antwortete mit fester Stimme: »Das ist meine Wahrheit. Wolltet ihr, dass ich in meinem Aufsatz lüge? Ich werde von hier nur nach Palästina fahren, ob ihr mich mitnehmt oder nicht.« Vielleicht überzeugte sie meine Entschlusskraft, vielleicht hatten sie Mitleid mit mir, weil mein Vater im KZ saß: Jedenfalls zählte ich zu den fünfzig Glücklichen, die wenig später abreisen durften.

Vom 31. Oktober 1938, dem Tag, an dem ich nur knapp meiner Verhaftung und Deportation zur Zwangsarbeit entging, habe ich bereits berichtet. Am nächsten Tag kehrte ich Wien für lange Jahre den Rücken. Auf dem Weg zum Südbahnhof nahm ich Abschied von den beiden Großmüttern in der Kochgasse. Omama Frimtsche versorgte uns mit Reiseproviant. Der Gedanke, dass ihre Enkelkinder jetzt doch nach Palästina fahren würden, machte ihr große Freude.

Im Jugendheim der Ahawah

Die lange Nachtfahrt nach Triest war anstrengend und traurig. Wir spürten zwar Erleichterung, dem Nazi-Wien entkommen zu sein, aber viele von uns ahnten wohl, dass wir unsere Eltern und Verwandten vielleicht zum letzten Mal gesehen hatten. Mit Tränen in den Augen stand ich lange am Fenster, starrte in die Nacht und hielt die Hand von Eva Weiner, der Einzigen aus unserer sogenannten Beserlpark-Gruppe, die damals mit mir nach Palästina flüchten konnte. Verängstigt fuhren wir einer ungewissen Zukunft entgegen.

In Triest bestiegen wir die *MS Galilea*, ein italienisches Passagierschiff, das fast nur jüdische Auswanderer aus Österreich an Bord nahm. Noch bevor das Schiff ablegte, erlitten wir den ersten Schock: Von nun an sah man uns fünfzig Kinder als Kollektiv und behandelte uns, ungeachtet unserer Herkunft, alle gleich. Zuerst sammelte Frau Doktor Stoessel, die uns seit Wien begleitete, das Bordgeld ein, das unsere Eltern uns mitgegeben hatten. Auch unsere vorsorglich mitgenommenen internationalen Postantwortscheine mussten wir abgeben, angeblich damit sie gerecht verteilt werden konnten. Zu guter Letzt nahm sie uns die Bonbonnieren weg, die viele als Abschiedsgeschenk bekommen hatten. Nur den Aluminiumtopf mit Marillenmarmelade und den Honigkuchen, die mir Omama Frimtsche mit auf die Reise gegeben hatte, durfte ich behalten.

Bald aber ging es auf dem Schiff munterer zu. Ein Junge unserer Gruppe spielte Ziehharmonika, wir saßen an Deck, sangen soeben gelernte hebräische Lieder und tanzten Horah im Kreis. Viel Zeit verbrachte ich mit meinem Bruder Maxi, der schon einen Tag vorher in Triest angekommen war, um dort den etlichen hundert Auswanderern, die sich mit uns nach Haifa einschifften, bei den Formalitäten zu helfen.

Das Essen im ziemlich eleganten Speisesaal mit der netten Bedienung der italienischen Kellner erinnerte mich an Besuche in Hotels und Restaurants während unserer jährlichen Sommerfrischen. Wir verdrängten die Gedanken, dass dies für uns die letzten Tage eines verwöhnten Lebens waren. Schon bald würden wir im völlig fremden und unbekannten Palästina landen.

Unter den zahlreichen Emigranten an Bord befand sich auch eine Frau Menczel aus Linz mit ihren Bulldoggen, die sie als Wachhunde züchtete. Sie wurde später in Palästina als Hundezüchterin sehr bekannt, obwohl sie noch viele Jahre kaum Hebräisch sprechen konnte. Ich erinnere mich auch, dass ich auf dem Schiff Kontakt zu den Mädchen suchte. Das war für damalige Verhältnisse ziemlich früh. Aber ich vermute, dass es damit zu tun hatte, dass ich von heute auf morgen meine Familie und mein Zuhause verlassen hatte und Wärme und Nähe suchte.

Von Bord der *Galilea* aus schrieb ich damals einen Abschiedsbrief an meine Beserlpark-Freunde: »Aber trotz allem kann ich es nicht ermessen, daß es jetzt ernst ist, daß ich Euch alle nicht mehr sehen werde (zumindest den größten Teil), daß jetzt wirklich ein neues Leben für mich beginnt und daß ich mich mit jeder Minute vom alten Leben entferne und so von allen, die ich wirklich gern hatte. Aber eines stärkt einen, daß man nach Eretz fährt und daß man für sein Volk etwas leisten kann. Ihr wart alle so lieb und so herzig [...] Ich schreibe im Rauchsalon, gerade jetzt ist Wagnerkonzert. Sonnenuntergang ist auch. Es ist unbeschreiblich ...«

Kurz vor unserer Ankunft in Haifa am 8. November meldete das Schiffsbulletin, dass der deutsche Botschaftssekretär in Paris, Ernst Eduard vom Rath, von dem jüdischen Flüchtling Herschel Grynszpan erschossen worden sei. Grynszpan protestierte damit gegen die sogenannte Polenaktion, bei der die NS-Behörden 15 000 jüdische Bürger an die polnische Grenze abgeschoben hatten. Im Niemandsland harrten diese Menschen wochenlang unter erbärmlichen Umständen im Freien aus, weil die Polen ihnen die Einreise verwehrten. Unter den Betroffenen befanden sich auch Grynszpans Eltern und Geschwister. Der NS-Führung lieferte sein verzweifeltes Attentat den Vorwand für die Pogromnacht vom 9. November 1938, in der fast alle Synagogen in Deutschland und Österreich zerstört und verbrannt wurden. Mit bis dahin unbekannter Brutalität verfolgten und ermordeten Hitlers Gefolgsleute jüdische Bürger und verwüsteten ihr Eigentum. Die zerbrochenen Glasscherben, die viele Straßen im ganzen Reich bedeckten und im Licht glitzerten, gaben diesen Pogromen den verharmlosenden Spottnamen »Kristallnacht«. In perverser Verdrehung der Schuldfrage verhängten die Nationalsozialisten über die jüdische Bevölkerung überdies die Zahlung einer Kollektivstrafe von einer Milliarde Reichsmark.

Ich fürchtete sofort, dass Grynszpans Anschlag verheerende Auswirkungen für meinen Vater haben würde, trug er doch fatalerweise den gleichen Familiennamen wie der ermordete Diplomat und war damals noch im KZ Buchenwald inhaftiert. Acht Jahre später, als ich meine Eltern wiedertraf, erzählte mein Vater, was damals geschah: Aus Rache dafür, dass er als Jude mit dem Namen Rath noch lebte, verprügelte ihn die SS-Mannschaft und nahm ihn in Einzelhaft. Die Folterungen hinterließen bei ihm ein schweres Rückgratleiden, das ihn später dazu zwang, sich bis zu seinem Lebensende in einem Rollstuhl fortzubewegen.

Bei meinem ersten Besuch in Wien im Oktober 1948 erfuhr ich zudem, dass der Müllnertempel, in dem ich im Dezember 1937 meine Bar Mitzwa gefeiert hatte, am 9. November vollkommen zerstört worden war. Unser Rabbiner Zacharias Schwarz, der Schwiegervater von Teddy Kollek, wurde verprügelt und erlitt einen Schädelbruch. Als es Teddy Kollek gelang, ihn im Frühjahr 1939 von Wien nach Palästina mitzunehmen, lebte er dort nur noch wenige Monate. Er ist am Ölberg in Jerusalem begraben.

Am 8. November 1938, einem Dienstag, liefen wir nachmittags bei strömendem Regen in den Hafen von Haifa ein. Vier Wochen später fassten mein Bruder und ich den feierlichen Entschluss, von jetzt an nur noch Hebräisch miteinander zu sprechen und zu korrespondieren – ein ziemlich radikaler Entschluss, denn wir sprachen damals nur das rudimentäre Hebräisch, das wir zur Vorbereitung auf unsere Bar Mitzwa gelernt hatten. Aber wir wollten uns symbolisch von unserer Jugend in Wien und der deutsch-österreichischen Kultur trennen. Bis heute ist Hebräisch unsere gemeinsame Sprache geblieben. Nur bei gesellschaftlichen Anlässen mit anderen Leuten, die kein Hebräisch verstehen, sprechen wir manchmal Deutsch oder Englisch miteinander.

Und wir änderten unsere Vornamen. Auch bei assimilierten Familien gab es damals den Brauch, einem jüdischen Kind zusätzlich zu seinem deutschen Vornamen einen hebräischen/jüdischen zu geben, der allerdings nicht in den offiziellen Geburtsschein eingetragen war. Da beide Großväter bei unserer Geburt nicht mehr lebten, wurde mein Bruder nach unserem Großvater väterlicherseits Meshulam genannt. Der Name ist seit Generationen in der Familie und bezieht sich auf einen Urahn, der vor mehr als zweihundert Jahren als Weiser der Thora galt. Mein deutscher Vorname klingt ziemlich germanisch: Im Geburtsschein steht »Arnold«, doch hat man mich fast mein ganzes Leben lang Ari genannt. Vielleicht war es eine Abkürzung von Arnold und meinem jüdischen Namen Aron Leib, nach unserem Großvater mütterlicherseits. Leib ist der jiddische Name für Löwe, auf Hebräisch heißt Löwe Arjeh. Der gemeinsame Nenner dieser drei Vornamen Arnold, Aron, Arjeh war dann Ari. Nach unserer Ankunft in Palästina erhielt ich zunächst den offiziellen Namen Aharon, der auch in meinem britischen Personalausweis eingetragen ist. Als ich in den fünfziger Jahren meinen israelischen Pass verlängern musste, änderte ich diesen Namen in Ari. Es war eine gute Entscheidung: Das kurze Ari hat Barrieren zu fremden Menschen oft schnell beseitigt und mir zudem den Umgang mit hohen Politikern erheblich erleichtert.

Auch Nachnamen wurden bei der Immigration nach Palästina damals hebraisiert. Meshulam und ich wollten unseren Familiennamen allerdings gerne behalten, was uns mit etwas Glück auch gelang. Wir transkribierten den Namen mit einem »Resch« und einem »Tet«; sogar David Ben-Gurion erkannte das als hebräischen Namen an, als Ableitung des Wortes »Retet« – Beben vor Freude.

Eine solche Freude empfanden wir bei unserer Ankunft im Gelobten Land, sie dauerte allerdings nur kurz: Meshulam und ich mussten uns trennen. Da er schon siebzehn Jahre alt war, hatten die Leiter der

Jugend-Alijah ihn dem Kibbuz Gvat zugeteilt. Dort, zwanzig Kilometer östlich von Haifa, lebte bereits eine Gruppe von gleichaltrigen Jungen und Mädchen aus Wien. Der Abschied fiel uns sehr schwer. Während unserer Kindheit und Jugend in Wien hatten wir oft gestritten, doch das gemeinsame Schicksal und die Schiffsreise hatten uns einander näher gebracht. Zwar hatten wir bereits bei der Abreise gewusst, dass wir in Palästina in verschiedenen Orten leben würden, doch nun schien uns diese Trennung unerträglich.

Meshulam war in Gvat sehr unglücklich. Er kannte niemanden, und die körperliche Arbeit fiel ihm schwer. Im Dezember 1938 unternahm er zu Chanukka einen ersten Ausbruchsversuch. Er schlug sich bis Haifa durch, und wir verbrachten gemeinsam bei entfernten Verwandten einige Tage zusammen. Die Leitung der Jugend-Alijah in Jerusalem und sein Madrich, eine Art Erzieher, in Gvat, Lolik, konnten jedoch in Erfahrung bringen, wo er sich aufhielt. Im persönlichen Gespräch gelang es ihnen, meinen Bruder davon zu überzeugen, in den Kibbuz zurückzukehren. Bald aber lief er erneut davon und versuchte in einem Studentenheim in Kirjat Motzkin aufgenommen zu werden. Dort wohnte sein bester Freund aus Wien, Erich/Eli Preminger, der im Technion von Haifa studierte. Zudem war es von Kirjat Motzkin nicht weit zu meinem neuen Zuhause in Kirjat Bialik, sodass wir uns öfters hätten sehen können. In seiner Einsamkeit sehnte er sich danach, mit mir zusammen zu sein. Als er sich im Studentenheim anmelden wollte, wussten die Beamten sofort, wer er war. Meshulam musste wieder nach Gvat zurückkehren und lernen, dort zu leben.

Nach dem Abschied von Meshulam im Hafen von Haifa wartete ich mit meiner Gruppe auf den Transport in die neue Unterkunft in einem Vorort der Stadt. Schließlich fuhren drei grau lackierte Busse mit vergitterten Fenstern vor. Wie wir bald erfuhren, hatte das mit den jüdisch-arabischen Kämpfen von 1936 bis 1939 zu tun, von den britischen Behörden verharmlosend »Riots« (Unruhen) genannt und auf Hebräisch als »Meoraot« (Ereignisse) bekannt. Auf Anordnung der britischen Mandatsregierung mussten daraufhin jüdische und arabische Busse gleich aussehen, um wechselseitige Überfälle zu verhindern. Die vergitterten Fenster waren Maßnahmen gegen Handgranaten.

Wir stiegen ein, fuhren aber noch lange nicht los, weil wir auf die kleinen Panzerwagen der britischen Polizei warten mussten, die uns eskortieren sollten. In den Bussen saßen die Mädchen in ihren besten Kleidern und wir Buben in den besten Anzügen, mit weißem Hemd und Schlips. Wir dachten alle an das Lied, das Aron Menczer uns beigebracht hatte: »Ein Volk zieht heimwärts in das Land seiner Ahnen, an der Spitze blau-weiße Fahnen. Tausend Jahre heimatlos, in die Heimat ziehn wir los.«

Der Weg zu unserem neuen Zuhause führte vom Hafen durch die untere arabische Stadt und dann durch arabische Vororte, damals ein gefährliches Unterfangen. In den Vorbereitungskursen in Wien hatten die Erzieher und Lehrer das heroische und idealistische Leben der jüdischen Pioniere in Palästina hervorgehoben. Dass ein Teil des Landes richtiggehendes Kampfgebiet war, ahnte ich nicht. Schon in den zwanziger Jahren war es in den Mandatsgebieten zu Gewalttätigkeiten der Araber gegen jüdische Siedlungen und britische Behörden gekommen. Als wegen des zunehmenden Antisemitismus in Europa und Hitlers Aufstieg die jüdische Zuwanderung nach Palästina von 175 000 Juden im Jahr 1931 auf 460 000 im Jahr 1939 anstieg, eskalierten die Spannungen, die wie erwähnt 1936 bis 1939 ihren Höhepunkt fanden.

Nach mehr als einer Stunde trafen wir im Ahawah-Jugendheim in Kirjat Bialik, einem Vorort von Haifa, ein. Seinen Ursprung hatte das Heim in Berlin, wo die jüdische Gemeinde 1922 ein Waisenhaus für Kriegs- und Pogromopfer eingerichtet hatte. Bis heute existiert das Schulgebäude in der Berliner Auguststraße 14/16; eine unauffällige Gedenktafel erinnert an seine Gründerin und Leiterin, Beate Berger, und an die Hausmutter Hanni Ullmann. Es ist eines der wenigen nicht renovierten Gebäude in diesem inzwischen zum Mode- und Galerienviertel avancierten Teil Berlins und wird gelegentlich für Kunstausstellungen benutzt. 1934 übersiedelte die Ahawah-Schule buchstäblich mit Kind und Kegel von Berlin nach Palästina, um Jugend-Alijah-Zöglinge aus Deutschland aufzunehmen. Beate Berger bestand auch im jüdischen

Palästina darauf, mit ihrem Titel, »Oberschwester«, angesprochen zu werden.

Für die Jugendgruppen und Lehrer aus Deutschland war die Aufnahme von 51 Kindern aus Österreich schwierig, aus sprachlichen, aber auch aus sozialen Gründen: Niemand verstand, was wir wollten, als wir nach einer »Jause« verlangten, und erst nach einigen Tagen bekamen wir nachmittags um vier Uhr eine kärgliche Brotzeit. Abschätzig blickten die deutschen Jugendlichen auf uns österreichische Juden herab, denn die Mehrheit der Wiener Juden stammte ursprünglich aus dem armen Osteuropa, aus Galizien und aus der Bukowina, aus Lemberg, Krakau und Czernowitz. Die Lehrer schritten zwar immer wieder gegen diese Vorurteile ein, bei den Kindern saßen sie aber zum Teil sehr tief. Rückblickend ist das wenig erstaunlich, denn freiwillig war ja kaum ein Kind nach Palästina ausgewandert: Für viele bedeutete die Alijah die einzige Rettungsmöglichkeit, und nur im Einzelfall hatten die Eltern ihre Kinder zionistisch erzogen.

Schonfrist gab es für uns keine. Da im Haupthaus des Ahawah-Jugendheims eine Scharlachepidemie herrschte, brachte man uns Neuankömmlinge in angemieteten Einfamilienhäusern unter, die für Eltern mit zwei bis drei Kindern vorgesehen waren, nun aber zwölf Buben und Mädchen beherbergten. Jeden Tag mussten wir fünf Stunden körperliche Arbeit leisten. Wir hackten Holz, putzten unsere Unterkunft und arbeiteten in der Küche, im Gemüsegarten und im Kuhstall, nachmittags erhielten wir vier Stunden Unterricht in Fächern wie Hebräisch, Bibelkunde, jüdische Geschichte, Palästinakunde und Landwirtschaft.

Kurz nach unserer Ankunft wurden wir alle gründlich untersucht. Zu meinem Entsetzen diagnostizierte die Ärztin bei mir einen verengten Brustkorb: »Zweimal in der Woche musst du orthopädischen Turnunterricht absolvieren«, ordnete sie an. So ging ich mehrere Monate nachmittags zu meinen Übungen. Durch das Training und die harte Arbeit war das Problem bald beseitigt.

Tief ins Gedächtnis eingeprägt hat sich mir der erste Arbeitstag in der Ahawah. Unser Betreuer, Perez Urieli, betrat morgens das Zimmer und sagte: »Ari, du musst dir heute nichts Besonderes anziehen, aber du solltest feste Unterhosen anhaben ...« Dann marschierten wir los. Auf dem Hof der Ahawah-Schule stand ein großes Holzfass auf Rädern, das wir zu unserem Haus zogen. Dann sagte Perez: »Also, lieber Ari, hier ist die Senkgrube und die musst du leeren.« Er drückte mir einen Eimer an einem Seil in die Hand und blickte mich aufmunternd an. Ich war zutiefst schockiert. Aber Perez wollte mich keineswegs schikanieren. Es war eine unappetitliche, doch notwendige Arbeit, denn sonst wären die Latrinen wegen der Überbelegung der Unterkünfte übergelaufen. Rückblickend nenne ich diese Episode meine »Jauchentaufe«. Danach empfand ich alles andere als Kinderspiel, der Geruch von Kuhmist kam mir vor wie angenehmer Duft.

Perez Urieli hieß ursprünglich Franz Hainebach. Der gelernte Pädagoge hatte schon in Deutschland in jüdischen Jugendheimen als Madrich gearbeitet. Die vielfach verwendete Übersetzung »Erzieher«, »Lehrer« oder »Betreuer« gibt die umfassende Bedeutung des hebräischen Wortes »Madrich« beziehungsweise »Madricha« nur unzureichend wieder; wörtlich übersetzt bedeutet »Madrich« »Wegweiser«. So begleitet der Madrich den Zögling auf seinem Weg, er unterrichtet ihn, aber er steht ihm auch als persönlicher Betreuer und Seelsorger zur Seite. Mit seiner Erfahrung und umfassenden Bildung wurde Perez Urieli bald zu einer Art Vaterfigur für uns elternlose Kinder.

Die pädagogischen und kulturellen Werte der Ahawah-Erziehung haben mich für mein Leben geprägt. Ahawah heißt auf Deutsch Liebe, und so zeigt sich schon in der Namenswahl das pädagogische Selbstverständnis dieser Einrichtung. Im Berlin der frühen zwanziger Jahre existierten viele reformpädagogische Ansätze, die das Wohl des Kindes in das Zentrum aller Bemühungen rückten und neuartige, weniger autoritäre Erziehungsmethoden erprobten. So war körperliche Gewalt gegen Kinder absolut tabu. Körper, Geist und Seele wurden hier gleichermaßen gefördert und gebildet.

Während der Schawuot-Feiertage (das Wochenfest, das etwa fünfzig Tage nach Pessach gefeiert wird) versammelten wir uns in dem kleinen Amphitheater vor dem Speisesaal, um an Debatten über philosophische und religiöse Themen teilzunehmen, die »offenes Gericht« genannt wurden. Es gab Ankläger, Verteidiger und Richter, deren Aufgabe es war, zu den betreffenden Fragen Stellung zu nehmen – eine originelle Art und Weise, das Interesse von jungen Menschen für eher schwierige Themen zu wecken. Es kamen Gelehrte wie Martin Buber und Ernst Simon und diskutierten mit uns Jugendlichen die Bedeutung der »Republik« von Plato oder das Gebet »Aleinu leschabeach la' adon Hakol« – »Wir sollen den Herrn des Alls preisen«, das mindestens dreimal am Tag als Schlussgebet gesagt wird. Es spricht dem Herrn den Dank aus, »dass er uns nicht wie die Völker der Länder erschaffen hat«, und lobt die Herrlichkeit und Ewigkeit des jüdischen Gottes, vor der man »knien und sich niederwerfen soll«. Schon als Fünfzehnjähriger hatte ich Probleme mit dem Text dieses Gebets, das auch »die Herrlichkeit Deiner Stärke« zu sehen erwartet, »um Götzen von der Erde zu beseitigen, Abgötter gänzlich auszurotten und die Welt zu vervollkommnen als Reich des Allmächtigen«. Die übermächtige Kraft, die hier dem jüdischen Gott zugesprochen wird, ist mit meiner von Toleranz geprägten Lebensauffassung unvereinbar. Auch die Verwendung des hebräischen Worts »Gojim« für die Völker der Länder bereitet mir bis heute Schwierigkeiten, denn es wurde zu einem eher negativen Begriff für Menschen, die nicht jüdisch sind.

In der besten Tradition unserer in Deutschland aufgewachsenen Lehrer spielte Musik eine wichtige Rolle bei unserer Erziehung. Zweimal in der Woche hatten wir Chorunterricht mit dem damals bekannten Musikologen Bernd Bergel, der uns neben hebräischen Pflichtliedern klassische Chorwerke beibrachte. Er war der Neffe des deutsch-jüdischen Schriftstellers Sami Gronemann und komponierte auch selbst. Perez Urieli veranstaltete zudem regelmäßig Abende mit klassischer Musik mit seinem alten Grammofon, das man nach Abspielen jeder Schallplatte ankurbeln musste. Im Sommer, am Ende des Schuljahrs, bereiteten wir mit Unterstützung von Bernd Bergel und Perez Urieli eine Opernaufführung vor. Perez schrieb satirische Texte über unser Leben in der Ahawah zu bekannten Arien aus »Carmen«, »Aida« oder der »Zauberflöte«. So sangen wir die Adaption zur Melodie des Chors der Gassenjungen in »Carmen«: »Imdu na, Hassissma: lo nasus mipo.« – »Bleibt stehen, die Losung ist: Wir werden nicht von hier weichen.«

Obwohl Perez Urieli und unsere Hausmutter Hadassah Chavkin, eine der wenigen aus Polen stammenden Erzieherinnen, uns liebevoll und einfühlsam zu trösten versuchten, litten wir unter starkem Heimweh. Wir 51 Buben und Mädchen aus Österreich wurden dem Alter nach in drei Gruppen aufgeteilt. Als Jüngster rutschte ich gerade noch in die Gruppe der über Vierzehnjährigen. Nach acht Jahren als Klassen-Benjamin in der Schubertschule und im Wasagymnasium in Wien war ich daran gewöhnt. Vielleicht bot diese Rolle sogar einen Vorteil, denn so musste ich mich früh gegen die Älteren durchsetzen und beweisen, dass ich ihnen gewachsen war und eine bestimmte Position einnehmen konnte. Ich freundete mich auch mit etwas älteren Mädchen unserer Gruppe an.

Perez wählte für unsere Gruppe den Namen »Choter« (Sprössling), der ein Symbol der Erneuerung sein sollte. In der Bibel heißt es: »Und es ist ein Zweig aus dem Stamm Jesse gewachsen.« Einer, der gut zeichnen konnte, malte einen alten, abgesägten Stamm, aus dem ein junger, grüner Zweig spross. Für drei Jahre hing das Bild als Symbol der »Choter«-Gruppe in unserem Speisezimmer.

Jede Gruppe bewohnte einen Flügel des zweistöckigen Wohnhauses der Ahawah. Zu viert lebten wir in sechzehn Quadratmeter großen Zimmern zusammen, aufgeteilt nach Jungen und Mädchen. Für die persönliche Habe wie Wäsche und Bücher mussten wir uns mit einem würfelförmigen Kasten von einem halben Meter Durchmesser begnügen. Tag und Nacht verbrachten wir zusammen, es gab keinen Winkel, um sich zurückzuziehen. Besonders in den Jahren der Pubertät führte das häufig zu Spannungen. Bis heute erinnere ich mich an das Unbehagen, das mir das Benutzen der Gemeinschaftsdusche bereitete. Neugierig verglichen die Jungen meiner Gruppe, wie weit die körperliche Entwicklung fortgeschritten war. Wer den größten Penis oder die dichteste Schambehaarung vorweisen konnte, wurde bewundert, die anderen erbarmungslos gehänselt.

An einem Ende des Korridors mit sechs Zimmern befand sich eine Gemeinschaftsdusche, am anderen ein größerer Essens- und Aufenthaltsraum. Dort nahmen wir das gemeinsame Frühstück und Abendessen ein und trafen uns in der freien Zeit zu Brett- und Kartenspielen. Einmal wöchentlich hielt Perez Urieli hier eine Gruppenbesprechung ab, bei der wir Konflikte und Anliegen besprachen, aber auch über die politische Situation in Palästina und, nach September 1939, über den Kriegsverlauf diskutierten. Ab diesem Zeitpunkt heftete Perez eine große Karte von Europa an eine Wand, auf der wir besorgt die Entwicklungen an den Kriegsfronten verfolgten. Auch für den Abend mit Sockenstopfen bei Musikbegleitung wurde der Versammlungsraum genutzt.

Im Oktober 1939, knapp ein Jahr nach unserer Ankunft in der Ahawah, beauftragte mich Perez, gemeinsam mit anderen eine Ausstellung vorzubereiten, die eine Bilanz unseres ersten Ahawah-Jahres darstellen sollte. Für die Ausstellung sammelten wir Fotos und zeichneten Plakate, die deutlich machten, wie sehr sich unser Leben in nur zwölf Monaten geändert hatte. Als Motto nannte uns Perez einen Spruch von Josef Chaim Brenner, einem Schriftsteller der zionistischen Arbeiterbewegung, der 1921 während des ersten arabischen Aufstands gegen die jüdische Einwanderung in seinem Haus in der Nähe von Jaffa ermordet worden war. Es lautete: »Die Freiheit des Menschen ist das Teuerste von allem, und die Freiheit liegt in der Arbeit.« Im Rückblick erschreckt mich die Ähnlichkeit zu dem berüchtigten Nazi-Spruch »Arbeit macht frei« über dem Eingangstor von Auschwitz.

Die Versuche von Perez Urieli, sogenannte »Seelengespräche« zu führen, stießen bei mir auf wenig Anklang, zumal ich eines Abends eine schlimme Enttäuschung erlebte. Als einer der Letzten sollte ich nach dem Abendessen in Perez' kleine, mit Bücherregalen gefüllte Wohnung zum Gespräch kommen. Trotz meiner Hemmungen erzählte ich ihm von meinen Schwierigkeiten mit meinem Rivalen Schraga Weinreb, einem religiösen Jungen aus meiner Gruppe. Schraga war vier Monate älter als ich und körperlich weiter entwickelt. Im Alter sind wir zwar noch Freunde geworden, aber damals quälte er mich mit seiner Kraft. Vieles kommentierte Schraga abfällig, zudem produzierte er sich vor den Mädchen. Als ich Perez um Rat fragte, antwortete er lange nicht: Erschöpft war er in seinem Ledersessel eingeschlafen. Ich schlich mich leise aus der

Tür und ging traurig in mein Zimmer zurück. Von nun an behielt ich meine Gefühle bei mir und versuchte meine Probleme allein zu lösen.

Wer heute nach Israel reist, vermag sich nicht vorzustellen, wie karg die Bevölkerung in Palästina damals lebte. »Zena«, Bescheidenheit, war eine von den Umständen erzwungene, im Laufe der Zeit aber auch zu einer Tugend stilisierte Notwendigkeit. Längst ist sie einer erschreckenden Geldgier gewichen. Trotz moderner Städte wie Tel Aviv und Haifa und der Errichtung zahlreicher Kibbuzim war das Land noch sehr arm und unterentwickelt. Der Unterschied zu Mitteleuropa, in dem wir aufgewachsen waren, hätte kaum größer sein können: Schmale staubige Straßen führten durch armselige Vororte, in denen Arbeiter noch in Blech- und Holzhütten wohnten. Kleine, neue jüdische Siedlungen grenzten an Dörfer von Arabern und Beduinen. Die Briten kümmerten sich wenig um die Modernisierung der Landwirtschaft und um die Errichtung von Industrien. Viele Teile des Landes mussten noch trockengelegt, weite Flächen des künftigen Ackerlandes mühsam von Steinen befreit werden. Zwar meisterten viele der Neuankömmlinge diese Herausforderungen mit eisernem Willen, andere aber erkrankten an Gelbsucht und Malaria.

Damals gab es eine große, von einem Tschechen gegründete Textilfabrik namens »Ata« in einem Vorort von Haifa, die das ganze Land einkleidete: So waren fast alle khakifarben gekleidet. Wer aus der alten Welt kein Mobiliar mitgebracht hatte, erhielt einige spartanische Möbel für seine Einrichtung. Auch die Nahrungsmittelversorgung war in der Regel sehr knapp, was wir auch in der Ahawah deutlich zu spüren bekamen: Während der Woche bestand unser Frühstück aus Brot mit Margarine, am Schabbat erhielt jeder von uns eine Scheibe Challah (Weißbrot). Ein Butterpaket von hundert Gramm wurde in zehn Portionen eingeteilt, die hoben wir uns zum krönenden Abschluss des Frühstücks auf. Wir aßen viel Gemüse, wobei Auberginen eine wichtige Rolle spielten. Man kochte daraus Gerichte, die ähnlich wie gehackte Leber schmeckten oder wie panierte Schnitzel. Süßigkeiten gab es fast gar nicht, außer ab und zu ein wenig Chalwa, eine Süßigkeit aus Sesam und Honig. Die Jause bestand aus Broten mit verdünnter Marmelade und wässrigem

Kakao. Manchmal brachen wir nachts in die Speisekammer ein, um an getrocknete Zwetschken, Marillen und Chalwa zu kommen.

Eine Ausnahme bildeten meine gelegentlichen Ausflüge mit dem Fahrrad nach Kirjat Chaim, dem Arbeitervorort Haifas, zur Familie Eisenstein, entfernten Verwandten von Omama Frimtsche. Alle paar Wochen luden sie mich zu Tee und Kuchen ein, den wir im Esszimmer unter einem großen Porträt von Theodor Herzl einnahmen. Die Menschen hatten damals so wenig, dass sie ihre Häuser gar nicht erst abschlossen. Man vertraute den Nachbarn, aber es wäre auch nichts zu holen gewesen.

Im Frühjahr 1939 bekam unsere Gruppe Zuwachs in Gestalt der Geschwister Ilse und Jehuda Epstein aus Breslau. Wenige Monate zuvor waren sie mit ihren Eltern mit einem sogenannten »Kapitalisten-Zertifikat« eingewandert, das bedeutete, dass man den Besitz von tausend britisch-palästinensischen Pfund vorweisen musste, damals ein erheblicher Betrag. Mutter Epstein, eine große, elegante, hübsche Dame, eröffnete ein Parfümeriegeschäft auf der Ben-Jehuda-Straße in Tel Aviv, Vater Epstein, ein Rechtsanwalt, konnte allerdings ohne Englisch, Hebräisch und die schwierigen Aufnahmeprüfungen in die palästinensische Rechtsanwaltskammer seinen Beruf nicht ausüben. Obwohl die Mitglieder unserer Gruppe mit wenigen Ausnahmen aus Österreich stammten, zogen die Epstein-Eltern es vor, ihre Kinder zu uns in die Ahawah zu schicken und nicht in eine hebräische Mittelschule in Tel Aviv. Vielleicht war einer der Gründe der, dass sie Rabbiner Sinai Ucko aus Breslau kannten, unseren Lehrer für Bibelkunde und Jüdische Zeitgeschichte.

Bei ihrer Ankunft erhielt Ilse den hebräischen Namen Alisah, die Fröhliche. Fast auf den ersten Blick verliebte ich mich in das bildhübsche Mädchen mit den eindringlichen blaugrauen Augen. Obwohl Alisah eineinhalb Jahre älter war als ich, wurde sie zu meiner ersten großen Liebe. Jeden Moment unserer Freizeit verbrachten wir zusammen, denn wir ahnten wohl, dass wir nicht viel Zeit miteinander haben würden. Die Freude an dieser ersten Liebe war oft von düsteren Sorgenwolken überschattet. Gemeinsam lasen wir Goethes »Die Leiden des jungen Werther« und summten leise die Melodie des Trauermarsches von Chopin, wann immer wir gemeinsam zum Abwasch eingeteilt waren. Im Frühjahr 1940 erfüllten sich unsere Befürchtungen. Von Anfang an hatten Alisahs Eltern unsere Liebelei argwöhnisch beobachtet, und nun holten sie Alisah, noch vor ihrem siebzehnten Geburtstag, zurück nach Tel Aviv.

Zehn Monate nach unserer Ankunft in Palästina begann der Zweite Weltkrieg. Die Verbindungen nach Europa wurden immer brüchiger. Zum großen Glück unserer Familie gelang es allen meinen engeren Verwandten, bis Juli 1939 nach Kuba auszuwandern, wo sie auf die polnische Einwanderungsquote in die Vereinigten Staaten warten mussten, da ihre Geburtsorte im polnischen Teil der österreichisch-ungarischen Monarchie lagen. Meine zweite Mutter Rita und meine zweieinhalb Jahre alte Halbschwester Henny trafen als Letzte mit einem Schiff aus Bremen in Havanna ein. Schon vorher hatte ich erfahren, dass unser Vater bereits Anfang 1939 in Kuba angekommen war. Unter der Bedingung, dass er auf sein ganzes Vermögen verzichte und binnen 48 Stunden Deutschland verließe, war er aus dem KZ Buchenwald entlassen worden. Im Herbst 1941 gelang es meinen Eltern und meiner Schwester, nach New York einzureisen.

Da ich schon in der zweiten Volksschulklasse angefangen hatte, Zeitungen zu lesen, war ich froh, dass die Ahawah-Schule die Schweizer *Weltwoche*, eine wichtige Nachrichtenquelle, bezog. Ich konnte zwar die hebräische Tageszeitung der Arbeiterbewegung, *Dawar*, entziffern, aber die brachte nur wenige Nachrichten aus dem Ausland. Wegen der Neutralität der Schweiz erreichte uns die *Weltwoche* auch während des Krieges einigermaßen regelmäßig, wenn auch mit einigen Wochen Verspätung. Nur wer sich anmeldete, konnte am Schabbat oder abends das kostbare Exemplar studieren, das der »Choter«-Gruppe zustand. Als einer von wenigen las ich diese Zeitung jedes Mal gründlich, um mich über den Verlauf des Krieges und die politischen Entwicklungen auf dem Laufenden zu halten.

Einer der seltenen Briefe, die mein Bruder und ich damals erhielten, war der Abschiedsbrief, den Omama Frimtsche im Juni 1940 aus Stryj nach Palästina geschickt hatte. Sie schrieb, dass sie alt und schwach sei und spüre, dass ihr Leben bald zu Ende gehe. Sie sei so glücklich, dass wir beide nun in Eretz Israel lebten, und vermachte meinem Bruder und mir ihr Haus in der Kraszewskiego-Straße 1. Als polnischer Jüdin hatte man ihr 1938 die Aufenthaltsgenehmigung für Österreich entzogen, und so hatte sie Anfang 1939 in ihren Geburtsort nach Galizien zurückkehren müssen. Dort starb sie im Juni 1940 während der sowjetischen Besatzung. 2008 habe ich Stryj besucht und mich auf die Suche nach ihrem Grab gemacht.

Einige Wochen nach Omama Frimtsches Brief bekamen wir im Sommer 1940 zum ersten Mal die Auswirkungen des Zweiten Weltkriegs unmittelbar zu spüren. Heute wird oft vergessen, wie stark auch Palästina involviert war. Anfang 1940 erklärte Italien Frankreich und Großbritannien den Krieg. Im Juni, Juli und August flogen italienische und deutsche Flugzeuge erste Angriffe auf das britische Mandatsgebiet in Palästina. Wichtige strategische Ziele waren der Hafen von Haifa sowie die erst 1939 fertiggestellte britische Ölraffinerie in der Bucht von Haifa. Am 9. September folgte von Rhodos aus ein Angriff der italienischen Luftwaffe auf Tel Aviv. Unter den Bombardements starben 120 Menschen, mehr als 90 wurden verletzt. Besonders hart traf es ein Wohngebiet in der Pinskerstraße im Zentrum der Stadt, zwischen der Allenbystraße und dem Dizengoffplatz.

Die Nachricht beunruhigte mich sehr, denn Tante Adele, die Schwägerin meiner Mutter, und ihre beiden Töchter lebten in ihrem Haus in der Jarkonstraße direkt am Tel Aviver Strand. Außer meinem Bruder waren Adele und ihre Töchter die einzigen engeren Verwandten in Palästina. So bat ich den Kunstlehrer in der Ahawah, Moses Calvary, um drei Tage Urlaub, damit ich in Tel Aviv nach dem Rechten sehen konnte.

Den ersten Teil der Strecke von Kirjat Bialik nach Tel Aviv legte ich per Autostopp zurück, in einem großen arabischen Lastwagen, der aus dem Irak über Jordanien bis ans Mittelmeer und von dort weiter Richtung Ägypten fuhr. Obwohl die beiden Fahrer darauf bestanden, ich solle zwischen ihnen sitzen, wählte ich einen Platz an der Tür. Nach ein paar Minuten Fahrt unternahmen die beiden bereits die ersten Annäherungsversuche und tätschelten meine nackten Oberschenkel. Entsetzt sprang ich an der nächsten Kreuzung aus der Fahrerkabine und nahm für den Rest des Weges den Bus.

Am frühen Nachmittag erreichte ich das Haus von Tante Adele, das zu meiner Erleichterung völlig unversehrt war. Meine Cousinen verbrachten den Nachmittag mit Freunden am Strand. Statt sich nach mir oder meinem Bruder zu erkundigen, verwickelte mich Tante Adele bei einer Tasse Tee in ein quälendes Gespräch: »Weißt du eigentlich, wie deine Mutter gestorben ist?«, fragte sie. Ich antwortete, dass ich ja erst ein Jahr danach überhaupt von ihrem Tod erfahren hätte und deshalb wenig wisse. Genüsslich breitete Adele jetzt die Details des Selbstmordes aus und deutete dabei an, dass mein Vater ein Verhältnis mit seiner Prokuristin gehabt habe. Die schwere Krankheit meiner Mutter erwähnte sie mit keinem Wort. Ich hörte das alles zum ersten Mal und hatte das Gefühl, den Boden unter den Füßen zu verlieren. Aber das stachelte Tante Adele nur weiter an. Völlig verstört verabschiedete ich mich so schnell wie möglich.

Für den gleichen Nachmittag hatte ich auch einen Besuch bei Familie Epstein verabredet, um Alisah wiederzusehen. Um mir die Aussichtslosigkeit unserer Beziehung vor Augen zu führen, hatten Alisahs Eltern für diesen Nachmittag einige ihrer Verehrer eingeladen, darunter auch ihren künftigen Verlobten. An eine Zukunft mit ihr war nicht zu denken, das verstand ich sofort. In meiner Verzweiflung versuchte ich mich – als Fünfzehnjähriger! – bei der Jewish Agency freiwillig zum britischen Militär zu melden. Natürlich schickten sie mich zurück. Auch der Apotheker machte meine aufkeimenden Selbstmordgedanken sofort zunichte, indem er sich weigerte, einem Minderjährigen ohne Rezept Veronal zu verkaufen. Niedergeschlagen fuhr ich nach Haifa zurück.

In der Ahawah erwartete mich Moses Calvary, um zu hören, wie es mir in Tel Aviv ergangen sei. Ich erzählte ihm vom Gespräch mit meiner Tante und davon, keinerlei eigene Erinnerungen an meine Mutter zu haben. Calvary hatte seine Eltern ebenfalls früh verloren und verstand deshalb, was es für mich bedeutete. Ihm hatte einst Julia Neumann geholfen, die Frau des berühmten Psychoanalytikers und C.-G.-Jung-Schülers Erich Neumann. Beide waren typische Jeckes, hatten vor 1933 in Berlin gelebt und dort geforscht. Nun kämpften sie in Palästina um ihre Existenz. Erich Neumann unterhielt eine psychotherapeutische Praxis und versuchte sein geringes Einkommen mit Vorlesungen über Tiefenpsychologie aufzubessern. Um das Haus der Neumanns in der Gordonstraße direkt am Meer bildete sich ein Kreis Intellektueller, der sich für Jungs theoretische Psychologie interessierte. Julia Neumann spezialisierte sich auf Chiromantie, die Analyse von Handform und Handlinien. Calvary war sicher, dass sie mir einiges über meine Mutter sagen könnte.

Wenige Wochen später saß ich mit Julia Neumann über dem Tintenabdruck meiner rechten Hand. Sie meinte, dass es in meiner Familie ein musikalisches Talent gebe, das jedoch nicht ich, sondern ein naher Verwandter besitze. Tatsächlich spielte mein Bruder Meshulam hervorragend Klavier und verfügte über ein besonderes Improvisationstalent. Meinen Vater charakterisierte sie als jähzornig und streitsüchtig, ermahnte mich aber, ihn nicht zu kritisch zu beurteilen. Hingegen sei meine Mutter sehr gütig gewesen, hilfsbereit und wohltätig. Ähnliches hatten auch Verwandte berichtet. Julia Neumann meinte, ich sei charakterlich meiner Mutter viel ähnlicher als meinem Vater. Erleichtert und getröstet verließ ich ihre Praxis. Beim Abschied versprach sie, den Abdruck aufzuheben, falls ich wieder einmal Rat benötigen sollte. Im Juni 1946 machte sie dann einen neuen Handabdruck und verglich ihn mit dem alten. Nun attestierte sie mir große Begabung im Umgang mit anderen Menschen. Entgegen ihren Gepflogenheiten wagte sie sogar einen Blick in die Zukunft: »Bald werden sich Ihnen ganz neue Welten eröffnen.« Ein letztes Mal sah ich Julia Neumann 1978, als ich in der ägyptischen Botschaft etwas zu erledigen hatte und während der Wartezeit in ihrer Praxis vorbeischaute. Wieder verglich sie die alten Abdrücke mit dem neuen und sagte mir diesmal, was ich damals längst wusste: dass ich eine Begabung zum Schreiben hätte.

Im Frühjahr 1941 erlebten wir die nächtlichen Bombardements der deutschen Luftwaffe, die im Vichy-treuen Damaskus stationiert war. Die Truppen von Feldmarschall Rommel standen damals schon in Marsa Matrukh an der westlichen Grenze von Ägypten. Die britischen Behörden trafen Vorbereitungen, Palästina eventuell bis in die Berge von Galiläa zu räumen, falls es Rommels Afrikakorps gelingen sollte, Ägypten zu erobern.

Die Haganah, die offizielle Untergrundarmee des Jischuw, also der damals knapp 500 000 Einwohner zählenden jüdischen Gemeinde in Palästina, war entschlossen, in diesem Fall gegen die deutschen Truppen auch allein zu kämpfen und am Carmelberg südlich von Haifa Widerstand zu leisten. Bis heute kann man in den engen Schluchten des Carmelbergs große überwachsene Betonblöcke finden, mit denen er zu einer Festung ausgebaut werden sollte. Die Briten entwickelten zudem eine effektive Abwehrmethode gegen die Angriffe der Luftwaffe: Zwischen Ballons, die in viertausend Meter Höhe schwebten und am Boden verankert waren, spannten sie Netze. Das zwang die feindlichen Flugzeuge, höher zu fliegen, wodurch deren Zielgenauigkeit verringert war.

Zahlreiche Bomben fielen auch auf die Felder der Ahawah-Schule. Für einige Wochen wurden wir sogar in ein religiöses Jugendheim zehn Kilometer östlich von Haifa evakuiert. Wie Flüchtlinge wanderten wir mit unseren Rucksäcken die ganze Strecke an arabischen Dörfern und Feldern entlang bis Kfar Chassidim, das Dorf der Frommen.

Ende Mai, Anfang Juni 1941 marschierten dann hinter unserer Schule ganze Regimenter der alliierten Truppen auf; es waren zumeist australische und neuseeländische Soldaten, die sogenannten ANZAC-Einheiten. Gegen Abend brachten wir den freundlichen Soldaten Kuchen und Kaffee, um sie vor ihrem Abzug an die Front noch einmal zu stärken. Von Haifa aus zogen sie nach Norden Richtung Libanon und Syrien, die das Vichy-Regime unterstützten. Da während des Weltkriegs andere Gesetze galten, ließen die britischen Behörden 43 Haganah-Offiziere frei, um die Alliierten bei diesem Feldzug zu unterstützen; darunter befand sich auch Moshe Dayan, der später zu einem der wichtigsten militärischen Strategen und Politiker in Israel werden sollte. Dayan kannte das Terrain im Süd-Libanon und führte die Spähtruppen der Alliierten auf der Straße nach Beirut. Als er von einem Hügel zwanzig Kilometer nördlich der Grenze zwischen Palästina und dem Libanon mit einem Feldstecher auf eine Brücke spähte, traf ihn ein französischer Scharfschütze. Dayan wurde schwer verletzt und verlor sein rechtes Auge. Vierzig Jahre lang, bis zu seinem Tod im Herbst 1981, war Dayans schwarze Augenklappe sein Kennzeichen in der ganzen Welt.

Im Sommer 1941 wurden der Libanon und Syrien von den Truppen der Alliierten eingenommen; danach entspannte sich die Lage ein wenig. Es dauerte jedoch noch ein halbes Jahr, bis nach der Schlacht bei El-Alamein der Rückzug von Rommels Afrikakorps aus Nordafrika begann.

Der junge Kibbuznik

Anfang September 1941 beendete ich nach kaum drei Jahren meine Schulzeit in der Ahawah und galt nun als erwachsen, obwohl ich noch nicht einmal siebzehn Jahre alt war. Um etwas für das Land und für die Gemeinschaft zu leisten, hatte ich mit dreißig anderen Mitgliedern unserer »Choter«-Jugendgruppe bereits im Frühjahr eine neue Kerngruppe gegründet, in der wir uns auf das Leben in einem eigenen Kibbuz vorbereiten wollten.

In der Ahawah hatten wir eine traditionell religiöse Erziehung genossen, dazu gehörte das Studium des Tanach, der fünf Bücher von Moses und der Propheten des Alten Testaments. Außerdem hatten wir Unterricht in jüdischer Geschichte. Der Schabbat und die jüdischen Feiertage wurden regelmäßig eingehalten. Viele von uns wurden dadurch stark geprägt. Die meisten Kibbuz-Siedlungen waren aber wegen ihrer sozialistischen Ideologie säkular. Ich hoffte, in der Tradition unserer gemeinsamen Erziehung in der Ahawah einen liberal gesinnten Kibbuz zu gründen, in dem säkulare und religiöse Mitglieder zusammenleben würden.

Anfang 1940 waren vier Jungen und zwei Mädchen aus Italien zu unserer Gruppe gestoßen. Sie stammten aus hochangesehenen jüdisch-italienischen Familien, die relativ gute Beziehungen zu den italienischen Behörden unterhielten. So konnten sie noch ein halbes Jahr nach Kriegsbeginn in das britische Mandatsgebiet Palästina einwandern. Ihre Familiennamen waren damals in Italien ziemlich bekannt: die Geschwister Channah und Jehuda Morpurgo, Nurit Ravenna, Baruch »Chichio« Sermonetta, Schaul Ventura und Schmuel Pontecorvo, der einzige Säkulare der Gruppe. Ich freundete mich schnell mit ihnen an, wollte aber auch weiterhin mit den frommen Mitgliedern unserer Wiener Gruppe zusammenleben. Unterstützung für unsere ungewöhnliche Idee erhielten wir von Berl Kaznelson, dem führenden Ideologen der Arbeiterpartei Mapai, der die Ansicht vertrat, dass Religion nicht parteipolitisch genutzt werden sollte. Gleichwohl befürwortete er, anders als viele andere jüdische Linke, die Erhaltung jüdischer Werte. Jüdische Feiertage sollten gefeiert werden, allerdings in Verknüpfung mit säkularen Inhalten. Für den Seder-Abend zu Pessach etwa verfassten die Kibbuzim ihre jeweils eigene Hagadah (eine Handlungsanleitung), und sie feierten dort eben nicht nur die Befreiung der Kinder Israels aus Ägypten, sondern auch den Beginn des Frühlings. Berl Kaznelson hat als Mitbegründer der Partei Achdut Awoda in den 1920er Jahren, der Histradut (Gewerkschaftsverband) und später der Mapai-Partei die politische Landschaft im jüdischen Palästina maßgeblich mitgeprägt. Mir steht ein kleiner Mann mit großem Schnurrbart vor Augen, in zerknitterten khakifarbenen Kleidern, mit einem unglaublichen Charisma, durchdringenden, feurigen Augen und einem gütigen Lächeln. Kaznelson war auch der Chefredakteur der Gewerkschaftszeitung *Dawar*. Als er von unserer Gruppe hörte, schlug er uns vor, nach Beit Jehoshua zu gehen, einem ziemlich unbekannten Kibbuz 25 Kilometer nördlich von Tel Aviv. Zwei Jahre zuvor hatten ihn Mitglieder einer aus Galizien stammenden Jugendbewegung names »Akiwa« gegründet. Beit Jehoshua lag am Rand der Sümpfe im Wadi Falik, einer von Beduinen bewohnten Gegend, in der es gelegentlich zu bewaffneten Zwischenfällen kam.

Daraufhin besuchten uns einige Male Rina und Witzek, die Vertreter von Beit Jehoshua, in der Ahawah, um in leuchtenden Farben das schöne und harmonische Leben in ihrem Kibbuz zu schildern. Doch unsere Italiener standen unter dem starken Einfluss von Bertl Eckert, dem Ideologen einer etwas älteren italienischen Gruppe des »Hapoel Hamisrachi«, der zionistisch-religiösen Arbeiterbewegung. Er war einer der Mitbegründer des ersten Kibbuz der religiösen Kibbuz-Bewegung »Hakibbuz Hadati« (Der fromme Kibbuz). Eckert überzeugte sie davon, dass wahres religiöses Leben nur in einem vollkommen frommen Kibbuz möglich sei, in dem alle Mitglieder täglich beten und alle religiösen Pflichten einhalten könnten. Dem mehr als zwei Meter großen, charismatischen Mann mit seiner eindringlichen Rhetorik war schwer zu widerstehen. Bis spät in die Nacht diskutierten wir in kleinen Gruppen und zu zweit. Ein regelrechter ideologischer Streit entbrannte über die Frage, welche Bedeutung Toleranz für uns spielte: Religiöses Dogma und liberalere Einstellungen prallten heftig aufeinander.

Anfang des Sommers entschied sich das Schicksal unserer Gruppe: Wir würden uns trennen. Acht der frommen Mitglieder schlossen sich dem religiösen Kibbuz Sde Elijahu im Beit-Schean-Tal an, sieben von uns wollten ganz andere Wege gehen. So blieben am Ende nur fünfzehn Mitglieder meiner ursprünglichen Gruppe, mit denen ich nach Beit Jehoshua zog. Sie waren Kameraden und Gefährten, persönliche Freunde waren sie nicht.

Vor unserem endgültigen Abschied unternahmen wir im August 1941 mit Perez Urieli noch einen Ausflug nach Jerusalem, bei dem wir einiges über diese einzigartige Stadt erfuhren. Zur Klagemauer, zu der damals nur eine enge Gasse führte, durften wir nur unter dem Schutz der britischen Polizei. Die geplante Fahrt nach Hebron, um die heilige Stätte der Gräber der Patriarchen und der Matriarchen zu besuchen, wurde uns von den britischen Behörden aus Sicherheitsgründen verboten. Am Ende dieser Woche, die uns einander näher brachte, verabschiedeten wir uns mit Tränen in den Augen und gingen getrennte Wege.

Das Scheitern meiner ursprünglichen Idee, einen Kibbuz für Religiöse und Nichtreligiöse zu gründen, gehört zu den prägenden Erlebnissen meiner politischen Jugend. Die bittere Enttäuschung, dass es nicht gelang, einen gemeinsamen Lebensrahmen für uns zu bilden, habe ich nie verwunden und mich daher zeitlebens von religiösen Vereinigungen ferngehalten. Wie es Berl Kaznelson damals vorausgesehen hatte, nutzte die religiöse Misrachi-Partei ihren politischen Einfluss, um liberale Initiativen wie unsere zu verhindern. Aus dieser Partei ging später auch die Nationalreligiöse Partei hervor, die zur politischen Heimat der Siedler in den besetzten Gebieten wurde.

In Beit Jehoshua fühlte ich mich nie besonders wohl. Alle Versprechen, uns ein angenehmes neues Zuhause zu bieten und uns gut auf ein Leben im Kibbuz vorzubereiten, erwiesen sich als hohl, als wir dort im September 1941 eintrafen. Die Unterkunft bestand aus sechs runden Zelten, sogenannten »Bell Tents«, die wir zu zweit oder zu dritt teilten. Wir mussten die Zelte selbst auf dem harten Lössboden aufbauen und den hohen Mast mit starken Seilen an Keile binden, die wir so tief wie möglich in die Erde rammten. Die stürmischen Winde im späten Herbst und im Winter wehten die Zelte trotzdem oft weg. Immer wieder errichteten wir sie, oft mitten in der Nacht und bei strömendem Regen. Die Matratzen bestanden aus mit Stroh gefüllten Jutesäcken, als Beleuchtung dienten Petroleumlampen. Im Frühjahr und im Sommer schwitzten wir in den schlecht klimatisierten Zelten, im Herbst und Winter froren wir erbärmlich.

Bei der Arbeit wurden wir fürchterlich ausgenutzt. Von den ursprünglich vereinbarten Tätigkeiten in verschiedenen Zweigen der Landwirtschaft war keine Rede mehr. Monatelang schufteten wir als Lohnarbeiter in den Orangenhainen der Großgrundbesitzer in der Gegend, wo wir beispielsweise mit einer schweren Hacke Bewässerungsgräben um jeden Baum anlegten. Dabei standen wir in starker Konkurrenz zu erfahrenen jemenitischen Arbeitern, die aus einem Dorf in unserer Nähe kamen. Mit etwas Glück verdienten wir pro Tag ein halbes britisch-palästinensisches Pfund. Im Monat brachte das dem Kibbuz zehn bis zwölf Pfund ein, aber selbstverständlich sahen wir von diesem Geld keinen »Grusch«, wie der hundertste Teil eines Pfunds heißt.

Eine andere »Facharbeit« bestand darin, aus den großen Maultierställen von Tel Mond, die von italienischen Kriegsgefangenen betreut wurden, Mist mit Schaufeln auf hohe Lastwagen zu laden und nach einer Fahrt von über einer halben Stunde in den Orangenhainen in der Gegend wieder abzuladen. So bekamen die Plantagenbesitzer den Dünger fast umsonst beziehungsweise für den Hungerlohn, den sie Beit Jehoshua für uns zahlten. Drei bis vier große Lastwagen be- und entluden wir täglich, für eine Mittagspause blieb keine Zeit. Die kargen Marmeladenbrote, Rahm und Orangen aßen wir während der Fahrt, auf dem Maultierdung sitzend.

Rina und Witzek hatten eine liberal-religiöse Lebensweise versprochen, aber in Wirklichkeit wirkte der ganze Kibbuz Beit Jehoshua wie eine fromme Sekte. Begeistert folgten seine Mitglieder dem religiösen

Wegweiser der Gruppe, Joel Dreiblatt, einem dicken, glatzköpfigen, unappetitlichen Menschen, von dem keinerlei geistige Anregung ausging. Dreiblatt galt als unbestreitbare Autorität, arbeitete nicht und wurde von allen wie ein chassidischer Rebbe verehrt.

Unsere Situation war erbärmlich, sie musste sich unbedingt ändern. Im September 1942 fuhr ich nach Tel Aviv und suchte Berl Kaznelson in der Redaktion der Zeitung *Dawar* auf, um ihm von unseren Problemen zu berichten. Zu Rosch Haschana besuchte er uns, um sich selbst einen Eindruck von der Situation zu verschaffen. In einem der engen, runden Zelte saßen wir beisammen und beratschlagten. Kaznelson verstand sofort, warum wir nicht dortbleiben wollten. Wenig später vermittelte er unsere Gruppe an den Kibbuz Ramat David bei Nahalal im Jesre'el-Tal. Nur ich blieb noch ein gutes halbes Jahr in Beit Jehoshua, da mich der Kibbuz bat, noch einige Monate im Kuhstall zu arbeiten. Das kam mir durchaus entgegen, denn ich hatte meine Zweifel, ob sich unsere Gruppe aus der Ahawah mit den Sabres aus der »Gordoniah«-Jugendbewegung in Ramat David vertragen würde. »Sabre« heißen die in Eretz Israel Geborenen, aber auch die Kaktusfrucht, innen süß und außen stachelig. Für uns in Europa sozialisierten Einwanderer war es schwierig, ihren oft rüden Umgangston zu verkraften. Außerdem hatte ich inzwischen Bronka, die Leiterin des Kuhstalls, kennengelernt. Sie war acht Jahre älter als ich und tröstete mich über die Widrigkeiten in Beit Jehoshua erfolgreich hinweg.

Nach wiederholtem Drängen meiner Chawerim nahm ich trotzdem Anfang 1943 Abschied von Bronka und ging ebenfalls nach Ramat David. In diesen Monaten tobten auch die für den Kriegsverlauf entscheidenden großen Schlachten in El-Alamein in Nordafrika und in Stalingrad, in denen Hitler mit seinem unbeirrten Größenwahn eine Million Soldaten opferte. In meinem kleinen, runden Zelt im Kibbuz hatte ich eine Landkarte von Europa und Nordafrika befestigt und verfolgte die Änderungen der Fronten mittels Stecknadeln und dickem rotem Zwirn. An meinem kleinem Radio hörte ich jeden Abend die Nachrichten der BBC aus London und des Hauptquartiers der Wehrmacht aus Belgrad.

Im Herbst 1943 schlossen wir uns mit etwa vierzig Jugendlichen zusammen, denen 1940, also nach Kriegsbeginn, über Dänemark und Italien die Emigration aus der Tschechoslowakei gelungen war. Gemeinsam wollten wir nun endlich einen eigenen Kibbuz gründen. Bevor es so weit war, schickte uns die Kibbuz-Vereinigung aber erst einmal ins Beit-Shean-Tal nach Newe Eitan, wo damals akuter Arbeitskräftemangel herrschte.

Mochte ich auch seit meiner Ankunft in Palästina immer in großen Gruppen gelebt haben, so fühlte ich mich doch häufig allein. Ohne mir dessen bewusst zu sein, fehlte mir seit meiner Flucht aus Wien und der Trennung von meiner Familie eine Vertrauensperson, ein Seelenverwandter, schlicht ein guter Freund, mit dem ich meinen Alltag teilen konnte. Das änderte sich, als ich Avri Zuk kennenlernte. Er gehörte zu der tschechoslowakischen Gruppe, stieß aber erst im Frühjahr 1944 in Newe Eitan zu uns, weil er zuvor eine schwere Verletzung auskurieren musste.

Fast vom ersten Tag im Frühjahr 1944 an, als wir uns im Kibbuz Newe Eitan begegneten, verband mich mit Avri eine einzigartige Freundschaft. Er war ein fescher junger Mann mit dunklen Haaren und durchdringenden braunen Augen; die Frauen umschwärmten ihn. Neben einem wunderbaren Sinn für Humor besaß er eine seltene Lebensweisheit. Menschen, die ihn nicht kannten, missverstanden seine sarkastischen Bemerkungen gelegentlich, die zumeist Ausdruck seiner klugen Einstellung zum Leben waren. Wir kamen aus einer ähnlichen Familienkonstellation: Auch er war der Jüngere einer Familie mit zwei Söhnen und einer Tochter. Außer Avri hat keiner von ihnen die Shoah überlebt.

Avri war als freiwilliger Kämpfer bei den Palmach-Kommandoeinheiten der Haganah von einem fahrenden Lkw gestürzt und hatte sich das Becken gebrochen. Monatelang lag er im Krankenhaus in Tiberias, wo ihn die tschechischen Mädchen jede Woche besuchten. Als er schließlich nach Newe Eitan kam, billigte man ihm als Einzigem einen gewissen Komfort zu: Er durfte in einer Holzhütte wohnen. Aufgrund des Unfalls konnte Avri keine schwere körperliche Arbeit mehr leisten. Er kompensierte das, indem er bald einer der besten Buchhalter und Prokuristen wurde, den die Kibbuz-Bewegung je hatte.

Unsere jahrzehntelange Freundschaft war in einem gegenseitigen Vertrauen verankert, das keine Geheimnisse kannte. Bis heute bin ich seiner Familie eng verbunden, seiner Frau Jaffa, die er früh heiratete, seinen beiden Söhnen Assaf und Juwal, seiner Tochter Tami und seinen Enkelkindern. Als Avri mit seiner Familie seine Geburtsstadt Žilina achtzig Kilometer nordöstlich von Bratislava besuchte, von der er oft erzählt hatte, war es selbstverständlich, dass ich sie begleitete. Unsere einzige schwere Krise währte nicht lange; wir blieben Freunde bis zu seinem Tod im Jahr 2006.

Im September 1945 zog unsere Gruppe weiter. Diesmal schickten uns die Funktionäre der Kibbuz-Bewegung nach Chamadiya im Jordantal. Der Jüdische Nationalfonds, dessen Hauptaufgabe darin bestand, von arabischen Efendis Land für das jüdische Siedlungswerk zu kaufen, hatte dort eine Fläche von dreihundert Hektar erworben, die er im Herbst 1942 an eine Gruppe junger Leute übergeben hatte. Diese ersten Siedler von Chamadiya waren fast alle Sabres aus Mittelstandsfamilien. Sie hatten auf dem ersten hebräischen Gymnasium in Tel Aviv die Matura abgelegt und hätten sicherlich ihr Studium an der Hebräischen Universität in Jerusalem fortsetzen können, aber wegen des Krieges brannten sie darauf, etwas für die jüdische Gemeinschaft zu tun.

Dass Chamadiya in altem arabischem Kerngebiet lag, ist schon am Namen erkennbar: »Chamdie« bezeichnete ein Dorf von Vasallen des Sultans Chamid. Die Gründer des Kibbuz knüpften bei der Gründung an diesen Namen an und nannten ihn »Chamadiya«, obwohl ihm von offizieller Seite der Name »Chermonim« zugedacht war. An klaren Tagen kann man vom Hügel Chamadiyas den Hermon-Berg im syrischen Golan sehen. Weil diese offizielle Bezeichnung nicht angenommen wurde, versuchten die Funktionäre Jahre später, dem Kibbuz einen neuen, hebräischen Namen zu geben, der darauf Bezug nahm, dass sich bei Chamadiya zwei Straßen kreuzen, von denen eine über eine römische Brücke führt: »Netive ha Emek« (Die Wege im Tal). Eine Umbenennung kam aber für uns Bewohner des Kibbuz nicht in Frage, und so fuhr ich mit zwei Freunden nach Jerusalem, um dagegen zu protestie-

Kibbuz Chamadiya in den vierziger Jahren

ren. Mit Erfolg, denn wir konnten darlegen, dass Chamadiya durchaus eine würdige hebräische Bedeutung habe: »Chamad ya« – Gott zum Wohlgefallen.

In der Nähe lag ein Beduinendorf namens Bawati. Die Einwohner bearbeiteten Felder, lange, schmale Landstreifen, die an unser neu erworbenes Land angrenzten. Bewässert wurden diese Felder durch offene Wassergräben, die zu bestimmten Stunden des Tages den Beduinen und uns zur Verfügung standen. Immer wieder kam es zu Querelen, manchmal auch Handgreiflichkeiten, weil die Beduinen unseren Wasserzufluss blockierten. Wir empfanden es damals als selbstverständlich, dass Boden, der vom Jüdischen Nationalfonds teuer erworben worden war, uns rechtmäßig zustand. Obwohl wir einer sozialistischen Jugend- und Kibbuz-Bewegung angehörten, verschwendeten wir keinen Gedanken daran, dass wir uns das Land der armen Fellachen aneigneten.

Bei unserer Ankunft bestand Chamadiya aus einigen Zelten und Holzhütten, es gab aber auch schon vier Betonhäuser und einen Wasserturm. Eines der bekannten Bilder aus den Gründertagen Chamadiyas zeigt Michael Zilzer (Elizur), wie er mit Trinkwasserfässern beladene

Maultierkarren den Hügel hinaufführt. Wie viele andere verließ er später den Kibbuz und ging in den diplomatischen Dienst, wo er als erster Botschaftssekretär in Großbritannien seine Karriere begann. Später wurde er Botschafter in Österreich und Australien.

Immerhin gab es bei unserer Ankunft in Chamadiya schon eine gewisse Struktur. Avri und ich hätten zwar lieber etwas Neues, Eigenes aufgebaut, aber es gelang nicht, uns gegen die Entscheidungen der Funktionäre durchzusetzen. Für uns bedeutete es ein wirkliches Opfer, aus politischen Gründen auf die Schaffung eines eigenen Kibbuz zu verzichten.

Das Schicksal unserer Gruppe war eng an die politische Entwicklung der Arbeiterbewegung geknüpft. 1944 hatte sich die Mapai-Partei gespalten, was einen tiefen Einschnitt für die Arbeiterbewegung markierte. Auslöser war eine Kursänderung David Ben-Gurions: Als 1942 die ersten Nachrichten über die Ermordung der Juden in Europa die Öffentlichkeit erreichten, berief er zusammen mit Chaim Weizmann im New Yorker Hotel Biltmore einen großen zionistischen Kongress ein, auf dem das sogenannte »Biltmore-Programm« verabschiedet wurde. Ben-Gurion und Chaim Weizmann traten dafür ein, nach Kriegsende unbedingt die Gründung eines jüdischen Staates zu verlangen. Sie wollten die Freiheit haben, auch die zu erhoffenden Überlebenden aufzunehmen, und nicht den strengen britischen Maßnahmen ausgeliefert sein. Das bedeutete eine gravierende Änderung des Ziels der Arbeiterpartei, denn bis dahin war die sogenannte Staatslösung mehr im nationalen, revisionistischen Lager verbreitet gewesen. Dieses Lager, das sich am damals bereits verstorbenen Vladimir Jabotinsky orientierte, hielt nicht viel von der Idee, das Land mit Kibbuzim und Landwirtschaft aufzubauen. Es galt die Idee: »In Blut und Feuer ist Judäa gefallen, in Blut und Feuer wird es wiederauferstehen.« Nun also forderte auch Ben-Gurion ein »jüdisches Staatswesen« im Rahmen des britischen Commonwealth. Wir nahmen an, einst ein selbständiger Teil innerhalb des großen britischen Reichs zu sein.

Ben-Gurion kehrte 1942 nach Palästina zurück. Im Moshav (eine Art dörfliche Genossenschaft) Kfar Vitkin organisierte die Mapai-Partei eine erste große Tagung, auf der die Zukunft Palästinas nach Kriegsende diskutiert werden sollte. Bei einer so wichtigen Entscheidung wollte ich unbedingt dabei sein. So fuhr ich von Beit Jehoshua mit einem Pferdewagen nach Kfar Vitkin und verfolgte gebannt die hitzigen Auseinandersetzungen. Die Linke und aktivistisch gesonnene Gruppen vertraten die Auffassung, dass man der Gründung eines jüdischen Staates direkt nach dem Ende des Krieges nicht zustimmen könne, weil das jüdische Siedlungswerk erst im Entstehen sei. Wollte man jetzt die Gründung eines jüdischen Staates, würde es die Teilung des Landes bedeuten, und eine solche wollte man erst, wenn das Land dichter besiedelt war. Engagiert diskutierte man auch die Frage, ob und inwieweit man sich an der Sowjetunion orientieren solle. Hier darf man den Kriegsverlauf nicht vergessen: 1942 standen der Winter in Stalingrad und damit die Wende des Krieges erst bevor. Wir sahen, unter welch enormem Einsatz Russland gegen Hitler kämpfte und damit indirekt auch einen Beitrag zur Rettung der europäischen Juden leistete. Im jüdischen Palästina herrschte nicht zuletzt deshalb gegenüber der Sowjetunion eine große Sympathie, die sich auch dadurch bemerkbar machte, dass wir jede Menge russische Lieder in hebräischer Übersetzung sangen. Die Mehrheit der Arbeiterpartei, die aufseiten Ben-Gurions stand, befürwortete zwar die sozialistischen Werte, warnte aber vor einer weitreichenden Annäherung an die Sowjetunion und betonte die Bedeutung jüdischer Werte. Schon in Kfar Vitkin gab es eine Abstimmung, die eine Spaltung der Partei andeutete; vollzogen wurde diese dann 1944 in Jerusalem, als ich schon in Newe Eitan lebte.

Auch in Chamadiya führten die Turbulenzen in der Arbeiterpartei zu einer Spaltung unter den Kibbuz-Mitgliedern. Unsere Gruppe wurde von der Leitung der Kibbuz-Bewegung dorthin geschickt, um eine klare Mehrheit für die Mapai-Anhänger zu schaffen. Kurz zuvor hatte ich ein von Berl Kaznelson organisiertes sechswöchiges Seminar der Arbeiterbewegung in Haifa besucht, das mich individuell und politisch sehr geprägt hat. Im Ruthenberghaus auf dem Carmel sollten Jugendliche der Arbeiterbewegung überzeugt werden, der Mapai-Partei treu zu bleiben und sich nicht dem linken Flügel der Achdut-Awoda-Partei anzuschließen. Jeden Tag hörten wir vier, fünf Stunden Vorträge über die Entwicklung und die Geschichte der jüdischen Arbeiterbewegung. Viele Größen des Jischuw trugen vor: Ben-Gurion, Salman Shasar, der später der dritte Staatspräsident Israels werden sollte, Moshe Shertok (Sharett) und Berl Kaznelson. Danach war ich überzeugt von der Richtigkeit des sozialistisch-zionistischen Lebenswegs und unterstützte deshalb auch die von Berl Kaznelson angeregte Gründung einer »jungen Garde« der Partei. Dabei lernte ich Moshe Dayan kennen. Seit den Kämpfen im Libanon drei Jahre zuvor, bei denen er sein Auge verloren hatte, hatte er sich konsequent aus der Öffentlichkeit zurückgezogen; nun sollte er dem Vorstand der »jungen Garde« beitreten. Mir fiel die Aufgabe zu, mit ihm seinen Bühnenauftritt zu besprechen. Sein Charisma, seine Selbstironie und seine Intelligenz faszinierten mich sofort. »Was will man eigentlich von mir?«, fragte er mich. »Soll ich als Heldensymbol auf der Bühne sitzen?«

Bereits bei diesem Seminar in Haifa versuchte man mich für die Jugendbewegung zu rekrutieren, zur Mitarbeit war ich aber erst bereit, als sich 1945 die Vereinigte Jugendbewegung, »Tnuah Me'uchedet«, bildete. Da ich in Chamadiya als Troublemaker galt, stimmte der Kibbuz der Idee zu, mich für eine Weile zu entsenden. Damit begann gewissermaßen meine öffentliche politische Karriere.

Erste Schritte in der Politik

An einem späten Samstagnachmittag im Herbst 1945, in der Pause einer Tagung der Kibbuz-Bewegung in Tel Aviv, an der ich als Abgeordneter Chamadiyas teilgenommen hatte, kam ein fescher Kibbuznik auf seinem Motorrad angerast. Er stieg ab und lief auf den Vorsitzenden Levi Shkolnik – später bekannt als Israels Ministerpräsident Levi Eshkol – zu: »Wir haben die 51 Prozent Mehrheit behalten«, rief er begeistert. Der 22-jährige Mann im blauen Hemd und mit üppigem schwarzem Haar war Shimon Perski – heute bekannt als Präsident Shimon Peres –, ein Chawer aus dem Kibbuz Alumot in der Nähe von Tiberias. Er war Sekretär der Arbeiter-Jugendbewegung »Hanoar Haowed« und freute sich über seinen Erfolg.

Meiner ersten Begegnung mit dem ehrgeizigen Parteifunktionär Peres folgten viele gemeinsame Aktivitäten in Israels Arbeiterbewegung. Im Januar 1949 gründete er den »Club der Jungen« (Moadon Hatzerim), dem auch ich mich anschloss. Peres hoffte, dass die Mitglieder dieses Clubs künftig führende Positionen in Israels neuem Staatswesen einnehmen würden – tatsächlich gingen viele wichtige Politiker aus der Kibbuz-Bewegung hervor. Besonders engen Kontakt hatten wir im Sommer und Herbst 1965 während meiner Tätigkeit für David Ben-Gurion, denn Peres war Sekretär der Rafi-Partei, für die Ben-Gurion kandidierte. Zweifellos verfügte Peres über ein großes politisches Talent, das allerdings von seinem Intrigantentum sehr beeinträchtigt wurde. Seine notorische Kritikunfähigkeit erlebte ich nach seiner Wahlniederlage im Herbst 1981: Damals forderte ich in der *Jerusalem Post*, Yitzhak Navon solle das Glashaus seiner Präsidentschaft verlassen und den Vorsitz der Arbeitspartei übernehmen. Diesen Vorschlag hat Peres mir nie verziehen. Seit mehr als dreißig Jahren meidet er mich, obwohl wir viele politische Überzeugungen teilen.

Mit Shimon Peres in den achtziger Jahren

Damals jedenfalls, im Herbst 1945, betraute man mich mit der Gründung einer neuen Ortsgruppe der Vereinigten Jugendbewegung in Haifa. Für die neu angeworbenen Mitglieder war ich nun der Madrich. Wann immer es eine wichtige politische Tagung in Haifa gab, durfte ich dabei sein und zuhören.

Im Jahr darauf kam es gleich zu heftigen Debatten: So nahm ich beispielsweise an einer wichtigen Sitzung des Zentralkomitees der Mapai-Partei teil, bei der in Gegenwart von vierhundert Abgeordneten über die Frage gestritten wurde, mit welcher Strategie man die Politik der britischen Mandatsregierung bekämpfen solle. Die großen Hoffnungen, die die zionistische Arbeiterbewegung auf den überraschenden Wahlsieg der Labour Party in Großbritannien im Juli 1945 gerichtet hatte, waren unerfüllt geblieben: Clement Attlee und Ernest Bevin verhinderten die jüdische Einwanderung nach Palästina genauso energisch wie zuvor Winston Churchill. Schiffe mit illegalen Einwanderern wurden von der mächtigen britischen Flotte angehalten und ihre Passagiere, fast ausschließlich Überlebende der Todeslager, nach Atlit bei Haifa und nach Zypern deportiert.

Darauf suchten die jüdischen Einwohner Palästinas geeignete Antworten: Auf der einen Seite standen die Irgun-(Etzel-)Leute, die nationale Militärorganisation, de facto der rechte Untergrund, und die noch extremere Stern-Gruppe, die rücksichtslos auch britische Soldaten und Offiziere angriffen und ermordeten. Dann gab es die Aktivisten, zu denen Ben-Gurion gehörte, und schließlich die Minimalisten um Pinchas Lubianiker. Als Resultat der Tagung wurde letztlich ein Kompromiss gefunden: Die Engländer durften bekämpft werden, aber nur wenn es darum ging, die Einwanderung von Holocaust-Überlebenden aus Europa zu verteidigen.

Den Sommer 1946 über entwickelte sich ein Schlagabtausch zwischen politischen Aktionen des Jischuw und der britischen Mandatsmacht: Auf die sogenannte Brückennacht vom 16./17. Juni 1946, bei der Einheiten der Palmach mit Zustimmung des rechten Untergrunds elf Brücken im Grenzgebiet zum Libanon, zu Syrien und Jordanien sprengten, folgte der »Schwarze Schabbat« vom 29. Juni 1946: Britische Soldaten überfielen Kibbuzim und durchsuchten sie nach illegalen Waffen und versteckten Waffenproduktionsstätten. Mehrere tausend jüdische Kämpfer wurden festgenommen, in Gefangenenlager nach Rafiach und Latrun gebracht und verhört. Natürlich wollte ich meinem Kibbuz in dieser Situation zur Seite stehen. Ich ignorierte die Ausgangssperre und machte mich auf den Weg zum Bahnhof im arabischen Teil Haifas in der unteren Stadt beim Hafen. Den kontrollierenden Soldaten zeigte ich meinen britischen Personalausweis und gab an, bei der Bahn zu arbeiten. Tatsächlich gelang es mir, einen Zug zu besteigen, der das Jesre'el-Tal hinauf bis nach Damaskus fuhr. Wie mit dem Schaffner verabredet, verlangsamte der Zug bei Chamadiya die Fahrt, sodass ich abspringen konnte und zu Fuß über die Felder zu meinem Kibbuz lief. Dort zeigte es sich, dass Chamadiya nicht durchsucht worden war.

Die Gewalt eskalierte, als Angehörige der Etzel-Gruppe am 22. Juli 1946 den südlichen Flügel des King-David-Hotels in die Luft sprengten, in dem die Hauptverwaltung der britischen Mandatsregierung untergebracht war. Am 30. Juli verhängten die Briten eine viertägige Ausgangssperre über Tel Aviv. Nicht einmal Brot durfte gebacken werden. Zahlreiche Aktivisten wurden verhaftet und interniert.

Auch meine Gruppe in Haifa beteiligte sich aktiv am Kampf gegen die Briten. Um zu sehen, wie die Engländer reagieren würden, beschlossen wir, die Ausgangssperre zu brechen. Von Haus zu Haus gehend, trommelten wir junge Männer zusammen. Oft wollten Frauen und Mütter sie zwar nicht fortlassen, schließlich aber versammelten sich etwa dreitausend Männer im Zentrum von Haifa. Unser Ziel war der Hafen, wo wir die Vertreibung der illegalen Einwanderer verhindern wollten. Vor meinen Augen steht eine Szene wie in dem berühmten Eisenstein-Film »Panzerkreuzer Potemkin«. Erst marschierten wir durch die Alosoroff-, dann die Herzl-Straße hinunter. An einer strategisch wichtigen Ecke hatten sich die Briten mit Wasserwerfern positioniert, um uns auf dem Weg zur Hauptstraße aufzuhalten. Aber statt Wasser sprühten sie Petroleum in die Menge, was wegen der Feuergefahr extrem gefährlich war. Wir wichen in eine Seitenstraße aus, wo uns acht oder zehn britische Soldaten den Weg versperrten. Nach dreimaliger Verwarnung eines Offiziers – »Stop or we will shoot« – begannen die Briten zu feuern. Neben mir starb eine junge Frau, zwei weitere Kameraden wurden erschossen. Alle versuchten sich in Sicherheit zu bringen. Wenige Stunden später hoben die Engländer die Ausgangssperre auf, die Ausweisung der illegalen Flüchtlinge nach Zypern konnten wir allerdings nicht verhindern.

Einige Wochen später gab es eine weitere Aktion: Unter dem Kommando zweier Offiziere, Yitzhak Rabin und Chaim Bar-Lew, beides künftige Generalstabschefs des israelischen Militärs, griff ein Bataillon der Palmach das Anhaltelager in Atlit an, befreite einige hundert Einwanderer und brachte sie mit Lastwagen zum Kibbuz Beit Oren auf den Carmelberg. Von dort sollten die Befreiten auf verschiedene Kibbuz-Siedlungen südöstlich von Haifa verteilt werden. Um die britischen Soldaten zu verwirren, fuhr ich als einer von mehreren hundert Aktivisten auf den Carmel hinauf. Wir marschierten einige Kilometer nach Beit

Oren, mischten uns dort unter die illegalen Einwanderer und steckten ihnen unsere britischen Personalausweise zu. Die britischen Soldaten verloren in dem Chaos vollkommen die Übersicht, schossen aber nicht auf Zivilisten.

Mir war vollkommen klar, dass diese Attentate des rechten Untergrunds an der britischen Mandatspolitik nichts ändern würden. Den Briten gelang es, die Leitung des Jischuw davon zu überzeugen, dass ein Verzicht auf die Aktionen des Untergrunds zur Beruhigung der Lage beitragen würde. Ein weniger erfreuliches Kapitel in den Annalen des Jischuw trägt den Namen »Die Saison«: Das bezeichnete die Periode, in der Mitglieder der Haganah Angehörige der Etzel- und der Stern-Gruppe an die Briten auslieferten.

In der Jugendbewegung begnügten wir uns fortan mit moderateren Aktionen. So rissen wir nachts die von den Radikalen eben erst angebrachten Wandzeitungen mit Aufrufen zu extremistischen Aktionen von den Hauswänden. Es kam auch immer wieder zu kleinen Handgreiflichkeiten mit den rechtsnationalistischen Irgun-Leuten. Meine Narbe an der rechten Augenbraue, von einem Schlagring herrührend, erinnert mich bis heute daran.

Fast automatisch gehörte man damals als aktives Mitglied zur Haganah, der Verteidigungsarmee der jüdischen Bevölkerung im Untergrund. Angeworben wurden wir schon 1939, ein halbes Jahr nach meiner Ankunft in Palästina. Anfangs war mir das zu militaristisch, aber lange konnte ich meine Ablehnung nicht aufrechterhalten. Mit fünfzehn Jahren waren wir feierlich von einem Kommandanten vereidigt worden und hatten geschworen, das Leben der jüdischen Bevölkerung in Palästina unter allen Umständen zu verteidigen. Im Kibbuz folgte dann eine praktisch-militärische Ausbildung. In Beit Jehoshua absolvierten wir nachts Schießübungen mit geschmuggelten polnischen Gewehren. Schon als Jugendliche gingen wir auf Patrouille, denn unser Kibbuz lag in einem arabischen Gebiet. Abgesehen von wenigen Ausnahmen fühlte sich damals jeder in Palästina lebende Mensch verpflichtet, aktiv am Befreiungskampf teilzunehmen. Die überwiegende Mehrheit unterstützte die Haganah. Ihre Mitglieder kamen entweder aus dem Umfeld der

Ausflug in die Negev-Wüste, Ari vorne rechts, fünfziger Jahre

Arbeiterpartei, aber auch aus dem bürgerlichen Lager und aus den Städten. Man war in Listen eingetragen, hatte Zugang zu Waffen, trug aber keine Uniform. Erst die Palmach-Einheiten (die Stoßtruppen) waren voll mobilisiert und in Khaki-Uniformen. Teilweise standen die Haganah-Leute auch im Dienst der von den Briten gegründeten jüdischen Hilfspolizei. Weil die Haganah so tief in alle Schichten des Jischuw hineinreichte, bestand David Ben-Gurion bei der Namensgebung für das Militär des neu gegründeten Staates Israel auch darauf, die Kontinuität deutlich zu machen: »Zwa Haganah le Israel«, Israels Verteidigungsarmee, heißt bis heute das israelische Militär. Auch die rechten Untergrundbewegungen mussten sich ihr 1948 anschließen.

Pazifistische Gedanken spielten für mich damals keine Rolle: Ich wünschte mir nichts sehnlicher, als in einem eigenen jüdischen Staat leben zu können, und hoffte nur, dass eine friedliche Teilung des Landes zwischen Arabern und Juden möglich sein würde. Abgesehen von der Bewegung »Brit Schalom«, die sich um den Frieden mit den Arabern bemühte, gab es damals nur wenige Pazifisten. Diese »Vereinigung des Friedens« wurde von einigen Professoren der Hebräischen Universität von Jerusalem gegründet, darunter ihrem ersten Rektor Judah Leon Magnes und von Martin Buber.

1946 fiel Jom Kippur, der Versöhnungstag, auf den 5. Oktober. Dieser höchste jüdische Feiertag, gewidmet der Reue und Einkehr, wird traditionell mit Fasten und Gebet verbracht. In jenem Jahr hatte der Oberrabbiner Yitzhak Halevy Herzog, der Vater des späteren Staatspräsidenten, eine Sondergenehmigung erteilt, damit wir Vorbereitungen für eine Aktion treffen konnten. Die jüdischen Behörden mit Ben-Gurion an der Spitze ahnten schon damals, dass eine mögliche Lösung des arabisch-jüdischen Konfliktes eine Teilung des Landes bedeuten würde. Deshalb drängten sie darauf, jüdische Siedlungen im Süden Palästinas zu errichten, um auch diese Gebiete für einen jüdischen Staat beanspruchen zu können.

Angehörige der Jugendbewegung sollten deshalb eine Gruppe junger Leute unterstützen, die in der Nähe von Beer Sheva einen Kibbuz gründen wollten. Ein wichtiges Mitglied war Jakov Sharett, der Sohn des De-facto-Außenministers Moshe Sharett. Ich hatte mich freiwillig für diese Aktion gemeldet. Gleich nach dem Fastenbrechen zogen wir mit etwa 120 Mann los und fuhren in einem Konvoi aus mindestens zwei Dutzend Lkws von Rehovot, einer noch im 19. Jahrhundert gegründeten Stadt dreißig Kilometer südlich von Tel Aviv, in die Negev-Wüste. Nach gut drei Stunden Fahrt hielt der Konvoi in einem großen Feld acht Kilometer westlich der Stadt Beer Sheva. Alle stiegen ab und begannen sogleich die Lastwagen zu entladen. Binnen weniger Stunden nagelten wir aus den vorgefertigten Holzwänden drei, vier Holzhütten zusammen. Zur Verteidigung errichteten wir einen Palisadenzaun und zogen einen Wachturm auf. Wichtig war, dass wir diese Holzhütten noch vor dem Morgengrauen mit Dächern bedeckt hatten, denn nach osmanischem Brauch, den auch die britischen Mandatsbehörden respektierten, galt die Regel: Mag ein Haus auch ohne Erlaubnis errichtet worden sein, so darf es nicht mehr abgerissen werden, wenn es bereits ein Dach besitzt. Aus der Siedlung, die wir in jener Nacht errichteten, wurde dann der Kibbuz Hatzerim, bis heute ein sehr großer, wohlhabender Kibbuz, neben dem das israelische Militär in den sechziger Jahren einen großen Luftwaffenstützpunkt erbaute.

Diese Aktion war einmalig und darf nicht mit den sogenannten »Mauer-und Turmsiedlungen« verwechselt werden, wie sie zu Zeiten des arabischen Aufstands Ende der dreißiger Jahre vor allem im Beit-Shean-Tal errichtet wurden. Noch heute erinnert man sich in Israel an die 1946er-Aktion. Dazu gibt es ein sehr anrührendes Lied, das davon erzählt, wie in der Wüste des Negev auf einmal elf Blumen erblühten.

Die Wochenenden verbrachte ich regelmäßig im Kibbuz. Da ich nur einmal pro Woche nach Hause kam, hatte ich in Chamadiya nicht einmal ein eigenes Bett. So wurde ich einmal hier und einmal da untergebracht, meine wenigen Habseligkeiten wanderten jeweils mit. In Haifa bewohnte ich einen sechs Quadratmeter großen Raum mit einem Bett neben den Mülltonnen des Gewerkschaftsrestaurants. Umso mehr freute ich mich, als die Gewerkschaft das Carmelia-Court-Hotel kaufte und renovierte und ich dort ein paar Monate wohnen konnte, alle paar Tage in einem anderen Zimmer, so lange, bis das Hotel komplett saniert war. Auch unsere Jugendbewegungsgruppe wuchs, und bald bildeten wir vier Madrichim eine Wohngemeinschaft in einem sechzehn Quadratmeter großen Zimmer.

Wenig später sollten die Veränderungen eintreten, die Julia Neumann einige Monate zuvor in meinen Handlinien entdeckt hatte: Die Reise in eine neue Welt stand bevor.

Im Dienst der Jugendbewegung

Im Herbst 1946 beschlossen die Funktionäre der Kibbuz-Bewegung, mich zur zionistischen Jugendbewegung »Habonim« (Die Erbauer) in die USA zu entsenden, um junge amerikanische Juden für das Kibbuz-Leben in Palästina zu werben. Die Herausforderung bestand darin, diese Menschen davon zu überzeugen, ihr bequemes Leben in Amerika aufzugeben, ihre Familien zu verlassen und sich für ein eher karges Dasein in Palästina zu entschließen. Unter dem Titel »Land and Labor for Palestine« sollten wir außerdem entlassene jüdische Soldaten als Freiwillige für die Schiffe der Haganah werben, um Einwanderer illegal nach Palästina einzuschleusen. Eine erste Gruppe Kibbuz-Mitglieder war bereits 1938/39 nach Amerika entsandt worden, sie konnten dann wegen des Kriegsausbruchs nicht nach Palästina zurückkehren. Inzwischen waren sie zu alt für diese Mission, denn zur Anwerbung amerikanischer Jugendlicher brauchte man jüngere Leute. Ich war 21, fand das Anliegen sehr spannend, die Sache hatte aber einen Haken: Ich sprach kein Englisch. Das, meinten die Organisatoren, würde ich sicher bald lernen.

Endlich, nach mehr als acht Jahren der Trennung, sollte ich in New York auch meine Familie wiedersehen. Mein Bruder Meshulam hielt sich damals ebenfalls in New York auf; er trug noch die Uniform der Jüdischen Brigade des britischen Heeres. Im November 1946 beantragte ich ein Besuchervisum für die Vereinigten Staaten, sehr zum Erstaunen des amerikanischen Konsuls, der mich darauf hinwies, dass die Quote für in Österreich geborene Einwanderer noch offen sei: »Sie können problemlos ein Immigrant Visum bekommen«, meinte er im Gespräch. Ich aber wollte die amerikanische Gastfreundschaft nicht in Anspruch nehmen, weil ich ganz sicher war, nach Palästina zurückzukehren. Diese Einstellung überraschte den Konsul, denn damals versuchten viele Leute, auch religiöse Juden, nach Amerika auszuwandern, was oft mangels Verwandter in der Neuen Welt fehlschlug. Offenbar erweckte ich aber seine Sympathie, und er fragte mich, wie ich mir vorstellte, angesichts des anhaltenden internationalen Streiks der Hafenarbeiter nach Amerika zu reisen.

Das einzige Passagierschiff, das zwischen dem Nahen Osten und Amerika verkehrte, war die *Marine Carp*, ein Schiff der amerikanischen Handelsflotte, das während des Krieges Truppen transportiert hatte. Es fuhr von Alexandria über Beirut nach Haifa und von dort weiter über Istanbul und Piräus nach New York. Tags darauf schon sollte es aus dem Hafen von Haifa auslaufen. »Können Sie morgen früh um acht Uhr abreisebereit im Büro des amerikanischen Schiffsagenten im Hafen sein?«, fragte mich der Konsul. Er werde mich auf die Standby-Liste der *Marine Carp* setzen. Ohne zu zögern bejahte ich seine Frage. Ich wusste, wie schwer es aufgrund der Quotenregelung sein würde, eine Überfahrt zu organisieren: Von den neunhundert Passagieren, die die *Marine Carp* in den verschiedenen Häfen an Bord nehmen sollte, durften nur dreißig aus Palästina sein, fünfzehn Juden und fünfzehn Araber. Falls es mir nicht gelang, an Bord zu gehen, musste ich wahrscheinlich monatelang auf die nächste Gelegenheit warten.

Die verbleibenden zwanzig Stunden verliefen sehr hektisch. Um in der Eile alles erledigen zu können, heuerte ich für vierzehn Pfund – das entsprach einem Monatsgehalt – einen Fahrer an, der mich zunächst nach Tel Aviv fuhr, wo ich mir bei der Kibbuz-Bewegung letzte Instruktionen holte. Dann fuhren wir nach Haifa, um in meiner Kommune einige Sachen zusammenzupacken, und schließlich ging es nach Chamadiya, um mich von meinen Freunden zu verabschieden. Als ich abends im Kibbuz ankam, feierte man gerade die Fertigstellung eines neuen Kuhstalls. Ich wurde stürmisch begrüßt, verteilte die mitgebrachten Flaschen mit Bananenlikör, Eierlikör und Cherry Brandy, verzichtete aber darauf, mitzufeiern, um am nächsten Tag pünktlich im Hafen von Haifa zu sein. Zwei meiner Freunde, Shike Baharav und Menachem Rotkopf, sah ich bei dieser Gelegenheit zum letzten Mal: Sie fielen 1948 bei Kämpfen auf dem Gilboa-Berg, der Grenze zwischen dem heutigen Westjordanland und Israel.

Die *Marine Carp* war ein wenig komfortables Schiff mit großen Schlafsälen und Aufenthaltsräumen, unter anderem einem Leseraum, in dem ich mich täglich stundenlang aufhielt. Ich hatte mir ein deutsch-englisches Wörterbuch beschafft und einen Stapel alter Ausgaben der *Palestine Post*, die ich nun zu entziffern versuchte, um Englisch zu lernen. Zu den Passagieren an Bord zählte Sarah Bavli, die später den israelischen »Knigge« geschrieben hat und Diplomaten ausbildete. Auch mich bereitete sie in vielen Gesprächen auf das Leben in der Neuen Welt vor.

Von der Reise ist mir ein Detail besonders in Erinnerung geblieben: die gute und reichliche Verpflegung an Bord. Da nichts Angebrochenes in den Kühlschrank zurück durfte, wurden große Mengen von Lebensmitteln – Brot, Butter, Eier, Käse, Schinken – weggeworfen. Im griechischen Hafen Piräus warteten schon etliche kleine Boote auf unser Schiff, um die Abfälle entgegenzunehmen. Ich war schockiert, denn ich kannte nur das karge Leben in Palästina. Niemand hätte dort jemals Lebensmittel weggeworfen.

Bei eisigen Temperaturen verbrachte ich die letzte Nacht der Reise an Deck, wollte ich doch unbedingt zu den Ersten gehören, die die Freiheitsstatue erblickten. Der Preis dafür war eine schwere Grippe, mit der ich am 8. Dezember 1946 in New York landete. Zu meiner Verblüffung fuhr das Schiff quasi in die Stadt hinein: Pier 84 mündete im Westen Manhattans direkt in die 42. Straße. Natürlich hatte ich vorher Abbildungen der Skyline New Yorks gesehen, nun tauchten die Wolkenkratzer aus dem Morgendunst leibhaftig vor meinen Augen auf.

In der Ankunftshalle am Hafen warteten Hunderte Menschen hinter einem Absperrseil. Plötzlich löste sich aus der Gruppe ein etwa zehnjähriges Mädchen und lief auf mich zu – es war meine Schwester Henny. Sie kannte mich nur von Bildern, denn bei unserer Trennung im Jahr 1938 war sie noch keine zwei Jahre alt gewesen. Aber sie erkannte mich trotz des etwas absurden Hutes, den ich mir beim Zwischenstopp in Piräus extra für meine Ankunft in New York gekauft hatte. Dann erblickte ich auch meinen Vater, Rita und Meshulam. Meinen Vater hatte ich zuletzt im Mai 1938 gesehen, als er früh am Morgen von Gestapo-

Familientreffen 1947 in NYC:
Rita, Ari, Henny, Meshulam, Vater (von links)

Beamten verhaftet worden war. Zu meiner Erleichterung schienen die schlimmen Erlebnisse in den deutschen Konzentrationslagern und die Strapazen der Flucht keine sichtbaren Spuren hinterlassen zu haben.

Nach allem, was geschehen war, wollten wir instinktiv nicht mehr Deutsch miteinander sprechen und haben diese Sprache bis zuletzt nie wieder miteinander gebraucht. Da ich Englisch nur rudimentär beherrschte, meine Eltern hingegen kein Hebräisch verstanden, erfanden wir ein improvisiertes Jiddisch, das uns noch aus den Zeiten mit Omama Frimtsche im Ohr klang. Bald allerdings wechselten wir ins Englische.

Zwar war mein Vater nicht mehr annähernd so wohlhabend wie zu Wiener Zeiten, doch hatte er es geschafft, sich in New York wieder einen Papiergroßhandel aufzubauen, und exportierte etwa nach Kuba und in die Dominikanische Republik. Zu fünft wohnten wir in der Dreizimmerwohnung meiner Eltern in einem der typischen »Brownstone«-Häuser an der Ecke 93. Straße/Central Park West. Hier stießen elegante zwanzigstöckige Wohnhäuser auf die einfachen Häuser der Mittelschichten. Abgesehen von einem rosa geblümten Speiseservice, das meine Eltern hatten retten können, erinnerte nichts mehr an unsere Wiener Wohnung. Meshulam und ich schliefen auf den beiden Sofas im Living Room. Es war beengt, aber für kurze Zeit genossen wir es, endlich wieder beisammen zu sein. Gemeinsam besuchten wir die Metropolitan Opera und gingen ins Theater.

Trotzdem bemerkte ich bald wieder die Spannungen zwischen Rita und meinem Vater, die schon 1936 nach ihrer Hochzeitsreise erkennbar gewesen waren. Sicherlich gründeten diese ersten Krisen im aufbrausenden Temperament meines Vaters, aber auch in den sozialen Unterschieden zwischen Ritas Familie und der Familie Rath. Während Ritas Familie in Wien im 20. Bezirk auf der sogenannten »Mazzesinsel« gelebt hatte, in einem kleinbürgerlich-jüdischen Milieu, hatte meine Familie im vornehmeren 9. Bezirk gewohnt. Zwar hofierte Ritas Familie meinen Vater als wohlhabenden Geschäftsmann, aber Rita protegierte lebenslang ihre Herkunftsfamilie, die Liebermanns. Ihre ältere Schwester Dora, geschlagen mit einem schielenden und einem halbblinden Auge, wurde zum Hassobjekt meines Vaters, weil sie sich besonders nach der Geburt meiner Schwester Henny in unser Familienleben einzumischen versuchte.

Nach dem »Anschluss« emigrierten die Familie Rath und die Familie Liebermann nach Kuba, wo sich die Animositäten fortsetzten. Meinem Onkel Jakob, der in Berlin die Häuser beider Brüder verwaltet hatte, war es gelungen, eines der Häuser zu veräußern und an den strengen Ausfuhrbestimmungen der Nazis vorbei etwas Geld für die Emigration nach Havanna zu schleusen. Dort investierten die beiden Brüder es in die Errichtung einer Pension, als bekannt wurde, dass das Schiff *St. Louis* mit mehr als neunhundert deutschen Emigranten Ende Mai 1939 in Havanna ankommen sollte. Dieses sogenannte »Narrenschiff« erreichte jedoch nie seinen Bestimmungsort, weil die kubanischen Behörden es wegen einer Verabredung mit den Nationalsozialisten ablehnten, die Visa der Flüchtlinge anzuerkennen. Auch der amerikanische Präsident Franklin D. Roosevelt verweigerte trotz vieler Interventionen die Einreise und bestätigte damit die nationalsozialistische Propaganda, die behauptete, dass kein Land auf der Welt die Juden aufnehmen wolle. Die *St. Louis* musste umkehren und landete schließlich wieder in Antwerpen. Immerhin gelang es, die Flüchtlinge auf mehrere Staaten zu verteilen, allerdings gerieten viele von ihnen nach Kriegsausbruch wieder in die Fänge der Deutschen. Nur etwa die Hälfte der Passagiere überlebte den Krieg.

Dass man in Kuba der *St. Louis* das Einlaufen verweigerte, bedeutete für meine Familie den finanziellen Ruin. Die Pension fand keine Gäste. Mein Vater hat sich später darüber beschwert, dass die Liebermann-Familie ihn damals verhöhnt habe. Die Schatten von Havanna prägten auch in New York das Verhältnis der Familien untereinander, und je enger Rita die Kontakte zu ihrer Familie pflegte, desto mehr belastete sie damit die Ehe. Symptomatisch scheint mir eine Episode, die ich einige Wochen nach der Abreise meines Bruders erlebte: Freitagabend kam ich mit einem Blumenstrauß nach Hause, den ich Rita zum Schabbat schenken wollte. Mein Vater echauffierte sich darüber so sehr, dass ich beschloss, so bald wie möglich auszuziehen.

Im Jahr 1955, als mein Vater als Spätfolge seiner Misshandlungen in Buchenwald nicht mehr gehen konnte und einen Rollstuhl brauchte, zerbrach die Beziehung zwischen den beiden endgültig: Während eines Besuchs bei Meshulam und mir in Israel verließ Rita meinen gehbehinderten Vater; allein reiste er in die USA zurück.

Im Dezember 1946 kurierte ich zunächst meine Grippe aus. Das gab mir Gelegenheit, im Telefonbuch nach alten Bekannten aus Wien zu suchen, zum Beispiel nach den Beserlpark-Mäderln, deren glückliche Flucht über die ČSR nach New York ich geschildert habe. Allein das Telefonbuch von Manhattan listete mehr als zwei Dutzend Seiten Goldbergers auf. Wo immer der Zusatz »Versicherungsagent« vermerkt war, rief ich an. Tatsächlich fand ich die Familie wieder. »Titti« durfte jetzt nicht mehr bei ihrem in Amerika etwas anzüglich klingenden Spitznamen genannt werden, sondern nur noch Jane. Goldbergers hatten sich gut eingelebt, und bald kam es zu einem glücklichen Wiedersehen.

Es gab in dieser Zeit viele kuriose Wiederbegegnungen und Zufälle.

Im Herbst 1947 etwa besuchte ich Jane und ihre Mutter in ihrem komfortablen Haus in Riverdale an der 242. Straße nördlich von Manhattan und traf dort zu meiner Überraschung eine elegante, graumelierte Dame, die ich gleich erkannte: Margit Weiner, die Mutter von Eva, die mit mir im November 1938 von Wien nach Palästina ausgewandert war. Margit und Janes Mutter, »Kuckie« Goldberger, waren enge Freundinnen seit ihrer Kindheit. Erst Ende 1940 war es der verwitweten Margit Weiner gelungen, über Sibirien nach Shanghai zu flüchten, wo sie den Krieg unter japanischer Besatzung verbrachte. Wenige Tage vor unserem Wiedersehen war sie nach einer wochenlangen Reise über den Pazifik in New York angekommen. Sie wollte einige Monate bei ihrer Jugendfreundin bleiben, bevor sie zu ihrer Tochter Eva und der inzwischen geborenen Enkelin nach Palästina weiterreiste. Eva, die mittlerweile Chawa hieß, hatte im Herbst 1945 unseren Landwirtschaftslehrer in der Ahawah, Zvi Sawiri, geheiratet. Als Margit Weiner im Frühjahr 1948 nach Haifa kam, gab es schon schwere Kämpfe im ganzen Land. Sie konnte nur in einem gepanzerten Wagen zu ihrer Tochter im Vorort Kirjat Bialik fahren. Ihren Schwiegersohn Zvi sah sie nur einmal, denn im Juni 1948 fiel er in den Kämpfen bei der Polizeifestung Latrun.

Samstagnachmittag besuchte ich mit meinen Eltern gelegentlich einen nostalgischen Treffpunkt ehemaliger Österreicher, das Café »La Coupole« auf der 72. Straße. Man servierte dort Sacher- und Linzertorte, die Qualität des Kaffees übertraf den amerikanischen Durchschnitt, und es lag das Emigrantenblatt *Der Aufbau* aus. Deutlich spürte man das Bemühen der aus Österreich emigrierten Inhaber, eine Art Kaffeehaus-Atmosphäre entstehen zu lassen, aber es blieb doch nur ein gescheiterter Versuch, etwas Verlorenes einzufangen.

Am 15. Dezember 1946 ging endlich mein hohes Fieber zurück, und damit konnte ich mich der vordringlichsten Aufgabe widmen, nämlich mein eher primitives Englisch zu vervollständigen, um meine Tätigkeit in der »Habonim«-Jugendbewegung aufzunehmen. Meine Schwester Henny ließ keine Gelegenheit aus, sich über meine Fehler lustig zu machen, etwa als ich versuchte, Verwandten von Freunden in Palästina Grüße auszurichten. Damals waren Telefonanrufe von Palästina nach

New York undenkbar, und die Briefsendungen dauerten wochenlang. Als sich die Leute bei mir bedankten, wenigstens ein Zeichen von ihrer Familie in Palästina gehört zu haben, antwortete ich souverän mit »never mind« (es macht nichts aus) anstatt »you are welcome« (gern geschehen). Henny amüsierte sich königlich, besser Englisch zu können als ihr zwölf Jahre älterer Bruder, aber nach ein paar Tagen erbarmte sie sich meiner und begann mich zu korrigieren. Sie genoss die Rolle als Lehrerin.

In diesen Tagen vor Weihnachten und Silvester erfreute ich mich an den beleuchteten und dekorierten Geschäften und Straßen in Manhattan. Wie selbstverständlich fanden sich in den Auslagen und in den Eingängen zu den eleganten Wohnhäusern Weihnachtsbäume neben Chanukka-Leuchtern als Dekoration. Im Wien der dreißiger Jahre wäre das undenkbar gewesen.

Wie auf der Überfahrt hatte ich vor, weiterhin mein Englisch durch Zeitungslektüre zu verbessern, aber da mein Vater jeden Morgen die *New York Times* in sein Büro in der Cedar Street mitnahm, musste ich mir meine eigene Zeitung kaufen. An der Ecke 93. Straße und Columbus Avenue betrieb ein älterer New Yorker Jude seinen Kiosk in einer grünen, hölzernen Hütte. Als ich das vierte Mal um zehn Uhr morgens die *New York Times* verlangte, sprach mich der dicke, unrasierte Herr mit Hornbrille und Wollmütze entrüstet an: »Du Greenhorn«, sagte er mit englisch-jiddischem Akzent, »der *Daily Mirror* oder die *News* sind nicht gut genug für dich? Du musst die *New York Times* kaufen?« Offenbar fand er es vermessen, dass ich mit meinem schlechten Englisch eine so anspruchsvolle Zeitung lesen wollte.

Täglich übersetzte ich nun mithilfe eines englisch-deutschen Wörterbuchs zahlreiche Artikel der *New York Times*, die immer auch ausführlich über die Geschehnisse in Palästina berichtete. Die Versuche der britischen Streitkräfte, illegale jüdische Einwanderer auf hoher See zu kapern, sie nach Haifa zu schleppen und dann in Lager auf Zypern zu deportieren, wurden von vielen amerikanischen Lesern verfolgt.

Meinen ersten New Yorker Silvesterabend feierte ich mit meiner wiedervereinten Familie und Freunden meiner Eltern aus Wien in einem großen Restaurant am Broadway, Ecke 86. Straße. Zu meinem 22. Geburtstag am 6. Jänner 1947 fuhren wir mit der Bahn in die Hauptstadt Washington. Doch die Gnadenfrist war nun vorbei; zurückgekehrt nach New York, begann ich meine Tätigkeit in der Jugendbewegung. Ich telefonierte einige Male mit dem Habonim-Generalsekretariat am Union Square, wo sich das Zentrum der amerikanischen Gewerkschaften und auch jenes der verschiedenen Verbände der zionistischen Arbeiterbewegung befand. Die Habonim mietete die Räume für ihr Hauptquartier von der Partei »Poale Zion«, Die Arbeiter von Zion.

Nach einer längeren U-Bahnfahrt von der 96. bis zur 14. Straße bestieg ich den Aufzug zum Habonim-Zentrum im zwölften Stock. Meine Nervosität vor der ersten Begegnung mit den neuen Vorgesetzten legte sich, als die Sekretärin mich herzlich und in fließendem Hebräisch begrüßte. Umgeben von den verschiedenen Plakaten mit großen Bildern aus dem jüdischen Palästina, fühlte ich mich bald zu Hause.

Im Sitzungsraum erwarteten mich die drei führenden Mitglieder des Habonim-Sekretariats. Arthur (Artie) Gorenstein, Murray Weingarten und Leon Jick waren ungefähr in meinem Alter. Alle drei hatten als GIs beim amerikanischen Militär gedient und studierten nun mit Stipendien der amerikanischen Regierung: Artie Gorenstein Zeitgeschichte an der Columbia University, Leon Jick Jüdische Studien am Reform Union Hebrew College und Murray Weingarten Pädagogik an der New Yorker Yeshiva University. Später lehrten sie an renommierten Universitäten in den USA und in Israel. Mit mir begannen sie eine neue pädagogische Phase in der zionistischen Erziehung, die sie mit der Kibbuz-Bewegung in Palästina abgesprochen hatten: Junge »Schlichim« – Gesandte – aus Palästina sollten gemeinsam mit den amerikanischen Madrichim die Zweigstellen der zionistischen Jugendbewegung aufbauen.

Artie Gorenstein, ein gutaussehender Brünetter mit durchdringenden blauen Augen und einer tiefen Bassstimme, war der Sekretär, der »Maskir«. Er leitete die Habonim in den gesamten Vereinigten Staaten und Kanada. Murray Weingarten galt als der Denker der Kibbuz-Bewegung und erarbeitete die Konzepte für das Erziehungsprogramm. Er sprach gut Hebräisch, sodass er mir weiterhelfen konnte, wenn mein Englisch nicht ausreichte. Leon Jick war der Dritte im Bunde, auch er ein fescher, etwas korpulenter Mann mit einem beeindruckenden Cäsarenkopf. Er war für die Region New York zuständig.

Wir verstanden uns von Anfang an sehr gut. Bis vor kurzem hatten sie mit wesentlich älteren Schlichim aus dem jüdischen Palästina gearbeitet, die nach Kriegsanfang im September 1939 in Amerika hängengeblieben waren und erst im Sommer 1946 nach Palästina zurückkehren konnten. Offensichtlich freuten sie sich, nun mit einem Gleichaltrigen aus Eretz Israel arbeiten zu können. Ausführlich besprachen wir meine neuen Aufgaben: Zusammen mit Leon Jick würde ich die Zweigstellen der Habonim in der Region New York betreuen, eine große Herausforderung, gegen die es jedoch keinen Widerspruch gab. Zur Feuertaufe sollte ich zwei Wochen später meinen ersten Vortrag auf Englisch halten.

Um meine sprachlichen Fortschritte zu beschleunigen, brachte mich Weingarten mit seiner Verlobten Evie Cohen in Kontakt, die ebenfalls in der New Yorker Habonim arbeitete und ihr Hebräisch verbessern wollte. 1948 gehörte das junge Paar zur ersten amerikanischen Gruppe der Habonim, die nach dem Krieg nach Palästina auswanderte. Evie und ich trafen uns drei Monate lang regelmäßig zweimal die Woche, sprachen miteinander Englisch und Hebräisch, lasen Texte in beiden Sprachen, korrigierten uns gegenseitig und machten beide ansehnliche Fortschritte. Zweifellos trug diese Form des Lernens wesentlich dazu bei, dass ich rasch in der Lage war, ziemlich frei Englisch zu sprechen. Da ich ein visuelles Gedächtnis habe, fiel es mir leicht, mir die schwierige, nicht-phonetische englische Buchstabierung zu merken. Hatten meine Habonim-Freunde Schwierigkeiten mit der Rechtschreibung, die nicht zu den Stärken der Amerikaner zählt, sagten sie schon bald: Frag doch den Ari.

Ende Jänner 1947 war es so weit: Im Jüdischen Kulturzentrum von Forest Hills im Stadtteil Queens erwartete mich die Habonim-Ortsgruppe zu meinem ersten Vortrag über das Leben im Kibbuz und die aktuelle politische Lage. Da Besucher aus Palästina in Queens damals extrem selten waren, wurde mein Vortrag entsprechend angekündigt. Als ich vor dem zweistöckigen Ziegelgebäude an der Forest Hill Station ankam, lag alles in knietiefem Schnee, ein neues Erlebnis nach acht Jahren in Palästina. Am Eingang des Jüdischen Zentrums wartete Jay Bushinsky, der sechzehnjährige Leiter der Ortsgruppe. Er schien sehr aufgeregt, und bald verstand ich, warum: Der kleine Saal im oberen Stock des Gebäudes war bis auf den letzten Platz besetzt, mehr als sechzig Jugendliche und Erwachsene waren gekommen, um mich sprechen zu hören. Relativ leicht fiel mir der Teil des Vortrags, in dem ich über die aktuelle politische Lage in Palästina berichtete – schließlich las ich darüber täglich in der *New York Times*. Die Ausführungen zum Leben im Kibbuz aber wären ohne Jays Hilfe ein vollendetes Desaster geworden. Trotzdem erhielt ich Applaus, und wir vereinbarten einen neuen Termin mit der Gruppe, um das Gespräch zu vertiefen. So peinlich mir die Erinnerung an diesen Abend heute ist, so bedeutete er in sprachlicher Hinsicht doch einen Durchbruch. Aus übermütiger Freude über die gelungene Feuertaufe brachte ich meinen Zuhörern zum Schluss noch das Lied »Semer Semer lach« (Ein Lied, ein Lied für dich) bei, das anlässlich der Gründung der elf Siedlungen im Süden des Landes im September 1946 geschrieben worden war. Jay Bushinsky, den ich nun regelmäßig traf, kam zehn Jahre später mit seiner jungen Familie nach Israel, arbeitete kurze Zeit mit mir bei der *Jerusalem Post* und wurde später der erste Korrespondent von CNN in Israel.

Bald erwarb ich mir in meiner neuen Tätigkeit eine gewisse Fertigkeit. Leon Jick und ich teilten uns ein kleines, spartanisch eingerichtetes Büro auf dem Broadway, nördlich vom Union Square. Trotz der Enge und dank einer präzisen Aufgabenverteilung funktionierte unsere Zusammenarbeit hervorragend. Leon befasste sich eher mit historischen Themen, während ich mich auf Palästina und die aktuelle Politik konzentrierte. Gemeinsam betreuten wir sieben Habonim-Zweigstellen in Brooklyn, in der Bronx und in Queens, hatten aber sonderbarerweise keine Vertretung in Manhattan. Bei einem Spaziergang auf der Riverside Street den Hudson entlang entdeckte ich dann im Frühjahr 1947 ein Schild »For Rent« an der Eingangstür eines kleinen, pavillonähnlichen Hauses, das mit chinesischen Ornamenten dekoriert war. Leon Jick und ich nutzten diese Gelegenheit: Wir mieteten das Haus und renovierten es mit Unterstützung von zwei Dutzend Freiwilligen innerhalb von zwei Wochen. Sogar einen kleinen Garten legten wir an. Dabei konnte ich mit meinen praktischen Erfahrungen aus dem Kibbuz glänzen. Kurz vor den Pessach-Feiertagen 1947 eröffneten wir feierlich die erste Habonim-Zweigstelle in Manhattan.

Ein wichtiger Bestandteil des zionistischen Erziehungsprogramms bestand in der Vorbereitung und Durchführung der Habonim-Sommerlager, genannt Camp Kwuzah. Städte, in denen die Habonim tätig war, pachteten zu diesem Zweck Grundstücke, ausgestattet mit Zeltplätzen, Küchen, Hütten und Waschräumen, oft war ein See in der Nähe. Die Idee bestand darin, damit modellhaft ein Gemeinschaftsleben zu erproben, wie wir es in Palästina im Kibbuz führten. Die Leiterin der Camp-Kwuzah-Abteilung hieß Rose Breslau und war die Schwester von Dave Breslau, einem Mitgründer der Habonim in den USA im Jahr 1935. Die energische kleine Dame führte mit unbestrittener Autorität ihre Abteilung. Sie entschied, wer die Sommerlager leitete und wer als Madrich mitgeschickt werden würde.

Ende Mai 1947 stand ein spannender Punkt auf der Tagesordnung der wöchentlichen Zusammenkünfte des Habonim-Sekretariats: Der Poale-Zion-Verein Ottawa wandte sich an uns, weil er mithilfe des Bauunternehmers Sam Shubinsky erstmals ein Camp in Ottawa errichten wollte. Dieses Sommerlager sollte der Anfang von regelmäßigen Aktivitäten in Kanadas Hauptstadt werden. Shubinsky verpflichtete sich, mit seinen Chawerim und seiner Firma das Zeltlager mit der notwendigen Infrastruktur zu errichten. Weil alle erfahrenen Leute schon eingeteilt waren, bestimmte Artie Gorenstein mich zum Leiter dieses Sommercamps. Damit wurde zum ersten Mal ein Schaliach aus Eretz Israel mit einer so wichtigen Aufgabe betraut. In den nächsten Wochen bereiteten mich Rose Breslau und ihr Team intensiv auf diese Aufgabe vor.

In dieser Zeit suchte ich um eine Verlängerung meiner Aufenthaltsbewilligung bei den amerikanischen Einwanderungsbehörden in New York an. Ohne Probleme erhielt ich für weitere sechs Monate den entsprechenden Stempel in meinem »British Passport for Palestine«. Damit nach Kanada einzureisen war ebenfalls problemlos, und meine Freunde in der Habonim waren zufrieden, dass alle Formalitäten geregelt waren. Das sollte sich aber zwei Monate später als schwerer Irrtum herausstellen.

Meine Familie war natürlich sehr stolz auf mich und meine vielfältigen Aufgaben, bedauerte es aber auch, dass ich den ganzen Sommer über nicht bei ihnen in New York sein würde. Am letzten Juni-Sonntag brach ich mit zwei erfahrenen Habonim-Madrichim nach Ottawa auf. Hilda aus Baltimore und Leibel aus Philadelphia sollten mir als Assistenten zur Seite stehen. Frühmorgens nahmen wir den ersten Greyhound-Bus, zehn Stunden später kamen wir in Ottawa an. Dort erwarteten uns Sam Shubinsky, sein Sohn David und vier weitere Chawerim. In eleganten Limousinen ging es zum großzügigen Haus der Shubinskys. Als Leiter des Camps fuhr ich mit Vater und Sohn Shubinsky im Wagen, wobei sie mich über den Stand der Vorbereitungen informierten. Den ganzen Abend über kamen Freunde der Familie und des Poale-Zion-Vereins vorbei, um uns zu begrüßen und Glück zu wünschen. Außerdem trafen zwei siebzehnjährige Mädchen aus der Habonim in Toronto ein, die sich unserem Camp Kwuzah anschlossen. Es herrschte eine fast euphorische Stimmung. Endlich würde es auch in Ottawa eine zionistische Jugendbewegung geben. Warum das nicht früher geschehen war, hängt damit zusammen, dass die kanadischen Juden damals bei weitem nicht so stark assimiliert waren wie die amerikanischen. Viele hatten ihre Wurzeln in osteuropäischen, traditionellen Familien, die jiddische Kultur spielte bei ihnen eine sehr wichtige Rolle.

Am nächsten Morgen setzte sich ein langer Konvoi in Bewegung. Ich fuhr mit Sam Shubinsky in seinem Jeep voran, hinter uns folgten fünf vollbeladene Lastwagen mit Zelten und Ausrüstung. Ein Lastwagen allein war notwendig, um das riesige Zelt zu transportieren, das als Speisesaal dienen sollte. Das Ende unserer Wagenkolonne bildete ein Dutzend kleinerer Fahrzeuge mit der Baumannschaft und leichteren Gerätschaften. Wir fühlten uns, als gründeten wir nun einen kleinen Kibbuz in Kanada.

Das Grundstück lag in der Nähe des Gatineau-Naturparks, etwa vierzig Kilometer von Ottawa entfernt im angrenzenden französisch-kanadischen Quebec. In der Gegend gab es einige verstreute Bauernhöfe, deren Französisch sprechende Bewohner unser Treiben neugierig und argwöhnisch beobachteten. Zu einem brenzligen Moment kam es, als wir gegen Mittag den Union Jack und die zionistische Fahne mit dem Davidstern auf einem hohen Mast hissten. Einige junge Bauern protestierten sogar mit Pfiffen. Kurzentschlossen ging ich zum nächsten Bauernhof, um den Leuten zu erklären, wer wir waren und was wir vorhatten: »Ich bin kein Engländer, sondern komme aus Palästina.« Kaum hatte ich das Wort »Palästina« ausgesprochen, änderte sich die Stimmung. Anerkennend applaudierten die Frankokanadier und riefen: »Beat them« – Schlagt sie! Als ich ihnen dann noch erzählte, dass ich selbst Landarbeiter sei und auf einer Art Bauernhof lebte, waren sie restlos begeistert. Zum Beweis borgte ich mir von einem der Arbeiter eine Sense und mähte unter den verblüfften Blicken der Umstehenden einige Quadratmeter Gras. Ab da konnten wir mit ihrer Unterstützung rechnen: Wir kauften von ihnen Milch, Butter, Eier, Käse und Gemüse und wussten, sie würden uns auch in Notfällen helfen. Die Szene erinnerte mich an meinen Einsatz im Oktober 1946, als wir nach Jom Kippur im Negev gegen den Willen der Engländer eine neue Siedlung errichtet hatten.

Die Wirkung des bestandenen Abenteuers auf die jüngeren Habonim-Mitglieder war unvorstellbar: Sobald wir eines der zwölf Wohnzelte aufgerichtet hatten, tanzten wir singend um das Zelt herum. Am nächsten Tag begann dann der Alltag. Einige Mütter der sechzig Teilnehmer besorgten abwechselnd die Küche. Jedes der zwölf Zelte erhielt den Namen eines Kibbuz; das meistbesuchte war natürlich das »Chamadiya«-Zelt. Anders als bei den auf landwirtschaftliche Ausbildung ausgelegten »Hachschara«-Camps ging es bei uns in erster Linie darum, das Gemeinschaftsgefühl zu stärken und den Jugendlichen eine Ahnung vom Wesen des Zionismus zu vermitteln.

Die Zeit verging wie im Flug. Bevor wir eineinhalb Monate später die Zelte abbrachen, veranstalteten wir noch eine große Abschiedsfeier mit Singen und Tanzen. Hunderte Familienmitglieder der Campteilnehmer kamen angereist, und wir feierten ausgelassen den Erfolg des Habonim-Sommerlagers. Selbstverständlich feierten auch unsere Nachbarn mit und wünschten mir Erfolg dabei, die Briten in Palästina so bald wie möglich loszuwerden.

Von Ottawa fuhr ich noch einige Tage in die Laurentian Mountains zum Sommercamp der Habonim-Gruppe aus Montreal. Dort hielt ich ein Seminar über den politischen Kampf der jüdischen Gemeinde in Palästina und der Jewish Agency gegen die britischen Behörden. Die Zuhörer wussten nur wenig über die Politik des Jischuw gegenüber den jüdischen Holocaust-Überlebenden, denen die Briten die Einreise nach Palästina verweigerten. Es war gerade die Zeit, in der die Sonderkommission der Vereinten Nationen für Palästina – Unscop (United Nations Special Committee on Palestine) – die Lage in Europa und in Palästina untersuchte.

Von Montreal ging es weiter zum Sommerlager der Habonim-Gruppe aus Toronto, die traditionell in der Nähe von Hamilton in Ontario campierte, ehe ich Ende August 1947 mit dem Bus zurück nach New York fuhr. Die kanadische Grenze an der Brücke über die Niagara-Fälle passierte ich ohne Schwierigkeiten. Genau in der Mitte der langen Brücke erreichten wir amerikanisches Hoheitsgebiet. Arglos zeigte ich dem amerikanischen Grenzpolizisten meinen britisch-palästinensischen Pass mit dem US-Visum und der verlängerten Aufenthaltsbewilligung. Zu meiner Überraschung befahl der Grenzpolizist mir in strengem Ton, sofort samt Gepäck auszusteigen, da mein Visum abgelaufen sei. Etwas verzweifelt verwies ich auf meine Verlängerungsbewilligung. »Die gilt nur, solange Sie sich auf amerikanischem Boden befinden«, erklärte er brüsk. »Sobald Sie ausgereist sind, verliert dieses Dokument seine Gültigkeit.« Davor hatte mich niemand gewarnt. Um mein amerikanisches Visum zu erneuern, hieß es, müsse ich im selben Konsulat ansuchen, in dem das ursprüngliche Visum ausgestellt worden sei, also in Jerusalem. Mittlerweile fuhr der Bus ohne mich weiter nach New York. Mit meinem Gepäck blieb ich allein auf einem schmalen Streifen auf der breiten Brücke stehen, im Niemandsland zwischen Kanada und den USA. Der Grenzer forderte mich auf, in die kleine Hütte auf der Brücke zu gehen. Dort leerte er den gesamten Inhalt meines Gepäcks auf einen großen

Tisch. Sein besonderes Interesse galt den zionistischen Broschüren der Habonim und meiner Korrespondenz mit dem Habonim-Sekretariat, die auch zahlreiche hebräische Wörter – in amerikanischer Schreibweise – enthielt. Junge Männer aus Palästina gerieten damals häufig in Verdacht, mit dem jüdischen Untergrund in Verbindung zu stehen. Zwei Stunden lang unterzog mich der Grenzer einem Kreuzverhör, und es dämmerte mir langsam, dass meine Situation nicht zum Besten stand: Ohne gültiges amerikanisches Visum durfte ich nicht zurück in die USA, zugleich war auch eine Wiedereinreise nach Kanada nicht möglich. Immerhin durfte ich einen meiner Freunde von der Habonim in Toronto anrufen, der sofort alles unternahm, um mir zu helfen. Über Kontakte eines Rechtsanwalts, der zur Poale Zion gehörte, fand sich schließlich eine vorläufige Lösung: Ich durfte nach Toronto zurückkehren, unter der Bedingung, dass ich mich jeden zweiten Tag bei der Polizei meldete. Es dauerte einen guten Monat, bis sich die Leute von der Jewish Agency mit den amerikanischen Einwanderungsbehörden arrangiert hatten und ich schließlich mit einem Transitvisum und nach Zahlung einer enorm hohen Kaution von fünfhundert Dollar wieder nach New York reisen konnte.

An den September 1947 in Toronto habe ich trotz dieser Kalamitäten nur die besten Erinnerungen. Obwohl bloß geduldet, fuhr ich mit einem Lautsprecher durch die Straßen der Stadt und rief die Leute zu einer Solidaritätskundgebung mit den Passagieren der *Exodus 1947* auf. Die britischen Einwanderungsbehörden hatten dem Schiff in Palästina die Landung untersagt. Am 8. September lief es schließlich in Hamburg, damals britische Besatzungszone, ein, wo die 4500 Passagiere, die meisten Überlebende des Holocaust, in Lagern interniert wurden. Die Empörung der Öffentlichkeit über diese Art der Behandlung war enorm.

Im Oktober 1947 war ich endlich wieder in New York. Deutlicher als zuvor zeigte mir mein Transitvisum, dass dieser Aufenthalt nur begrenzt sein würde: Zur Verlängerung musste ich jetzt immer auch eine gültige Schiffskarte nach Palästina vorweisen, und nur wegen der findigen Ausreden der Jewish Agency gelang es, mein Bleiben noch ein ganzes Jahr hinauszuzögern.

Im November 1947 entschloss ich mich, meine Tätigkeit in der Habonim auf die Umgebung von New York auszudehnen. In New Jersey, in Newark, in Jersey City und Passaic meldeten sich mehr als ein Dutzend Mädchen und Jungen im Alter von fünfzehn bis sechzehn Jahren, die gerne eine Habonim-Zweigstelle gründen wollten. Zu den Aktivisten zählte auch Hannah Lutzky in Passaic, deren Eltern uns jeden Freitagabend das Wohnzimmer in ihrem typisch amerikanischen Holzhaus zur Verfügung stellten. Hannah war ein hübsches, sehr gescheites Mädchen. Sie wirkte erwachsener als viele ihrer Kameradinnen und zählte zu den Besten ihrer High-School-Klasse. Von Anfang an übernahm sie die Organisation unserer Zusammenkünfte, zu denen bald dreißig Teilnehmer erschienen.

Ob es regnete oder schneite, ab Anfang Dezember 1947 nahm ich nun jeden Freitagnachmittag den Bus nach Passaic, um im Haus der Lutzkys hebräische Lieder zu singen und von der Gründung eines jüdischen Staates zu erzählen. Im Vordergrund standen natürlich die aktuellen politischen Geschehnisse und die Bedeutung des Beschlusses der Vereinten Nationen vom 29. November 1947, Palästina in einen jüdischen und einen arabischen Staat zu teilen. Wir verfolgten die schweren Kämpfe, die am 30. November mit Angriffen von arabischen Kampfeinheiten in Jerusalem ausgebrochen waren und sich schnell auf das ganze Land ausbreiteten. Nach den politischen Diskussionen blieben wir noch lange zum Abendessen zusammen, für das jeder etwas mitgebracht hatte: Es gab Suppe, Salate, Gefilte Fisch und gebackenes Huhn, Brownies mit Tee und Kaffee, ein üppiges, traditionelles Schabbat-Essen, das wir von Plastiktellern verzehrten.

An einem dieser Freitagabende zu Jahresanfang 1948 erwartete mich eine große Überraschung im Haus der Familie Lutzky: An jenem Abend waren nämlich auch Golda Myerson, die sich nach der Staatsgründung Meir nannte, und ihr 23-jähriger Sohn Menachem zu Gast. Golda und Hannahs Mutter verband seit ihrer Schulzeit in Milwaukee, wo beide eine Lehrerausbildung absolviert hatten, eine enge Freundschaft. Goldas Vater war 1903 vor Pogromen nach Amerika geflohen, 1906 hatte er die Familie nachgeholt. Golda Myerson wiederum lebte seit 1921 in Palästina. Während ihres kurzen USA-Besuchs wollte sie Spenden für die dringend benötigte Ausrüstung der Haganah, der israelischen Untergrundarmee, werben. In knapp zwei Wochen gelang es ihr, fünfzig Millionen Dollar aufzutreiben, eine Summe, die heute einer halben Milliarde Dollar entspricht. Golda war damals stellvertretende Leiterin der politischen Abteilung der Jewish Agency und wurde bekannt, als sie im Sommer 1946 die Leitung des Jischuw übernahm. Die britischen Behörden hatten ihren Vorgesetzten Moshe Sharett und fast die gesamte Führung des Jischuw verhaftet, während Ben-Gurion noch rechtzeitig nach Frankreich flüchten konnte. Aufgrund ihrer amerikanischen Staatsbürgerschaft durften die Briten Golda Meir nicht verhaften. Nun war sie in Begleitung ihres Sohnes Menachem unterwegs, eines begabten Musikers, der an der bekannten Julliard-Musikakademie in New York sein Cello-Studium fortsetzen sollte. Nachdem Golda nach Jerusalem zurückgekehrt war, wurde Menachem regelmäßiger Gast im Hause Lutzky, und bald schon verwirklichte sich der Traum der beiden Schulfreundinnen aus Milwaukee: Ihre Kinder Hannah und Menachem heirateten.

Durchdrungen von der Vorstellung, dass er ein berühmter Cellist werden solle, vermittelte Golda ihren Sohn an einen berühmten Professor in Zagreb. Dieser Ortswechsel belastete die junge Ehe schwer, zumal Hannah bereits schwanger war. Als sich Komplikationen bei der Schwangerschaft einstellten, bestand Hannah darauf, nach Tel Aviv zurückzukehren. Damit zog sie sich den Zorn der ehrgeizigen Schwiegermutter zu, und schon bald nach ihrer Rückkehr war die Ehe mit Menachem am Ende. Wenig später brachte Hannah ihr Kind zur Welt, ein Mädchen mit Down-Syndrom, das sie Meira nannte.

Bis heute entsetzt es mich, wie die Übermutter der israelischen Nation sich in dieser Situation verhielt. Bis zu ihrem Tod ignorierte Golda Meir ihre Enkeltochter. Durch meine Freundschaft mit Hannah Lutzky erfuhr ich, wie sehr beide unter dieser Zurückweisung litten. Erst eine im Namen von Meira Meir aufgegebene Traueranzeige anlässlich von Golda Meirs Tod im Dezember 1978 führte zu einem Skandal, und die Geschichte wurde öffentlich. Mein Bild Golda Meirs war und ist, nicht zuletzt aufgrund dieser unnachgiebigen Haltung, ambivalent. Ihre Politik in den siebziger Jahren hat meine Einschätzung eher bestärkt als abgeschwächt.

In November 1947 zeigte es sich, dass die Aktion »Land and Labor for Palestine« auch private Auswirkungen hatte: Damals heiratete mein Bruder Florie Rogoff, die Sekretärin von Ralph Goldman, dem Leiter des Projekts. Noch heute lebt mein Freund Ralph in Jerusalem und fährt trotz seiner 95 Jahre täglich in sein Büro des »Joint«, der alten amerikanisch-jüdischen Wohlfahrtsorganisation. Nach der Hochzeitsreise durch Europa kehrte Meshulam mit seiner amerikanischen Frau nach Palästina zurück, wo die beiden im Kibbuz Chulata am damals noch nicht ausgetrockneten Chula-See nördlich des Sees Genezareth lebten. Chulata liegt unterhalb der Golanhöhen, nahe der syrischen Grenze und in Geschossreichweite der libanesischen Grenze. Gleich nach der Staatsgründung kam es hier zu heftigen Kämpfen. Syrische und libanesische Artillerie beschoss den Kibbuz, was bei Meshulam eine Frontneurose auslöste. Schon damals wurden seine Haare ganz weiß, und er musste sich in Haifa einige Wochen erholen.

Neue Aufgaben, neue Wege

1947 war ein entscheidendes Jahr für das Schicksal des jüdischen Volkes. In Palästina eskalierten die Kämpfe gegen die illegale Einwanderung und gegen die britische Mandatsmacht. Selbst der Einsatz der Elite-Fallschirmjägerdivision, deren Soldaten wegen ihrer roten Baretts von der jüdischen Bevölkerung »Kalaniot« (Rote Anemonen) genannt wurden, konnte die Probleme nicht lösen. Im Frühjahr 1947 beschloss der britische Außenminister Ernest Bevin, das Palästina-Problem vor die Vereinten Nationen zu bringen. Großbritannien hatte 1920 vom Völkerbund das Mandat erhalten, Palästina und Transjordanien zu verwalten. Mit Beginn des Zweiten Weltkriegs hatte sich der Völkerbund aufgelöst, und so wurde das Problem nun Sache der nach dem Krieg gegründeten Vereinten Nationen.

Mit Ausnahme von Großbritannien sah man in den Vereinigten Staaten, in Europa und in Südamerika sehr klar, dass nach dem Holocaust die Zuwanderung von Überlebenden nach Palästina ausgeweitet werden müsse. Das Anglo-American Committee hatte dazu im Jahr 1946 der amerikanischen und britischen Regierung einen Bericht vorgelegt, in dem es empfahl, die sofortige Einwanderung von 100 000 Überlebenden nach Palästina zuzulassen. Doch Außenminister Bevin lehnte diesen Vorschlag ab, obwohl sein Labour-Genosse Richard Crossman ihn mitentwickelt hatte. Aus damaliger Sicht waren die Auswirkungen katastrophal für all jene, die auf eine Einwanderungsgenehmigung nach Palästina warteten. Andererseits beschleunigte diese Entscheidung die Gründung des Staates Israel erheblich.

Im Frühjahr 1947 hatte die britische Regierung offensichtlich die Kontrolle über die Situation in Palästina verloren und forderte die Einberufung einer Sondersitzung der Generalversammlung der Uno. Im Vorfeld ging es zunächst um die Frage, wer das Recht habe, das jüdische

Volk zu vertreten, denn es gab ja weder einen Staat noch eine Regierung. Vier Gruppen nahmen dies für sich in Anspruch, sie präsentierten ihre Anträge in den vier Ecken eines ziemlich kleinen Raums im Hauptquartier der Uno. Das war zunächst die Jewish Agency for Palestine mit ihrem Vorsitzenden David Ben-Gurion und dem Präsidenten der zionistischen Weltbewegung, Chaim Weizmann. Dann gab es die ultraorthodoxe Agudat Jisra'el, eine Partei, die Anfang des 20. Jahrhunderts in Berlin gegründet worden war und in Polen starken Zulauf hatte. Ihre rabiat antizionistische Ideologie hatte vor dem Krieg verhindert, dass junge polnische Juden rechtzeitig nach Palästina auswanderten und sich damit vor dem Holocaust retten konnten. Agudat Jisra'el betrachtete die Idee eines jüdischen Staates als Gotteslästerung. Diese Erlösung von der Vertreibung des jüdischen Volkes musste sich ihrer Vorstellung nach mit dem Erscheinen des Messias verbinden, eine Entscheidung, die nur Gott allein oblag. Die dritte Gruppe bildete Henry Bergsons nationalistische Liga für ein Freies Palästina. Sie war ideologisch stark von dem zionistischen Revisionisten Vladimir Jabotinsky geprägt und stand dem revisionistischen jüdischen Untergrund nahe. Schließlich präsentierte sich das Lessing-Rosenwald-Council for Judaism mit Hauptsitz in Chicago, das an eine Zukunft des Judentums nur bei völliger Assimilation glaubte. Alle vier Parteien vertraten den Anspruch, das jüdische Volk zu repräsentieren; das Mandat erhielt dann die Jewish Agency.

Selbstverständlich wollte ich diese historischen Entscheidungen am Ort des Geschehens verfolgen. Da ich nur nachmittags und abends mit meinen Jugendgruppen beschäftigt war, ergab sich dazu auch Gelegenheit. Ich kannte Sy Kennen, einen Mitarbeiter der Jewish Agency in New York, der später auch die amerikanisch-israelische Lobby AIPAC (American Israel Public Affairs Committee) gründete. Er betreute den Informationstisch der Jewish Agency für die internationalen Pressevertreter, wofür ich ihm meine ehrenamtliche Mitarbeit anbot. Wenige Tage später erfuhren wir vom Beschluss des UN-Generalsekretariats, die Jewish Agency for Palestine mit der offiziellen Vertretung des jüdischen Volkes bei der Sondersitzung zu betrauen. Unbedingt wollte ich mir Zugang zu diesen Sitzungen verschaffen. Mithilfe von Dan Pinnes, dem Korrespondenten der Arbeiterzeitung *Dawar*, gelang es mir, als sein Assistent einen eigenen Presseausweis zu erhalten, der bis Herbst 1948 gültig war. Damals existierten die großen UN-Gebäude noch nicht. Die Generalversammlung tagte in Flushing Meadows, in einem riesigen Saal, der einst zur Weltausstellung gehört hatte. Die Sitzungen des politischen Ausschusses hingegen fanden in Lake Success im Stadtteil Queens statt.

Der wichtige und operative Beschluss der Generalversammlung im April bestand darin, einen Sonderausschuss für Palästina zu ernennen – United Nations Special Commitee on Palestine (Unscop) –, der seine Empfehlungen bei der Herbstversammlung der UN vorlegen sollte. Im Spätsommer präsentierte die Unscop seine Empfehlung, das Land in einen jüdischen und einen arabischen Staat zu teilen, mit Jerusalem als internationaler Enklave.

Ich erinnere mich an die dramatischen Diskussionen über diesen Teilungsplan im politischen Ausschuss im Herbst 1947. Tief bewegte mich die Rede des tschechischen Außenministers Jan Masaryk; er war der Sohn des tschechischen Staatsgründers Tomáš G. Masaryk. Er betonte: »Ich bin kein Fachmann für Pipelines. Doch kenne ich eine Pipeline: die des Blutes, das durch die gesamte jüdische Geschichte geflossen ist.«

Eines Tages beobachtete ich, wie sich in der großen Lobby in Flushing Meadows alle Vertreter der ostmitteleuropäischen Staaten um Andrej Gromyko scharten, den damaligen Vertreter der UdSSR im UN-Sicherheitsrat. Ich hatte mich ein wenig mit Ján Papánek angefreundet, dem tschechischen Delegierten, und zögerte keinen Augenblick, ihn zu fragen, was sie gerade besprochen hatten. Seine sensationelle Antwort lautete: »Die Ostblockstaaten haben beschlossen, die Teilung Palästinas und die Gründung eines jüdischen Staates zu unterstützen.«

»Kann ich das berichten?«, fragte ich zurück.

»Sie können mich zitieren«, sagte Papánek. Dan Pinnes war begeistert, dass ich für *Dawar* eine so wichtige Neuigkeit in Erfahrung gebracht hatte, die er sofort express nach Tel Aviv telegrafierte – es war mein erster Scoop, lange bevor ich Journalist wurde.

Am 29. November 1947 fand die Abstimmung über den Teilungsplan für Palästina statt: Mit 33 Stimmen bei dreizehn Gegenstimmen und zehn Enthaltungen votierte die UN-Vollversammlung für die Gründung eines jüdischen Staates auf einer Fläche von knapp 55 Prozent des britischen Mandatsgebietes. Die Araber sollten 43 Prozent des Landes erhalten, Jerusalem sollte unter internationaler Kontrolle stehen.

Im Herbst 1947 begann auch meine Zusammenarbeit mit Teddy Kollek, der nach 1967 als Bürgermeister von Jerusalem berühmt wurde und mit dem mich eine lebenslange Freundschaft verband. Kollek war 1935 im Alter von 24 Jahren als Mitglied der zionistisch-sozialistischen Blau-Weiß-Jugendbewegung aus Wien nach Palästina gekommen, zählte zu den Gründern des Kibbuz Ein Gev am östlichen Ufer des Sees Genezareth und arbeitete zugleich in der politischen Abteilung der Jewish Agency.

Viele enge Mitarbeiter um David Ben-Gurion stammten aus Wien, was ich mir damit erkläre, dass sie eleganter und geschmeidiger auftraten als die häufig sehr starrköpfigen deutschen Jeckes. Teddy Kollek nahm dabei eine herausragende Rolle ein. Ben-Gurion hatte ihn nach New York entsandt, weil er ahnte, dass es über kurz oder lang zu Kämpfen gegen die Araber kommen würde. Er sollte recht behalten. Schon einen Tag nach der Abstimmung der Vereinten Nationen begannen in Palästina die blutigen Auseinandersetzungen.

Um der jüdischen Bevölkerung eine Verteidigung zu ermöglichen, brauchte es Waffen. Mit dieser verantwortungsvollen und hochgeheimen Mission betraute Ben-Gurion Teddy Kollek. Ich kannte Kollek flüchtig aus der Kibbuz-Bewegung, und bald nach seiner Ankunft in New York forderte er mich zur Mitarbeit auf. Kollek bewohnte eine Suite im Hotel Fourteen, wo wir auch unsere geheimen Treffen abhielten. Bald gehörte ich zum engeren Kreis. Bei meinem ersten wichtigen Auftrag sollte ich einen Unterhändler treffen und ein Angebot für mehrere tausend Bazooka-Granaten einholen. Diese Waffen waren für die Abwehr von Panzern notwendig. Um von ihm erkannt zu werden, sollte ich mich mit der *New York Times* in der Hand in der Lobby des Hotels Alpin am Times Square einfinden. Ein Mann in hellem Anzug und mit Strohhut sprach mich an und bot mir 40 000 Bazookas für eine Million

Dollar. Um seine Seriosität zu untermauern, händigte er uns ein paar Tage später zwei Exemplare aus.

Tags darauf fuhr ich mit zwei Waffenexperten der Haganah und den zwei Granaten im Buick meines Vaters an einen stillen Ort außerhalb New Yorks – eine abenteuerliche Fahrt. Im Rückspiegel bemerkte ich, dass ein Polizist uns folgte und mir Zeichen zum Anhalten gab. Ich fuhr an den Straßenrand und kurbelte das Seitenfenster herunter: »Entschuldigung, Sir, Sie haben gerade zwei Papprollen aus Ihrem Kofferraum verloren«, schnarrte der Sergeant etwas ungehalten. Er forderte mich auf, zurückzufahren und sie einzusammeln. Letztlich erreichten wir dann ein einsames Waldstück, wo die Experten die Granaten zündeten. Sie funktionierten und die Lieferung wurde verabredet.

Jeder, der mit Teddy Kollek einmal zusammengearbeitet hat, weiß, was es bedeutete, von ihm einen Auftrag zu erhalten: Man übernahm die Verantwortung von Anfang bis zum Schluss, inklusive aller Unwägbarkeiten. So war ich mit der Beschaffung der Waffen natürlich noch nicht von meinen Pflichten entbunden. Als Nächstes musste ich mich um die Verschiffung nach Palästina kümmern. In einem angemieteten alten Lagerhaus in Brooklyn verbrachte ich mit einigen Freunden mehrere Wochen damit, die Granaten in Kartons zu verpacken und als Konservendosenlieferung zu tarnen. Dann expedierte ich die Kisten in den Hafen von Brooklyn, wo sie auf ein sowjetisches Schiff namens *Russia* verladen wurden. Noch heute pocht mir das Herz bei dem Gedanken, mit welcher Chuzpe ich damals täglich mehrmals in einem geliehenen Lieferwagen Waffen durch New York kutschierte.

Anfang 1948 tauchte ein Sondergesandter der Haganah auf, Jakov Yanai, ein enger Freund von Moshe Dayan. In den Räumen der Zionistischen Archive trafen sich um die vierzig aus Palästina entsandte Leute mit Außenminister Moshe Sharett. Yanai berichtete von der desolaten militärischen Ausstattung der jüdischen Bevölkerung und drängte darauf, dass wir unsere Bemühungen zum Ankauf der Waffen intensivierten. Am liebsten wäre ich sofort nach Palästina zurückgefahren, um vor Ort zu kämpfen, aber Sharett lehnte entrüstet ab: »Eure Arbeit in New York ist genauso wichtig wie die Kämpfe an der Front«, sagte er. So er-

Mit Teddy Kollek, 1995

lebte ich den Augenblick der Staatsgründung am 14. Mai 1948 nicht in unserer Heimat, sondern feierte mit Tausenden New Yorker Juden auf dem Times Square, wo wir um das dreieckige Gebäude der *New York Times* herum ausgelassen Horah tanzten. Die Freude währte jedoch nur kurz: Schon am nächsten Tag marschierten fünf arabische Armeen in Israel ein, und die ägyptische Luftwaffe bombardierte Tel Aviv.

Um Teddy Kollek und seinen etwa zwanzig Mitarbeitern das Gefühl zu geben, zum kämpfenden israelischen Heer zu gehören, veranlasste Verteidigungsminister David Ben-Gurion, dass wir Ende Mai 1948 als Offiziere der Israel Defence Forces vereidigt wurden. An einem Samstagabend traten wir im Garten einer eleganten Villa in Mount Vernon nördlich von New York an, wo Oberst Ephraim Ben-Arzi uns den Treueid auf den Staat Israel und seine Armee abnahm. Die Villa stellte Abe

Feinberg zur Verfügung, ein wohlhabender amerikanischer Geschäftsmann, der sich für die Belange des Zionismus einsetzte. Bei der Zeremonie trugen zwei Schauspieler des gerade in New York gastierenden Habimah-Theaters Texte vor. Später in Israel war dies alles ohne Bedeutung; die Maßnahme hatte bloß unserer Beruhigung gedient, damit wir in Amerika blieben.

Im September 1948 wurde die Generalversammlung der Vereinten Nationen wegen der anstehenden Präsidentschaftswahlen in den USA von New York nach Paris verlegt. Natürlich reiste auch ich dorthin. Teddy Kollek gab mir einen persönlichen Brief an Asher (Arthur) Ben-Natan mit, den Mossad-Vertreter in Europa und späteren ersten Botschafter Israels in Deutschland. Ben-Natan war ein gebürtiger Wiener und sah Curd Jürgens zum Verwechseln ähnlich; er saß in einem Dachbodenbüro in der Avenue Wagram, wo die Jewish Agency und die erste israelische Vertretung untergebracht waren. Er gab mir den Auftrag, in zwei Wochen als Kommandant ein Schiff mit neunhundert halblegalen Immigranten von Marseille nach Israel zu begleiten. Inzwischen wollte ich nach Wien fahren, um das Grab meiner Mutter zu besuchen. Ben-Natan hatte nicht nur nichts dagegen, sondern gleich noch eine zweite Mission: Auf dem Weg nach Österreich sollte ich in einem Lager für Displaced Persons zwischen Augsburg und Salzburg einen russischen Juden ausfindig machen; dieser verwahrte im Auftrag seines verstorbenen Freundes einen Koffer, der nur einem offiziellen Vertreter des Staates Israels übergeben werden durfte. In dem Koffer, so hieß es, seien Patente der Roten Armee, die die Wirkkraft unserer Mörsergranaten um ein Vielfaches steigern könnten. Ben-Natan stattete mich mit Dokumenten aus, die mich als offiziellen Vertreter des jüdischen Volks auswiesen und mir die Vollmacht bescheinigten, den Koffer in Empfang zu nehmen. In Wien gelang es mir tatsächlich, die Spur des Mannes ausfindig zu machen und meine Vollmacht einem Freund aus Israel zu übergeben. Zwar war ich bei der Übergabe der Patente nicht persönlich anwesend, doch konnte ich meinen Teil dazu beitragen, dass sie ihren Bestimmungsort schließlich erreichten.

Fast auf den Tag genau zehn Jahre nach meiner Flucht kam ich erstmals wieder nach Wien. Während der Anreise per Bahn hatte ich gleich ein typisch österreichisches Erlebnis. Wie immer hatte ich genügend Lektüre dabei, unter anderem ein Exemplar der *Herald Tribune*. Als der Zug in Salzburg hielt, stiegen die meisten Passagiere aus, und ich blieb allein in meinem Abteil. Zwei österreichische Ehepaare traten ein und fragten auf Englisch, ob sie die freien Plätze einnehmen dürften. Ich nickte stumm und verschwand wieder hinter meiner Zeitung. Die Frauen waren offenkundig Schwestern. Eine war mit ihrem Mann nach Amerika ausgewandert und kam nun zu Besuch, die andere lebte in Wien und war ihr samt Mann nach Salzburg entgegengereist. Munter unterhielten sich die vier. Die Wienerin klagte, wie sehr sie unter den Russen zu leiden hätten. »Jetzt kommen auch alle Juden wieder und wollen ihre Wohnungen zurück«, jammerte sie und beschwerte sich über das Transitlager im Rothschild-Spital, in dem jüdische Flüchtlinge und Überlebende auf ihre Weiterfahrt nach Palästina warteten. Es fiel mir schwer, ruhig zu bleiben, ich biss mir aber auf die Zunge.

Als wir in Linz einfuhren, gab es Passkontrollen. Kurz danach sollten wir die amerikanische Besatzungszone verlassen und in die sowjetische gelangen. Ein amerikanischer Unteroffizier kontrollierte meinen Pass, einen Ausweis aus dem britischen Mandatsgebiet in Palästina, versehen mit einem Zionsstern, dem Signum der provisorischen israelischen Behörden. Der Unteroffizier war sehr nett, aber er warnte mich: »Mit diesem Pass werden Sie an dieser Grenze Schwierigkeiten bekommen. Die Russen akzeptieren hier nur sowjetische oder amerikanische Pässe. Reisende mit britischen Pässen dürfen in der Regel nur über die im Süden gelegene britische in die sowjetische Zone einreisen.« Eine Reise zurück über Salzburg nach Graz hätte einen Umweg von mindestens eineinhalb bis zwei Tagen bedeutet, deshalb ließ ich es darauf ankommen. Prompt holte mich der sowjetische Grenzsoldat auf der Brücke über die Enns aus dem Zug und brachte mich zu seinem Vorgesetzten, der etwas Deutsch und Englisch verstand. Ich zeigte meinen Pass mit dem Davidstern und sagte: »Israel, Israel, njet Britanski.« Sein Gesicht leuchtete auf, und er sagte: »Israel ochin charascho – das ist sehr gut.« Dann umarmte er mich kurz, entschuldigte sich und brachte mich persönlich in mein Abteil zurück. Die Mitreisenden staunten nicht schlecht. Das Wiener Ehepaar hatte die Strecke schon häufig bereist und gelegentlich erlebt, dass Leute aus dem Zug geholt wurden, noch nie aber hatte einer die Fahrt fortsetzen dürfen. Nun wollten sie natürlich wissen, wie das möglich gewesen sei. Ich antwortete nonchalant: »Ich bin ja nicht Brite, ich komme aus Israel.« Bis dahin war die Konversation auf Englisch geführt worden, nun fügte ich hinzu: »Wir können auch Deutsch sprechen, denn ich bin in Wien geboren und möchte das Grab meiner Mutter besuchen.« Es folgte ein Augenblick der Stille, als ihnen klar wurde, dass ich ihren Gesprächen zuvor sehr wohl hatte folgen können. Gleich versuchten sie, alles zu relativieren. Gegen Juden im Allgemeinen hätten sie gar nichts, aber es gebe immer einige, die auf ihren Vorteil bedacht seien … Kurz, es war widerlich.

Einige Stunden später erreichten wir Wien. Die Stadt sah aus, nein, sie war die Kulisse des berühmten Films »Der dritte Mann« mit Orson Welles: Auf einer wüsten Fläche standen ein paar Hütten, sonst lag das ganze Viertel um den Westbahnhof in Schutt und Asche. Auf Rat des österreichischen Widerstands hatte die Rote Armee Wien hauptsächlich vom Westen her angegriffen. Erbittert hatte die Wehrmacht die Innere Stadt verteidigt und dafür enorme Zerstörungen in Kauf genommen.

Natürlich hatte mich Ben-Natan auch für Wien wieder mit Empfehlungsschreiben ausgestattet. So konnte ich einige Tage in der Nähe der Votivkirche, nahe meinem ehemaligen Gymnasium, unterkommen. In einer stattlichen Vierzimmerwohnung in einem alten Patrizierhaus wohnte dort ein gewisser Herr Teichholz, auch er ein Überlebender des Holocaust. Er beherbergte Leute, die illegale Einwanderungstransporte nach Israel organisierten. Nachdem ich mir den Hausschlüssel hatte geben lassen, zog ich in der Abenddämmerung los. Zunächst ging ich meinen alten Schulweg entlang: Wasagymnasium, Liechtensteinstraße, Porzellangasse. Wien war für mich zur Geisterstadt geworden. Keines der jüdischen Geschäfte existierte mehr, ich las neue, fremde Namen und fühlte mich, als würde ich über einen Friedhof gehen.

Am nächsten Tag ging ich zu unserem Haus in die Porzellangasse 50 und traf dort den Sohn des Hausmeisters Wraneschitz. Er erkannte mich sofort und nahm mich mit zu unserer alten Wohnung im ersten Stock, in der nun eine Familie aus einem ausgebombten Haus wohnte. Die neue Bewohnerin fiel buchstäblich auf die Knie und flehte mich an, ihnen wenigstens ein Zimmer zu lassen, wo sie weiter wohnen könnten, sollte ich wieder in die Wohnung einziehen. »Das ist überhaupt nicht meine Absicht. Ich bin nur aus sentimentalen Gründen hier und will mir die Wohnung meiner Kindheit ansehen«, erklärte ich der aufgelösten Frau und versuchte sie zu beruhigen. Mit gemischten Gefühlen betrat ich die Wohnung. Von der aufwendigen Sanierung, die Rita und mein Vater 1936 zu ihrer Hochzeit vorgenommen hatten, fanden sich noch die Marmorkamine, auch die buntgemusterten Tapeten klebten noch überall an den Wänden, in einem schäbigen Zustand. Es wunderte mich, wie fremd ich mich dort fühlte.

Ich fragte den Hausmeistersohn nach der Familie Pech, die unter uns im Mezzanin gewohnt hatte. Mit Walter Pech hatte mich eine besondere Freundschaft verbunden, deren Aufrichtigkeit sich beim Umgang mit einem wertvollen Geschenk erwies, das ich im Dezember 1937 zu meiner Bar Mitzwa erhielt: Es war ein elegantes Steyr-Fahrrad, mein ganzer Stolz. Es gefiel auch Walter. Unmittelbar nach dem »Anschluss« lief auch er in der braunen Uniform der HJ herum und kannte mich auf der Straße nicht mehr. Einige Tage später klingelte er an der Haustür, trat ein und erklärte mir, dass ich, als Jude, mein Fahrrad nicht mehr benützen dürfe. Es würde sofort beschlagnahmt werden. Er machte mir aber einen Vorschlag: Da in seiner HJ-Horde eine Fahrradstaffel gegründet werden sollte, wollte er mein Fahrrad zu sich nehmen. Offiziell würde es heißen, er habe mein Fahrrad beschlagnahmt, doch versprach er mir, dass er es mir zurückgeben werde, wenn ich auswandern könnte. Was hätte ich tun sollen? So wurde mein Fahrrad Teil der Fahrradstaffel der HJ. Ab und zu parkte Walter das Fahrrad im Korridor unserer Wohnung, wo es mit einer Seilwinde unter der Decke befestigt wurde, sodass ich es zumindest ansehen konnte. Walter hielt Wort: Als ich ihm im Oktober 1938 von meinen Auswanderungsplänen erzählte, gab er mir das Fahrrad zurück, und ich verschiffte es nach Haifa. Zehn Jahre leistete es mir dort gute Dienste und ermöglichte mir eine köstliche Freiheit. Wahrscheinlich war es das einzige Fahrrad im jüdischen Palästina, das auch der Hitlerjugend gedient hat.

Nun berichtete mir der Sohn des Hausmeisters, dass Walter im Krieg gefallen sei. Ich wollte trotzdem seine Mutter sehen; Frau Pech erkannte mich sofort. »Der Ari«, sagte sie, begann zu weinen und umarmte mich. Mit meinem so unerwarteten Besuch lebten zweifellos die Erinnerungen an ihren Sohn wieder auf. Womöglich dachte sie auch: »Der Judenbub hat es überlebt, und mein Walter ist gefallen.« Doch war es wahrscheinlich wichtig für sie, einige Stunden mit mir zu verbringen. Ich musste mir die Bilder von Walter mit seinen Pferden in der Kavallerie anschauen, Bilder von der russischen Front und der Normandie, wo er 1944 gefallen war. Einen Monat zuvor hatten Walters Eltern zum ersten Mal sein Grab auf einem der riesigen Soldatenfriedhöfe in Frankreich besucht. Wir redeten auch von den schöneren Zeiten unserer Kindheit. Als ich mich von Maria Pech verabschiedete, dachte ich nicht an einen Wehrmachtsoldaten, der im Krieg umgekommen war, sondern fühlte mit einer Mutter, die ihren einzigen Sohn verloren hatte.

Am 9. November 1948 fand im Musikvereinssaal eine Gedenkveranstaltung zum zehnten Jahrestag der Pogromnacht statt, an der ich als Ehrengast teilnahm. Dort sprach derselbe Kardinal Theodor Innitzer, der 1938 Hitler feierlich willkommen geheißen und seine Bischöfe aufgerufen hatte, das neue Regime zu unterstützen. Bundeskanzler Leopold Figl, der selbst unter den Nazis im Konzentrationslager Dachau gesessen hatte, rief in seiner Rede die Juden Wiens, die den Krieg im Ausland überlebt hatten, dazu auf, zurückzukehren und sich am Aufbau des Nachkriegs-Österreich zu beteiligen. Israels erster Konsul in Österreich, Daniel Kurt Lewin, der perfekt Deutsch sprach, erklärte mit bebender Stimme: »Für uns ist ganz Europa ein großer Friedhof. Wir können hier nicht mehr leben. Wir werden den Staat Israel aufbauen.«

Das Verhalten einer Reihe von österreichischen Regierungen nach dem Krieg legt nahe, dass Figls Aufruf nicht mehr als ein Lippenbekenntnis war. Politiker der SPÖ und ÖVP äußerten sich in den Nachkriegsjahren öffentlich antisemitisch. Viel zitiert wurde in diesem Zusammenhang die Wortmeldung des SPÖ-Innenministers Oskar Helmer in einer Sitzung des Ministerrats am 9. November 1948, bei der über die Frage des Umfangs und des Zeitpunkts der Restitution entzogenen jüdischen Eigentums diskutiert wurde. Helmer sagte: »Ich sehe überall nur jüdische Ausbreitung [...] Auch den Nazis ist im Jahre 1945 alles weggenommen worden [...] Ich wäre dafür, dass man die Sache in die Länge zieht.« Schon damals war ich mir der Tatsache bewusst, dass es bei den Österreichern nicht viel Reue über die Teilnahme an den Nazi-Verbrechen gab. Obwohl zwei Drittel der Juden den Holocaust überlebt haben, war der Anteil der Juden, die nach Österreich zurückkehren konnten, nur minimal. Es dauerte noch vierzig Jahre, bis als Folge der Waldheim-Affäre diese Dinge gründlich aufgearbeitet wurden.

Als ich den Saal verlassen wollte, bemerkte ich am Ausgang zwei Damen und einen Herrn. Eine der Damen kam mir bekannt vor: Tatsächlich, dort stand unsere ehemalige Kinderärztin, Dr. Sala Weitz. Auch sie erkannte mich wieder, freute sich darüber, mich zu sehen, und lud mich ein, gemeinsam mit den anderen in ein Café zu gehen.

Bis heute bin ich der Überzeugung, dass jemand, der den Holocaust nicht erlebt hat, kein Recht hat, die Überlebenden moralisch zu beurteilen. Aus vielen Zeugnissen wissen wir, dass man häufig Unmoralisches tun musste, um die fürchterlichen Qualen zu überleben. Trotzdem wurde mir die Wiederbegegnung mit Sala Weitz unerträglich. Sie erzählte, wie schlimm es für sie im Kinderspital im 2. Bezirk gewesen sei, wo sie auch ihre Schwester und ihren Schwager als Hilfskräfte anstellen konnte. 1942 musste sie alle zwei Wochen Kindertransporte nach Auschwitz zusammenstellen. Sie schrieb Listen, fertigte die Kinder ab ... Schon beim Zuhören wurde mir ganz unwohl, aber damit nicht genug. Im nächsten Atemzug beschwerte sie sich darüber, dass Wien im Augenblick voller polnischer Juden sei, die auf den Schwarzmärkten handelten. »Die erwecken jetzt wieder den ganzen Risches«, damit meinte sie antisemitische Ressentiments. Ich stand auf und verließ das Café.

Ein paar Tage später fuhr ich von Wien nach Marseille, um Asher Ben-Natans nächsten Auftrag zu erfüllen: Im Hafen ankerte bereits die

Caserta, ein altes italienisches Frachtschiff, mit dem mehr als neunhundert Einwanderer nach Israel gebracht werden sollten. Die meisten waren Überlebende aus Polen und Rumänien. Unsere gemeinsame Sprache war Jiddisch, das ich mir vorher schon in New York beigebracht hatte, wo es damals drei wichtige jiddischsprachige Tageszeitungen gab. Die *Caserta* verfügte über die typische Ausstattung der Einwandererboote: Die Passagiere schliefen in dreistöckigen Pritschen in den umgebauten Frachträumen. Das Schiff unterstand einem italienischen Kapitän, während ich als »Commandante« der Passagiere amtierte. So kam ich zum Privileg einer eigenen Kabine direkt neben der Kapitänskajüte, die ich aber nach der Abfahrt drei schwangeren Frauen überließ. Sie gehörten zu einer englischen Gruppe der Habonim-Jugend und fuhren nach Israel, um im Norden nahe der syrischen Grenze einen Kibbuz zu gründen.

Bald nachdem wir aus Marseille ausgelaufen waren, gerieten wir in einen heftigen Sturm. Da viele Passagiere unter Seekrankheit litten, wurde ich vom Kapitän mit einer großen Flasche Baldriantropfen und Würfelzucker ausgerüstet, ging stundenlang durch die Schlafsäle, die Pritschen auf und ab, und versuchte, stöhnende Patienten zu beruhigen. Als die Zahl der Seekranken dennoch nicht weniger wurde, beschlossen der Kapitän und ich, die Passagiere 24 Stunden in der Meerenge von Messina ausruhen zu lassen. Der Entschluss fiel uns schwer, denn die Vorräte waren knapp. Zwei Tage lebten wir von Notproviant, steinhartem Zwieback und Tee. Als sich der Sturm gelegt hatte, kamen junge Sizilianer mit ihren Booten und verkauften uns Orangen, die besser wirkten als jede Medizin. Ausgeruht setzten wir unsere Seefahrt fort, und drei Tage später tauchte zu unserer großen Erleichterung der Carmelberg am Horizont auf.

Ich rief alle Passagiere auf das Deck, das schnell überfüllt war, und hielt meine erste Ansprache auf Jiddisch: »Der groiße Tog ist gekummen. Wir werden glach in Eretz Jisroel sein, in unserer eigenen Medine.« (Der große Tag ist gekommen. Wir werden bald im Land Israel sein, in unserem eigenen Staat.) Spontan sangen alle die »Hatikva«, das Lied der Hoffnung, die Hymne der zionistischen Bewegung, die jetzt die Nationalhymne des jungen Staates Israel war.

Meine zweite Ankunft in Haifa, mit blau-weißen Fahnen, jüdischer Polizei und israelischen Regierungsbeamten, erfüllte mich mit Stolz und großer Freude. Zehn Jahre waren vergangen, seit ich im November 1938 in Palästina angekommen war und nur unter dem Schutz von Panzerwagen der britischen Polizei vom Hafen in die Ahawah-Schule hatte fahren können. Nun erledigte ich zunächst die Formalitäten für die Übergabe der neunhundert Passagiere der *Caserta* an die Beamten der Jewish Agency und der israelischen Behörden. Allein der bisher nicht existierende Name »Innenministerium der Regierung Israel« erweckte eine so kindliche Begeisterung in mir, dass ich sogar die Bürokratie der unerfahrenen israelischen Beamten geduldig ertrug.

Am frühen Nachmittag nahm ich dann einen Bus zu meinem Kibbuz Chamadiya. In der späten Nachmittagssonne glänzte das Stroh auf den kurz zuvor gemähten Feldern, hohe grüne Eukalyptusbäume rahmten die schmale Landstraße. Als wir die »Hauptstadt« des Jesre'el-Tals, Afula, erreichten, fühlte ich schon die Nähe meines Zuhauses. Herzlich empfingen mich die Freunde, die ich zwei Jahre lang nicht gesehen hatte. Trotzdem fuhr ich schon am nächsten Morgen mit dem Bus nach Tel Aviv, um mich sofort beim Militär zu melden. Die Reise dauerte damals mehr als vier Stunden, und nicht immer gab es in den überfüllten Bussen einen Sitzplatz.

Im Verteidigungsministerium ging ich zu Josef Jisraeli, einem Abteilungsleiter, den ich aus der Kibbuz-Bewegung gut kannte; er war zuständig für die zirka tausend Kibbuzniks, die im Militär dienten. Ich zeigte ihm den Offiziersausweis der israelischen Verteidigungsarmee, den mir Oberst Efraim Ben-Arzi bei der feierlichen Vereidigung in New York Ende Mai 1948 überreicht hatte. Josef Jisraeli lachte herzlich darüber und sagte: »Den Ausweis kannst du dir gleich als Andenken einrahmen. Hier hat er keinen praktischen Wert. Doch wenn dein Kibbuz einverstanden ist, kannst du jetzt einrücken und Soldat werden.« Diesem Vorschlag wäre ich gerne gefolgt, doch Chamadiyas Sekretariat war anderer Meinung. Zwanzig unserer Mitglieder waren bereits beim Militär, und der Kibbuz brauchte wehrfähige Männer zu seiner eigenen Verteidigung – die gefährliche jordanische Grenze lag nur einen Steinwurf von unseren Feldern entfernt. Obwohl ich bis 1980 als Reservist im Militär diente und auch in den Kriegsjahren 1967 und 1973 an der Front kämpfte, empfinde ich es bis heute als Makel, 1948 nicht als Soldat gedient zu haben. In den letzten beiden Jahren meiner militärischen Laufbahn wurde ich als Presseoffizier eingesetzt. Ich begleitete Gruppen ausländischer Journalisten in den Golan und zum Suezkanal.

Nach den spannenden Aufgaben in Europa und dem Scheitern meiner militärischen Ambitionen erwartete mich in Chamadiya ein eher ruhiges Leben. Da ich zu den wenigen Mitgliedern des Kibbuz zählte, die Kühe melken konnten, wurde ich der Arbeit im Kuhstall zugeteilt. Einen stärkeren Kontrast zu New York und Europa kann man sich kaum vorstellen. In unserem Kuhstall befanden sich sechzig Milchkühe, die dreimal täglich in möglichst gleichen Abständen gemolken wurden, um eine Milchquote von 27 bis dreißig Litern am Tag zu erreichen, ein international hoher Durchschnitt. Jeder von uns musste pro Schicht zwölf bis dreizehn Kühe melken. Jeden Morgen standen wir um halb vier Uhr auf, um zwei Stunden die Kühe zu melken, zu füttern und den Kuhstall zu reinigen. Derselbe Ablauf wiederholte sich um halb zwölf Uhr mittags und um halb sieben am Abend. Die Melkzeiten zerteilten den ganzen Tag und erforderten den Verzicht auf jedes gesellschaftliche Leben, was mich besonders störte. Es gelang mir, das Kuhstallteam zu überzeugen, den Arbeitsrhythmus zu ändern und die erste Schicht auf Mitternacht zu verlegen. So konnten wir auch am abendlichen Leben im Kibbuz teilnehmen. Aus Amerika hatte ich Schallplatten und einen modernen Plattenspieler mitgebracht, die ich ausnahmsweise als privaten Besitz behalten durfte. Öfters organisierte ich einen Konzertabend nach dem Abendessen; an anderen Abenden diskutierten wir über die politische Lage und die Zukunft der Kibbuz-Bewegung.

Mein Leben lang habe ich Kinder geliebt und mich gut mit ihnen verstanden. Deshalb arbeitete ich regelmäßig am Schabbat als Aushilfskindergärtner. Viele der Kinder von damals sind inzwischen selbst Großeltern und zählen zu meinen guten Freunden. Ab und zu besuchten uns Leute aus dem Ausland, die ich betreute und denen ich das Leben im Kibbuz zu erklären versuchte.

Ari beim Melken im Kibbuz, zirka 1949

In dieser Zeit lernte ich eine junge Frau kennen, mit der mich jahrelang eine enge Beziehung verband. Sie war fünf Jahre jünger als ich und trug den biblischen Namen Zippora, ihre Freunde nannten sie Zippke. Sie war schlank und trug ihr dickes blondes Haar als Zopf – das Inbild einer im Lande geborenen Sabre. Zippora war Anfang 1949 mit einer Gruppe von sechzehn kriegsmüden, aus der Armee entlassenen Soldaten nach Chamadiya gekommen, um mit uns zu leben. Einige von ihnen kannte ich, weil ich sie drei Jahre zuvor in der Jugendbewegung betreut hatte. Ihre weichen Kindergesichter hatten sie verloren, stattdessen spiegelte sich in ihren Zügen die Erlebnisse des Krieges. Alle waren erleichtert, dass er überstanden war. Nach den ersten Parlamentswahlen im Jänner 1949 hofften wir, dass die separaten Waffenstillstandsabkommen mit Ägypten, Jordanien, Syrien und dem Libanon uns auf einen Weg des Friedens bringen würden.

Im Kibbuz-Sekretariat wurde entschieden, dass ich diese Gruppe als Madrich betreuen sollte. Wir trafen uns täglich nach der Arbeit, zweimal in der Woche hielt ich Vorträge über die politischen Entwicklungen. Schon beim ersten Treffen war mir Zippora aufgefallen, wirkte sie doch neben ihren eher groben Chawerim besonders zart und sensibel.

Obwohl wir aus vollkommen verschiedenen Welten kamen – oder vielleicht gerade deswegen –, verstanden wir uns sehr gut, verliebten uns ineinander und wurden im Frühjahr 1949 ein Paar. Zipporas Horizont bestand aus ihrem Elternhaus im Haifer Arbeitervorort Kirjat Chaim, der Jugendbewegung und den Erfahrungen während ihres Militärdiensts. Mir gefielen ihre Bescheidenheit, ihre unvoreingenommene Offenheit gegenüber anderen Menschen und ihr unbestechlicher Gerechtigkeitssinn. Auch mit ihrer Familie verstand ich mich gut. Die Polskis stammten von der polnisch-russischen Grenze und waren in den zwanziger Jahren nach Palästina eingewandert; Zipporas Vater arbeitete als Techniker bei der Ruthenberg-Gesellschaft, dem ersten Elektrizitätswerk Palästinas. Häufig besuchten wir sie in ihrem bescheidenen Häuschen in Kirjat Chaim, wo noch auf Petroleumkochern gekocht wurde.

Im Mai 1949 stellte ich Zippora meinen Eltern und Henny vor, als sie ihre erste Reise nach Israel unternahmen und mich in Chamadiya besuchten. Besonders gut verstand sie sich mit meinem Bruder Meshulam und seiner Frau Flori. Nachdem im Dezember 1949 meine Nichte Orit geboren worden war, fuhren wir am Wochenende häufig nach Chulata. Zippora kümmerte sich rührend um das Baby und strickte ihm auch seine ersten Schühchen.

Wir verstanden uns gut, trotzdem beantragten wir nie ein Familienzelt, in dem wir zusammenleben hätten können. Es fiel mir schwer, mich verbindlich für Zippora zu entscheiden, so hervorragende menschliche Eigenschaften sie haben mochte; sie wiederum forderte auch keine Entscheidung ein, und so ging unsere Verbindung nach acht Jahren auseinander, gegen ihren Willen.

Im Frühjahr 1951 kamen die leitenden Mitglieder der Vereinigten Jugendbewegung nach Chamadiya und ersuchten den Kibbuz, mich für zwei Jahre für den Posten des Generalsekretärs freizustellen. Meine Begeisterung hielt sich in Grenzen; ich war erst zweieinhalb Jahre wieder hier und wollte auch nicht weg. Aber die Kibbuz-Bewegung hielt ein verführerisches Angebot bereit für den Fall, dass ich und die Leitung von Chamadiya zustimmen würden. Es herrschte damals akuter

Arbeitskräftemangel, und wir versuchten nachdrücklich, neue Mitglieder anzuwerben. Sollten wir uns einverstanden erklären, versprach man dem Kibbuz, sechzig Jungen und Mädchen nach Chamadiya zu entsenden, die gerade ihre Ausbildung in der »Nachal« abgeschlossen hatten. (Die Nachal – Kämpfende Pionierjugend – ist eine bis heute existierende Sondereinheit der Armee, in der die Soldatinnen und Soldaten nicht nur militärisch, sondern auch landwirtschaftlich ausgebildet werden.) Für Chamadiya und seine damals neunzig Mitglieder war dieser Zuwachs von so vielen gut qualifizierten jungen Leuten eine enorm wichtige Verstärkung.

So übersiedelte ich für zweieinhalb Jahre als Generalsekretär der Jugendbewegung nach Tel Aviv. Die Bewegung zählte damals um die neuntausend Mitglieder, verteilt im ganzen Land. In Tel Aviv gab es fünf Zweigstellen. Eine meiner Aufgaben bestand darin, Madrichim anzuwerben und auszubilden, die dann wiederum in ihren Heimatstädten junge Leute auf das Leben im Kibbuz vorbereiten sollten. Besonders attraktiv an dem Job war der Jeep, mit dem ich die Zweigstellen im ganzen Land besuchte und unsere Mitglieder in neuen Kibbuzim aufsuchte: Ohne ihn hätte ich die 200 000 Kilometer im Jahr niemals bewältigen können.

Mindestens einmal in der Woche fuhr ich nach Jerusalem, eine damals nicht ganz ungefährliche Reise. 1952/53 gab es etliche Angriffe palästinensischer Feddajin-Kämpfer aus Gaza und dem Westjordanland. Besonders nach der Dämmerung durfte man von Zeit zu Zeit von Ramle in Richtung Jerusalem nur in bewachten Konvois von acht bis zehn Fahrzeugen fahren. Als besonders riskant galt das letzte Teilstück des Weges, der sogenannte Jerusalem-Korridor, auf dem es immer wieder zu Überfällen kam. In diesem Zusammenhang fällt mir eine Episode ein: Eines Tages wartete ich darauf, dass sich genug Fahrzeuge für einen Konvoi zusammenfänden, als plötzlich Generalstabschef Moshe Dayan angebraust kam. Er zeigte keinerlei Verständnis für die Vorsichtsmaßnahme, wollte den Weg unter allen Umständen sofort passieren und fuhr allein in die gefährliche Zone. Wenig später hatte sich unser Konvoi gesammelt und fuhr ebenfalls los. Nach einigen Kilometern fanden wir Dayans Wagen leer am Straßenrand, er selbst kauerte mit seinem Fahrer im Straßengraben. Dem Draufgänger sah man die Erleichterung an, als wir auftauchten. Gemeinsam fuhren wir dann alle nach Jerusalem.

Mit meinen Kollegen, allen voran Elisha Shemer, organisierten wir Weiterbildungsseminare für die Madrichim. Außerdem veranstalteten wir einmal im Jahr eine große Tagung, bei der wir den Jugendlichen die Vorzüge der Sozialdemokratie gegenüber dem Kommunismus zu vermitteln versuchten.

In Europa war damals bereits der Eiserne Vorhang niedergegangen. An eine Veranstaltung in diesen Jahren kann ich mich besonders gut erinnern: Im Sommer 1952 feierten wir den siebten Jahrestag der Vereinigten Jugendbewegung auf dem Platz vor dem Habimah-Theater in Tel Aviv. Dazu hatte ich den damaligen Ministerpräsidenten und Außenminister Moshe Sharett als Hauptredner gewinnen können. Er wetterte gegen die linkssozialistische Mapam-Partei, die der Sowjetunion nahestand, obwohl eines ihrer führenden Mitglieder, Mordechai Oren, von den kommunistischen Geheimdiensten verhaftet und gefoltert worden war.

Damals bewegte der Schauprozess gegen Rudolf Slánský, den jüdischen Generalsekretär der tschechoslowakischen Kommunistischen Partei, die internationale Öffentlichkeit. Er wurde wegen Hochverrats und Wirtschaftsspionage angeklagt und am 3. Dezember 1952 durch den Strang hingerichtet. Vorgeworfen wurde ihm auch, Israel während des 1948er Krieges mit Waffenlieferungen unterstützt zu haben, was allerdings mit Zustimmung des Kreml erfolgt war. Treibende Kraft in dem Prozess war die Sowjetunion, die den Antisemitismus nicht einmal mehr zu kaschieren versuchte. Vier Jahre später hörte ich an einem Freitagabend drei Stunden lang die Ausführungen Mordechai Orens, der 1952 am Weltfriedenskongress in Ostberlin teilgenommen hatte. Auf dem Weg nach Wien war er in Prag aus dem Zug geholt, monatelang in einem Sondergefängnis festgehalten und gefoltert worden. Schließlich hatte er unter Zwang gegen Slánský ausgesagt. Der ergreifende Bericht Orens bestärkte mich ein weiteres Mal in meiner Überzeugung von der Unmenschlichkeit des Sowjetkommunismus.

Während der Woche lebte ich in einer Kommune in Jaffa, das 1950 von der Stadtverwaltung Tel Aviv eingemeindet worden war. Wir mieteten uns in einem alten Jahrhundertwendehaus ein, in dem neben dem griechischen Konsul und seiner palästinensischen Frau noch einige arabische Familien lebten, mit denen wir gut auskamen. Anders als meine Vorgänger als Generalsekretär der Jugendbewegung, die ihre eigenen Zimmer in Tel Aviv gemietet hatten, bestand ich auf einer Wohngemeinschaft, einem »Kibbuz in Town«, wie ich es meinem griechischen Nachbarn einmal erklärte, als er sich wunderte, dass wir unsere Wohnung mit zwölf jungen Frauen und Männern teilten und noch dazu häufig Besucher unterbrachten. Bewusst wollte ich ein Zeichen setzen: Schließlich verlangten wir auch von unseren Madrichim, in einer Kommune und nicht bei ihren Eltern zu leben.

Zu jener Zeit ermutigte man Jugendgruppen dazu, bestehende Kibbuzim zu unterstützen. Einer besonders begabten Gruppe aus Tel Aviv versuchte ich es aber zu ermöglichen, einen eigenen Kibbuz zu gründen. Die jungen Leute waren alle Sabres und hatten als Nachal-Gruppe einen Stützpunkt direkt an der Grenze zum Gazastreifen errichtet. Im Oktober 1953 ging daraus der Kibbuz Nachal Os hervor. Wenig später wurde Roy Rothberg, ein führendes Mitglied, von Palästinensern jenseits der Grenze erschossen, als er eine Schafherde auf die Weide führte. Sein Tod hat mich tief getroffen, denn Rothberg war einer der vorbildlichsten Madrichim, den ich wegen seiner Gewissenhaftigkeit und des freundschaftlichen Umgangs mit seinen Zöglingen sehr schätzte. Moshe Dayan hielt eine nicht unumstrittene Trauerrede. Noch lange wurde ihr Schlüsselsatz zitiert: »Solange die armen palästinensischen Fellachen auf der anderen Seite der Grenze die blühenden Felder unserer Siedlungen sehen, ohne dass sich ihre eigene Lage verbessert, wird es keinen Frieden geben.« Bis zuletzt geriet Nachal Os immer wieder unter den Beschuss von Kassam-Raketen.

1953 kehrte ich nach Chamadiya zurück und wurde im Jahr darauf zum Sekretär des Kibbuz gewählt. Das war ein Ehrenamt. Zum Ausgleich für die enorme zusätzliche Arbeit bekam ich einen halben Tag in der

Woche frei, den ich nutzte, um die Kibbuz-Zeitung *Ma Nischma* (Was gibt's Neues) zu gründen, redaktionell zu betreuen und zu schreiben. Der Kibbuz-Sekretär ist so etwas wie das Mädchen für alles, vom Seelsorger bis zum Bauplaner. Man ist für vieles verantwortlich, und das zehrt an den Kräften, denn neben der praktischen Arbeit gab es noch endlose Stunden in Sitzungen und Ausschüssen. Körperliche Schwerarbeit leistete ich in der Landwirtschaft, auf den Karotten- und den Zuckerrübenfeldern. Nachdem ein Pflug die Zuckerrüben aus dem Feld gezogen hatte, warfen wir sie mit bloßen Händen auf einen rollenden Lastwagen, der zwischen sieben und acht Tonnen fasste. Es gab Fischteiche in Chamadiya, die bis heute bestehen; außerdem bauten wir als Erste Baumwolle an. Die Hühnerställe, der Stall für die Milchkühe und der Schafstall wurden in den sechziger Jahren abgeschafft. Damals entschied der Kibbuz, die Landwirtschaft mit industrieller Produktion auszugleichen. So betreibt Chamadiya bis heute eine große Türenfabrik, die von Itzik Kessari gegründet wurde. (In den Anfangsjahren spielten persönliche Initiativen eine wichtige Rolle. Jeder sollte seine individuellen Fähigkeiten entfalten.) Itzik Kessari stammte wie mein Freund Avri aus Zilina in der Slowakei und besaß eine außergewöhnliche handwerkliche Begabung. Die Nazizeit hatte er in einem Zwangsarbeiterlager überlebt, wo er Möbel und Ausrüstung für die Wehrmacht fertigte. 1949 kam er mit seiner Gruppe »Jezirah« (Schöpfung) zu uns. Mit Avremel Israeli, einem Chawer, der ursprünglich aus Wien stammte und zu den Gründungsmitgliedern von Chamadiya zählte, errichtete Kessari zunächst eine Bautischlerei, weil sich im nahe gelegenen Städtchen Beit Shean viele neue Einwanderer niederließen – eine unmittelbare Folge des Krieges von 1948.

Beit Shean, dessen Gründung noch in biblische Zeiten zurückreicht, war in den 1940ern eine rein arabische Stadt. Die meisten ihrer Einwohner folgten nicht dem Rat des jüdischen Bezirksbürgermeisters Elisha Sulz, nach Nazareth zu übersiedeln, und mussten deshalb nach Kämpfen mit dem israelischen Militär über den Jordan nach Transjordanien fliehen, wo sie bis heute leben. Nach 1949 kamen zahlreiche jüdische Siedler aus Rumänien und Marokko. Die Stadt wuchs rasch, und für die neuen Häuser brauchte man Fensterrahmen und Türen aus der Fabrik in Chamadiya. Im Zuge des Wiedergutmachungsabkommens von 1952 bekamen wir Tischlereimaschinen aus Deutschland. Bekannt ist Chamadiya heute auch für seine Plastikfabrik »Inbal«; in den ersten Jahren produzierte sie Segelboote und Gerätschaften für Spielplätze, später Schalterkästen für Siemens. Viele der Arbeiter pendeln nach Beit Shean.

Das Leben in Chamadiya hat sich in den letzten Jahrzehnten sehr verändert: Heute leben etwa 120 Mitglieder im Kibbuz, aber wie in vielen Kibbuzim ist das Gemeinwesen in den Hintergrund getreten. Der sozialistische Gedanke spielt kaum noch eine Rolle. Mit Besorgnis verfolge ich diese Veränderungen, die damit begonnen haben, dass der Verzehr jeder einzelnen Tomate im Speisesaal im Computer erfasst und abgerechnet wurde. Die nächste Phase dieser Entwicklung war die Abschaffung des Speisesaals selbst. Heute ist die Idee der Kommune durch das Zahlen individueller Löhne an die Kibbuz-Mitglieder, wie es in der kapitalistischen Wirtschaft üblich ist, ad absurdum geführt. Zudem ist Chamadiya, wie andere Kibbuzim auch, im Immobilienbereich aktiv geworden: Wohnungen werden an Leute von außen vermietet, auch Bauland wurde verpachtet oder verkauft, allerdings ist Chamadiya dadurch nicht so reich geworden wie Siedlungen, die in den Ballungszentren am Meer liegen, wo die Grundstückspreise explodiert sind. Auch wenn mir selbst diese Tendenzen nicht gefallen, höre ich doch von meinen Freunden, dass der Bau neuer Villen und Wohnhäuser eine Garantie dafür ist, dass der Ort weiter bestehen bleibt. Kinder und Enkelkinder der ersten Kibbuz-Mitglieder sind nach Chamadiya zurückgekehrt, und mit ihren Kindergärten, der Grundschule und der Schule für Behinderte zählt die Siedlung heute zu den Zentren in der Region.

Die Erfahrungen, die ich in Amerika und Europa gemacht hatte, bereicherten auch mein Leben im Kibbuz. Häufig wandten sich Arbeiterpartei und Kibbuz-Bewegung an mich, um Besucher bei Reisen durch das Land zu begleiten und ihnen die Fortschritte des jungen Staates Israel zu zeigen. Seit 1944, dem Jahr, in dem sich die Arbeiterpartei gespalten hatte, war ich aktives Mitglied der Partei.

1956, vier Monate vor dem Sinai/Suez-Krieg, erhielt ich einen Anruf vom Leiter der internationalen Abteilung der Arbeiterpartei: »Ari, in Tampere in Finnland tagt im Juni der jährliche Kongress der Jungsozialisten-Internationale IUSY (International Union of Socialist Youth). Du wurdest als Delegierter der israelischen Jungsozialisten ausgewählt. Natürlich zahlen wir den Flug und alles andere.« Das war eine besondere Ehre, denn die Partei konnte sich nur die Entsendung eines einzigen Delegierten leisten. Der Kibbuz erteilte die Genehmigung, und so flog ich Anfang Juni nach Helsinki. Beeindruckt von den kurzen Nächten und der Mittsommernacht fuhr ich mit der Bahn nach Tampere weiter. Noch heute sehe ich mich dort inmitten all der vielköpfigen Delegationen unsere Ein-Mann-Abordnung repräsentieren: Bei strömendem Regen campierte ich tagsüber in einem kleinen Zelt, auf dem ich eine israelische Fahne gehisst hatte. Das erweckte Neugier, und ich erzählte vielen Leuten vom Leben in Israel. Am Rande des Sommerlagers hielt auch das Büro der IUCY seine jährliche Konferenz ab; mit dem Vorsitzenden, dem Inder Nath Pai, freundete ich mich an. Wir diskutierten leidenschaftlich, wie die IUSY den Aufstieg der sozialdemokratischen Parteien in Europa unterstützen könnte. Die grundlegende Differenz zwischen Sozialismus und Kommunismus beschäftigte uns vor allem nach dem Tod Stalins 1953. Binnen kürzester Zeit gehörte ich zu den inneren Zirkeln, und so ergab es sich, dass ich von Tampere mit Nath Pai und den skandinavischen Kollegen zum jährlichen Sommerseminar nach Bommersvik weiterreiste, dem traditionellen Tagungsort der Sozialistischen Jugend Schwedens. Bommersvik liegt dreißig Kilometer außerhalb Stockholms an einem See. Das Seminar war sehr prominent besetzt, viele der Teilnehmer spielten später eine wichtige Rolle in der skandinavischen Politik. In meiner Arbeitsgruppe ging es um die Freizeitgestaltung in der Wohlstandsgesellschaft, weil man annahm, dass die Arbeitszeiten in der automatisierten Gesellschaft auf fünf, sechs Stunden täglich schrumpfen würden. Welch ein naiver Ansatz, von heute aus betrachtet!

In unserer Gruppe fiel ein junger Schwede auf, der im Unterrichtsministerium bereits eine führende Stellung innehatte. Seine pointiert formulierten Stellungnahmen beeindruckten mich sehr, und während wir das Schlusspapier miteinander verfassten, entwickelten wir auch einen persönlichen Draht zueinander. Bis wohin sein Weg führen würde, war noch nicht abzusehen, aber dass er eine Karriere vor sich hatte, war klar. Es handelte sich um Olof Palme. Wir sind uns später immer wieder begegnet, etwa als Palme Büroleiter des schwedischen Ministerpräsidenten Tage Erlander wurde und während der Reise Ben-Gurions durch die skandinavischen Länder im Jahr 1962, auf der ich ihn im Auftrag der *Jerusalem Post* begleitete. Auch beim Besuch Erlanders 1963 in Jerusalem traf ich mich mit Palme. Nach dem offiziellen Programm gelang es mir, ihn spätabends noch in die damals international angesagte Fink's Bar einzuladen. Gleich waren wir wieder in hitzige Diskussionen verstrickt: Der Palästinenserführer Arafat hatte 1962 die Palästinensische Befreiungsorganisation (PLO) gegründet, und Schweden gehörte zu den ersten Regierungen Europas, die diesen Schritt wohlwollend betrachteten. Diese Haltung stieß in Israel auf massive Ablehnung. Auch ich war damals davon überzeugt, dass die PLO eine Terrororganisation sei, die man nicht anerkennen und dadurch salonfähig machen sollte. Olof Palme vertrat eine diametral entgegengesetzte Auffassung: Nur durch die politische Anerkennung der PLO könne ein friedlicher Ausgleich zwischen Israel und den Palästinensern stattfinden. Dreißig Jahre dauerte es, bis nicht nur das Abkommen von Oslo die Einschätzung Olof Palmes als richtig bestätigte.

1969 folgte Palme Tage Erlander im Amt des schwedischen Ministerpräsidenten. Zum letzten Mal begegnete ich ihm 1985 auf der Tagung des Internationalen Presseinstituts in Stockholm. Im Operakällaren, dem vornehmen Restaurant an der Stockholmer Oper, gab er das Begrüßungsessen, und wir tauschten Erinnerungen an Bommersvik aus. Gemeinsam mit anderen Teilnehmern von damals wurde sogar überlegt, ein Folgetreffen zu organisieren. Ich setzte mich an Palmes Tisch und erzählte ihm davon; begeistert griff er die Idee auf und bot an, Gastgeber dieses Treffens zu sein. Dazu aber kam es nicht mehr, denn Palme wurde am 28. Februar 1986 nach einem Kinobesuch unter bis heute ungeklärten Umständen erschossen. Erst kürzlich traf ich in Wien Palmes Sohn

Joachim bei einer Tagung im Bruno-Kreisky-Forum, wo wir über die Zukunft der Sozialdemokratie diskutierten.

Noch vor meiner Abreise nach Skandinavien hatte ich für den Sommer 1956 einen Abstecher nach London geplant, um die Briten auch einmal in ihrem eigenen Land kennenzulernen; bis dahin waren sie mir nur als Soldaten oder Polizisten der britischen Mandatsregierung begegnet. Meine Anlaufstelle war Edi Tanner, ein entfernter Cousin mütterlicherseits, zehn Jahre jünger als ich, dessen Familie im Stadtteil Golders Green, in dem bis heute viele fromme Juden leben, ein kleines Hotel betrieb. In seiner Freizeit beschäftigte er sich intensiv mit jüdischen Themen, er hatte auch einen Gesprächskreis gegründet, in dem er mit Freunden samstags regelmäßig über Israel und aktuelle politische Themen diskutierte. Im Sommer 1956 beschäftigten sie sich mit der Sicherheitslage in Israel. Schon im Juni hatte Ben-Gurion öffentlich von Sicherheitsproblemen gesprochen, die während des Sommers zunahmen: Wiederholt kam es zu Angriffen der Feddajin, die aus dem Westjordanland nach Israel eindrangen und Dörfer sowie Fahrzeuge angriffen, was von der israelischen Armee mit Vergeltungsschlägen beantwortet wurde. Mehrere Zivilisten und Soldaten waren bereits ums Leben gekommen. Tanner erhoffte sich von mir Informationen und Bewertungen aus erster Hand. Bis dahin war seine Gruppe unter dem Eindruck von Jochanan Moses gestanden, einem braven jungen Jecken und El-Al-Piloten, der Ben-Gurions Politik scharf kritisierte.

Zwei Tage später kam ich mit Tanner in das Haus von Maurice Gewirzman, wo der samstägliche Gesprächskreis stattfand. Zu meiner Überraschung begrüßte mich der Hausherr überschwänglich auf Hebräisch und erklärte mir, dass er mit Moshe Sharett das erste hebräische Gymnasium in Tel Aviv besucht hatte, bevor er Anfang der zwanziger Jahre zum Studium nach London kam. Seine Kontakte nach Palästina/Israel waren nie abgerissen. Der Handel mit Elektrogeräten hatte Gewirzman wohlhabend gemacht und versetzte ihn in die Lage, in Palästina nicht nur erheblichen Grundbesitz zu erwerben, sondern auch den Aufbau der Haganah finanziell zu unterstützen. Außerdem gehörte er zu der Investorengruppe, die 1949 am noch völlig unbebauten Strand von Herzlia nördlich von Tel Aviv das »Sharon« errichtete, das erste größere Luxushotel des Landes.

Zu meinem Vortrag kamen etwa 25 junge Leute. Mir fiel eine sehr hübsche junge Dame mit blaugrauen Augen auf, die mir ein Tablett mit Canapés entgegenhielt.

»Sie scheinen sich hier sehr zu Hause zu fühlen«, sagte ich zu ihr.

»Na ja, ich bin hier zu Hause«, antwortete sie und stellte sich als Dorothy Gewirzman vor. Ich erfuhr auch, dass sie die Schwägerin von Jochanan Moses werden sollte, mit dem ihre jüngere Schwester Marilyn sich verlobt hatte. Nach meinem Referat wurde noch diskutiert, dann löste sich die Veranstaltung auf. Nur Edi Tanner, Dorothy, ihre beste Freundin Josephine und deren Verlobter, der israelische Diamantenhändler Willy Nagel, eine belgische Freundin und ich fuhren in den Nachtclub »Blue Angel« nach Chelsea. Zu Edis Leidwesen unterhielten Dorothy und ich uns fast den ganzen Abend miteinander, und sie schlug vor, mich tags darauf mit dem Auto ihres Vaters durch London zu chauffieren.

Sonntagfrüh holte mich Dorothy mit einem schwarzen Morris in meiner Studentenherberge in Westminster ab. Wir verbrachten einen herrlichen Tag und verstanden uns, als hätten wir uns schon lange gekannt. Am späten Abend begleitete ich sie nach Hause; am nächsten Tag sollte ich weiterfliegen. »Wie schön wäre es, wenn wir noch einen Tag zusammen sein könnten«, meinte Dorothy und sprach damit meine eigenen Gedanken aus. So entschloss ich mich, den Montag noch dranzuhängen, obwohl Zippora mich bereits in Paris erwartete. Ich sandte ein Telegramm an die israelische Botschaft in Paris und kündigte meine Ankunft für Dienstag an.

Ich erinnere mich noch gut daran, wie schwer uns der Abschied an jenem Montagabend fiel. Wir versprachen einander nicht einmal, in Kontakt zu bleiben, denn dass ich bei ihr reale Chancen hätte, damit war nicht zu rechnen: sie ein Londoner Mädchen aus wohlhabenden Verhältnissen, ich ein mittelloser Kibbuznik.

Am nächsten Tag traf ich Zippora in Paris, wo wir drei Tage verbrachten, bevor wir nach Wien weiterreisten. In Salzburg unterbrachen wir die Reise, zufällig am Vorabend von Jom Kippur, und ich besuchte die Synagoge. Nach einigen Tagen in Wien reisten wir nach Italien weiter, wo wir uns die Kunstschätze in Florenz, Rom und Neapel ansahen, und schifften uns schließlich in Genua ein zurück nach Haifa. Von dieser Reise habe ich nur sehr vage Erinnerungen, denn ich trug den Verrat in mir. Dorothy ging mir nicht aus dem Kopf, und zunehmend störte mich Zipporas introvertierte Persönlichkeit, die so wenig zu meinen extrovertierten Interessen passte. Bei allen meinen Beziehungen zu Frauen spielte neben einem innigen seelischen Verständnis ein lebendiger intellektueller Austausch eine wichtige Rolle. Ich schätze Bildung, Neugier, Weltläufigkeit und Schlagfertigkeit. Auch dass meine Partnerin gut Englisch spricht, spielte eine Rolle, denn beruflich bewegte ich mich zunehmend in der englischsprachigen Welt, vor allem als ich 1958 zur *Jerusalem Post* kam. Über kurz oder lang, das war mir klar, würde die Beziehung mit Zippora zu Ende gehen.

Ende September trafen wir wieder in Chamadiya ein. Dort hatte man über den Sommer neue Wohnungen für die langjährigen Mitglieder des Kibbuz gebaut: Statt bisher zwölf waren die neuen Zimmer vierzehn Quadratmeter groß und mit kleinen Balkons ausgestattet. Außerdem gehörte zu jedem Zimmer ein zwei Quadratmeter großes Badezimmer mit Dusche und Toilette – für damalige Verhältnisse ein unglaublicher Luxus, der natürlich nicht einem Menschen allein zustand, sondern geteilt werden musste. Unsere Freunde hatten die lange Europareise als vorgezogene Hochzeitsreise interpretiert und rechneten damit, dass Zippora und ich nun ein solches Luxusetablissement teilen würden. Aber ich entschied mich, in meinem alten Zimmer zu bleiben. Bald danach trennte ich mich von Zippora.

Die Spannungen im Nahen Osten eskalierten weiter. Nicht nur die Scharmützel an der Grenze zum Westjordanland brachen nicht ab, auch die Suez-Krise näherte sich einem Höhepunkt. Nach dem Putsch der Offiziere gegen König Faruk im Juli 1952 war Gamal Abdel Nasser in Ägypten an die Macht gelangt. Er bemühte sich, das unterentwickelte

Land voranzubringen. Nach vergeblichen Bemühungen um westliche Unterstützung für den Bau des Assuan-Staudamms entwickelte Nasser eine antiwestliche Haltung. Im Sommer 1956 nationalisierte er den Suezkanal, der von der englisch-französischen Kanalgesellschaft erbaut und betrieben wurde. Dadurch war für israelische, aber auch für internationale Schiffe, die mit Israel Handel trieben, die Passage zwischen dem Persischen Golf und dem Mittelmeer gesperrt, eine auf Dauer unerträgliche Situation. Es kam zu geheimen Verhandlungen zwischen Israel, Frankreich und England, bei denen beschlossen wurde, gemeinsam militärisch gegen Ägypten vorzugehen. Innerhalb von hundert Stunden eroberte die israelische Armee unter dem Kommando von Moshe Dayan die Sinai-Halbinsel. In Israel herrschte über den so schnell erzielten Erfolg euphorische Stimmung, Ben-Gurion hielt in der Knesset eine Rede, in der er von einem »Dritten israelischen Reich« sprach. Nach einem Ultimatum der Sowjetunion und der USA mussten die israelischen Truppen allerdings weichen. Den Gazastreifen sollte Israel noch bis März 1957 behalten.

Einige meiner Kibbuz-Freunde, darunter auch Avri, rückten ein. Ich war gekränkt darüber, dass mein Reservebataillon nicht eingezogen wurde, aber das hinderte mich nicht daran, mich so bald wie möglich an den Ort des Geschehens zu begeben. Sobald die Kampfhandlungen beendet waren, fuhr ich mit acht Freunden aus dem Kibbuz in einem offenen Lieferwagen nach El Arish im nördlichen Sinai. Wir wollten zum Katharinenkloster, einem griechisch-orthodoxen Kloster am Fuß des Mosesberges, das für seine Ikonen, aber auch für seine Sammlung der Totenschädel seiner Mönche berühmt ist. Nach der Überlieferung hat Moses hier die Zehn Gebote empfangen. Das Gebiet war für Zivilisten gesperrt worden, da so viele die Halbinsel Sinai besuchen wollten; hielt man uns unterwegs an, sagten wir einfach: »Wir sind auf dem Weg zu dem neuen Nachal-Stützpunkt auf der Insel Tiran«, und man ließ uns passieren. Wir erreichten das Kloster, blieben die Nacht über bei den freundlichen Mönchen und bestiegen am nächsten Tag bei Sonnenaufgang den Mosesberg. Im Kloster gibt es ein Gästebuch, in das wir uns eintrugen. Als ich 1967 wiederkam, verzeichnete das Gästebuch nur dreißig weitere Besucher. Auf dem Rückweg begegneten wir bereits den UN-Truppen, die als Puffer zwischen dem ägyptischen und dem israelischen Militär standen; nach dem Rückzug der israelischen Armee kontrollierten die UN den Sinai.

Anfang 1957 fuhr ich auch nach Gaza, um mir die Situation in den palästinensischen Flüchtlingslagern anzusehen. Hier lebten viele ehemalige Einwohner der Stadt Jaffa, die im Krieg von 1948 nach Gaza geflüchtet waren, häufig auf dem Seeweg, um die Landwege für das ägyptische Militär nicht zu blockieren. Die Lager waren nach Familien und Stämmen eingeteilt, so wie sie in den verschiedenen Stadtteilen von Jaffa gewohnt hatten. Die Umstände, unter denen diese Menschen auch neun Jahre nach der Flucht leben mussten, waren entsetzlich: Vielköpfige Familien hausten auf engstem Raum beieinander, während die ursprünglichen Einwohner von Gaza in komfortablen zwei- bis dreigeschossigen Häusern lebten. Ich sprach mit etlichen Palästinensern, die sich in den wenigen Monaten unter israelischer Militärverwaltung besser fühlten als unter ägyptischer. Sie fürchteten, dass die Amerikaner ihr Versprechen nicht einhalten würden, Gaza unter internationale Verwaltung zu stellen und es nicht wieder den Ägyptern zu übergeben. In der Tat kehrte das ägyptische Militär später zurück und exekutierte viele Palästinenser wegen des Verdachts, sie hätten mit dem israelischen Militär kollaboriert.

Auch wenn ich den Unterricht in der Ahawah rückblickend sehr hoch schätze, ist mein Verständnis von einer Ausbildung doch sehr von meinem europäischen Hintergrund geprägt. Und dazu gehört neben der Matura eben auch ein ordentliches akademisches Studium. Nach dem Ende des Suez-Krieges gab es Aussichten auf einige Jahre Ruhe und Frieden; allerdings musste ich zuerst die Kibbuz-Leitung von Chamadiya davon überzeugen, dass es sinnvoll wäre, mich studieren zu lassen. Es erwies sich als äußerst schwierig, meinem Freund Avri, der damals Kibbuz-Sekretär war, glaubhaft zu versichern, dass ein Studium nicht notwendigerweise das Ausscheiden aus dem Kibbuz bedeuten müsse. Studienwünschen begegnete man ohnehin äußerst skeptisch. Zum einen kostete ein Studium viel Kraft, zum anderen bestand nicht zu Unrecht die Gefahr, dass ich nach einer akademischen Ausbildung keinerlei Interesse an der harten Arbeit in der Landwirtschaft mehr haben würde. Dieses Misstrauen empörte mich: »Stellt mich auf die Probe«, forderte ich tollkühn, bis man schließlich nachgab. Als erstes Mitglied überhaupt stellte mich der Kibbuz für zwei Jahre frei, unter der Bedingung, dass ich mir das Studium selbst finanzierte.

So zog ich nach Jerusalem, um mit dem Herbstsemester ein Studium der Volkswirtschaft und Geschichte aufzunehmen. Ich war überzeugt, die Uni warte nur auf Studenten wie mich. Weit gefehlt, ich hatte ja nicht einmal ein Maturazeugnis. Zunächst hieß es, ich müsse nun ein Jahr auf einen Studienplatz warten und vorher die Matura absolvieren. Dann gelang es mir aber, mich »vorbehaltlich« einzuschreiben. Innerhalb von drei Monaten bereitete ich mich auf die Prüfungen vor. Tage- und nächtelang saß ich allein vor einem Riesenberg von Büchern und Skripten; ab Oktober belegte ich Vorlesungen in Zeitgeschichte und Volkswirtschaft, und Ende November bestand ich die Maturaprüfungen.

Auch Dorothy trat wieder in mein Leben. Wir hatten nach unserer Begegnung in London sporadisch Postkarten gewechselt; zu Pessach 1957 begegnete ich ihr auf Initiative meiner Schwester Henny auf der Montefiori-Straße in Tel Aviv; sie war für zehn Tage zur Hochzeit ihrer Schwester Marilyn nach Israel gekommen. Ich habe turbulente Erinnerungen an diese chaotische Woche, denn auch mein Vater kam aus Europa zu Besuch. Er sollte eigentlich bei mir in Chamadiya wohnen, fand es dort aber so unbequem, dass ich ihn im Hotel Sharon in Herzlia unterbrachte, wo auch Familie Gewirzman logierte. Die ganze Woche pendelte ich per Autostopp zwischen Chamadiya, wo ich zur Heuernte abkommandiert war, und Herzlia, wo sich zwischen Dorothy und mir eine Romanze entwickelte. Sie reiste zwar wie geplant wieder ab, versprach aber, in wenigen Monaten zurückzukommen, um einen Wunsch ihres Vaters zu erfüllen und Hebräisch zu lernen. Kurz nach Beginn meines Studiums kam sie nach Jerusalem. Dorothy wohnte bei Verwandten und besuchte sechs Monate lang einen sogenannten Ulpan, einen öffentlichen Hebräischkurs.

Im Mai 1958 saß ich mit Dorothy in einem Café in der Ben-Yehuda-Straße. Ihr Sprachkurs ging zu Ende, wir mussten bereden, wie es mit uns weitergehen sollte. Ich war etwas ratlos und murmelte: »Wir sollten wohl heiraten.« Dorothy war begeistert: »Das heißt, dass wir jetzt verlobt sind. Bitte kauf mir einen kleinen Ring.« Nun entfaltete sich eine Dynamik, der ich mich nicht mehr entziehen konnte. Wir erzählten es meinem Bruder, und wenig später reiste meine zukünftige Braut zurück nach London. Dort wollte sie die Hochzeit im Herbst vorbereiten und sich für ein Leben in Israel ausstatten. Gut vierzehn Tage nach ihrer Rückkehr nach London erhielt ich einen langen Brief von ihrem Vater. Obwohl Maurice Gewirzman mich mochte, machte er sich wohl doch Sorgen, wie ich als Kibbuznik und Student eine Familie unterhalten könnte. Er schlug vor, dass ich mein Studium an der London School of Economics fortsetzen sollte; Dorothy und ich könnten in seinem Haus wohnen. Ich bedankte mich herzlich, lehnte aber ab, denn ich wollte in Israel bleiben. Zwei Wochen später schrieb Dorothy, wie glücklich sie sei, dass ich das Angebot zurückgewiesen hätte; mit seinem Brief habe mein Schwiegervaters in spe mich nur auf die Probe stellen wollen. Er fürchtete, dass mein Interesse an Dorothy von seinem Vermögen beflügelt sei. Nun stand der Hochzeit nichts mehr im Wege, sie sollte am 4. November 1958 stattfinden.

Ich will nicht verhehlen, dass ich meiner Zukunft mit gemischten Gefühlen entgegensah. Wie sollte ich unseren gemeinsamen Unterhalt bestreiten?

Journalist bei der *Jerusalem Post*

Im September machte ich mich auf Wohnungssuche in Jerusalem und erfuhr, dass Jossi Goell mich suchte, den ich aus den Zeiten in der Jugendbewegung in Amerika und in Israel kannte. Wie viele der jüngeren Funktionäre der Arbeiterpartei hatte er 1957/58 ein Studium begonnen; seinen Lebensunterhalt verdiente er als Nachtredakteur bei der englischsprachigen *Jerusalem Post.* Jossi meinte, einen idealen Job für mich gefunden zu haben: »Wir suchen dringend einen diplomatischen Korrespondenten für die *Jerusalem Post.*« Eine Befragung der Leser hatte ergeben, dass diese viel mehr Informationen über israelische Politik wünschten.

Damals hinkte die *Jerusalem Post* oft einen Tag hinterher. Sarkastisch hieß es: »Woher weiß *Haaretz* (das Konkurrenzblatt) immer schon einen Tag vorher, was in der *Jerusalem Post* stehen wird?« Dem Blatt fehlte es in erster Linie an Berichterstattern, die die richtigen Leute kannten, um schnell an wichtige Informationen zu gelangen. Heute würde man sagen, es fehlte ihnen an Kontakten. Die Sache reizte mich, andererseits zweifelte ich aber, ob meine Englischkenntnisse ausreichen würden. Jossi Goell drängte darauf, dass wir noch in der gleichen Woche mit dem Chefredakteur Ted Lurie sprechen sollten.

Redaktion und Druckerei der *Jerusalem Post* befanden sich damals noch in ihrem Gründungsgebäude im Zentrum der Stadt. Voller Ehrfurcht betrat ich das Haus, das deutlich sichtbare Spuren der Auseinandersetzung mit der britischen Mandatsmacht trug: Im Februar 1948 hatten britische Soldaten und ein Palästinenser vor der Druckerei aus Rache für die Attentate des jüdischen Untergrunds ein mit Dynamit gefülltes Fass zur Explosion gebracht, das die Druckerei vollständig und die Redaktion zum Teil zerstörte. Die verkohlten Kacheln an der Wand erinnerten an diese Zeit; 1971 übersiedelten sie mit der Redaktion in das neue Gebäude in Romema, ein adaptiertes ehemaliges Geflügelschlachthaus in der Nähe des zentralen Busbahnhofs.

Das Vorstellungsgespräch bei Lurie verlief positiv, und er stellte mir gleich eine Aufgabe: Ich sollte einen Text über »The Young Turks of Mapai« schreiben. Gemeint waren damit die jungen Männer der Arbeiterbewegung – unter anderem Moshe Dayan und Shimon Peres –, die kurz zuvor gegen die Altvorderen wie Golda Meir protestiert hatten, weil sie ihren Aufstieg blockierten. In meinem besten, aber für den Anlass wohl etwas hochtrabenden Englisch schrieb ich einen Text und lieferte ihn am Tag vor Sukkot, dem Laubhüttenfest, beim Chefredakteur ab. Sein wohlwollender Kommentar lautete: »Inhaltlich okay, aber stilistisch nicht akzeptabel.« Jossi Goell sollte ihn dann redigieren.

Meine nächste Aufgabe bestand darin, herauszufinden, was es mit dem »Mediterranean Colloquium« auf sich hatte, das in Florenz stattfinden sollte. 1958 gab es bereits Bemühungen, den israelisch-arabischen Konflikt zu schlichten. Einen Vorstoß machte der damalige Bürgermeister von Florenz, Giorgo La Pira: Er wollte sämtliche Länder und Völker, die an den Mittelmeerküsten leben, gemeinsam zu einem Kolloquium an einen Tisch bringen. Die Namen der Delegation Israels wurden geheim gehalten, und es war eine delikate Aufgabe, herauszubekommen, wer von israelischer Seite daran teilnehmen würde. Lurie wollte wissen, wie ich dabei vorgehen würde. »Ich frage den Bürochef von Ben-Gurion, Yitzhak Navon. Den kenne ihn gut, ich werde ihn gleich anrufen.« Lurie war höchst erfreut, dass ich so gute Verbindungen hatte, und Navon reagierte zufrieden auf die Nachricht, dass ich nun als Korrespondent bei der *Jerusalem Post* arbeitete. Ja, und er verriet mir, dass Reuven Barkat, der Leiter der internationalen Abteilung der Gewerkschaften, für diese Delegation zuständig sei. La Piras Bedingung hatte gelautet, dass keine offiziellen Regierungsbeamten in Florenz dabei sein sollten, um die arabischen Vertreter nicht im Voraus abzuschrecken. Tags darauf erschien meine Meldung auf der Titelseite der *Jerusalem Post* – keine andere Zeitung hatte diese Information.

Postwendend erfuhr ich, welche Wirkungen Zeitungen erzielen können. Ein hoher Beamter im Außenministerium und des Geheimdienstes Mossad, der für Kontakte mit muslimischen Ländern zuständig war, weckte frühmorgens die stellvertretende Chefredakteurin der *Jerusalem Post*: »Welcher Idiot hat geschrieben, dass ich unter Barkat nur als Beobachter nach Florenz fahren soll?« Beide regten sich fürchterlich darüber auf, dass Lurie diese Geschichte einem unerfahrenen Kibbuznik anvertraut hatte. Auch innerhalb der Zeitung löste Luries Vorgehen Kopfschütteln aus. Das israelische Außenministerium bestätigte jedoch noch am selben Vormittag meine Meldung. Als ich gegen Mittag in die Redaktion kam, erwartete mich Jossi Goell schon an der Treppe. »Gut, dass du erst jetzt kommst, der Sturm ist vorbei«, sagte er, und gemeinsam gingen wir ins Zimmer des Chefredakteurs. »Ari, du hast gute Arbeit geleistet«, meinte Lurie anerkennend und blickte auf die Uhr mit der Datumsanzeige: »Morgen ist der 1. Oktober, damit beginnt deine sechsmonatige Probezeit als politischer Reporter.«

31 Jahre lang, vom 1. Oktober 1958 bis zum 30. November 1989, arbeitete ich bei der *Jerusalem Post*. Im April 1989 kaufte die kanadische Hollinger-Gruppe das Blatt. Die neuen Inhaber gestalteten die *Jerusalem Post* um, von einer liberalen zu einer rechtskonservativen Zeitung. Obwohl sie nur die knappe Mehrheit der Aktionäre bildeten, benahmen sich ihre Geschäftsführer wie die Alleinbesitzer. Gelegentlich treffe ich Mitarbeiter, die heute noch dort arbeiten, und sie erinnern sich voll Wehmut an die alten Tage. Seit 2004 hat die Zeitung wieder israelische Eigentümer. Conrad Black und David Radler, die Leiter der Hollinger-Gruppe, wurden wegen Veruntreuung der ihnen anvertrauten Gelder in Chicago zu Gefängnisstrafen verurteilt und mussten auf ihre Anteile verzichten. Auch wenn die Zeitung seither wieder einen gemäßigten Kurs verfolgt, ihre liberale, auf einen Frieden im Nahen Osten zielende Ausrichtung ist längst passé. Inhaltlich zielt die *Jerusalem Post* heute auf ein neues Publikum, die jüdischen, häufig streng religiösen Einwanderer aus den Vereinigten Staaten und Europa.

Die *Jerusalem Post* wurde am 1. Dezember 1932 als *Palestine Post* gegründet. Erster Chefredakteur war Gershon Agronsky (später Agron), der 1894 in der Ukraine geboren wurde, im Alter von fünf Jahren mit seiner Familie vor den Pogromen nach Philadelphia floh und im Ersten Weltkrieg mit den freiwilligen Truppen der britischen Armee erstmals nach Palästina kam, bevor er 1924 endgültig einwanderte. Von Anfang an stand Ted Lurie ihm als stellvertretender Chefredakteur zur Seite. Lurie, Jahrgang 1910, stammte aus einer zionistischen amerikanischen Familie, mit der er nach einem Studium der Politikwissenschaften an der amerikanischen Cornell University nach Palästina auswanderte. Um die journalistische Karriere ihres Sohnes zu fördern, beteiligten sich Luries Eltern an der Finanzierung der Zeitung, für die Agronsky in England und Palästina Geld gesammelt hatte. In ihrem Leitartikel in der ersten Ausgabe formulierten die beiden Herausgeber ihr Hauptanliegen: Das Blatt sollte den britischen Mandatsträgern und ihren Angehörigen sowie den arabischen Intellektuellen den Zionismus näherbringen und sich dafür einsetzen, dass die Balfour-Deklaration von 1917, die die Errichtung einer »jüdischen nationalen Heimstätte« in Palästina versprach, von den Briten umgesetzt werden möge. Ted Lurie erzählte oft von der Zeit der britischen Mandatsregierung: Damals trafen sich alle Chefredakteure mit führenden jüdischen Politikern in einem Ausschuss, legten sich dort auf eine einheitliche, zionistische Linie in der Berichterstattung fest und attackierten entsprechend die britische Mandatsregierung. Zionistische Journalisten wie Theodor Herzl und Nachum Sokolov waren übrigens für israelische Zeitungen von wenig Bedeutung, ihr Stil schien ihnen zu feuilletonistisch.

Während des britischen Mandats expandierte die *Palestine Post* stetig bis zu einer täglichen Auflage von 15 000 bis 20 000 Exemplaren. Nach der Staatsgründung von 1948 und dem damit verbundenen Abzug der britischen Soldaten und Verwaltungsbeamten verlor das Blatt viele Leser. Als ich 1958 zur *Jerusalem Post* kam, stellte sich die Frage, ob die Zeitung diesen Schwund überhaupt überleben würde. Von Anfang an war ich der Meinung, dass die *Jerusalem Post* eine israelische Zeitung auf Englisch sein müsse, also dezidiert kein Blatt exklusiv für Ausländer und Touristen, gab es doch auch im Land eine breite Zielgruppe, etwa die Jeckes. Diesen in Deutschland und Österreich geborenen Juden fiel es natürlich leichter, eine Zeitung von links nach rechts zu lesen, als sich mit den diffizilen hebräischen Buchstaben ohne Punktierungen abzuplagen. Es gab zwar auch deutschsprachige Zeitungen, diese waren aber meist auf eher bescheidenem Niveau. In den Zeiten vor Computer und Internet war die *Jerusalem Post* auch für die internationale Presse und Diplomaten die einzige nicht-hebräische unmittelbare Quelle, um sich über Israel zu informieren. Mein Verständnis von der Rolle dieser Zeitung hat mir später als Herausgeber und Chefredakteur einiges an Kritik eingetragen, etwa wiederholt von Golda Meir. Jede noch so diplomatisch formulierte Kritik rief Beschwerden hervor, während ihr solche in der hebräischen Presse relativ egal blieb: Diese gelangte ja auch nicht so schnell ins Ausland.

Die enge Beziehung zwischen Presse und Politik hatte allerdings viele Nachteile: Unter Gershon Agron war das Verhältnis so nahe, dass der damalige Außenminister Moshe Sharett sämtliche Berichte über seine Parlamentsreden vor der Drucklegung gegenlesen durfte und, falls er mit der englischen Version nicht einverstanden war, korrigierte. Meinen Kollegen Moshe Brilliant hat diese Praxis so geärgert, dass er die *Jerusalem Post* verließ und bei der *New York Times* als Korrespondent anheuerte. Nicht weniger ärgerlich war der Usus, Leitartikel von Leuten schreiben zu lassen, die nicht zur Zeitung gehörten, sogar Staatssekretäre und hohe Regierungsbeamte durften das.

Ted Lurie war ein ambitionierter Chefredakteur und Blattmacher mit einem scharfen Instinkt für gute Storys, doch schrieb er selbst nur selten. Die Zuständigkeit für Leitartikel lag bei Lea Ben-Dor, der stellvertretenden Chefredakteurin. Um nicht jede Woche sechs Abende an den Schreibtisch gefesselt zu sein und sorgenlos reisen zu können, beschäftigte sie verschiedene Leute als »Editorial Writers«, deren Herkunft und Hintergrund im Unklaren blieben. Lea Ben-Dor hatte gute Verbindungen zu Israels Führungskreisen und kein Problem damit, dass diese »anonymen« Leitartikelschreiber vorher, gelegentlich wohl sogar zugleich, in Israels Geheimdiensten tätig waren. Diese unbekannten Herren arbeiteten ganz ungeniert in Ben-Dors großem Redaktionsbüro; so ist es wenig verwunderlich, dass die *Jerusalem Post* lange Jahre ein Sprachrohr der jeweiligen Regierungsmeinung darstellte.

Diese Hofberichterstattung der *Jerusalem Post* endete erst, als Erwin Frenkel und ich im Herbst 1975 endgültig die Leitung der Redaktion übernahmen. Wir ernannten einen unserer begabtesten und gebildetsten Journalisten, Yaacov Reuel, zum »Editorial Writer«, zum Leitartikler und Kommentator. War er nicht verfügbar, schrieben Erwin oder ich den Leitartikel, ohne ihn zu unterzeichnen. Es war das Zeichen einer neuen Ära in der *Jerusalem Post*.

Ende September 1958 war auch Dorothy aus London zurückgekehrt, im Gepäck eine beeindruckende Mitgift für die bevorstehende Ehe: eine vollständige Küchenausstattung, Wäsche und mehrere Dutzend Paar Schuhe. Wir nahmen eine kleine, komfortable Wohnung, zwei halb möblierte Zimmer im vierten Stock eines Neubaus mit Blick auf das Tal der Kreuzigung und das byzantinische Kloster. Über eine Annonce gelang es mir, von einem frommen Finanzbeamten, der sich damit ein Zubrot verdiente, für zwei Wochen einen blauen Ford zu mieten. Eigene Autos waren damals selten, und Autovermietungen gab es überhaupt nicht.

Je näher der Hochzeitstag rückte, desto nervöser und ungeduldiger wurde Dorothy. Jede Nichtigkeit gab Anlass für Streit. Einmal sprang sie an einer der wenigen Ampeln, die es in Tel Aviv gab, aus dem Wagen und verschwand in einer Seitenstraße. Meine Zweifel wurden stärker, aber es fehlte mir der Mut, die Hochzeit abzusagen, zumal auch ihre sämtliche Verwandte schon auf dem Weg nach Israel waren.

Drei Tage vor der Hochzeit holten Dorothy und ich ihre Eltern am Flughafen ab. Die Fahrt vom Flughafen zum Sharon-Hotel nach Herzlia dauerte mehr als eine Stunde. Das Hotel stand ganz allein in einer Sanddüne am Meer, der Weg dorthin war beschwerlich und führte über eine alte, staubige Landstraße mit vielen Schlaglöchern und Sandverwehungen. Heute gehört das Viertel zu den elegantesten und teuersten in ganz Israel, zahlreiche Staaten, auch Österreich und Deutschland, unterhalten hier ihre diplomatischen Residenzen.

Meine künftige Schwiegermutter Fanny, eine hochgewachsene, blond gefärbte, dynamische britische Jüdin, elegant und mit zahlreichen Brillanten geschmückt, saß auf dem Beifahrersitz, Dorothy und ihr Vater hatten im Fond Platz genommen. Fanny fing sofort an, mich auszufragen: »Habt ihr denn inzwischen eine Wohnung gefunden? Und was macht dein Job?«

»Seit einem Monat arbeite ich als politischer Korrespondent bei der *Jerusalem Post*«, antwortete ich und berichtete auch von unserer neuen Wohnung. Fanny stieß einen erleichterten Seufzer aus, und Maurice rief freudig von der Rückbank: »Großartig, warum habt ihr uns das nicht viel eher erzählt?« Nun konnten sie den vornehmen Gästen ihren künftigen Schwiegersohn nicht als bloßen Kibbuznik vorstellen, sondern als ambitionierten Mitarbeiter der angesehenen *Jerusalem Post*.

Dass die Hochzeit im vornehmen Sharon-Hotel stattfand, war natürlich auf die Gewirzmans zurückzuführen. Als einer der Investoren hatte mein künftiger Schwiegervater sehr gute Konditionen für eine so große Veranstaltung erhalten, und er nutzte die Gelegenheit, sich seiner Familie, politischen Freunden und Geschäftspartnern als spendabel zu präsentieren. Zwei Welten prallten hier aufeinander, denn von meiner Seite kamen nur einige wenige Familienmitglieder, dafür aber etwa sechzig Chawerim aus Chamadiya. Die eigentliche Trauung fand am Nachmittag im Familienkreis statt, im Privathaus meines Rabbiner-Onkels Meshulam Rath in Bnei Brak, einer schon damals ultraorthodoxen Kleinstadt nördlich von Tel Aviv. Seine Tochter Surka hatte Dorothy rituell auf die Trauung vorbereitet und mit ihr die Mikwe, das rituelle Reinigungsbad, besucht. Rabbiner Meshulam selbst vollzog nur selten eine Trauungszeremonie; für mich, seinen Großneffen, machte er eine Ausnahme, ein Entgegenkommen, dem auch Familie Gewirzman Anerkennung zollte. Da mein Vater nicht aus den USA anreisen konnte, war mein Bruder mein Trauzeuge. Vier Verwandte hielten vier Stäbe der Chuppa, des Baldachins, unter dem die Trauung stattfand. Die Zeremonie war voller Würde, aber karg, denn mein Onkel war ein frommer, bescheidener Mann.

Frisch vermählt kehrten wir zurück ins Sharon-Hotel zu einem eleganten Hochzeits-Diner mit den Familienangehörigen, ehe es zum fröhlichen Teil des Abends überging. Im Foyer des Hotels spielte eine

Band internationale Hits und israelische Folklore, ausgelassen tanzten wir Tango, Foxtrott und Walzer, allerdings mischte sich die Gesellschaft nicht so recht: Briten und Israelis blieben für sich. Später öffneten sich die Türen zur Terrasse, wo Maurice Gewirzman ohne mein Wissen ein üppiges Buffet hatte anrichten lassen. Die Tische bogen sich regelrecht unter den reich dekorierten Schüsseln mit Salaten, Platten mit geräuchertem Lachs und Hering, den zahllosen Torten, Früchten und Eiscreme. Viele meiner Freunde aus dem Kibbuz hatten noch nie in ihrem Leben ein solches Buffet gesehen und stürzten sich regelrecht auf die Köstlichkeiten. Noch Monate später war in Chamadiya die Rede von diesem luxuriösen Abendmahl. Bis Mitternacht ging es hoch her, dann kletterten die Chawerim auf ihre Lastwagen und kehrten in den Kibbuz zurück. Auch Dorothy und ich verabschiedeten uns von der Familie und verbrachten die Hochzeitsnacht im Ramat-Aviv-Hotel in Tel Aviv.

In den Flitterwochen besuchten wir mit unserem gemieteten Auto Freunde in allen Teilen des Landes. Überall beglückwünschten mich die Chawerim, dass ich so eine bezaubernde Frau geheiratet hatte. Besonders gerne erinnere ich mich an die unbeschwerten Tage in Chamadiya. Überraschenderweise war Dorothy am Kibbuzleben durchaus interessiert, und sie verstand sich hervorragend mit Avri und Jaffa.

Kaum waren wir zurück, wollte ich, dass Dorothy sich Arbeit suchte, obwohl wir beide von meinem Gehalt ganz gut leben konnten. Mir schien es wichtig, dass sie beschäftigt und selbständig war. Die Leiterin der Knesset-Bibliothek und Frau des Unterrichtsministers, Clara Aran, ließ sich überzeugen, eine Fachkraft für englischsprachige Bücher zu brauchen, und Dorothy war bald die Zierde der Bibliothek und schien sich recht wohlzufühlen. Dennoch war unsere Ehe von Anfang an großen Belastungen ausgesetzt. Die Politik interessierte mich über alles, ich war ehrgeizig, hochmotiviert und bereit, viel Zeit in der Redaktion zu verbringen. Häufig saß ich bis in die späten Abendstunden in meinem Büro am Zionsplatz und formulierte die Berichte mühsam mit zwei Fingern auf der Schreibmaschine. Gelegentlich kam Dorothy abends vorbei, um mich abzuholen, und musste dann meist lange auf mich warten. Es kam zu unschönen Szenen, wenn ich verspätet nach Hause kam und sie vor Wut und Eifersucht tobte. Andererseits war Dorothy aber auch nie bereit, sich auf das vergleichsweise beschwerliche Leben in Israel wirklich einzulassen. Immer hatte sie ein Ticket nach London zu ihren Eltern in der Tasche.

Manchmal bedauere ich, dass ich damals schon Zweifel an unserer Ehe hatte und mich auch nicht für ein gemeinsames Kind entscheiden wollte. Vielleicht hätte sich mein Leben anders entwickelt, wäre ich damals Vater geworden. Sosehr ich meine Freiheit schätze, so sehr vermute ich, dass ein solches Erlebnis mein Leben enorm bereichert hätte.

Trotz meines neuen Lebens in Jerusalem, der Arbeit bei der *Jerusalem Post* und der Ehe fühlte ich mich meinem Kibbuz Chamadiya noch immer sehr verbunden. Umso mehr erschütterte es mich, als es 1959 zum Bruch kam. Ausgerechnet Avri, mein bester Freund, schlug als Kibbuz-Sekretär der wöchentlichen Generalvollversammlung vor, mich auszuschließen, weil die für zwei Jahre gewährte Studienkarenz nun ablief. Zum ersten und einzigen Mal schloss Chamadiya ein Mitglied deshalb aus; später kehrten Hunderte nicht zurück, ohne dass der Kibbuz irgendwelche Maßnahmen gegen sie ergriffen hätte. Erst kürzlich fiel mir eine Ausgabe unserer Kibbuz-Zeitung von 1960 in die Hände, in der ein Gründungsmitglied, Ariel Renen, mein Verhalten kritisierte. Aus der Schärfe seiner Vorwürfe wird deutlich, dass mein Weggang auch für die Chawerim traumatisch war. Renen schrieb: »Dass Leute weggehen, ist nichts Neues für uns […] Manchmal sind wir dabei gleichgültig geblieben, manchmal hat es uns mehr oder weniger leid getan. Aber im Allgemeinen gehen wir zur Tagesordnung über, ohne zu reagieren. Auf einen Fall aber müssen wir reagieren, bevor wir wieder zur Tagesordnung übergehen, und er wird letzten Endes nur ein statistisches Detail sein […] Ari war eines der aktivsten Mitglieder des Kibbuz. Er war nicht unter denen, die sich irgendwo versteckt haben. Seine Stimme wurde gehört.« Dann rekapitulierte Renen meinen Werdegang und empörte sich schließlich: »Aber hier gibt es noch eine ganz besonders schlimme Sünde. Ari forderte, mit an Eitelkeit grenzendem Stolz, dass man ihn auf die Probe stelle. ›Ich werde beweisen, dass man ein Mitglied des Kibbuz sein und gleichzeitig studieren kann.‹ Angesichts der zögernden Haltung des Kibbuz verlangte Ari, dass man ihm die Möglichkeit gebe, ein Vorbild zu sein […] Er hat versagt.« Renen bedauert dann noch, dass mein Verhalten es auch für alle anderen Studierwilligen schwierig machen werde, eine entsprechende Erlaubnis zu erhalten.

War der Entschluss aus der Perspektive des Kibbuz auch nachvollziehbar, so kränkte er mich doch sehr, denn Chamadiya war während vieler Jahre mein Zuhause gewesen. Persönlich und auch ideologisch war ich damals noch nicht bereit, den Kibbuz zu verlassen, auch wenn der Ausschluss retrospektiv betrachtet meine journalistische Karriere voranbrachte. Von den vielen hundert Mitgliedern, die im Lauf der Jahrzehnte in Chamadiya lebten und den Kibbuz wieder verließen, bin ich der Einzige, der bis heute in regelmäßigem Kontakt mit ihm steht.

Wegen Avris Haltung herrschte 1959 monatelang Funkstille zwischen uns. Er wollte wohl beweisen, dass er trotz unserer Freundschaft keine Ausnahme in dieser wichtigen Angelegenheit machen wollte. Erst zu Pessach 1960 lud er mich zu einem feierlichen Seder-Abend mit seiner Familie in den Kibbuz ein. Wir umarmten uns, als wäre nichts geschehen.

Meine Arbeit bei der *Jerusalem Post* zeitigte indes bald einen gewissen Erfolg: Ich genoss die Atmosphäre, die offenen Diskussionen und Dispute. Die Redaktion bestand aus etwa vierzig Journalisten, die meisten junge Israelis, die aus englischsprachigen Ländern eingewandert waren, aus den USA, Südafrika oder England. Abgesehen von mir gab es noch ein paar Jeckes: Lea Ben-Dor, die stellvertretende Chefredakteurin des Politikressorts, den Militärberichterstatter Seev Shul, Jakov Ardon und Jakov Fiedler, die das Korrespondentenbüro in Haifa leiteten. Es dauerte nicht lange, bis ich meinen ersten Artikel mit eigenem Namen zeichnen durfte. Beim Blättern in den alten Ausgaben finde ich eine kleine Geschichte für das Gesellschaftsressort: Ich schrieb über Ben-Gurions Leidenschaft fürs Gehen; täglich marschierte er in seinem Heimat-Kibbuz Sde Boker zweimal sieben Kilometer. Zwei Monate später fand sich bereits meine ausführliche, dreispaltige Analyse über verschiedene Strömungen in der Arbeiterpartei. Die oft dramatischen Entwicklungen innerhalb der israelischen Parteien, die geprägt sind von Spaltungen und Wiedervereinigungen, bildeten lange Jahre einen Schwerpunkt meiner Arbeit.

Anfang März 1960 geschah etwas Außerordentliches, das meine journalistische Karriere wesentlich beschleunigte. Was sich schon bei meinen Anfängen für die *Jerusalem Post* angedeutet hatte, wurde mir allmählich bewusst: Ich verfügte über einen guten journalistischen Instinkt. Diese Mischung aus Intuition und Kombinationsgabe hat mir so manche gute Geschichte eingebracht.

Üblicherweise fand am Sonntagnachmittag das Treffen mit dem Kabinettssekretär statt, der die Presse über die wöchentlichen Regierungsvorhaben informierte. Gegen Ende einer solchen Zusammenkunft verkündete er beiläufig, Ministerpräsident Ben-Gurion werde zwei Tage später in die USA reisen, um an der Brandeis-Universität in Boston ein Ehrendoktorat entgegenzunehmen. Die Nachricht war sensationell, denn seit neun Jahren hatte kein israelischer Ministerpräsident amerikanischen Boden betreten. Grund dafür war die anhaltende diplomatische Verstimmung in den Vereinigten Staaten, deren Außenminister John Foster Dulles den Israelis nie verziehen hatte, dass sie im Sinai-Suez-Krieg 1956 mit den Engländern und Franzosen gemeinsame Sache gemacht hatten – hinter dem Rücken der Amerikaner. Ich eilte in die Redaktion, um Ted Lurie darüber zu informieren. Selbstverständlich ging ich davon aus, dass er wie die anderen Chefredakteure diesen wichtigen Termin wahrnehmen würde. Er aber fragte: »Sag mal, willst du nicht an meiner Stelle mit Ben-Gurion nach Boston fahren?« Ich fühlte mich geehrt, war aber unsicher, schließlich war ich ja noch ein Newcomer. Ted aber meinte: »Ich hab das alles schon bei Ben-Gurions letzter USA-Reise erlebt und keine Lust, ihm wieder nachzulaufen.« Er wollte mich also unbedingt mitschicken, ein großer Vertrauensbeweis, denn sein jüngerer Bruder, Jesse Zel, arbeitete selbst als Korrespondent der *Jerusalem Post* in New York.

Ich freute mich sehr über den Auftrag; auf dem Rückweg wollte ich überdies in London eine Woche Urlaub mit Dorothy anhängen. Seitdem ich sie kennengelernt hatte, war ich nicht mehr dort gewesen. Statt

Ben-Gurion vor der Presse, Ari Zweiter von links

mit Freude reagierte Dorothy mit einem Wutanfall. »Was? Du fährst einfach weg und lässt mich hier in diesem stinkigen, kalten Jerusalem allein zurück? Und dann kommt auch noch dein alter Vater, den ich nicht leiden kann!« Die Nacht war schrecklich, Dorothy riss, impulsiv und empört wie sie war, meine wenigen, noch aus New York stammenden eleganten Hemden in Fetzen. Tags darauf begleitete sie mich dann ins Hemdengeschäft, um mich für die bevorstehende Reise neu auszustatten.

Am Abend vor der Abreise schaute ich noch in die Redaktion, um die letzten Agenturmeldungen durchzugehen. Dabei stieß ich auf eine kleine Meldung: »Der deutsche Bundeskanzler Konrad Adenauer wird in den nächsten Tagen zu einem Besuch in die USA reisen. Der inoffizielle Teil des Besuchs wird in New York beginnen, danach reist er weiter nach Washington.« Als ich die Daten verglich, fiel mir auf, dass sich Adenauers und Ben-Gurions Besuch in New York um ein, zwei Tage überschnitten. Der Gedanke, die beiden könnten sich treffen, war zwar ziemlich kühn, aber ich verabredete mit Ted Lurie, die Angelegenheit im Auge zu behalten.

Erstmals erlebte ich nun die aufwendige Inszenierung eines Staatsbesuchs. Schon am Flughafen verabschiedete man uns mit militärischen Ehren, sämtliche Regierungsmitglieder standen bereit. Ben-Gurion erschien bestens gelaunt, sein weißes Haar wehte im Wind, als er auf dem roten Teppich über das Rollfeld ging und in die wartende Propellermaschine stieg. Im mir kribbelte es vor Aufregung. Ich war mit Abstand der Jüngste und Unerfahrenste der begleitenden Journalisten. Ben-Gurion saß im vorderen Teil der Maschine, kam aber ab und zu nach hinten, um ein wenig mit uns zu plaudern. Nach einem Tankstopp in Irland landeten wir am frühen Abend in Boston. Am Vormittag des nächsten Tages wurde Ben-Gurion bei einer feierlichen Zeremonie in der Aula der Brandeis-Universität das Ehrendoktorat für seine historischen Leistungen verliehen.

Am nächsten Morgen flogen wir weiter nach Washington. Die Stadt versank im Schnee, jahrzehntelang hatte es im März nicht mehr geschneit. Bulldozer fuhren Tag und Nacht durch die Straßen, um die Hauptverbindungswege zu räumen, alles wurde durch die gewaltigen Schneemassen verlangsamt. In der israelischen Botschaft empfing uns Botschafter Avraham Harman, den ich bereits 1946 kennengelernt hatte. Er erläuterte uns Ben-Gurions Agenda, das Treffen mit Präsident Eisenhower im Weißen Haus tags darauf. Von einer Begegnung mit Adenauer war keine Rede. Ich verdrückte mich in ein Nebenzimmer, rief in der deutschen Botschaft an und verlangte deren Pressechef. Nach einigem höflichen Hin und Her bat ich ihn direkt um ein Hintergrundgespräch über das geplante Zusammentreffen von Adenauer und Ben-Gurion. Am anderen Ende der Leitung herrschte plötzlich Stille, aber mein Gesprächspartner dementierte die Begegnung nicht. So wusste ich mich auf der richtigen Fährte. Eine sensationelle Nachricht – oder journalistisch gesprochen: ein großer Scoop.

Verständlicherweise versuchten die Diplomaten, das erste Zusammentreffen zwischen einem deutschen und einem israelischen Regierungschef fünfzehn Jahre nach dem Zusammenbruch von Hitlers Reich so lange wie möglich geheim zu halten. Die Möglichkeit einer Begegnung auf neutralem Boden war in Briefen erwogen worden. In Anerkennung von Adenauers Bemühungen, das Wiedergutmachungsabkommen 1952 abzuschließen und bis ins letzte Detail einzuhalten, hatte sich Ben-Gurion bereiterklärt, ihn persönlich zu treffen. Die ersten Schritte zu diesem Abkommen waren durch Adenauers Regierungserklärung vom September 1951 ermöglicht worden, in der er erstmals die Verantwortung für die gegen das jüdische Volk gerichteten Untaten zum Ausdruck brachte: »Im Namen des deutschen Volkes sind unsagbare Verbrechen begangen worden, die zur moralischen und materiellen Wiedergutmachung verpflichten, sowohl hinsichtlich der individuellen Schäden, die Juden erlitten haben, als auch des jüdischen Eigentums, für das heute individuelle Berechtigte nicht mehr vorhanden sind.«

Das Hauptziel der Reise Ben-Gurions diente zunächst aber dem Versuch, die Beziehungen zwischen Israel und den USA zu normalisieren. Da es kein offizieller Besuch war, gab es auch keinen offiziellen Empfang im Weißen Haus; für seine Gespräche mit Eisenhower und dem amerikanischen Außenminister Christian Herter betrat Ben-Gurion das Weiße Haus deshalb durch eine Seitentür. Gemeinsam mit ein paar israelischen Journalisten durfte ich ihn begleiten und wartete in einem Nebenraum. Ich saß nur wenige Schritte vom mächtigsten Mann der Welt entfernt, während mein Idol Ben-Gurion mit ihm im Oval Office über die Zukunft Israels sprach. Eisenhowers Protokollchef verriet uns, dass das Gelingen einer Begegnung mit dem amerikanischen Präsidenten an der Dauer des Gesprächs gemessen werde. Für Ben-Gurion war eine Stunde vorgesehen, doch die Uhren liefen weiter, und erst nach knapp zwei Stunden beendeten die Staatsmänner ihren Gedankenaustausch, was als gutes Zeichen gewertet wurde.

Am selben Nachmittag traf Ben-Gurion mit dem erweiterten außenpolitischen Ausschuss des Senats und des Kongresses zusammen, da er als inoffizieller Besucher keine Ansprache vor dem Senat und Kongress halten konnte. Vorsitzender und Gastgeber dieser Sitzung war der bekannte Senator Al Gore, der Vater von Bill Clintons Vizepräsident. Bei dieser Sitzung waren Journalisten nicht zugelassen, ich hatte aber Gore schon einige Monate zuvor in Jerusalem kennengelernt. Damals hatte er mir mit höflicher Routine angeboten: »Rufen Sie mich an, wenn Sie in Washington sind«, und mir eine Karte gegeben. Ich nahm ihn beim Wort, und Al Gore berichtete von der Sitzung: In drastischen Worten hatte Ben-Gurion die Bedrohung skizziert, die von dem Waffenlieferungsabkommen zwischen Ägypten und der Sowjetunion ausging, und plädierte eindringlich für eine amerikanische Unterstützung.

Wenig später reiste ich mit Ben-Gurion nach New York ab. Auf dem Weg zum Bahnhof hielt unser Konvoi in Georgetown vor der privaten Residenz von Außenminister Herter. Wie sich später herausstellte, erhielt Ben-Gurion damals die Zusage, dass die USA Israel zum ersten Mal mit strategisch wichtigen Hawk-Flugabwehr-Raketen ausstatten würden. Spät am Abend trafen wir in New York ein und fanden eine Nachricht des deutschen Außenministers Heinrich von Brentano und unseres Botschafters Harman vor: Ben-Gurion und Konrad Adenauer würden einander am nächsten Morgen um zehn Uhr im Hotel Waldorf-Astoria treffen.

Die Journalisten hatte man für halb neun in den 35. Stock des Hotels bestellt, wo Adenauer in der Präsidentensuite wohnte. Anderthalb Stunden wollte ich keinesfalls mit allen anderen warten, weshalb ich auch erst um Viertel vor zehn das Hotel betrat und den Aufzug direkt zum 37. Stock nahm, wo Ben-Gurion und seine Entourage untergebracht waren. Vor Ben-Gurions Suite warteten bereits seine engsten Mitarbeiter, der Bürochef, der spätere Staatpräsident Yitzhak Navon, der israelische Botschafter Avraham Harman, sein Stellvertreter in Washington, Jakov Herzog, und Staatssekretär Teddy Kollek. Alle grüßten kurz, und Teddy Kollek erzählte mir, es habe einen Streit zwischen Harman und dem deutschen Außenminister Brentano gegeben, denn Harman wollte, dass Adenauer zu Ben-Gurion gehen sollte und nicht umgekehrt. Ben-Gurion erwies sich aber als völlig unkompliziert und sagte sofort: »Natürlich werde ich zu Adenauer gehen, er ist ja zehn Jahre älter als ich.«

Das Gespräch zwischen Navon und Ben-Gurion hörte sich an wie eine Auktion. Ben-Gurion sagte »250«, Navon entgegnete »fünfhundert«. Ben-Gurion zögerte ein wenig und meinte zunächst, dass die Summe zu hoch sei und 250 passender wären. Wie sich später herausstellte, diskutierten die beiden, wie viele Millionen Dollar sie als weitere Entwicklungshilfe für Israel von Adenauer fordern könnten. Ben-Gurion war sich bewusst, dass die letzten Zahlungen des auf 3,45 Milliarden Mark ausgelegten Wiedergutmachungsabkommens 1964 ablaufen würden. Umso wichtiger war es, dieses Abkommen um weitere zehn Jahre zu verlängern. Natürlich konnte das Geld das durch den Holocaust erlittene Leid nicht wiedergutmachen, weshalb diese Zahlungen in Israel auch von vielen Überlebenden abgelehnt wurden. Andererseits brauchte Israel die Unterstützung dringend, um den zahlreichen ins Land strömenden Einwanderern zu helfen. Schon 1960 hatte die israelische Regierung den gesamten Betrag für Einkäufe in Westdeutschland ausgegeben und konnte keine umfangreicheren neuen Lieferungen beantragen.

Wenig später kamen amerikanische Sicherheitsleute und baten Ben-Gurion, über die Treppen hinunter in den 35. Stock zu gehen; die Aufzüge waren durch die vielen Journalisten völlig blockiert. »Ich gehe gerne«, sagte Ben-Gurion, und sein Tross, dem ich mich anschloss, setzte sich in Bewegung. Den Eingang zu Adenauers Suite kontrollierten ein deutscher und ein israelischer Sicherheitsmann, Joske, den ich recht gut kannte. »Mamser« (Bastard), raunte er mir zu und winkte mich als Letzten durch.

Adenauer kam Ben-Gurion im Vestibül entgegen: Die beiden Staatsmänner, 74 und 84 Jahre alt, klein, mit einer wilden weißen Haarmähne der eine, groß und hager der andere, ein unvergessliches Bild. Mich wunderte, wie innig die beiden einander begrüßten, als würden sie einander seit Jahren kennen und als spielte die schmerzvolle Vergangenheit zwischen ihnen beiden keine Rolle. Gleich zogen sie sich mit den Dolmetschern in einen Salon zurück, der Rest der israelischen Delegation wurde zu einem üppigen Buffet eingeladen. Ich blieb diskret im Vestibül und nutzte die Gelegenheit, die Delegationsteilnehmer zu beobachten: Da war der deutsche Regierungssprecher Felix von Eckart, den ich vom Namen her kannte, weil er auf seiner Nahostreise kurz zuvor betont hatte, dass die Wiedergutmachungszahlungen an Israel nach ihrem Ablauf 1964 keinesfalls verlängert werden würden. Eckart ging mit einem deutschen Sicherheitsbeamten eine Liste durch, fasste sich dann ein Herz und wandte sich an den Militärattaché von Ben-Gurion, den ich gut kannte, ein ehemaliger, aus Wien gebürtiger Kibbuznik namens Chaim Ben-David. Eckart war sehr höflich und meinte, er könne meinen Namen auf der Liste nicht finden. Ben-David zögerte keinen Augenblick: »Das ist Ari Rath von der *Jerusalem Post*, der uns begleitet.« Eckart erstaunt: »Ist es in Israel üblich, dass Journalisten so nahe an politischen Ereignissen teilnehmen?« Ben-David reagierte äußerst geschickt und sagte, dass die israelische Delegation mit meiner Anwesenheit keine Probleme habe: »Wir sind ja Gäste bei Ihnen. Sie müssen das entscheiden.« Offenbar wollten die Deutschen keine Schlagzeilen provozieren, indem sie mich hinauswarfen; nach einigem Hin und Her näherte sich dann Eckart, um mit mir zu plaudern.

Nach einer Stunde kam so etwas wie Krisenstimmung zwischen den deutschen und den israelischen Beratern auf. Adenauers persönlicher Sekretär Josef-Wilhelm Selbach pendelte dauernd zwischen der israelischen Delegation und dem deutschen Außenminister von Brentano hin und her. Das Problem war die Formulierung der Abschlusserklärungen, die Adenauer und Ben-Gurion nach Ende ihres Gesprächs separat abgeben sollten. Ein Satz in Adenauers Erklärung sollte in Aussicht stellen, dass Bonn Israel auch nach Auslaufen der 1952 vereinbarten Wiedergutmachungszahlungen unterstützen werde. Von Brentano wehrte sich vehement dagegen. Letztlich wollten beide Seiten »den Alten« fragen – sowohl die Deutschen als auch die Israelis nannten so ihre Regierungschefs. Selbach und der stellvertretende Gesandte Jakov Herzog traten zu Adenauer und Ben-Gurion hinein, spontan folgte ich mit Teilen der Delegation in den Verhandlungsraum. Als Selbach sein Anliegen vorbrachte, unterbrach Adenauer ihn sofort: »Schreiben Sie, was die Israelis vorschlagen, denn wir haben das alles längst miteinander besprochen.« Das Gespräch zwischen den beiden Regierungschefs war freundlich verlaufen. In einem besonderen Moment sagte Ben-Gurion zu Adenauer: »Man erzählt in Israel die Geschichte, dass Sie mit Ihrem Enkel Konrad spazieren gegangen sind und ihn fragten, was möchtest du sein, wenn du groß bist? Natürlich auch Bundeskanzler, erwiderte Ihr Enkel. Worauf Sie entschieden entgegneten: Das geht nicht, weil nicht zwei Adenauers gleichzeitig Bundeskanzler sein können.« Adenauer lachte und antwortete: »Wissen Sie, Herr Ben-Gurion, man hat mir dieselbe Geschichte über Sie und ihren Enkelsohn erzählt.« 2001, als Teddy Kollek neunzig Jahre alt wurde und in Jerusalem das Konrad-Adenauer-Konferenzzentrum eingeweiht wurde, lernte ich Adenauers Enkel Konrad persönlich kennen. Ich erzählte ihm die Anekdote, von der er schon häufig gehört hatte, noch nie jedoch von einem Ohrenzeugen.

Erst eine gute Woche später, als Ben-Gurion schon wieder auf dem Weg zurück nach Israel war und wir in Oxford einen Zwischenstopp einlegten, gestattete mir Yitzhak Navon, Details der Verhandlungen in der *Jerusalem Post* zu veröffentlichen. Kein anderer Journalist hatte solche Informationen über den Verlauf der Gespräche. In Deutschland versuchte das Auswärtige Amt zunächst sogar zu dementieren, dass Adenauer Ben-Gurion einen Kredit in Höhe von fünfhundert Millionen Dollar, damals etwa zwei Milliarden Mark, zugesagt hatte.

Für heutige Verhältnisse ist es unvorstellbar, wie lange es einst dauerte, bis Berichte aus Amerika ihren Weg in die israelischen Zeitungen fanden. Alles, was nach halb drei Uhr nachmittags in den USA geschah, konnte man in Tel Aviv oder Jerusalem erst zwei Tage später lesen. Oft brauchte man anderthalb Stunden, bis man eine sensationelle Nachricht telegrafieren konnte. Nachdem ich die *Jerusalem Post* mit meinen Informationen versorgt hatte, gab ich einiges an meinen Kollegen Shalom Rosenfeld, den stellvertretenden Chefredakteur von *Ma'ariv*, weiter. Er hatte mich seit 1958 bei den wöchentlichen Treffen mit den Regierungssprechern mit wichtigen Hinweisen versorgt.

Abgesehen von den vielfältigen Eindrücken war diese Reise in journalistischer Hinsicht ein Meilenstein. Ich erfuhr, wie wichtig es ist, vertrauliche Quellen vertraulich zu behandeln, und erlebte am eigenen Leib, wie unkollegial sich Journalisten oft untereinander verhalten. Gleich zu Beginn der Reise hatte ich an der Hotelbar in Boston Amos Elon kennengelernt, damals Korrespondent der *Haaretz* in Washington und später ein angesehener Schriftsteller. Zwei Tage später hatte ich einen wichtigen Gesprächstermin mit dem stellvertretenden amerikanischen Außenminister für Nahost-Angelegenheiten, Armin Meyer. Diese Begegnung hatte eine gewisse Brisanz, weil israelische Journalisten damals so gut wie keinen Zugang zu hohen Beamten im Außenministerium erhielten. Elon behauptete, ein ähnlich wichtiges Interview zu haben, und schlug vor, dass wir später unsere Informationen austauschen sollten. Das Gespräch mit Meyer war als Hintergrundgespräch gedacht, aus dem ich nichts zitieren durfte. Als Elon und ich uns mittags wiedertrafen, berichtete ich ihm von meiner vertraulichen Unterredung und fragte nach seinen Ergebnissen. Er wiegelte ab: »Sie scheinen gut abgestimmt zu sein, meine Quelle hat mir genau das Gleiche berichtet.« Tags darauf rief mich der israelische Botschafter Harman entsetzt an: »Wie konntest du das tun? Dein Gespräch war doch nicht zur Veröffentlichung bestimmt.« Amos Elon hatte aus meinen Informationen eine dreispaltige Titelgeschichte gemacht und Armin Meyer darin wörtlich zitiert, als hätte er ihn selbst interviewt. Ich schämte mich in Grund und Boden und verstand, wie wichtig Loyalität und Vertrauenswürdigkeit im Journalismus sind.

Vier Wochen später – ich hatte mit Dorothy den versprochenen Urlaub bei den Schwiegereltern in England verbracht – war ich wieder in Jerusalem. Das Parlament tagte damals noch in einem alten Gebäude auf der King George Street und große Teile der Informationen zwischen Politikern und Journalisten wurden im Restaurant der Knesset ausgetauscht, wo ich eines Tages Arie Dissenchik, den Chefredakteur von *Ma'ariv,* seinen Stellvertreter Shalom Rosenfeld und Ted Lurie beieinandersitzen sah. Sie winkten mich zu sich, und Dissenchik bedankte sich für die vielen Meldungen, die ich seiner Zeitung in New York zugespielt hatte. Plötzlich wandte er sich zu Ted und fragte ihn: »Sag mal, Ted, wie viel möchtest du für Ari haben, wenn der jetzt bei uns den Posten als politischer und diplomatischer Korrespondent übernimmt?« Ted war verlegen: »Da müsst ihr den Ari schon selbst fragen.« Dissenchick unterbreitete mir da ein unglaubliches Angebot, denn *Ma'ariv* galt damals als »*die* Zeitung des Landes«, wie sie sich etwas prätentiös im Untertitel bezeichnete: Mit mehr als 100 000 Exemplaren verfügte sie über die mit Abstand größte Auflage aller Zeitungen in Israel und wurde vor allem von Israelis gelesen. Der Wirkungskreis der *Jerusalem Post* mit ihrer damaligen Auflage von nur 18 000 Exemplaren war unvergleichlich geringer. Ich zögerte aber keine Sekunde, bedankte mich für die Ehre und erklärte, dass ich auf jeden Fall bei der *Jerusalem Post* bleiben wolle. Ich fühlte mich Ted Lurie verpflichtet, dessen Vertrauen mir so große Möglichkeiten eröffnet hatte, und habe diese Entscheidung auch nie bereut, obwohl ich damals dachte, niemals Chefredakteur der *Jerusalem Post* werden zu können, weil Englisch nicht meine Muttersprache war. Da man bei *Ma'ariv* aber dringend jemanden brauchte, bot ich an, meine Artikel für sie ein wenig umzuschreiben, bis man dort jemanden für den Posten gefunden hatte. Zwei, drei Monate schrieb ich also für beide Blätter. Die meisten meiner Kollegen konnten nicht verstehen, warum ich ein solches Angebot abgelehnt hatte.

Im Herbst 1960 beförderte Ted Lurie mich zunächst zum Nachrichtenredakteur und ein Jahr später zum Chef vom Dienst. Zudem stieg ich in der Achtung meiner Kollegen, denn die *Jerusalem Post* wurde durch meine zahlreichen exklusiven Meldungen und Berichte nun stärker in der Öffentlichkeit wahrgenommen. Die Kollegen von *Haaretz* waren weniger glücklich, und ihr Chefredakteur Gershom Schocken tadelte sie, weil wichtige Meldungen nun zuerst bei uns erschienen – ein Zeichen zunehmender Aktualität.

1961 zerbrach meine Ehe mit Dorothy endgültig. Die Versuche, unsere Streitigkeiten beizulegen, waren erfolglos geblieben. Das rabbinische Gericht, bei dem wir vorgesprochen hatten, um unsere Ehe scheiden zu lassen, ermahnte uns zur Versöhnung. Tatsächlich versuchten wir es noch einmal und gingen in ein nettes Restaurant, doch die Gräben waren unüberbrückbar. Eines Tages stand ich in einer völlig leeren Wohnung; ohne Vorwarnung hatte Dorothy alle ihre Sachen und unseren gesamten Hausrat eingepackt und war zu ihrer Tante nach Herzlia gezogen. Einige Wochen später reiste sie nach England zurück und reichte die Scheidung ein. 1962 war ich wieder ein freier Mann. Der Kontakt zu Dorothy brach völlig ab. Sie fand einen Job in der Tourismusbranche und heiratete noch zweimal. So seltsam es vielleicht klingt: Obwohl wir verheiratet waren, hat diese Beziehung keinerlei sentimentale Gefühle zurückgelassen. Es gibt Frauen, die für mein Leben viel wichtiger waren. Aber ich sah das Scheitern meiner Ehe als ein Beispiel in der Reihe enttäuschter Hoffnungen und als Beweis dafür, dass alle Frauen, zu denen ich Zuneigung gefasst habe, mich wieder verlassen würden. Seit damals habe mich nie wieder fest auf eine Frau einlassen wollen. Von nun an war ich mit der *Jerusalem Post* verheiratet. Und diese Beziehung hielt 31 Jahre.

Natürlich trat ich nach der Scheidung nicht ins Kloster ein. Fünf Jahre lang war ich mit Malka Rabinowitz zusammen, einer Reporterin aus der Nachrichtenredaktion. Sie stammte aus New York, kam nach ihrem Studium nach Jerusalem und war schon bei der *Jerusalem Post*, als ich dort anfing. Da wir beide Zeitungsleute waren, ergaben sich keine Schwierigkeiten wie mit meiner Exfrau: Wir saßen beide bis spät am Abend in der Redaktion und hingen dann noch stundenlang mit Freunden und Kollegen in der berühmten, seit Dezember 2006 geschlossenen Fink's Bar herum. Beide liebten wir dieses legendäre Lokal und seinen originellen Besitzer, Dave Rothschild, einen in Bayern geborenen, sehr temperamentvollen Kneipenwirt. Stammkunden konnten bei ihm wochenlang anschreiben lassen, wen er aber nicht mochte, den warf er mir nichts, dir nichts aus dem Lokal. Bilder seiner Gäste, die auf diese Weise ihre Zeche zahlten, schmückten die Wände des winzigen, immer gedrängt vollen Raumes. Abend für Abend trafen sich hier Künstler, Medienleute und Politiker aus dem In- und Ausland. Ein Hauch von großer Welt im damals noch sehr provinziellen Jerusalem.

Malka und ich verstanden uns gut, binden wollte ich mich aber nicht, was unser Verhältnis so belastete, dass wir uns immer seltener sahen. Eines Abends erzählte mir Malka, dass ihr ein religiöser Italiener einen Heiratsantrag gemacht habe. Ich bat sie, nicht zu heiraten und bei mir zu bleiben, bis ich mich entscheiden könnte. Im April 1967 erklärte ich mich sogar einverstanden, gemeinsam mit ihr zu einem Psychologen zu gehen. Vor Beginn der Therapie begann der Sechstagekrieg. Vier Monate lang war ich bei der Armee, und als ich im September 1967 wieder an meinen Schreibtisch zurückkehrte, hatte Malka ihre Entscheidung getroffen und verließ mich. Wir blieben Freunde, aber wie tief die Kränkung bei ihr saß, erfuhr ich, als es nach dem Tod von Ted Lurie um seine Nachfolge ging: Damals machte Malka in der Redaktion gegen mich mobil.

Chef vom Dienst in spannenden Zeiten

Der Nachrichtenchef einer israelischen Zeitung zu sein, war zu jeder Zeit eine interessante Aufgabe, möglicherweise aber Anfang der sechziger Jahre mehr denn je. Seit dem Suez-Krieg von 1956 erlebte das Land erstmals eine längere, vergleichsweise friedliche Periode; die Stürme kamen nun von der politischen Front. Im zweiten Jahrzehnt der Staatsgründung erlangten breitere Schichten der Gesellschaft einen mit Mitteleuropa vergleichbaren Wohlstand. In den Vororten von Tel Aviv und anderen Städten entstanden attraktive Wohnviertel mit eleganten Einfamilienhäusern. Der Verkehr auf den damals engen Hauptstraßen wurde zunehmend schwieriger, weil die Zahl der Fahrzeuge von Jahr zu Jahr anstieg. Zahlreiche Busse waren unterwegs, und es wurde immer mühsamer, von Jerusalem und anderen Städten in die schnell wachsende Metropole Tel Aviv und Umgebung zu reisen. Zwischen Chedera und Gedera, zwei Städten fünfzig Kilometer nördlich und südlich von Tel Aviv, entstand jene dichtbesiedelte, hochindustrialisierte Zone, die zum Wasserkopf des Landes wurde. Mehr als zwei Drittel der Bevölkerung leben heute dort. Landwirtschaftliche Flächen, besonders die charakteristischen Orangenhaine, fielen der Bauwut israelischer und internationaler Firmen zum Opfer. Die Kibbuz-Siedlungen in dieser Region profitierten enorm von der ökonomischen Entwicklung und begannen auf ihrem kostbaren landwirtschaftlichen Boden gigantische Shopping Malls und Hightech-Gewerbegebiete zu errichten.

Mit wachsendem Wohlstand verwandelte sich seit Anfang der sechziger Jahre die breite Schicht der Bau- und Industriearbeiter in eine kleinbürgerliche Gesellschaft. Das Ideal einer sozialistischen israelischen Gesellschaft entfernte sich mehr und mehr von der Realität. Die Einflüsse der verschiedenen Einwanderungswellen wurden zunehmend spürbar. Nicht nur Holocaust-Überlebende kamen ins Land, sondern auch Hunderttausende orientalische Juden, die infolge der Staatsgründung aus Marokko, dem Jemen, dem Irak, Ägypten und Tunesien vertrieben worden waren. Ben-Gurions Ideal, dass der Staat Israel zu einem riesigen Schmelztiegel werden sollte, erfüllte sich indes nur ansatzweise: Zwar lernten die Einwanderer Hebräisch, leisteten körperliche Arbeit und dienten im Militär, aber ihre vollständig andere Lebensauffassung und Kultur sowie ihre religiöse Orthodoxie legten sie nicht ab.

Am 23. Mai 1960 wurde ich gemeinsam mit den Vertretern aller anderen israelischen Zeitungen und Auslandspresse überraschend zu einer dringenden Sitzung des Parlaments in das provisorische Gebäude der Knesset in Jerusalem gerufen; David Ben-Gurion sollte eine wichtige Nachricht verkünden. Er betrat das Rednerpult und erklärte: »Mir obliegt es, der Knesset mitzuteilen, dass einer der größten Nazi-Kriegsverbrecher vor einiger Zeit von den israelischen Geheimdiensten entdeckt wurde.« Nach einer dramatischen Pause, die die Spannung im Saal noch erhöhte, nannte er den Namen: »Adolf Eichmann, der zusammen mit führenden Nazis für das verantwortlich war, was sie die ›Endlösung der Judenfrage‹ nannten, nämlich die Vernichtung von sechs Millionen Juden in Europa. Adolf Eichmann befindet sich schon in Haft im Land und wird demnächst vor einem Gericht in Israel stehen gemäß dem ›Gesetz zur Bestrafung von Nazis und ihren Helfern – 1950‹.« Diese Nachricht schlug ein wie ein Blitz. Spontan erhoben sich alle Anwesenden und applaudierten entgegen jeglichem parlamentarischen Brauch.

Adolf Eichmann wurde elf Monate lang in einer Polizeifestung in der Nähe von Haifa festgehalten, wo ihn Avner Liss, ein in Berlin geborener israelischer Polizeioffizier, tagein, tagaus verhörte. Das Licht in Eichmanns Zelle brannte 24 Stunden. Am Sonntag, dem 11. April 1961, war es so weit: Auf den Tag genau elf Monate nach seiner Festnahme in der Garibaldi-Straße in Buenos Aires begann in Jerusalem der Prozess gegen den Vollstrecker der »Endlösung«. Er musste sich für seine Taten vor drei jüdischen Richtern verantworten, die noch in Deutschland ihr Jura-Studium vollenden konnten und deshalb auch in der Lage waren, den offiziellen Dolmetscher gelegentlich zu korrigieren.

Ich saß nicht weit vom kugelsicheren Glaskasten, in dem ein hagerer, mittelgroßer Mann mit Stirnglatze in einem dunklen Anzug, mit weißem Hemd, Krawatte und schwarzer Hornbrille stand. Eichmann wirkte wie ein durchschnittlicher Beamter, nichts erinnerte mich mehr an den strengen, mächtigen SS-Offizier, vor dem ich zitterte, als er mir im September 1938 nach langem Warten in der Zentralstelle für jüdische Auswanderung im Wiener Rothschild-Palais meinen deutschen Reisepass bestätigte.

Der Verlauf des Prozesses und seine Auswirkungen auf die israelische Gesellschaft sind ausführlich und oft beschrieben worden. Zum ersten Mal war die gesamte israelische Öffentlichkeit gezwungen, sich mit der Shoah auseinanderzusetzen. Bis dahin hatten sich die Einwanderer aus den Maghreb-Ländern und dem Irak den europäischstämmigen Juden gegenüber eher distanziert verhalten: Viele Berichte über das Leid in den Lagern und die Verfolgung waren so grausam, dass sie unglaubwürdig wirken konnten. Da Israel bis 1968 kein öffentliches Fernsehen hatte und der Gerichtssaal für den Besucheransturm viel zu klein war, wurden die täglichen Sitzungen auf einen Bildschirm in einen Saal des nebenan liegenden Ratisbon-Klosters übertragen. Unter den Hunderten Menschen, die morgens Schlange standen, um in den Saal zu gelangen, befanden sich viele orientalische Juden, unter ihnen auch Mitarbeiter aus der Druckerei der *Jerusalem Post.* Mit einigen von ihnen war ich gut befreundet. Mich interessierten ihre Beobachtungen des Prozesses sehr, und ich erlebte, wie sich ihre Haltung gegenüber den Opfern der Shoah von Woche zu Woche veränderte. Manche entschuldigten sich sogar bei ihren Kollegen, dass sie ihnen bisher so wenig Empathie entgegengebracht hatten.

Der Prozess wirkte sich auch auf die Redaktionsarbeit aus. Zur Vorbereitung der Berichterstattung hatten wir in der Redaktion einen langen Tisch aufgestellt, den wir »Eichmann Desk« nannten und an dem die speziell diesem Thema zugeteilten Redakteure arbeiten sollten. Tatsächlich aber nahm die Berichterstattung über Monate so viel Raum ein, dass letztlich fast alle Tische Eichmann-Tische waren. Gabriel Bach, der stellvertretende Staatsanwalt, den ich gut kannte, nahm unsere Reporter in den Verhandlungspausen oft beiseite, um juristische Feinheiten der Vernehmung Eichmanns zu erläutern. Er wusste, dass unsere Kommentare von der Auslandspresse aufmerksam verfolgt und immer häufiger zitiert wurden.

Dass Eichmann nach Israel entführt worden war und dort vor ein Gericht gestellt wurde, war international umstritten, doch die deutsche Regierung und die deutschen Journalisten erkannten die Rechtmäßigkeit dieses Schrittes an. So schickte die deutsche Regierung zum ersten Mal eine offizielle Delegation von Beobachtern nach Israel. Gleichzeitig eröffnete das Bundespresseamt eine Zweigstelle in unmittelbarer Nähe des Bechar-Theatersaales, wo der Prozess stattfand. Das internationale Interesse an dem Prozess war überwältigend. Aus der ganzen Welt reisten Journalisten an, wobei die deutschen Pressevertreter die größte Gruppe bildeten. Täglich trafen wir uns im Gerichtssaal und in der auf Betreiben der durstigen englischen Kollegen extra eingerichteten Bar. Abends gingen wir gemeinsam in Fink's Bar. Viele der Beobachter erfuhren nicht nur durch den Prozess von den Geschehnissen in den Konzentrationslagern; die Vergangenheit war stets präsent.

Eine Episode habe ich heute so deutlich vor Augen wie damals: Am ersten Prozesstag hatte Oberstaatsanwalt Gideon Hausner in seiner Anklage ein Lied zitiert, dessen bewegender Text sich auf die Massenmorde im Wald von Ponar unweit der litauischen Stadt Vilnius bezieht. »Shtiler, shtiler«: »Stille, stille schweig mein Kind. Hier wachsen Gräber, die Hassenden haben sie gepflanzt von allen Seiten. Zum Ponar führen viele Wege, doch kein Weg führt zurück. Der Vater ging davon, ohne zurückzukehren und mit ihm das Licht.« Ich hatte dieses Lied von Freunden gelernt, die die Shoah überlebten und nach dem Krieg nach Palästina kamen, und es vielen meiner Zöglinge in der Jugendbewegung beigebracht. Deshalb sang ich es an jenem Abend in Fink's Bar auch meinen deutschen und britischen Kollegen vor. Kaum war ich fertig, winkte mir vom Ende des Tresens ein junger Mann, den ich als Musiker kannte: Alexander Tamir (Wolkowsky), bis heute ein bekannter Pianist und Musikwissenschaftler. Er erzählte, dass er 1942 im Alter von elf Jahren als einer der wenigen Überlebenden des Wilnaer Ghettos dieses Lied komponiert hatte. Für alle Anwesenden war die Begegnung mit Tamir eine Sensation, viele von ihnen berichteten darüber in ihren Blättern.

Paradoxerweise bot mir der Eichmann-Prozess Gelegenheit, viele Deutsche kennenzulernen und mit ihnen Freundschaft zu schließen. Da war zum Beispiel Hans Stercken, Referent für West- und Südeuropa im Bundespresseamt und Leiter der offiziellen Beobachterdelegation, mit dem ich viele intensive Gespräche über die komplexen deutsch-israelischen Beziehungen führte. Ich fand Stercken, der nur zwei Jahre älter war als ich und nach dem Abitur drei Jahre in der Wehrmacht gedient hatte, sympathisch, immer wieder aber gerieten wir heftig aneinander, weil er wie viele andere seiner Generation behauptete, während seiner Zeit als Soldat nie etwas von den Massenmorden gewusst zu haben. Im Gegensatz zu Stercken schämte sich seine Assistentin Luise Bauch für die nationalsozialistische Vergangenheit. Mich beeindruckte ihr Mut, die Familie zu verlassen, um den Eichmann-Prozess aus der Nähe zu verfolgen. Gelegentlich nahm ich sie mit zu Ausflügen – Fahrten, auf denen wir viel redeten und ich zum ersten Mal eine Ahnung davon erhielt, wie qualvoll es für die Nachkommen der Täter sein kann, sich mit der Schuld der Vorfahren auseinanderzusetzen.

Zu den gesellschaftlichen Höhepunkten gehörten die regelmäßigen Treffen von deutschen und israelischen Journalisten im Haus der originellen *Dawar*-Reporterin Vera Elyashiv. Sie stammte aus einer polnisch-russischen Familie und hatte mehrere Konzentrationslager überlebt. Trotzdem glaubte sie, dass eine Überwindung des Traumas nur durch persönliche Kontakte zwischen Deutschen und Juden möglich sei, eine Auffassung, die ich vollkommen teile. Zu ihrem engen Freundeskreis gehörten die Fernsehreporter Peter Schier-Gribowsky und Joachim Besser, mit denen wir nächtelang darüber diskutierten, warum die deutsche Gesellschaft die Nazi-Vergangenheit so lange verdrängt habe. Vera Elyashiv machte sich mit ihrer Offenheit nicht nur Freunde; viele ihrer israelischen Kollegen warfen ihr vor, mit den Deutschen gemeinsame Sache zu machen. Tatsächlich markiert der Eichmann-Prozess einen Wendepunkt in der Auseinandersetzung der Deutschen mit ihrer Geschichte – aber auch in der Beziehung von Deutschen und Israelis.

Auch innenpolitisch kam es in jenen Jahren zu großen Turbulenzen. Eine neue Politikergeneration rebellierte gegen den autoritären Führungsstil Ben-Gurions und drängte an die Macht. Seit Herbst 1960 beschäftigte sich die israelische Öffentlichkeit wieder intensiv mit der sogenannten Lavon-Affäre. Auslöser des Konflikts war das Scheitern einer von Israel lancierten Geheimdienstoperation im Jahr 1954. In britischen und amerikanischen Einrichtungen in Kairo und Alexandria waren Bomben gezündet worden, um die Verhandlungen zwischen Ägypten und Großbritannien über den britischen Abzug vom Suezkanal zu verhindern. In Kairo kam es zu einem Prozess gegen elf ägyptische Juden, von denen zwei hingerichtet wurden, zwei sich im Gefängnis das Leben nahmen. In Israel entzündete sich die Diskussion darüber, wer den Befehl für die fehlgeschlagene Operation gegeben habe: Verteidigungsminister Pinchas Lavon oder der Leiter des militärischen Geheimdienstes, Binjamin Gibli.

Ben-Gurion hatte bis 1954 zurückgezogen in Sde Boker gelebt, aber aktiv in der Politik mitgemischt. Bei den Parlamentswahlen von 1955 wurde er erneut zum Ministerpräsidenten gewählt. Er akzeptierte das Ergebnis des ministeriellen Ausschusses nicht, der Lavon von der Schuld am gescheiterten Geheimdiensteinsatz freisprach, weswegen die Affäre jahrelang weiterschwelte. Wegen seiner unnachgiebigen Haltung Lavon gegenüber geriet Ben-Gurion stark in die Kritik. Am 31. Januar 1961 reichte er seinen Rücktritt ein, setzte den Kampf gegen Lavon aber fort. Bei den Parlamentswahlen im November 1961 gewann Ben-Gurion zwar noch einmal die Regierungsmehrheit, aber die Streitigkeiten hatten die Arbeiterpartei und ihre Verbündeten erheblich geschwächt. Auch in der Presse, allen voran im *Ma'ariv*, gab es heftige Kampagnen gegen Ben-Gurion. Im Juni 1963 trat er dann endgültig zurück, übergab seine Amtsgeschäfte an den damaligen Finanzminister Levi Eshkol und verließ die Regierung.

Als eine der wenigen Zeitungen stand die *Jerusalem Post* aufseiten Ben-Gurions. Bis heute halte ich seine Forderung – er wollte die Affäre erneut von einer juristischen Kommission untersuchen lassen – für gerechtfertigt. Sogar der damalige Rechtsberater der Arbeiterpartei, Jakov

Shimshon Shapira, der den Ausschluss Ben-Gurions und seiner Unterstützer als »Neofaschisten« forderte, setzte Jahre später als Justizminister ein Gesetz durch, das in besonders wichtigen Fällen die Ernennung einer Untersuchungskommission durch den obersten Gerichtshof ermöglichte.

Der Konflikt erreichte seinen Höhepunkt auf dem Parteitag im Frühjahr 1965 im Tel Aviver Konzertgebäude, dem Mann-Auditorium. Wegen der Bedeutung nahmen gleich vier Redakteure der *Jerusalem Post* daran teil, aber auch alle anderen Zeitungen boten ihre besten Kräfte auf. Ministerpräsident Levi Eshkol, ein jahrzehntelanger Gefährte von Ben-Gurion und von ihm als Nachfolger ernannt, wandte sich an ihn: »Gib mir ein wenig Kredit. Unsere Partei muss sich auf eine Kompromissformel einigen, um eine Spaltung zu vermeiden.« Der von einer Krebskrankheit gezeichnete Moshe Sharett wurde im Rollstuhl auf das Podium geschoben und rechnete gnadenlos mit seinem Parteigenossen ab. Die Anstrengung stand ihm ins Gesicht geschrieben, als er Ben-Gurion beschuldigte, durch seinen autoritären Führungsstil andere Meinungen zu unterdrücken. Danach stimmten sechzig Prozent der Abgeordneten gegen die Einsetzung einer erneuten Untersuchungskommission, was eine schwere Niederlage für Ben-Gurion bedeutete. Ich sprach anschließend mit Teddy Kollek und Yitzhak Navon, die beide versuchten, Ben-Gurion von einer Spaltung der Partei abzuhalten – vergeblich. Stand seine Meinung erst einmal fest, war sie unumstößlich. Wenige Tage später verließ er mit sieben seiner Anhänger, darunter Moshe Dayan und Shimon Peres, die Mapai-Partei und gründete eine eigene Partei namens »Reshimat Poale Israel« (Liste der israelischen Arbeiter). Die *Jerusalem Post* nannte diese Partei »Rafi«, und so heißt sie bis heute.

Alle Details sind mir noch in lebhafter Erinnerung, weil sie Anfang der sechziger Jahre über Monate hinweg das politische Tagesgeschehen bestimmten. Die Menschen demonstrierten auf den Straßen für und gegen Ben-Gurion, der Staatsgründer, bis dahin das unumstrittene Idol, wurde auf einmal beschimpft und kritisiert. Noch immer steht mir eine markante Karikatur aus dieser Zeit vor Augen: Sie zeigte eine überlebensgroße Statue von Ben-Gurion, darunter steht ein kleiner Ben-Gurion mit einem Beil und zerschlägt das eigene Standbild. Dieser Bruch in der Arbeiterpartei markierte den Anfang vom Ende der langjährigen Hegemonie der Arbeiterbewegung und der Gründergeneration Israels.

Diese Auseinandersetzungen haben mich persönlich sehr berührt, aber ich versuchte immer, meine Gefühle aus der Berichterstattung herauszuhalten. Kurz vor seiner Ernennung zum Ministerpräsidenten im Juni 1963 hatte Eshkol mir ein langes Interview gegeben, in dem er auch ausführlich aus seinem Leben berichtete: wie er in Kiew unter dem Einfluss zweier völlig unterschiedlicher Familien aufwuchs, chassidisch die eine, eine reiche Händlerfamilie die andere. Wie er dann im Alter von fünfzehn Jahren in Wilna mit dem Zionismus in Berührung kam und für sich beschloss, auszuwandern. 1914, mit achtzehn Jahren, kam der junge Levi Shkolnik völlig mittellos nach Petach Tikwa (Tor der Hoffnung). In der *Jerusalem Post* veröffentlichte ich Teile unseres Gesprächs unter dem Titel »Man of Work and Vision«. Lese ich heute die pathetischen Zitate, mit denen Eshkol damals seine Ankunft beschrieb, dann spüre ich deutlich das halbe Jahrhundert, das seither vergangen ist: »Das Dorf (Petach Tikwa) wurde von Akazienbäumen gesäumt. Dahinter erstreckte sich ein knietiefes Sandmeer. Dieser grüne Zaun ist der Anfang des jüdischen Staates, fühlte ich. Gegen Abend ging ich auf den Dorfplatz zurück […] Der Klang eines Schofars zeigte den Beginn des Schabbats an. Für mich klang es, als seien die Tage des Messias gekommen.« Gleich nach seiner Wahl zum Ministerpräsidenten rief mich ein enger Mitarbeiter Eshkols an und bat mich, ihm bei der Erstellung eines englischen Profils für das Regierungspresseamt zu helfen. Wenig später bot mir Eshkol an, sein Regierungssprecher zu werden. Vielleicht hätte ich mich sogar dafür entschieden, wäre nicht Golda Meir dazwischengekommen, die unter keinen Umständen einen Anhänger Ben-Gurions in einem so wichtigen Amt tolerieren wollte.

Als politischer Korrespondent der *Jerusalem Post* beschäftigte ich mich zwar sehr intensiv mit innenpolitischen Entwicklungen, zu meinem Aufgabenbereich gehörte es aber auch, das Blatt bei wichtigen Ereignissen im Ausland zu vertreten. Im Mai 1963, ich war noch nicht einmal fünf Jahre bei der *Jerusalem Post*, genehmigte mir Ted Lurie, an der Gründungsversammlung der Organisation für Afrikanische Einheit (OAU – Organisation of African Unity) in Addis Abeba teilzunehmen. Für die chronisch unter Geldmangel leidende *Jerusalem Post* wäre es natürlich viel zu teuer gewesen, einen eigenen Korrespondenten zu entsenden, weshalb ich eine schöne Lösung erfand: Offiziell reiste ich als Vertreter der israelischen Nachrichtenagentur ITIM und berichtete nicht nur für unser Blatt, sondern auch für fünf kleinere israelische Zeitungen. *Haaretz* schickte Seev Schiff, und auch *Ma'ariv* und *Jehidot* waren durch eigene Korrespondenten vertreten.

Diese Reise eröffnete mir eine bislang vollkommen unbekannte Welt. Der Flug von Tel Aviv nach Addis Abeba war kompliziert. Da es der israelischen Fluglinie verboten war, arabische Länder zu überqueren, flog El Al über Istanbul und Teheran. Einen ersten mehrtägigen Zwischenhalt absolvierte ich in Nairobi. In Kenia feierte man im Frühjahr 1963 »Uhuru«, wie »Freiheit« auf Swahili heißt. Als letzter ostafrikanischer Kolonie hatten die Briten den Kenianern die Selbstverwaltung eingeräumt, ein wichtiger Schritt auf dem Weg in die Unabhängigkeit, die der Staat am 12. Dezember des gleichen Jahres erlangte. Im Afro-Asiatischen Institut der Histradut in Tel Aviv hatte ich kurz zuvor Thomas Mboya, einen bedeutenden kenianischen Gewerkschaftsführer, interviewt. Wie so oft entstand daraus eine gute Bekanntschaft, sodass Mboya mich einlud, ihn bei den offiziellen Feierlichkeiten zu begleiten. Auf dem großen Balkon am imposanten Gebäude des britischen Generalgouverneurs hatten sich Jomo Kenyatta, der ugandische Ministerpräsident Apollo Milton Obote und Julius Nyerere, Präsident der Republik Tanganjika, eingefunden. Nach einer kurzen Ansprache des britischen Generalgouverneurs reichten die drei afrikanischen Staatsoberhäupter einander die Hände und riefen unter dem Jubel der auf dem Platz vor dem Gebäude versammelten Menge: »Uhuru, Uhuru, Uhruru!« Mich berührte dieser Moment sehr, die Erinnerung an die Ausrufung des Staates Israel und unsere Befreiung vom britischen Mandat fünfzehn Jahre zuvor stand mir deutlich vor Augen. Nach dem Staatsakt feierte ich als einer der wenigen Weißen mit Mbyoas Kameraden und Freunden, die in ihren bunten traditionellen Kleidern von Ort zu Ort zogen, ihre lokalen Schnäpse tranken und ausgelassen tanzten.

Noch reichlich benommen bestieg ich im Morgengrauen den Bus nach Arusha am Fuß des Kilimandscharo in Tanganjika. Die Fahrt ging durch das Land der Luo, zu deren Stammeshäuptlingen Mboya gehörte. Alle zwei Stunden hielt der Bus an einem der schönen Gästehäuser, wo die Atmosphäre der Kolonialzeit noch deutlich zu spüren war. Nach einer zehnstündigen Fahrt übernachtete ich im bekannten Hotel Livingstone in Arusha, damals bereits Ausgangspunkt für Bergsteiger in Richtung Kilimandscharo.

Wieder zurück in Nairobi, flog ich weiter nach Addis Abeba zum Gründungstreffen der OAU. Auch hier hatte ich gute Beziehungen zu den Organisatoren der Konferenz: In diesem Fall half mir meine alte Freundschaft mit Ifrach Dimitros, einem eritreischen Bonvivant, der Teile seines Studiums in Jerusalem verbracht hatte und später wieder in seine Heimat zurückkehrte. Er leitete die Nahost-Abteilung im äthiopischen Außenministerium und war wegen seiner internationalen Verbindungen mit der Veranstaltung der Konferenz betraut worden. Jeden Abend gegen halb sieben trafen wir uns außerhalb des neu errichteten Kongressgebäudes zu einem Spaziergang, wobei er mir über den Verlauf der Diskussionen in den Ausschüssen berichtete. Diese Informationen waren sehr wertvoll, denn als israelische Beobachter der Tagung waren wir von den Kollegen aus den arabischen Staaten nicht besonders wohlgelitten. Die Ägypter verlangten sogar, dass israelische Korrespondenten nicht anwesend sein dürften, wenn Präsident Nasser im Saal sei. Kaiser Haile Selassie lehnte das mit der Begründung ab, dass die Israelis bei dieser Konferenz ebenso akkreditiert seien wie alle anderen. Schließlich kam es zu einem Kompromiss: Die Presseausweise der israelischen Teilnehmer wurden kopiert und den Ägyptern übergeben. Jeder von uns bekam einen ägyptischen Sicherheitsmann an die Seite gestellt, der uns keinen Schritt von der Seite wich.

Anders als heute, wo jeder Journalist selbst wie eine kleine Telekommunikationszentrale ausgestattet ist, kämpften die Korrespondenten damals noch darum, wer als Erster seine Nachrichten in die Welt senden durfte. In Addis Abeba standen im Pressezentrum lediglich zwei Telex-Apparate zur Verfügung. In der Hierarchie der wartenden Journalisten hatte ich einen Vorteil, weil ich offiziell als einer der Agentur-Journalisten angemeldet war, die das Telex zuerst benützen durften. Schwierig war, dass die sowjetischen Kollegen die Telex-Apparate monopolisierten, sodass alle anderen Korrespondenten in Verzug gerieten. Eines Tages eskalierte der Streit. Der für die Betreuung der internationalen Presse zuständige Äthiopier forderte die russischen Kollegen auf: »Seit zwei Stunden besetzen Sie nun schon die Telex-Apparate. Bitte unterbrechen Sie Ihre Arbeit für zwanzig Minuten, damit Ihr israelischer Kollege seinen Beitrag abschicken kann.« Ein Russe erwiderte: »Du wirst uns nicht vorschreiben, was wir zu tun haben, du bist ja gestern erst vom Baum heruntergeklettert.« Dieser offene Rassismus erzürnte nicht nur den Äthiopier, auch mir zeigte diese Situation, wie wenig die Einstellung der Sowjets mit ihrem Anspruch auf sozialistische Gerechtigkeit übereinstimmte. Trotzdem gelang es mir nach einigen Vermittlungsversuchen, die beiden wieder miteinander zu versöhnen.

Beim festlichen Empfang von Kaiser Haile Selassie schloss man uns Israelis auf Drängen der arabischen Staaten aus. Der Kaiser lud dennoch die israelischen Pressevertreter zu einem separaten Sektempfang ein, sodass auch ich die Gelegenheit hatte, den prunkvollen Palast näher anzusehen, den israelische Architekten kurz zuvor renoviert hatten. In Erinnerung geblieben sind mir die auffälligen Davidsterne entlang der Außenmauer des Palasts; Haile Selassie verstand sich als Nachfolger von König Salomo. Vom enormen Reichtum der äthiopischen Dynastie zeugten die üppigen Blumengärten, Springbrunnen und die beiden am Eingang des Palastes herumspazierenden gezähmten Löwen des Kaisers. In seiner Ansprache betonte Haile Selassie seine Wertschätzung für die enge Zusammenarbeit Äthiopiens mit Israel auf den Gebieten der Technik, Landwirtschaft und Sicherheit. Israel bildete damals die Polizei Äthiopiens aus, ihre Uniformen sahen aus wie israelische, bewaffnet waren sie mit israelischen USI-Maschinengewehren.

Die Äthiopien-Reise war deshalb so wichtig, weil damals zum ersten Mal israelische Journalisten an einer afrikanischen Konferenz teilnehmen durften. Hier zeigten sich die Früchte der von Golda Meir begonnenen Außenpolitik. Seit Ende der fünfziger Jahre hatte sie sich um enge Kontakte mit den jungen, unabhängigen Staaten Afrikas bemüht, bis heute gibt es im israelischen Auswärtigen Amt eine Abteilung für internationale technische Zusammenarbeit. Die ersten bilateralen Beziehungen entstanden zu Ghana, es folgten Äthiopien, Kenia, Liberia, Uganda und die Elfenbeinküste. Aus diesem Grund legten die äthiopischen Veranstalter und Gastgeber viel Wert darauf, uns gut zu behandeln.

Für die israelische Presse war es aufregend, die ersten Schritte in die Unabhängigkeit dieser Länder zu begleiten. Wir alle waren junge Staaten und versuchten, voneinander zu lernen. Schon damals war mir klar, dass eine Annäherung Israels an arabische Länder nur über Kontakte mit afrikanischen und asiatischen Ländern zustande kommen würde. Im April 1960 schrieb ich: »Der Weg nach Damaskus und Kairo führt über Ghana und Burma.« Die Allianzen mit den langsam erwachenden Ländern in Afrika und zum Teil auch in Asien haben Israel geholfen, weltweit Anerkennung zu gewinnen, und meines Erachtens hat diese Politik im Jahr 1977 auch dazu beigetragen, dass der Friedensschluss mit Ägyptens Präsident Sadat möglich wurde. Ägypten wusste von unseren Verbindungen mit Afrika und hat sich selbst auch als afrikanischen Staat begriffen. Bedauerlicherweise aber spielt Afrika heute für das politische Selbstverständnis Israels kaum noch eine Rolle.

Im Herbst 1964 unternahm ich eine weitere wichtige Reise, diesmal nach Indien. Der Leiter der Asien-Abteilung im israelischen Auswärtigen Amt, Michael Elitzur, ein ehemaliger Chawer aus Chamadiya, rief mich an und sagte: »Die Unesco veranstaltet in Nagpur ein vier Wochen langes Seminar für Journalisten aus Asien. Wir wollen, dass du für Israel teilnimmst.« Geografisch betrachtet zählt ja Israel zu Asien, in Indien gilt es als westasiatisches Land. Das Thema des Seminars lautete: Wie sollen Journalisten aus Entwicklungsländern berichten, in denen die Pressefreiheit und die Demokratie noch in den Anfängen stecken? Die Einladung, daran teilzunehmen, bedeutete eine Auszeichnung. Finanziert wurde die Reise vom israelischen Außenministerium, in Nagpur waren wir Gäste der Unesco. Ich freute mich auf Indien und beschloss, das Seminar mit einer Rundreise zu verbinden. Für eine Aufzahlung von 140 Dollar konnte ich mein Ticket erweitern: Nach Nagpur besuchte ich Kalkutta, Kathmandu in Nepal, Benares (Varanasi im indischen Bundesstaat Uttar Pradesh), Agra und New Delhi, wo ich mich zwei Wochen aufhielt.

Im November 1964 reiste ich als einer von insgesamt dreißig Journalisten über Bombay nach Nagpur, eine Stadt im Herzen Indiens im Bundesstaat Maharashtra. Michael Elitzur hatte mir die Telefonnummer des Kommandaten der Garnison von Nagpur mitgegeben, den Elitzur noch als indischen Militärattaché während seiner Diplomatenzeit in Rangun kennengelernt hatte. In Maharashtra herrschte damals Alkoholverbot, und Elitzur gab mir den praktischen Tipp: »Eine Flasche Whiskey wird dir sicher manche Tür öffnen.« Also stattete ich mich im Duty-Free-Shop entsprechend aus. Die Ankunft war allerdings ernüchternd. Die Unterbringung in einer Herberge der anglikanischen Kirche erwies sich als spartanisch. Statt Türen hatten die Zimmer nur dicke Vorhänge, Duschen und Toiletten waren auf dem Gang. Dank meiner Kibbuz-Erfahrung schreckte mich das weniger als die anderen Teilnehmer des Seminars. Nagpur erwies sich trotz seiner Größe von immerhin einer Million Einwohner als ödes Dorf. Am Sonntagmittag nach meiner Ankunft bat ich die Rezeptionistin, mir eine örtliche Telefonverbindung herzustellen, und rief Oberst Gupta an, der sich über Nachrichten von seinem Bekannten Elitzur freute und mich zum Tee einlud. Wenig später fuhr er mit seinem gelbbraunen Geländewagen vor und brachte mich zu seinem komfortablen Haus neben dem Militärlager. Meine Bekanntschaft mit dem Oberst und seiner Frau, einer bekannten Dichterin, die in der literarischen und journalistischen Welt Indiens gut vernetzt war, öffnete mir viele Türen.

Das Seminar leitete Jacques Léauté, Journalismus-Professor aus Straßburg, dem ich das Wissen verdanke, wie man in sozial tief gespaltenen Gesellschaften journalistische Transparenz und Integrität verwirklichen kann. Das hat mir später geholfen, in Israel meine Berichte über die großen Einwanderungswellen aus der Sowjetunion und über die zweite Generation marokkanischer und irakischer Einwanderer vorurteilsfrei abzufassen. Neben praktischen Übungen und Vorträgen empfand ich vor allem die Begegnungen mit Kollegen aus allen Teilen Indiens, aus Burma, Japan und von den Philippinen als sehr bereichernd. Blicke ich heute auf dieses Seminar und die vielfältigen menschlichen Kontakte zurück, die damals entstanden, so fällt mir auf, dass wir im Vergleich zu den heutigen Journalisten einen sehr weitgespannten Horizont hatten: Sicherlich war der Fluss von Nachrichten damals unendlich viel langsamer als heute, aber die erlebten und erfahrenen Einblicke in fremde Länder und Gesellschaften gaben uns ein unersetzliches Fundament, das sich mit der heute geübten Berichterstattung gut messen kann. Zwar gibt es unverändert hervorragende und mutige Korrespondenten, die ohne zu zögern aus Gefahrenzonen berichten und dabei ihr Leben riskieren, aber dass junge Journalisten durch ausgedehnte Reisen ihren Blick erweitern, kommt nur mehr selten vor. Investitionen dieser Art werfen auf dem umkämpften Medienmarkt keine kurzfristige Rendite ab. Und wie wenig journalistische Qualität heute geschätzt wird, zeigen die zahllosen Gratis-Boulevardzeitungen, die zu einer ernsthaften Bedrohung nicht nur des Journalismus, sondern der Demokratie werden können.

Die Indien-Reise hinterließ aber auch gemischte Gefühle. Das Land zählte damals 450 Millionen Einwohner; das Nebeneinander von Reichtum und bitterster Armut, das schier unüberwindliche soziale Gefälle zwischen allen Schichten waren für mich als ehemaligen Kibbuznik schwer zu akzeptieren. Scharenweise bettelten in Lumpen gekleidete Kinder in den Straßen von Bombay, Kalkutta und Alt-Delhi, während Familien von höherstehenden Kasten und Regierungsbeamten in großem Luxus lebten und sich von Dutzenden unterbezahlten Angestellten bedienen ließen.

Da Indien und Israel beide im Jahr 1948 ihre Unabhängigkeit vom britischen Empire erhalten hatten, hoffte Jerusalem auf gute Beziehungen zu der größten Demokratie der Welt. Obwohl der indische Premierminister Nehru Israel de jure anerkannt hatte, weigerte er sich, diplomatische Beziehungen zu unserem Staat aufzunehmen. Offiziell wurde das mit dem Streit um Kaschmir im Norden Indiens begründet, auf das sowohl das muslimische Pakistan als auch das mehrheitlich hinduistische Indien Anspruch erhoben. Nehru behauptete, dass eine volle diplomatische Anerkennung Israels sämtliche arabische Staaten gegen Indien in Stellung bringen würde. Als Kompromiss durfte Israel Anfang der fünfziger Jahre ein Konsulat einrichten. Das israelische Außenministerium beschloss, dieses Konsulat in Bombay zu eröffnen, weil man immer damit rechnete, dass wir bald in Delhi eine Botschaft etablieren würden, wozu es aber noch lange nicht kam.

Das Interesse vieler Inder an einem israelischen Journalisten öffnete mir viele Türen. Mein erster wichtiger Kontakt in New Delhi war eine enge Freundin der Frau von Oberst Gupta aus Nagpur, Preminda Premchand; sie arbeitete als Korrespondentin für den Radiosender »Voice of America« und war die Frau von General Premchand, Kommandant der UN-Mission im Kongo von 1960 bis 1964. Nach unserer ersten Begegnung lud sie mich zum Empfang der Offiziere der indischen UN-Truppen ein, wo sie mich dem Generalsekretär der indischen Offiziersakademie vorstellte. Nach einem ausführlichen Gespräch lud dieser mich ein, vor seinen Offizieren über die Lage im Nahen Osten zu referieren, damals ein ziemlich unvorstellbarer Schritt einer so hochrangigen Institution. Über Preminda Premchand lernte ich auch die persönliche Sekretärin von Indira Gandhi kennen, die 1964 Ministerin für Rundfunk und Information in der Regierung von Premierminister Bahadur Shastri war. Sie versprach, für mich ein Treffen mit Frau Gandhi zu organisieren. Der Israel-freundliche Chefredakteur des *Indian Express* schlug vor, ich solle ihre Erlaubnis für einen akkreditierten israelischen Auslandskorrespondenten in Delhi einholen. Eine solche Position würde Israel bessere Kontaktmöglichkeiten in Delhi einräumen als einem Botschafter.

Einige Tage später wurde ich morgens um acht Uhr in Indira Gandhis Residenz in die Safdarjang-Straße bestellt, um ihre halbstündige Audienz zu beobachten. Damit setzte Gandhi die Tradition ihres Vaters Nehru fort, der jeden Morgen Bürger aus allen Teilen des Landes empfangen hatte, die ihm ihre Anliegen vortragen durften. Es war ein selten beeindruckender Anblick. Mehr als fünfzig Frauen und Männer standen in einem großen Kreis im Garten; in ihrem eleganten Sari ging die Ministerin vom einen zum anderen und hörte sich die Anliegen aufmerksam an, während ihre beiden Sekretäre Notizen machten. Nach einer halben Stunde war die Gruppenaudienz beendet, und ich wurde in den Salon gebeten. Seufzend ließ sich Gandhi in einen Fauteuil sinken. Ich sagte: »Frau Gandhi, wie können Sie den Tag mit einer so anstrengenden Tätigkeit beginnen?« Sie lachte und antwortete: »Stimmt schon …« Sie war eine Dame von ungewöhnlichem Charme und hatte schon von meinem Anliegen gehört: »Gerne können wir hier einen israelischen Korrespondenten akkreditieren.« Allerdings sollte das ein Journalist einer Nachrichtenagentur sein, der für ganz Südwestasien und nicht nur für Indien zuständig wäre. Dann erkundigte sich Indira Gandhi nach der politischen Lage in Israel und wollte wissen, wie die neue Regierung unter Ministerpräsident Eshkol eingeschätzt werde. Beim Abschied bat sie mich, sie wegen des israelischen Korrespondenten auf dem Laufenden zu halten.

Bei Familie Jhirad, einer der wenigen jüdischen Familien in Delhi, war ich gelegentlich zu Gast. Ellis Jhirad war Adjutant General der indischen Flotte und pflegte Beziehungen zu Shastris Büroleiter. Beide verabredeten, dass ich eine Gelegenheit erhalten solle, den Premierminister bei seinem langen Weg von seinem Büro im Parlament in den Versammlungssaal zu begleiten. Der Büroleiter stellte mich Shastri vor, und ich sagte zu ihm den sorgfältig zurechtgelegten Satz: »Ich bin nun schon einige Wochen in Indien und ich hoffe sehr, dass diese so warmen und persönlichen Beziehungen, die ich privat hier erlebe, eines Tages auch auf einer politischen, diplomatischen Ebene möglich sein werden.« Shastri antwortete: »Ich teile Ihre Hoffnung, denn wir schätzen die israelischen Errungenschaften im Bereich der Landwirtschaft und Technik.« Zum Abschied drückte er mir die Hand und blickte mich fest an. Er erlaubte mir, nach Israel zu berichten, dass er Israel freundlich grüße und sich eine gute und friedliche Entwicklung zwischen beiden Ländern wünsche. Dann verschwand Shastri im Versammlungssaal. Der zurückbleibende Sekretär ermahnte mich sofort: »Das ist alles off the record«, und drohte: »Wenn Sie Sätze zitieren, dementiere ich, dass Sie den Premierminister überhaupt getroffen haben.« Erst nach dem Tod Shastris konnte ich diese Episode in seinem Nachruf veröffentlichen.

Am 24. Dezember 1964 feierte ich zum ersten Mal in meinem Leben Weihnachten. Preminda Premchand hatte in ihr Haus Hindus, Christen, Muslime und mich als einzigen Juden eingeladen. Es gab einen mit goldenen Kugeln und Kerzen geschmückten Weihnachtsbaum und Geschenke für alle Gäste, und wir sangen gemeinsam auf Englisch »Stille Nacht, heilige Nacht«. Am 10. Jänner kehrte ich zurück nach Israel. Den Indien-Aufenthalt hatte ich verlängert, um an meinem vierzigsten Geburtstag nicht in Jerusalem sein zu müssen. Alt zu werden, schien mir kein Grund zu feiern, wohl aber unserem Nachtredakteur Charley Weiss, einem meiner besten Freunde, der eine nachträgliche Überraschungsparty organisierte.

Ich schrieb nun einen langen Bericht an das Auswärtige Amt und unterbreitete den Vorschlag, einen akkreditierten Journalisten nach New Delhi zu entsenden. Er wurde von Außenministerin Golda Meir – wie ich von ihrem Vertrauten erfuhr – sorgfältig studiert, und sie machte eine Randnotiz mit der Anmerkung: »Durchführen!« Auch der israelische Geheimdienst Mossad hatte Interesse an einer solchen Verbindung, aber mir war völlig klar, dass nur ein integrer Journalist dafür in Frage kam. Das Projekt scheiterte schließlich aus finanziellen Gründen: Niemand erklärte sich bereit, die 30 000 oder 40 000 Dollar aufzubringen, die der Unterhalt gekostet hätte.

Heute haben Indien und Israel gute Beziehungen zueinander. Es hat lange gedauert – und es war meistens eine Hassliebe. Später reiste ich noch dreimal nach Indien, auf dem Weg nach Japan und Manila, und knüpfte an die Kontakte von damals an. Jahrelang besuchten mich indische Freunde in Israel, und ich half ihnen mit meinen Kontakten in Israel und Europa.

Persönlicher Sekretär des großen alten Mannes

Für November 1965 wurden Neuwahlen angesetzt, bei denen David Ben-Gurion als Spitzenkandidat der neu gegründeten Rafi-Partei antrat. Im Juli rief mich Shimon Peres an und sagte: »Ben-Gurion ist einverstanden.« Ich begriff zuerst nicht, worum es ging; dann stellte es sich heraus, dass ich Ben-Gurion im Wahlkampf als persönlicher Sekretär unterstützen sollte. Yitzhak Navon, sein langjähriger Büroleiter, kandidierte selbst auf der Rafi-Liste. Peres hatte schon mit Ted Lurie gesprochen und vereinbart, mich für vier Monate von der *Jerusalem Post* zu beurlauben. Wenige Tage später traf ich zufällig David Landor, den Leiter des Regierungs-Presseamts, ebenfalls ein ehemaliger Wiener, dem Teddy Kollek zu seiner Position verholfen hatte. Er war entsetzt über meine neue Aufgabe: »Ari, wie konntest du das tun, deine vielversprechende journalistische Karriere zu verpatzen, indem du jetzt Wahlkampf für Ben-Gurion machst? Das ist ein Riesenfehler!« Ich sagte: »Mach dir keine Sorgen, ich werde zur Zeitung zurückkommen und als integrer Journalist weiterarbeiten.« So geschah es dann auch.

Für mich war es ein prägendes Erlebnis, so eng mit dem Menschen zusammenzuarbeiten, dessen Lebenswerk ich bis heute zutiefst bewundere. Schon als Jugendlicher begeisterten mich Ben-Gurions glühende Reden bei Parteisitzungen und öffentlichen Kundgebungen. Später begleitete ich ihn als Mitglied des Pressekorps bei internationalen Staatsbesuchen: 1960 in die USA und nach Großbritannien, 1962 nach Skandinavien. Zudem wohnte ich in jenen Jahren in der Ben-Maimon-Straße 18 in Rehavia, nur wenige Häuser neben der Residenz des Ministerpräsidenten, und begegnete dadurch Ben-Gurions Frau Paula immer wieder. Sie begleitete ihn auch bei seinen Staatsbesuchen. Alles lief damals viel gemächlicher ab als heute, und es blieb reichlich Zeit für Gespräche. Im Juni 1963, einen Tag vor seiner Amtsübergabe an den neuen Ministerpräsidenten Levi Eshkol, lud Paula mich zu einem »Kutschmutsch«, ihr Wort für Plausch, in ihr Haus ein. Sie hatte Ben-Gurion nichts davon erzählt, und so musste ich mich in ihrem Schlafzimmer verstecken, bis der strenge Gatte – zum letzten Mal im offiziellen Amt – das Haus verlassen hatte. Paula war bereits am Packen und bereitete den Umzug nach Tel Aviv vor. Sie galt als tüchtige Hausfrau und als Enfant terrible des öffentlichen Lebens in Israel, nahm sich kein Blatt vor den Mund, sogar wenn ich das Gespräch, wie in diesem Fall, in der *Jerusalem Post* veröffentlichen würde. Paula beklagte sich, dass Ben-Gurions Anhänger und Mitarbeiter ihre Warnungen nicht ernst genug genommen und seinen Rücktritt nicht verhindert hatten. Dann erzählte sie, wie sie Ben-Gurion als junge Krankenschwester 1915 in New York kennengelernt und zwei Jahre später geheiratet hatte. Paula ging ganz unbefangen mit mir herum und führte mich durch das Haus. Stolz präsentierte sie mir die selbst gestrichenen Küchenmöbel und den Tisch, an dem sie Ben-Gurion jeden Morgen sein Frühstück servierte. Es war ein sonderbares Gefühl, so sehr in das Privatleben des Staatsmanns einzudringen. Im Gegensatz zu seiner Frau hielt sich Ben-Gurion nie mit Alltäglichkeiten auf, er nutzte jede Gelegenheit, um zu lesen oder seine politischen Visionen zu entfalten. Das politische Geschäft überließ er seinen Mitarbeitern, Teddy Kollek oder Yitzhak Navon. Bis zu seinem Lebensende hatte Ben-Gurion zwei private Wohnungen: ein geräumiges, aber bescheiden ausgestattetes Holzhaus im Kibbuz Sde Boker und sein zweistöckiges Einfamilienhaus in einer in den dreißiger Jahren errichteten Arbeitersiedlung in Tel Aviv. Zwischen diesen beiden Orten pendelte er.

Ich hatte freien Zugang zu Ben-Gurion, freier sogar als Paula. Während ich seine Termine organisierte, kümmerte sie sich um den Speiseplan. Sie war überzeugt, die Gesundheit ihres Mannes, der als Kind schwächlich gewesen war, hänge entscheidend davon ab, dass er jeden Tag eine große Portion Schinken esse. Ich erinnere mich an die Verblüffung des norwegischen Protokollchefs beim Staatsbesuch in Oslo 1962, als sie ihn ermahnte, beim Frühstück keinesfalls zu vergessen, Ben-Gurion einen großen Teller mit Schinken zu servieren. »Hätten wir das gewusst«, sagte er mir, »hätten wir nicht extra koscheres Fleisch aus Kopen-

Ben-Gurion und Ari im Kibbuz Sde Boker, 1970

hagen einfliegen lassen.« In Tel Aviv verwahrte Paula sogar eine ganze Schinkenkeule in einem separaten Kühlschrank.

Als Sekretär Ben-Gurions fielen mir hauptsächlich zwei Aufgaben zu: Ich half ihm bei der Erledigung der täglichen Korrespondenz und bereitete gemeinsam mit ihm den Wahlkampf vor. Ben-Gurion bestand darauf, jeden Brief und jede kleine Notiz selbst von Hand zu beantworten. Diese schrieb er auf einen Block mit Durchschlägen, die er sorgfältig archivierte. Jede Woche hatten wir darüber hinaus zwei, drei große Kundgebungen, auf denen er seine politischen Ziele vorstellten wollte. Diese Reden hielt Ben-Gurion immer frei. Meist endeten sie in Beschimpfungen der, wie er immer wieder sagte, »unmoralischen« Eshkol-Regierung wegen ihres Verhaltens in der Lavon-Affäre. Selbst bei seinen engsten Mitstreitern stieß dieser Wahlkampf auf heftige Kritik. Shimon Peres bat mich wiederholt, auf Ben-Gurion mäßigend einzuwirken; er war davon überzeugt, dass diese Rhetorik die Wähler abschrecken würde. Deshalb versuchte ich vor jedem Auftritt, Zitate der anderen Wahlwerber zu finden, auf die Ben-Gurion sich stürzen konnte. Es war vergeblich, er ließ von seinen Tiraden nicht ab. Moshe Dayan drohte sogar damit, sich nicht für die Rafi-Liste nominieren zu lassen, sollte Ben-Gurion nicht einen positiveren Wahlkampf führen. Vordergründig lenkte Ben-Gurion ein, ohne sich aber daran zu halten.

Während der Stunden, die wir auf unseren Fahrten zu seinem Kibbuz Sde Boker von Tel Aviv oder auf dem Weg zu Wahlkundgebungen verbrachten, überraschte er mich immer wieder mit seinen nostalgischen Erinnerungen an die ersten Jahre in Palästina. Bei jeder Fahrt in den Süden bestand er darauf, dass wir den Umweg von Tel Aviv über den Hafen von Jaffa nähmen, wo er 1905 als Neunzehnjähriger aus Płońsk, dem Ort seiner Geburt an der polnisch-russischen Grenze, ins Land gekommen war. Immer wieder erzählte er, wie er einsam stundenlang durch die Sanddünen marschiert war und sich nach seinem Vater gesehnt hatte. Ben-Gurion hatte im Alter von zehn Jahren seine Mutter verloren. Sein Vater, Avigdor Grün, ein Rechtsanwalt und Leiter einer frühen zionistischen Bewegung, hatte ihn auf ein Leben in Palästina vorbereitet, blieb aber zunächst zurück, als sein Sohn nach Eretz Israel auswanderte. Ben-Gurion hatte eine schwierige Anfangszeit in Palästina erlebt. Er arbeitete als Landarbeiter bei jüdischen Siedlern in Zentralpalästina und erkrankte an Malaria. Dem ärztlichen Rat, nach Europa zurückzukehren, folgte er nicht; er kam selbst wieder zu Kräften und schloss sich einer Pioniergruppe in Galiläa an, die in der Siedlung Sedschara westlich von Tiberias bei jüdischen Bauern arbeitete. Sie legten Sümpfe trocken und räumten Steine von den kargen Böden, um Flächen für die Landwirtschaft zu gewinnen.

Ich konnte Ben-Gurions Erinnerungen gut nachvollziehen, denn auch wenn ich erst dreiunddreißig Jahre später ins Land gekommen war, gab es doch viele Berührungspunkte: den frühen Verlust der Mutter, die Sehnsucht nach der Familie, die harte Arbeit der Anfangsjahre. Auf den langen Autofahrten erfuhr ich viel von seinen Vorstellungen über Israels Zukunft. So kritisierte er beispielsweise die, wie er sagte, »unlogische« Struktur von Tel Aviv und seinen sechs Satellitenstädten. Wie in Europa und Amerika solle man sie zu größeren Verwaltungseinheiten zusammenfassen, damit nicht jeder kleine Ort eine eigene Stadtverwaltung und eine eigene Feuerwehr unterhalten müsse. Bis heute hat sich nichts daran geändert, weil lokale Politfunktionäre nicht bereit sind, ihre Macht einzuschränken.

Oft regte sich Ben-Gurion über die Verwirrung auf, die dadurch entsteht, dass die Straßen überall nach den großen Zionisten benannt sind: Auf engstem Raum gibt es häufig mehrere Arlosoroff-, Jabotinsky- oder Weizmann-Straßen. Auch daran hat sich nichts geändert, nur dass mittlerweile Ben-Gurion-Straßen hinzugekommen sind.

Seine Obsession war es, die Zukunft Israels durch die Entwicklung des bis dahin weitgehend unbesiedelten Südens des Landes, des Negev, zu sichern. Auf dem Weg nach Sde Boker erzählte er mir stolz von seiner Anfangszeit als Mitglied dieses Kibbuz in den fünfziger Jahren. Überzeugt davon, dass er ein persönliches Beispiel setzen müsse, hatte sich der Staatsgründer und Ministerpräsident 1953 für zwei Jahre von seinen Ämtern beurlauben lassen, um in der Wüste Schafe zu züchten. Noch zehn Jahre später freute sich Ben-Gurion über das Erstaunen, das er damit bei seinen Kabinettskollegen und der gesamten Öffentlichkeit ausgelöst hatte. Seine Entscheidung, in deren Folge auch zahlreiche Neueinwanderer den Süden besiedelten, hat dessen Entwicklung tatsächlich enorm beflügelt.

Es gelang ihm auch, eine von vielen als verrückt belächelte Idee zu verwirklichen: die Errichtung einer Universität in Beer Sheva. Ich erinnere mich an den Moment, als sein Kontrahent Pinchas Sapir von der Mapai 1965 trotz des erbittert geführten Wahlkampfs eines Nachmittags zu Paula Ben-Gurion nach Hause kam. Obwohl er mit Ben-Gurion nicht sprach, wollte er ihm über Paula doch die Nachricht zukommen lassen, dass er in den USA genug Geld für den Bau der Universität gesammelt hatte. Heute zählt die Ben-Gurion-Universität zu den anerkanntesten im Land.

Die Wüstenstadt Dimona wurde zum Zentrum der israelischen Nukleartechnologie. Im 21. Jahrhundert lebt über eine halbe Million Menschen in der Region, und viele Planer sehen hier das große Entwicklungspotenzial Israels. Die Frage des Umgangs mit den traditionell im Negev siedelnden Beduinenstämmen wurde allerdings nur unzureichend gelöst. Viele von ihnen weigern sich, ihre Weiden aufzugeben und in die Dörfer mit Häusern und moderner Infrastruktur umzuziehen.

Auch Moshe Dayan begleitete ich gelegentlich zu Kundgebungen, wodurch ich ihn besser kennenlernte. Anders als Ben-Gurion, der immer mit Fahrer und Sicherheitsmann unterwegs war, lenkte Dayan seinen grünen Saab selbst, lediglich nach anstrengenden Auftritten überließ er mir das Steuer. Wir führten viele intensive Gespräche, in denen es außer der Politik auch um persönliche Themen ging. Kurz zuvor hatte er aus Solidarität mit Ben-Gurion die Regierung Eshkol verlassen und leitete nun ein großes Fischereiunternehmen der Histadrut. Nach seinen vielen Jahren als Generalstabschef und Landwirtschaftsminister war er jetzt ein privater Mensch, der viel über Frauen und Archäologie zu erzählen hatte. Dayan sprach über seine zahlreichen Affären und über seine große Liebe zur Frau eines bekannten Rechtsanwalts, die er nach der Scheidung von seiner ersten Frau Ruth heiratete. Genauso spannend schilderte er mir seine Streifzüge in der Küstenregion und auf Baustellen, wo er auf der illegalen Suche nach antiken Kostbarkeiten manch Abenteuer erlebte. Der Garten seines Hauses im Tel Aviver Vorort Zahala glich mit seinen wertvollen Sarkophagen und römischen Statuen einem Museum.

Während des Wahlkampfes 1965 nahmen Deutschland und Israel diplomatische Beziehungen auf. Dieser historische Moment hatte eine Vorgeschichte, die ich als Reporter der *Jerusalem Post* intensiv begleitet hatte. Beim Treffen Adenauers mit Ben-Gurion im März 1960 war ein streng geheimes Abkommen unterzeichnet worden, das die Überstellung gebrauchter amerikanischer Nato-Panzer aus Deutschland nach Israel vorsah. Solche Lieferungen wurden Anfang 1965 von Ägypten entdeckt und führten zu einem diplomatischen Skandal. Kairo drohte als Vergeltung mit der Anerkennung der DDR. Zur großen Verärgerung Israels stellte die deutsche Regierung die Panzerlieferungen sofort ein. Um Israel zu besänftigen, entsandte Bundeskanzler Ludwig Erhard den Abgeordneten Kurt Birrenbach nach Jerusalem, um über eine Kompensation zu verhandeln. Die Mission war hochgeheim; Birrenbachs Anwesenheit in

Israel wurde dementiert, vom Manager des Hotels King David wusste ich aber von einem Mittagstreffen mit ihm.

Ich wartete vor dem kleinen Speisesaal, und bald traten Shimon Peres, damals stellvertretender Verteidigungsminister, Kurt Birrenbach und Felix Shinnar, der Leiter der Wiedergutmachungsmission in Köln, heraus. Peres hielt mich davon ab, Birrenbach anzusprechen. Als ich am gleichen Abend in der Redaktion über diese Begegnung schreiben wollte, traf eine Agenturmeldung ein: Die offizielle DDR-Zeitung *Neues Deutschland* berichtete, dass Birrenbach seit 1933 NSDAP-Mitglied gewesen sei, ein Vorwurf, zu dem sich Birrenbach umgehend äußern musste, wollte er seine Mission fortsetzen. Ich setzte mich mit seinem israelischen Begleiter aus dem Verteidigungsministerium in Verbindung und insistierte auf einem Telefonat mit Birrenbach noch am gleichen Abend. Am nächsten Tag war in der *Jerusalem Post* Birrenbachs Erklärung zu lesen: Als Student habe er der Partei beitreten müssen. 1939 allerdings wanderte er nach Südamerika aus, um seine von den Nationalsozialisten als »Halbjüdin« eingestufte Frau Ida heiraten zu können. Bis 1954 arbeitete er als Vertreter von Thyssen in Argentinien. Birrenbach konnte danach seine Verhandlungen fortsetzen.

Am 19. August 1965 trat Rolf Friedemann Pauls unter heftigen Protesten als erster deutscher Botschafter in Jerusalem seinen Dienst an. Pauls hatte als Offizier in der Wehrmacht gedient, er war Träger des Ritterkreuzes sowie des Eisernen Kreuzes, und er hatte seinen ersten diplomatischen Posten als Militärattaché noch während des Krieges in der Türkei bekleidet. Auch Eshkol und Außenministerin Golda Meir hatten beträchtliche Vorbehalte gegen ihn, sie lenkten aber ein, als Bundeskanzler Erhard deutlich machte, im Fall einer Ablehnung Israels ersten Botschafter in Deutschland, Asher Ben-Natan, nicht zu akzeptieren. Ben-Natan hatte nach dem Krieg als Mossad-Agent in Österreich die Jagd auf untergetauchte Nazis unterstützt.

Bald nach seiner Ankunft in Israel ließ Pauls anfragen, wann er bei Ben-Gurion vorsprechen dürfe, er habe einen Brief von Konrad Adenauer zu überbringen. Ben-Gurion lud ihn für Samstagnachmittag ein. Als ich Paula davon erzählte, reagierte sie ziemlich ablehnend. Ben-

Gurion solle sich mit Pauls in einem Hotel treffen, sie wolle keine deutschen Diplomaten in ihrer Wohnung haben, noch dazu einen Kriegsveteranen. Schließlich lenkte sie ein und empfing den Botschafter in einem schäbigen Hauskleid. Und natürlich fragte sie ihn zuerst, wo er denn seinen Arm verloren habe. Die Unterhaltung war heikel und entspannte sich erst, als wir in Ben-Gurions Arbeitszimmer gingen. Paula rief mir noch nach, der Fotograf solle warten, bis sie wiederkomme. Wenig später folgte sie mit einem Tablett mit Kaffee und Gebäck. Jetzt trug sie ein elegantes Kostüm und war die Freundlichkeit selbst.

Pauls überreichte Adenauers Brief, in dem er ankündigte, 1966 Ben-Gurion in Israel besuchen zu wollen. Beide sprachen über den Stand der deutsch-israelischen Beziehungen, aber nicht nur das: Ben-Gurion zeigte sich besorgt über die militärische Lage in Europa. Er war neugierig zu erfahren, wie die deutsche Regierung und die Nato auf die Bedrohung durch die in der DDR stationierten Sowjettruppen reagieren würden. Pauls erklärte: »Die Präsenz der gut bewaffneten amerikanischen Truppen in Westdeutschland ist die beste Garantie für unsere Sicherheit. Die sowjetische Regierung wird keinen Angriff wagen.«

Pauls machte auf mich einen sympathischen Eindruck, und ich konnte mir vorstellen, dass es ihm gelingen könne, gute persönliche Kontakte zu knüpfen. Noch Jahre später begegneten wir uns bei seinen wiederkehrenden Besuchen in Israel, die er auch noch unternahm, als er Botschafter in Peking und Washington war. Es schockierte mich dann sehr, im Jahr 2005 in dem von den ehemaligen Botschaftern Asher Ben-Natan und Niels Hansen herausgegebenen Buch »Deutschland und Israel. Dorniger Weg zur Freundschaft« Auszüge aus Pauls geheimen persönlichen Berichten an das Auswärtige Amt zu lesen. Pauls schrieb: »Wir sollten den Israelis auch verdeutlichen, daß wir ihren ständigen Appell an unsere moralische Verpflichtung durchschauen. Daß sie Moral sagen, aber Kasse meinen.«

Die Wahlen im November 1965 endeten für die Rafi-Partei mit dem erwarteten Debakel. Schon Wochen vorher hatte sich bei Kandidaten wie Anhängern eine schlechte Stimmung breitgemacht: Trotz prominenter

Besetzung – neben Ben-Gurion und Moshe Dayan kandidierten auch Shimon Peres und die beiden späteren Staatspräsidenten Yitzhak Navon und Chaim Herzog – erhielt die Partei nur zehn von 120 Mandaten in der Knesset. Die Mapai und ihre Verbündeten kamen auf vierzig Abgeordnete und bildeten die Regierung. Wir waren natürlich enttäuscht, trösteten uns aber ein wenig mit der Tatsache, dass Teddy Kollek und seine »Liste für Jerusalem« die Kommunalwahlen gewannen. Es war der Beginn seiner 28-jährigen Ära als Bürgermeister Jerusalems.

Politisch bedeuteten die Knesset-Wahlen das Aus für Ben-Gurion. Zwar kam es im Januar 1968 nach einem Verhandlungsmarathon doch zu einem Zusammenschluss der linken Parteien – Mapai, Achdut Awoda und Rafi vereinigten sich zur Partei Ha'awoda, der Arbeitspartei –, und es gab auch ein Versöhnungstreffen der Parteiführung mit Ben-Gurion, für ihn jedoch galt: »Ich werde dieser neuen Partei nicht beitreten.« Stur wie er war gründete er eine eigene Partei und erreichte mit dieser »Staatsliste« in der Wahl von 1969 drei Mandate. Zu dieser Zeit war Ben-Gurion bereits sehr geschwächt. Paula war im Januar 1968 gestorben, er selbst wählte ihre Grabstätte aus – am Rande des Zinn-Canyons bei Sde Boker.

Bis zuletzt besuchte ich Ben-Gurion regelmäßig. Im September 1970 fuhr ich gemeinsam mit Ted Lurie nach Sde Boker, um mit ihm ein Interview für die Rosch-Haschana-Sonderausgabe zu führen, die den Titel »Peace and the New Year« trug. Am Abend zuvor hatte mich Joan Dickie, die Leiterin des Amerikanischen Kulturzentrums in Jerusalem, bei einem Empfang angesprochen, ob sie uns bei dieser Fahrt begleiten dürfe. Joan wartete im Schatten junger Bäume vor Ben-Gurions Hütte, während Ted und ich mit ihm über die Zukunft der besetzten Gebiete sprachen. Seine Meinung war eindeutig: »Wir müssen jetzt die meisten besetzten Gebiete zurückgeben. Wir brauchen Sicherheitsmaßnahmen für die Golanhöhen, und für Jerusalem muss man einen Ausgleich finden.« Er sprach aber auch über sehr persönliche Dinge, etwa über den Tod Paulas. Beim Verlassen zeigte er in ihr Zimmer und sagte: »Ich habe mich immer noch nicht dran gewöhnt, dass sie nicht mehr da ist.« Ben-Gurion war einverstanden, dass ich ihn fotografierte. Er zog einen

Kamm aus der Tasche und versuchte seine Mähne zu bändigen. Danach stellte ich ihm Joan Dickie vor. Trotz des Kummers war er sofort ganz interessiert und fragte sie, woher sie komme. »Aus der Bronx« – einem überwiegend jüdischen Viertel New Yorks –, antwortete Dickie. Das weckte Ben-Gurions Neugier noch mehr: »Behandelt man Sie als neue Einwanderin auch gut?« Ich flüsterte ihm zu: »Sie ist ja von der Botschaft.« Damals wurden von den Amerikanern keine jüdischen Diplomaten nach Israel entsandt, und Ben-Gurion meinte darauf: »Dann sind Sie ja eine Schickse«, ein Ausdruck für eine nicht-jüdische Frau, für den er sich aber gleich entschuldigte. Dann erzählte er ihr von seiner Schwiegertochter Mary, einer Krankenschwester, die sein Sohn Amos in einem englischen Militärlazarett kennengelernt und später geheiratet hatte: »Ich kann dir sagen, sie ist eine bessere israelische Patriotin als manche jüdische Frau.«

1971, im Jahr der »großen Versöhnung«, traf ich Ben-Gurion neuerlich. Zu seinem 85. Geburtstag im Oktober, etwa zur Zeit von Sukkot, dem Laubhüttenfest, reiste das gesamte Kabinett, an der Spitze Ministerpräsidentin Golda Meir, mit Hubschraubern in der Herbsthitze nach Sde Boker und hielt dort Ben-Gurion zu Ehren in der Bibliothek eine Sondersitzung ab. Ich zählte zu den wenigen Teilnehmern, die weder Regierungsmitglieder noch hohe Beamte waren. Der vom Alter gezeichnete Ben-Gurion begrüßte herzlich sowohl ehemalige Weggefährten als auch scharfe Kritiker, ja, er ließ sich von ihnen sogar umarmen. Die bitteren politischen Auseinandersetzungen der letzten Jahre schienen vergessen, Israels erster Ministerpräsident galt wieder als unumstrittene Figur. Es war ein letzter Höhepunkt seiner fast sieben Jahrzehnte andauernden politischen Karriere.

Golda Meir teilte sich mit ihm den Vorsitz dieser einmaligen Kabinettssitzung und fand nicht genug der lobenden Worte für Ben-Gurions Rolle bei der Gründung und beim Aufbau des Staates Israel. Möglicherweise war es ihre Art der Reue dafür, wie sie ihn einst während der Spaltung der Partei angegriffen hatte. Für mich klangen ihre Worte hohl, denn nur fünf Jahre zuvor hatte sie sich geweigert, den Vorsitz des Ehrenkomitees für die Feiern zu Ben-Gurions achtzigstem Geburtstag zu übernehmen; als Generalsekretärin der Mapai hatte sie damals den führenden Parteimitgliedern verboten, an den Feiern in Sde Boker teilzunehmen.

Im Mai 1973 besuchte ich Ben-Gurion in seinem Haus in Tel Aviv. Seine Betreuer ließen keine Journalisten mehr zu ihm vor. Er erkannte mich aber sofort und sagte: »Du bist ja nicht hier im Land geboren. Wann bist du hergekommen?«

»Ich war nicht einmal vierzehn Jahre alt.«

»Dann bist du mit deinen Eltern gekommen?«

»Nein, ich kam allein mit einer Jugend-Alijah-Gruppe.«

»Das muss doch fürchterlich schwierig gewesen sein? Ich kam mit neunzehn Jahren ins Land und habe mich so nach meinem Vater gesehnt.« Es berührte mich, wie intensiv seine Erinnerungen an die Jugend in Palästina lebendig waren.

Der Anlass unseres Gesprächs war der 25. Jahrestag der Gründung Israels. Er scheute sich, über Israels Zukunft zu sprechen und vorherzusagen, wie es in 25 Jahren aussehen werde oder sollte, aber er antwortete ohne Zögern auf die Frage, was er als die wichtigste Aufgabe der nächsten Jahre sehe: Nach dem Sechstagekrieg hatte er für eine Rückgabe aller besetzten Gebiete, mit Ausnahme von Jerusalem und der Golanhöhen, geworben. Nun vertrat er eine andere Meinung: »Das war damals, unmittelbar nach dem Krieg, richtig, unter der Bedingung, dass Frieden, wirklicher Frieden geschlossen würde. Aber der Frieden kam nicht. Bis zum heutigen Tag wollen sie (die Araber) keinen Frieden mit uns – ›halas‹ – basta. Also gibt es keinen Frieden, und wir müssen gewisse Dinge tun.« Dann erklärte er: »Eine unserer vordringlichsten Aufgaben sollte sein, so viele Siedlungen wie möglich auf der Westbank anzulegen, ohne jedoch die Araber zu vertreiben.«

Ich sprach ihn auch auf die sozialen und religiösen Probleme Israels an. Mich interessierte, ob sich seine Meinung zur Zivilehe inzwischen gewandelt hatte. Ben-Gurion hatte seinerzeit in den USA selbst nur standesamtlich geheiratet, als Ministerpräsident aber den Rabbinern das Monopol zur Eheschließung eingeräumt: »Es ist besser, die Einheit der Nation in jeder Hinsicht zu bewahren. Viele Juden, die aus anderen Ländern hierherkommen, könnten eine Hochzeit ohne Rabbi nicht akzeptieren. Die meisten Ehen in Israel werden nach dem jüdischen Gesetz geschlossen, und in Fällen, in denen das unmöglich ist, können die Leute nach Zypern fahren und dort mit einer zivilen Zeremonie heiraten.« Diese Entscheidung zeitigte bis in die Gegenwart fatale Folgen.

Als ich mich nach einem zweistündigen Gespräch von Ben-Gurion verabschiedete und die Stufen von seinem Arbeitszimmer hinunterging, wusste ich, dass ich ihn nicht wiedersehen würde. Das Interview war das letzte, das Ben-Gurion einer Zeitung gab; es erschien am 6. Mai 1973. Am 1. Dezember 1973 starb der große alte Mann. Das ganze Land befand sich nach dem Jom-Kippur-Krieg in einer depressiven Stimmung. Wie viele Reservisten war ich zu dieser Zeit einberufen und bei meiner Einheit auf einem Hügel bei Jericho. Im Radio hörte ich »Kol Israel« (Die Stimme Israels). Plötzlich wurde die Sendung für die Todesnachricht unterbrochen, eine absolute Ausnahme, denn Todesmeldungen, auch die von berühmten Persönlichkeiten, kamen immer erst am Samstagabend, nach dem Ende des Schabbats. Wir hörten Ben-Gurions Stimme in einer seiner großen Reden. Die etwa zwanzig Reservisten meiner Einheit standen um meinen Wagen mit den weit geöffneten Türen herum und lauschten noch einmal seinen Worten. Erstaunlich, dachte ich mir, wir haben den Krieg zwar gewonnen, aber unsere Stimmung ist so niedergeschlagen. Und hier ist es die Stimme des toten Ben-Gurion, die uns nach all diesen Wochen zum ersten Mal ermuntert und einen gewissen Optimismus verbreitet.

Ben-Gurion wurde im geschlossenen, mit der Nationalfahne bedeckten Sarg vor der Knesset aufgebahrt. Von dem großen, etwas erhöht liegenden Platz blickt man über weite Teile Jerusalems bis zur Altstadt. Geduldig warteten viele tausend Menschen aus allen Schichten der Bevölkerung, bis sie dem ehemaligen Ministerpräsidenten die letzte Ehre erweisen konnten. Auch ich nahm Abschied von ihm. Als Soldat konnte ich mit einem Militärwagen die Überführung des Sarges nach Sde Boker begleiten, wo Ben-Gurion neben seiner Frau begraben liegt. Heute ist der Ort eine nationale Trauerstätte, und zu seinem Todestag gibt es jedes Jahr eine offizielle Gedenkfeier, an der die Regierung und die Spitzen der israelischen Gesellschaft teilnehmen. Diesen Brauch pflegten auch seine Gegner wie die Rechtspolitiker Ariel Sharon oder Menachem Begin, die ihn zu Lebzeiten heftig bekämpft hatten.

Am Grab von Ben-Gurion und Paula endet auch der Film, den Helga Embacher von der Universität Salzburg und der Regisseur Hannes Klein im Oktober 2004 über mich gedreht haben. Das Andenken dieses Mannes und seine historische Leistung haben mich tief geprägt. Ohne seine Entscheidungskraft wäre der Staat Israel niemals entstanden. Auch wenn der gegenwärtige Zustand der israelischen Gesellschaft sich weit von Ben-Gurions Vision entfernt hat und mich sehr besorgt, trage ich sein vielzitiertes Wort im Herzen: »Wer in Israel nicht an Wunder glaubt, ist kein Realist.«

Zwischen Front und Schreibtisch

Im November 1965 kehrte ich zur *Jerusalem Post* zurück. Auch hier hatte das Wahldebakel Ben-Gurions Spuren hinterlassen. Lange schon hatten die Funktionäre der Mapai beklagt, dass wir Ben-Gurion unterstützten; in einer Sondersitzung der Parteispitze mit Ministerpräsident Eshkol, dem Generalsekretär der Histadrut, Aron Becker, und dem Vorsitzenden der Jewish Agency, Louis Pinkus, verlangte Parteisekretärin Golda Meir nun die Kündigung von Ted Lurie sowie die Einschränkung der Funktionen von Lea Ben-Dor und mir. Auch aus dem Aufsichtsrat, in dem die Arbeiterbank und eine Gruppe von amerikanischen Juden, die Israel Investor's Cooperation, vertreten waren, kamen kritische Stimmen. Letztlich verzichtete man zwar auf Kündigungen, stellte uns aber zur Kontrolle der Zeitung ab 1966 einen zweiten stellvertretenden Chefredakteur an die Seite, Francis Ofner. Er stammte aus einer vormals ungarischen Grenzstadt, hatte Jura studiert und seit seiner Einwanderung nach Palästina als Journalist gearbeitet; später war er jahrelang Korrespondent des Springer-Verlags. Mich wunderte, dass Ofner diesen Posten als »Kommissar« der Mapai anzunehmen bereit war, da er sich immer als Anhänger von Ben-Gurion dargestellt hatte. Wiederholt beteuerte er, dass er unsere Arbeit »schützen« wolle, was sich im Redaktionsalltag als pure Heuchelei erweisen sollte. Lea Ben-Dor geriet ständig mit ihm in Konflikt, und alle hofften, Ofner bald wieder loszuwerden. Tatsächlich blieb er auch nur bis zum 15. Mai 1967, als die ägyptischen Truppen auf der Sinai-Halbinsel einmarschierten, womit die Krise eskalierte, die wenig später zum Sechstagekrieg führte. Die Titelseite des Wochenend-Magazins, in dem dieses Ereignis diskutiert wurde, bebilderten wir mit einer Nahaufnahme aus der Knesset: Im Vordergrund sah man einen Teil des Regierungstisches, dahinter auf den Abgeordnetensitzen die Größen der Rafi-Partei mit Ben-Gurion und Moshe Dayan. Das Bild brachte unsere Hoffnung auf eine Aussöhnung der zerstrittenen Parteien zum Ausdruck. Kaum hatte Ofner die Beilage gesehen, stürmte er in mein Büro und beschimpfte mich wegen des Titelbilds. Wenig später fuhr er nach Tel Aviv, um die politische Lage zu erforschen. Tatsächlich trat wenige Tage später ein, was wir bildlich schon vorweggenommen hatten: Unter dem politischen Druck kam es zur nationalen Einheitsregierung. Der rechtsnationale Politiker Menachem Begin wurde zum ersten Mal Regierungsminister, Dayan wurde Verteidigungsminister – und Ofner betrat die Redaktion nie wieder.

Das Jahr 1966 stand im Zeichen von Begegnungen mit wichtigen deutschen Persönlichkeiten. Den Auftakt machte Konrad Adenauer, der im Mai 1966 anlässlich des bevorstehenden achtzigsten Geburtstags von David Ben-Gurion nach Israel kam. Adenauer war damals bereits neunzig Jahre alt und hatte das Amt des Bundeskanzlers drei Jahre zuvor abgegeben. Bis zu seinem Tod im April 1967 behielt er das Bundestagsmandat und mischte aktiv in der nationalen und internationalen Politik mit.

Wie heikel seine Reise 21 Jahre nach Kriegsende war, zeigt eine Episode, die sich am ersten Tag des Besuchs ereignete. Gleich nach seiner Ankunft wurde für Adenauer ein Abendessen im Haus von Ministerpräsident Levi Eshkol ausgerichtet. Dessen Staatssekretär Jakov Herzog hatte eine Tischrede entworfen, in der die Deutschen wegen ihrer Vergangenheit scharf kritisiert wurden. Adenauer, der den Text vorher las, reagierte empört: »Eine solche Rede gebührt mir nicht.« Er drohte mit der Abreise, sollte die Rede in der ihm vorliegenden Form gehalten werden. Eshkols Berater schrieben die Rede komplett um und stellten Adenauers Verdienste um Israel ins Zentrum. In seiner Antwort sagte der Altbundeskanzler: »Wir haben alles getan und jeden Beweis erbracht, dass wir uns bemühen, die Zeiten des Schreckens zu überwinden, die niemand ungeschehen machen kann. Aber wir sollten jetzt diese Zeiten der Vergangenheit überlassen. Ich weiß, wie schwer es für das jüdische Volk ist, das zu akzeptieren, aber wenn guter Wille nicht anerkannt wird, kann nichts Gutes daraus entstehen.«

Sofort vereinbarte ich mit Josef-Wilhelm Selbach, Adenauers Sekretär, ein Interview mit dem Altkanzler. Selbach schlug ein Treffen am See Genezareth im Hotel Galei Kinneret vor, das auch ein Lieblingsort Ben-Gurions war. Mit meinem eigenen Auto begleitete ich Adenauers Konvoi von Tel Aviv nach Nazareth und schließlich nach Tiberias. Bei Sonnenuntergang holte mich Selbach in der Hotellobby ab und brachte mich zu Adenauer auf die Terrasse. Der Altkanzler begrüßte mich herzlich: »Ich weiß, ich habe Ihnen diesen Termin zugesagt, und ich würde ihn auch einhalten, aber ich bitte Sie: Lassen Sie mich diese herrliche Ruhe am See Genezareth mit meiner Tochter genießen, Sie wissen ja selbst, wie stürmisch die letzten Tage waren.« Er versprach mir ein ausführliches Gespräch zu einem späteren Zeitpunkt. Mich rührte Adenauers Menschlichkeit; zugleich konnte ich seine Erschöpfung nachvollziehen.

Zwei Tage später begleitete ich Adenauer in Sde Boker, wo er David Ben-Gurion zum ersten Mal seit ihrer Begegnung im New Yorker Waldorf-Astoria-Hotel sechs Jahre zuvor wiedertraf. Obwohl die Herrschaften nun im Ruhestand waren, drehte sich das Gespräch in Ben-Gurions bescheidener Holzhütte zunächst nur um die Entwicklungen in Israel und Deutschland. Im Unterschied zu Adenauer war Ben-Gurions Ansehen selbst bei seinen ehemaligen Gefolgsleuten geschwunden, sogar sein bevorstehender achtzigster Geburtstag wurde von der regierenden Arbeiterpartei boykottiert. Deshalb empfand er den Besuch als besondere Ehre. Die Begegnung verlief äußerst herzlich, wozu die Anwesenheit des israelischen Dolmetschers Mike Shinnar beitrug, dessen Vater Felix Adenauer gut kannte, weil er in Köln die israelische Einkaufsmission leitete. Adenauer schien sich besonders für die Funktionsweise eines Kibbuz zu interessieren. So führte ihn Ben-Gurion etwa in den Schafstall und in die Kinderhäuser, wo die Kinder getrennt von ihren Eltern aufwuchsen.

Wie immer trat Adenauer mit Anzug, Weste und Krawatte auf – ein sonderbarer Anblick in der legeren Umgebung eines Kibbuz. Mittags aßen die beiden mit Paula im Speisesaal, wo sich Adenauer ganz ungeniert zwischen die Chawerim setzte, die gerade von der Feldarbeit zurückkehrten. Nachmittags kehrte er mit dem Hubschrauber zurück nach Tel Aviv, während ich mich beeilte, mit meinem alten Vauxhall zurückzufahren, um rechtzeitig beim Empfang zu sein, den Botschafter Pauls im Sheraton gab. Der Ankunftsbereich des Hotels war großräumig abgesperrt, Polizisten in voller Montur hielten die Scharen von Demonstranten fern, darunter viele Angehörige von Partisanenverbänden, die in den Zufahrtsstraßen demonstrierten. Ein deutscher Journalist bemerkte: »Ich kann den Anblick von Juden nicht ertragen, die sich mit anderen Juden schlagen, um uns Deutsche zu beschützen.« Die Stimmung im Hotel war feierlich, aber angespannt, und in dem Moment, als Adenauer die Lobby betrat, eilte ein ehemaliger Ghettokämpfer auf ihn zu, warf ihm antideutsche Flugblätter vor die Füße und verfluchte ihn und die Israelis, die zum Empfang gekommen waren. Trotzdem versammelten sich im Hotel mehrere hundert Israelis, führende Persönlichkeiten aus allen Bereichen des öffentlichen Lebens. Noch wenige Jahre zuvor wäre die bloße Vorstellung eines solchen Empfangs, bei dem überdies vornehmlich Deutsch gesprochen wurde, für die einen utopisch und für die anderen ein Albtraum gewesen.

Gegen 22 Uhr erwartete mich Adenauer in seiner Suite im benachbarten Hilton-Hotel. Er entschuldigte sich, dass ich so lange hatte warten müssen, und wies mir einen Platz auf einem der tiefen Sofas zu. Streng musterten mich seine durchdringenden stahlblauen Augen, und bevor ich noch richtig meine Gedanken geordnet hatte, sagte er in knappem Ton, mit einem Anflug von Ungeduld: »Bitte stellen Sie Ihre Fragen.«

»Wie haben Sie diese Proteste empfunden?«, wollte ich wissen. Adenauer reagierte souverän: »Es hätte mich sehr gewundert, wenn es anders gewesen wäre. Diese Proteste richten sich ja auch nicht gegen mich persönlich, sondern gegen das Land, das ich lange Jahre regiert habe.« Er schien sicher, dass dies die letzten großen antideutschen Proteste in Israel gewesen seien, eine Einschätzung, mit der er recht behielt.

»Bitte legen Sie Ihren Stift beiseite«, bat mich Adenauer nun, weil er frei sprechen wollte. Er redete jetzt offen über die Eindrücke seiner Reise: »Ich habe das Schicksal des jüdischen Volkes mit großem persönlichen Interesse verfolgt. Deshalb wollte ich herkommen und mit eigenen Augen sehen, was man hier tut und ob die Menschen zufrieden sind.« Der Besuch bei Ben-Gurion hatte ihn merkbar beeindruckt, ebenso der Bau der Stadt Beer Sheva mitten in der Wüste. Trotzdem mahnte er: »Ich muss Ihnen wahrscheinlich nicht erklären, dass Sie von Ihren Nachbarn beneidet werden, und Neid macht keine Freunde, sondern birgt Gefahren.«

Adenauer hat einen großen Eindruck bei mir hinterlassen. Bis heute ärgere ich mich aber, dass ich mich so einschüchtern ließ, dass ich wirklich heikle Fragen nicht angesprochen habe. Er galt nämlich auch als großer Förderer der politischen Karriere von Hans Globke, der unter ihm erst Ministerialdirigent und später Staatssekretär im Kanzleramt wurde. Dabei war es damals kein Geheimnis, dass Globke ein Paradebeispiel für die Kontinuitäten in der deutschen Verwaltung nach dem Krieg darstellte. Als Jurist und Referent im Reichsinnenministerium hatte Adenauers Vertrauter an der Ausarbeitung der nationalsozialistischen Gesetzgebung mitgewirkt, unter anderem an den Rassengesetzen, und während des Krieges gesetzliche Grundlagen zur Entrechtung und Enteignung jüdischen Besitzes in der Tschechoslowakei entwickelt. Ob und in welchem Ausmaß er auch in die Deportation der nordgriechischen Juden verwickelt war, ist bis heute ungeklärt geblieben. Zweifel gab es auch an der Vergangenheit von Adenauers Sprecher Karl-Günther von Hase, der 1970 bis 1977 Botschafter in London war und 1982 Generalintendant des ZDF wurde.

Einen Monat später machte ich die Bekanntschaft eines international noch wenig bekannten deutschen Politikers, der eine achttägige Reise durch Israel unternahm. Ausgerechnet das Büro von Golda Meir, die eine reservierte Einstellung gegenüber Deutschland pflegte, rief mich eines Tages an, um mir vorzuschlagen, mit dem jungen SPD-Politiker Helmut Schmidt ein Interview zu führen.

Ich traf den kettenrauchenden Schmidt in der Lobby des Hotels King David in Jerusalem. Er begrüßte mich freundlich und war angenehm überrascht, als ich ihm sagte, dass wir auch Deutsch sprechen könnten, obwohl sein Englisch perfekt war. Voller Stolz berichtete er mir von seinem Gespräch mit Golda Meir, das statt der vorgesehenen einen ganze zwei Stunden gedauert hatte. Später lud Golda Meir Schmidt samt Frau und Tochter zu sich nach Hause ein, um ihren Genossen Gelegenheit zu bieten, seine Ansichten zu hören. Zwei Tage vor seiner Israel-Reise hatte Schmidt beim SPD-Parteitag in Dortmund als Parteisprecher für Sicherheits- und Verteidigungsangelegenheiten mit weitreichenden strategischen Ausführungen Aufsehen erregt. Man rechnete damit, dass er im Falle eines Wahlsieges der Sozialdemokraten bei der Bundestagswahl 1969 den Posten des Verteidigungsministers übernehmen würde, und so war es dann auch. 1972 wurde Schmidt Finanzminister, von 1974 bis 1982 regierte er als Bundeskanzler.

Entschlossen erklärte mir Schmidt: »Westdeutschland will keine nukleare Allianz. Was wir brauchen, ist das Vetorecht gegenüber der Anwendung amerikanischer nuklearer Waffen, die auf deutschem Boden stationiert sind. Wir sollten Partner in der Vorbereitung von nuklearer Planung sein, um unsere deutschen Interessen zu bewahren.« Schmidt behauptete, dass auch einige Mitglieder der CDU-Regierung in Bonn diese Meinung teilten.

Dann kamen wir auf die Landtagswahlen in Schmidts Heimatstadt Hamburg zu sprechen, bei der die 1964 gegründete rechtsextreme Nationaldemokratische Partei 3,9 Prozent der Stimmen erhalten hatte. Den Erfolg dieser Partei begründete er damit, dass die Spitzenkandidaten von SPD und CDU, Herbert Weichmann und Erich Blumenfeld, entweder Juden seien oder jüdischer Abstammung. Dass Schmidt sich über diesen offenkundigen Antisemitismus nicht mehr empörte, schockierte mich. Er sehe in der NPD, sagte er, nur eine vorübergehende Erscheinung; schließlich seien nach 1949 bereits drei rechtsextreme Parteien zusammengebrochen. Diese Einschätzung Schmidts hat sich langfristig als falsch erwiesen, mag die Partei auch über Jahrzehnte nur eine marginale Erscheinung gewesen sein: Seit der Wiedervereinigung ist sie vor allem in der ehemaligen DDR präsent und überspringt immer wieder einmal die Fünfprozenthürde. Die jahrelangen Forderungen eines Verbots der Partei, die nach der Aufdeckung des rechtsextremen Terrornetzwerks in Thüringen 2011 wieder laut wurden, haben bisher zu keinem Ergebnis geführt. Im Jahr 2012 ist die Partei in den Landesparlamenten von Mecklenburg-Vorpommern und Sachsen vertreten.

Schließlich befragte ich Schmidt auch über seine Gedanken während der Israel-Reise. Er zeigte sich vor allem vom Pioniergeist und der Dynamik des Militärs beeindruckt: »Ihre Armee zieht einen enormen Nutzen aus dem Geld, das in ihre Ausrüstung investiert wird. Sie versteht es, sich auf die wichtigsten Aufgaben zu konzentrieren und andere Dinge wie bequeme Unterkünfte und unnötigen Drill zu vernachlässigen.«

Zu dieser Zeit war es noch ungewöhnlich, dass das israelische Außenministerium ein offizielles Abendessen zu Ehren eines deutschen Politikers ausrichtete. Der Zufall wollte es, dass ein Überlebender von Theresienstadt Gastgeber dieses Abends war: Seev Sheck, der Leiter der westeuropäischen Abteilung im israelischen Außenministerium bezeichnete Schmidt in seiner Tischrede als »mutigen Kämpfer für die Demokratie, einen Freund Israels und einen beispielhaften Vertreter eines neuen Deutschland«. In seiner Antwort sprach Schmidt die Hoffnung aus, dass beide sozialdemokratischen Parteien – SPD und Mapai – künftig enge Verbindungen eingehen würden. Er bedauerte, dass er bei seinem Israel-Besuch so häufig auf ein negatives Deutschland-Bild gestoßen sei. Das Abendessen verlief in familiärer, freundlicher Stimmung, und Schmidt hinterließ allseits einen positiven, aufgeschlossenen Eindruck. Im gleichen Jahr trat er der kurz zuvor in Deutschland gegründeten Deutsch-Israelischen Gesellschaft bei.

Dennoch setzte sich Helmut Schmidt nicht immer für die Belange Israels ein: So verweigerte die Regierung Brandt, der Schmidt inzwischen als Finanzminister angehörte, während des Jom-Kippur-Kriegs im Oktober 1973 den riesigen amerikanischen Transportflugzeugen die Landung auf amerikanischen Luftwaffenstützpunkten in Deutschland. In Israel wurde das als unterlassene Hilfeleistung interpretiert, denn diese Flugzeuge brachten die erforderlichen Waffen und den Munitionsnachschub und waren nun gezwungen, auf den wesentlich kleineren und gefährlicheren Stützpunkten auf den Azoren aufzutanken. Obwohl die israelische Arbeitspartei bis 1977 an der Macht war, musste sich Israel daran gewöhnen, dass es paradoxerweise mehr Unterstützung von der CDU/CSU erhielt als von den Sozialdemokraten. Eine Ausnahme bildeten die pro-israelischen Demonstrationen der deutschen Jungsozialisten in den Krisenwochen vor dem Sechstagekrieg im Frühjahr 1967. In Israel hinterließen diese Demonstrationen einen positiven Eindruck und führten zu einem allmählichen Wandel der Haltung gegenüber der Bundesrepublik.

Auch als es Anfang der achtziger Jahre um den Verkauf deutscher Leopard-Panzer an Saudi-Arabien ging, fand sich der damalige Bundeskanzler Helmut Schmidt unter den Befürwortern eines solchen Geschäfts. Diese Haltung veranlasste Begin, der damals im Wahlkampf stand, Schmidt scharf anzugreifen, ihn der Habgier zu bezichtigen und seine Rolle als Offizier der Wehrmacht anzusprechen. Begin kritisierte zudem, dass Schmidt Prozessen des Volksgerichtshofs und Hinrichtungen beigewohnt habe. Dagegen verteidigte ich den deutschen Bundeskanzler damals vehement, denn mir schien glaubwürdig, dass Schmidt sich diesen Antrittsbefehlen nicht widersetzen hatte können. Dass Schmidt einen jüdischen Großvater hatte, wusste ich noch nicht; später hörte ich von engen Freunden Schmidts, dass er sich geweigert hatte, dies als Argument gegen Begin zu benutzen. Der Konflikt belastete das deutsch-israelische Verhältnis erheblich, zumal Begin im Mai 1977 Ministerpräsident wurde. Erst der 1982 durch ein Misstrauensvotum an die Macht gekommene Bundeskanzler Helmut Kohl lehnte wegen einer möglichen Bedrohung für Israel den Verkauf von Leopard-Panzern an Saudi-Arabien definitiv ab.

Als politischer Kommentator und Berater blieb Schmidt nach seinem Ausscheiden aus dem Bundeskanzleramt ein begehrter Gesprächspartner. Deshalb freute ich mich, dass es mir als Berater der Jerusalem Foundation gelang, ihn im Mai 1991 zu einem internationalen Symposium zum Thema »Der Nahe Osten nach dem Golfkrieg« anlässlich Teddy Kolleks achtzigstem Geburtstag nach Jerusalem einzuladen. Erst wenige Wochen zuvor hatte der amerikanische Präsident George Bush senior den Krieg gegen den irakischen Diktator Saddam Hussein mit einem prekären Waffenstillstand beendet. Helmut Schmidt und die französische Europa-Politikerin Simone Veil sollten die europäische Dimension dieser Entwicklungen reflektieren. 25 Jahre waren seit meiner ersten Begegnung mit Schmidt vergangen. Einige Male hatten wir zur Vorbereitung der Tagung miteinander telefoniert und korrespondiert, sodass er mich bei seiner Ankunft im King-David-Hotel in Jerusalem fast wie einen guten Bekannten begrüßte. Ich begriff aber bei dieser Gelegenheit, warum Schmidt der Ruf eines arroganten Einzelgängers anhaftet: Er weigerte sich, an den Vorbesprechungen zum Ablauf der Tagung teilzunehmen, zog sich rauchend an das Klavier in der Hotelbar zurück und bemerkte nebenbei: »Sie werden mir später schon erzählen, was ich wissen soll.«

Meine letzten persönlichen Erfahrungen mit Helmut Schmidt machte ich nach der Ermordung Yitzhak Rabins im November 1995. Rabin hatte Schmidt bei dem ersten Besuch eines israelischen Ministerpräsidenten in der Bundesrepublik 1975 kennengelernt. Beide zählten damals zu einer jüngeren Generation von Politikern, die an Probleme sachlicher heranzugehen pflegten, sodass sie trotz ihrer Meinungsunterschiede über den israelisch-palästinensischen Konflikt ein freundschaftliches Verhältnis verband. Als Herausgeber der Wochenzeitung *Die Zeit* beauftragte mich Schmidt, den Nachruf auf Rabin zu schreiben, während er selbst einen Kommentar verfasste.

Im Herbst 1966 besuchte der deutsche Verleger Axel Springer Israel zum zweiten Mal, auf persönliche Einladung Teddy Kolleks. Bereits ein Jahr zuvor war Springer zur Einweihung des Israel-Museums nach Jerusalem gekommen. Ich lernte ihn 1966 kennen, weil Teddy Kollek mich eingeladen hatte, diese Begegnung zu begleiten. Springer besuchte gleich das Jerusalemer Rathaus, wo ihn Teddy Kollek auf den Balkon des Sitzungssaales geleitete. Von hier aus blickte man über die verminte Straße auf die nur fünfzig Meter entfernte Mauer der Altstadt von Jerusalem, die von jordanischen Soldaten bewacht wurde und für Israelis nicht zugänglich war. Die Geste war von hoher symbolischer Bedeutung, denn Springer hatte in Berlin gerade sein direkt an der Mauer gelegenes neues Verlagshaus in der Kochgasse fertiggestellt. Kollek sagte Springer, dass er sich dadurch in seiner Entscheidung bestärkt fühle, das Rathaus an dieser Stelle Jerusalems zu belassen und nicht an anderem Ort neu zu erbauen, obwohl längst diesbezügliche Pläne vorlagen. Bis heute befindet sich das Jerusalemer Rathaus an diesem Ort. Anfang der neunziger Jahre veranlasste Kollek noch einen gigantischen Neubau mit einer großen Plaza; das historische Gebäude beherbergt noch einige Büros. Die ehemals verminte Straße ist heute die Hauptverbindung zwischen beiden Teilen der Stadt, in der seit Herbst 2011 eine Straßenbahn verkehrt.

Am selben Abend lud Teddy Kollek Springer in seine bescheidene private Vierzimmerwohnung zu einem Abendessen ein. Tamar, seine Frau, hatte ein Buffet vorbereitet, weil es so eng war, saßen einige Gäste sogar auf dem Boden. Bei dieser Gelegenheit konnte ich Kollek wieder einmal in seinem Element erleben. Er war ein Meister im Spendenauftreiben, und so bat er Springer, den Bau der Bibliothek und des Auditoriums des Israel-Museums zu unterstützen. Er versprach ihm kurzerhand, sich dafür einzusetzen, dass die Bibliothek nach Springer benannt werde. Dieses Angebot bereitete Kollek später große Schwierigkeiten, denn auch in seinem engeren Freundeskreis fanden es viele unpassend, den wichtigen Teil einer nationalen Einrichtung nach einem deutschen Geldgeber zu benennen.

Im Gespräch überraschte mich Axel Springer mit seiner witzigen und freimütigen Art. Sicherlich hätte man Vorbehalte gegenüber einem Deutschen haben können, dessen Verlagshaus dafür bekannt ist, Prinzipien und Ideale zu opfern, um den Geschmack einer millionenfachen Leserschaft zu treffen. Aber sein Charme und seine Loyalität zu Israel entwaffneten mich. Seine Gefühle für Jerusalem schienen etwas irrational zu sein – vielleicht eine Mischung aus religiöser Sentimentalität und Mitgefühl für die Probleme einer geteilten Stadt. Springer bestand darauf, den Großteil seines Israel-Besuchs in der Hauptstadt zu verbringen, und besuchte fast jeden Winkel West-Jerusalems. Erst im Zusammenhang mit einer Ausstellung im Jüdischen Museum in Frankfurt im Frühjahr 2012 erfuhr ich ein biografisches Detail aus Springers Leben, das seinem Engagement für Israel eine weitere Dimension verleiht: Seine erste Ehefrau, mit der er eine Tochter hatte und von der er sich 1938 scheiden hatte lassen, war zwar Christin, aber Tochter einer Jüdin.

Springers Engagement für Israel zeigte sich nicht nur in seiner finanziellen Großzügigkeit; auch in seinem Verlag bewies er eine ungewöhnliche Loyalität. Bis heute müssen sich sämtliche Mitarbeiter vertraglich dazu verpflichten, zur Aussöhnung zwischen Deutschen und Juden beizutragen sowie die »Lebensrechte des israelischen Volkes« zu unterstützen. Die konsequente Unterstützung Israels gerade in Zeiten akuter Bedrohung verdrängte in der israelischen Wahrnehmung Springers Verfehlungen, wie sie etwa im Zusammenhang mit der Ermordung des Studenten Benno Ohnesorg Anfang Juni 1967 fraglos nachzuweisen sind. Während in Deutschland empörte Studenten die Enteignung des mächtigen Springer-Konzerns forderten, galt Springer am Vorabend des Sechstagekriegs in vielen Kreisen in Israel als verlässlicher Freund.

Nach Axel Springers Tod 1985 setzte seine Witwe Friede Springer die Tradition einer besonderen Verbindung zu Jerusalem fort. Unter den zahlreichen Initiativen, die sie unterstützte, standen ihr die »Freunde der Jugend-Alijah« besonders nahe. 1993 lernte ich sie kennen, als ich aus Anlass des sechzigsten Jahrestages der Jugend-Alijah zu einer bewegenden Feier im Springer-Hochhaus eingeladen wurde. Ernst Cramer führte mich als Festredner ein, erwähnte dabei aber nur meine Tätigkeit als ehemaliger Chefredakteur der *Jerusalem Post*. Ich überraschte dann das Publikum, indem ich über meine eigenen prägenden Erfahrungen als Kind der Jugend-Alijah sprach. Meine Rede beendete ich mit dem Satz: »Bis heute erinnern wir uns mit Stolz und Zuneigung an alle die, die sich um uns gekümmert haben, als wir diese Fürsorge so dringend brauchten.«

Die Veranstaltung war der Beginn meiner jahrelangen Beziehung zu Ernst Cramer, der vor dem Krieg nach Amerika ausgewandert war und im Nachkriegsdeutschland als Chefredakteur der *Welt* und als Schlüsselfigur im Hause Springer eine beeindruckende Karriere machte. Persönlich sahen wir uns zuletzt am 27. Januar 2008 anlässlich des Holocaust-Gedenktags im Bundestag. Cramer stand in meiner Nähe und rief mir zu: »Siehst du, Ari: Dass wir beide hier sind, ist unser Sieg über Hitler.« Zu meinem 85. Geburtstag schrieb er mir noch eigenhändig einen Brief, den ich nicht mehr beantworten konnte; er starb wenig später kurz vor seinem 97. Geburtstag.

All diese Begegnungen mit deutschen Politikern und Journalisten überzeugten mich schon in den sechziger Jahren davon, dass David Ben-Gurion mit seiner Haltung den Deutschen gegenüber richtig lag. Er vertrat die Auffassung, es gebe zwar kein neues, aber ein anderes Deutschland. In einem Interview sagte er mir 1968 dazu: »Die Deutschen sind wie alle anderen auch. Nicht die Nazis, sondern die Deutschen. Andere Nationen haben ihre Nazis, wir haben unsere. Generell haben auch die Juden ihre Fehler, und einer davon ist, dass sie wenig Verständnis für Mamlachtiut – das Wesen und die Bedürfnisse eines Staates – aufbringen.« Ben-Gurions Vision, sich mit dem Nachkriegs-Deutschland zu verständigen und Israel als normalen Staat aufzubauen, zählten zu seinen wichtigsten Leitmotiven.

Als gebürtiger Wiener habe ich von Anfang an die Deutschen mit den Österreichern verglichen und mich immer gefragt, warum es meinen ehemaligen Landsleuten so schwerfiel, auf ähnliche Weise mit ihrer Vergangenheit umzugehen. Seit 1952 leistete Deutschland Wiedergutmachungszahlungen und zahlte Renten für die Opfer nationalsozialistischer Verfolgung. Österreichische Juden hingegen wurden lange nicht entschädigt, weil Adenauer dies richtigerweise im Zuständigkeitsbereich der österreichischen Regierung sah. Viele führende Nazis wie Ernst Kaltenbrunner, Adolf Eichmann und Arthur Seyß-Inquart, schließlich Adolf Hitler selbst, waren ja Österreicher.

Israel hatte der Zweiten Republik Österreich schon ein Jahr nach dem Staatsvertrag 1955 einen sogenannten pauschalen Persilschein ausgestellt und war ohne Zögern bereit, diplomatische Beziehungen aufzunehmen. Lange hat mich diese Ausprägung israelischer Politik empört, die die Moral auf dem Altar des Pragmatismus opferte. Heute vermag ich anzuerkennen, dass diese Politik zunächst die Einwanderung Tausender Holocaust-Überlebender aus den jüdischen Flüchtlingslagern in Deutschland und später die Auswanderung von 270 000 sowjetischen Juden nach Israel ermöglichte. Um jüdische Einwanderer nach Israel zu schleusen, bedurfte es eines guten Verhältnisses mit dem Durchgangsland Österreich. Im Gegensatz zu Deutschland kam es in Österreich aber erst 1995 zur Gründung des Nationalfonds, der die Opfer des Nationalsozialismus mit bescheidenen Pensionen und der Erstattung eines

Bruchteils ihres Vermögens zu kompensieren versucht. Mein Vater beispielsweise hat weder eine Entschädigung für sein verlorenes Geschäft noch eine Rente für seine im Konzentrationslager erlittenen Qualen und die Spätfolgen erhalten. Altersbezüge erhielt er nur von seiner amerikanischen Rentenversicherung, in die er seit den vierziger Jahren eingezahlt hatte. Bei der Aufnahme diplomatischer Beziehungen mit Österreich 1956 hätte man konkrete Entschädigungen fordern müssen. Warum Nahum Goldmann, der Präsident des Jüdischen Weltkongresses, sich nicht dafür einsetzte, ist mir bis heute unverständlich.

Die deutsche Regierung zahlte nicht nur im Kontext des 1952 verabschiedeten Abkommens zur Wiedergutmachung, sondern auch individuelle Entschädigungen. Wesentlich scheint mir aber auch die Bereitschaft der Deutschen, sich geistig der historischen Verantwortung zu stellen. So gründete die Bundesrepublik schon 1952 eine »Bundeszentrale für politische Bildung«, die 1963, zwei Jahre vor der Aufnahme diplomatischer Beziehungen, zum ersten Mal Studienreisen nach Israel anbot. Tausende Multiplikatoren – Offiziere, Lehrer, Dozenten, Künstler, Journalisten und Sozialarbeiter – nahmen an diesen Programmen teil. Noch heute bietet die Bundeszentrale jährlich sechs Israel-Reisen an. Jahrelang habe ich die Arbeit dieser Einrichtung begleitet, als Berater, aber häufig auch als Dozent bei ihren Seminaren in Israel sowie in Deutschland, und weiß daher um den unschätzbaren Wert dieser Einrichtung. Wegen des deutlich offeneren und selbstkritischeren Umgangs mit der nationalsozialistischen Vergangenheit habe ich mich in Deutschland, besonders in Berlin, viele Jahrzehnte lang politisch wohler gefühlt als in Österreich. Erst der Besuch des österreichischen Bundeskanzlers Franz Vranitzky in Israel 1993 und seine deutlichen Worte über die Mitschuld vieler Österreicher an den Verbrechen der Nationalsozialisten markierten für mich einen Wendepunkt.

Im Frühjahr 1967 kam es an der Grenze zwischen Israel und Syrien wiederholt zu militärischen Zwischenfällen. Trotz dieser Spannungen fand am Freitag, dem 7. April, die Einweihung des Gedenkwalds für Winston Churchill in der Nähe von Nazareth statt, an der seine Tochter Mary

Soames und sein Sohn, der *Sunday-Times*-Journalist Randolph Churchill, als Ehrengäste teilnahmen. An diesem Freitag fanden an der syrisch-israelisch-jordanischen Grenze besonders schlimme Luftgefechte statt. Damals arbeitete ich nicht nur bei der *Jerusalem Post*, sondern gelegentlich auch für die amerikanische Nachrichtenagentur Associated Press (AP). Die Luftgefechte mussten AP natürlich umgehend gemeldet werden. Für alle Korrespondenten standen damals nur zwei Telex-Maschinen im Hauptpostamt in der Jaffa-Straße zur Verfügung. Da ich mit einem der Telex-Beamten regelmäßig arbeitete, bat ich ihn, trotz der hohen Kosten eine Standleitung zu einem AP-Büro in Rom oder Frankfurt herzustellen. Ich lief zwischen Post und Regierungspresseamt, wo die Frontmeldungen einliefen, hin und her und berichtete über die Luftgefechte, in deren Verlauf fünf syrische MIGs von unserer Luftwaffe abgeschossen wurden. Damit ermöglichte ich der AP eine fast aktuelle Berichterstattung.

Während dieser Ereignisse erhielt ich einen Anruf von Ted Luries Frau Zilla: »Ari, es ist ganz dringend, Randolph Churchill hat mich eben angerufen. Er sucht jemanden, der ihm Auskunft über die politische Lage in Israel geben kann.« Ted Lurie war gerade auf einer Auslandsreise. »Ich muss weiter berichten und kann jetzt unmöglich hier weg, Zilla« erklärte ich ihr, »aber ich versuche, etwas später zu kommen.« Nachmittags gegen halb fünf traf ich dann Randolph Churchill, der seinem Vater zum Verwechseln ähnlich sah, in seiner Suite im King-David-Hotel. Er saß bei einem großen Glas Scotch und einem Becher Milch. »Ich höre, dass Sie sich auskennen«, rief er mir entgegen und erklärte mir, dass er für die *Sunday Times* am nächsten Tag in Sde Boker ein Interview mit Ben-Gurion führen solle. Sein Redakteur wolle, dass er mit Ben-Gurion über die Lavon-Affäre rede. Da Churchill in der israelischen Innenpolitik wenig bewandert war, sollte ich ihm die Hintergründe erklären. Ich riet ihm ab, die Lavon-Affäre zu thematisieren, und schlug vor, er solle Ben-Gurion lieber über seine strategischen Überlegungen bezüglich des Nahen Ostens befragen. Dann bat er mich noch, ihm ein Aufnahmegerät zu besorgen. Am nächsten Nachmittag kam Randolph Churchill begeistert aus Sde Boker zurück; er hatte ein gutes

Gespräch mit Ben-Gurion geführt und lud mich auf einen Drink ein. Zwei Wochen später erhielt ich ein Telegramm in die Redaktion: »Mein Sohn Winston kommt dieser Tage an, um über die angespannte Lage zu berichten. Bitte helfen Sie ihm. Randolph Churchill.«

Zunächst standen aber die Feierlichkeiten zum Unabhängigkeitstag bevor. Alle neunzehn Jahre trifft das Datum des hebräischen Kalenders mit dem Gregorianischen zusammen; 1967 fiel also der Tag der Unabhängigkeit am 14. Mai wieder mit dem ursprünglichen hebräischen Datum, dem 5. des Monats Ijar, zusammen. Wie jedes Jahr wurde auch jetzt eine große Militärparade vorbereitet, diesmal in Jerusalem. Da es dort aber besonders strenge Waffenstillstandsvorschriften und -einschränkungen gab, musste man darauf verzichten, schwere Artillerie und Luftwaffe vorzuführen. Zur Entschädigung für die abgespeckte Parade gab es im Stadion der Hebräischen Universität unweit vom Israel-Museum einen Zapfenstreich. Ausgerechnet meine Reserveeinheit wurde in jenem Jahr zur Teilnahme verpflichtet. In der Woche vor den Feiern zum Unabhängigkeitstag mussten wir tagtäglich drei bis vier Probeläufe für die Choreografie dieses Zapfenstreichs machen, eine absolut lächerliche Angelegenheit. Jeder von uns, gestandene Männer zwischen dreißig und vierzig, trug auf den Schultern farbige Lampen, mit denen wir ein Lichtspektakel inszenieren sollten.

Zwei Tage vor der Aufführung fand die Generalprobe statt. Der Radio-Moderator Asariah Rappoport verlas über die großen Stadion-Lautsprecher ein Gedicht des Nationaldichters Nathan Altermann, das er vor 1956 geschrieben hatte. In einer Strophe warnt Altermann die Ägypter, Israel noch einmal anzugreifen, weil es ihnen dann ergehen werde wie 1948. Unmittelbar nach der Generalprobe rief ich im Sekretariat von Ministerpräsident Levi Eshkol an, um auf die politische Brisanz des Textes hinzuweisen. Das Büro muss dann wohl bei den Organisatoren der Veranstaltung interveniert haben, denn tatsächlich verzichtete Rappoport bei der offiziellen Veranstaltung darauf, diese Strophe zu zitieren.

Am Montag, dem 15. Mai, besuchte ich in Jerusalem das feierliche Konzert zum Unabhängigkeitstag, diesmal mit Arthur Rubinstein. Ich konnte mich nur schlecht auf die Musik konzentrieren, denn ich spürte ein Unbehagen; es verdichtete sich, als ich sah, dass Generalstabschef Rabin während des Konzerts hinausgerufen wurde. Nach dem Konzert eilte ich in die Redaktion: Kurz zuvor hatten die Nachrichtenagenturen gemeldet, dass zwei ägyptische Panzerdivisionen durch Kairo Richtung Sinai aufgebrochen seien. Angeblich beruhte dieser Marschbefehl von Präsident Nasser auf falschen Berichten der Sowjetunion, die behaupteten, Israel habe seine Truppen an der Grenze zu Syrien mobilisiert. Mit dieser Meldung wurde auch die Redaktion der *Jerusalem Post* zum Pulverfass.

Am Freitag, dem 19. Mai, hatte ich hohes Fieber, was bei mir selten vorkam, nahm aber trotzdem an einer vom Regierungspresseamt organisierten Bustour an die Grenze zum Gazastreifen teil. Auf Anweisung von Uno-Generalsekretär U Thant wurden an diesem Tag die im Rahmen einer Unef-Mission stationierten Blauhelm-Soldaten abgezogen. Die Spannung zwischen Ägypten und Israel hatten so sehr zugenommen, dass U Thant ihre Sicherheit nicht mehr gewährleisten konnte. Der indische Befehlshaber der Unef-Truppen übergab die militärische Kontrolle an den Kommandanten der palästinensischen Befreiungsarmee (PLA). Mit großer Sorge verfolgte ich, wie die Uno-Fahne am Grenzübergang zu Israel eingeholt wurde und palästinensische Soldaten ihre schwarz-weiß-rot-grüne Fahne hissten. Obwohl der Gazastreifen unter ägyptischer Verwaltung stand, ließ Präsident Nasser der PLA freie Hand. Nun standen zwei bewaffnete Armeen einander direkt gegenüber, jeder Funke würde das Pulverfass zur Explosion bringen.

Wegen des Fiebers beschloss ich, Samstag zu Hause zu bleiben. Freitagabend rief mich der junge Winston Churchill aus Tel Aviv an, er wolle mich am nächsten Tag unbedingt sehen. Er sollte für die britische Boulevard-Zeitung *News of the World* über die angespannte Lage im Nahen Osten berichten, hatte von der Geschichte Israels aber wenig Ahnung. Also lud ich ihn für Samstagnachmittag zu mir ein. Ich kochte Hühnersuppe und erklärte ihm nicht nur die Geschichte Israels, sondern auch, dass sein Großvater die erste Teilung zwischen Palästina und Transjordanien 1922 veranlasst hatte. Als neugierigen Menschen faszinierte es mich, mit dem Enkel einer solchen Persönlichkeit zu reden.

Wir diskutierten auch den möglicherweise bevorstehenden Krieg. Churchill fragte: »Worauf wartet ihr noch, warum greift ihr nicht an?«

Nach dem Ende des Sechstagekriegs war Winston Churchill junior dann der Erste, der ein Buch darüber schrieb. Sein Name öffnete ihm alle Türen, die Generäle standen buchstäblich Schlange im Tel Aviv Hilton, um ihre Sicht des Krieges darzulegen. Später lud Churchill mich in sein Haus bei London ein und zeigte mir einen neuen, runden Swimmingpool: »Das ist mein Buch über den Sechstagekrieg«, erklärte er stolz. 2001 konnte ich ihm behilflich sein, für die *Welt am Sonntag* ein großes Interview mit Ministerpräsident Ehud Barak zu bekommen.

Dass es Krieg geben würde, bezweifelte Ende Mai 1967 niemand mehr, obwohl sich die israelische Regierung bemühte, die Öffentlichkeit zu beruhigen. Als die Ägypter am 22. Mai die Meerenge von Tiran im Roten Meer für israelische Schiffe sperrten, wandte sich Israel Galili, ein Minister ohne Ressort, an die Redakteure aller israelischen Tageszeitungen und bat, diese Berichte herunterzuspielen. Noch hoffte die Regierung, den Konflikt mithilfe der Amerikaner auf diplomatischem Weg lösen zu können. In meinen Kommentaren gab ich der Hoffnung Ausdruck, dass die bevorstehende Reise von Außenminister Abba Eban nach Paris, London und Washington die erwartete Unterstützung bringen würde. Ebans Reise erwies sich jedoch bestenfalls als Teilerfolg; nur der amerikanische Präsident Lyndon B. Johnson machte vage Zugeständnisse. Die totale Ablehnung von de Gaulle, der jahrelang Israels enger Verbündeter gewesen war, und seine Warnung, dass Israel unter keinen Umständen das Feuer eröffnen dürfe, wolle es die französischen Waffenlieferungen nicht gefährden, empfand ich als Verrat an Israel. Weniger überraschte mich die Gleichgültigkeit des britischen Premierministers Harold Wilson.

Nach Ebans Bericht, dass die amerikanische Regierung noch hoffte, eine internationale Armada zur Durchbrechung der Seeblockade bilden zu können, entschloss sich Eshkols Regierung, den für den 27. Mai vorgesehenen Angriff auf den Gazastreifen und den nördlichen Sinai abzublasen. Tausende Reservesoldaten saßen schon mit laufenden Motoren

Moshe Dayan, 1965, Ari stehend rechts

auf ihren Panzern in Erwartung eines Marschbefehls; bei den Truppen und hohen Offizieren machte sich Enttäuschung breit. Freunde, die bereits eingerückt waren, erzählten mir am Telefon, dass der Generalstab einen kollektiven Rücktritt angedroht habe. Wenig später erklärte Nasser, sein grundsätzliches Ziel sei die »Vernichtung Israels«. Zur Beruhigung der Bevölkerung hielt Ministerpräsident Eshkol am 29. Mai eine Radioansprache, die aber alles andere als souverän ausfiel. Als er über ein korrigiertes Wort mit doppelter Bedeutung stolperte und es wiederholen musste, klang es wie Stottern – ein fataler Fehler, der den Druck auf ihn noch einmal erhöhte. Seit Beginn der Krise forderten wir in der *Jerusalem Post* und auch andere Zeitungen, dass Eshkol sein Amt als Verteidigungsminister an den militärisch erfahrenen ehemaligen Generalstabschef Moshe Dayan abgeben solle. Am 30. Mai unterzeichneten Ägypten und Jordanien einen gegenseitigen Verteidigungspakt. König Hussein stellte sein Militär unter ägyptischen Befehl und lud den Irak ein, einen Teil seiner Truppen in Jordanien zu stationieren.

Unter dem Eindruck dieser Entwicklungen erklärte sich Eshkol zwei Tage später bereit, eine nationale Einheitsregierung zu bilden, Dayan übernahm das Verteidigungsministerium. Dadurch wurde der jahrelang von der Arbeiterpartei geächtete rechtsnationale Politiker Menachem Begin zum ersten Mal an einer Regierung beteiligt: Als Vorsitzender des national-liberalen Gahal-Blocks wurde er Minister ohne Portefeuille. Diese Entscheidung, nach neunzehn Jahren den ehemaligen Untergrund-Terroristen als regierungsfähig zu erklären, sollte sich als schwerer Fehler erweisen und die Arbeiterpartei entscheidend schwächen. Zehn Jahre später, im Mai 1977, gewann Begins Likud-Partei die Wahlen, und er wurde Ministerpräsident.

Am Samstagabend, dem 3. Juni, hielt Dayan eine erste Pressekonferenz als Verteidigungsminister ab, die live im Radio übertragen wurde. Auf die Frage, wie lange er die Blockade Ägyptens in der Meerenge von Tiran dulden werde, antwortete er: »Ich stehe hier nicht mit einer Stoppuhr.« Viele der ausländischen Journalisten, darunter auch mein neuer Freund Winston Churchill, die seit Tagen über die angespannte Lage berichteten, entschlossen sich, für ein paar Tage nach Hause zu fliegen. Dayans Ablenkungsmanöver sollte gelingen: Bereits am 5. Juni griffen Israels Luftstreitkräfte in den frühen Morgenstunden von Westen her die ägyptischen Luftwaffenstützpunkte an und vernichteten neunzig Prozent der ägyptischen Luftwaffe am Boden. Der Krieg gegen Ägypten war damit de facto schon in den ersten Stunden entschieden.

Ich selbst erlebte den Sechstagekrieg als Oberfeldwebel eines Infanterieregiments, das der Jerusalemer Brigade zugeteilt war. Obwohl ich als Chef vom Dienst bei der *Jerusalem Post* als unentbehrlich galt, bestand ich darauf, einzurücken, und erklärte Ted Lurie: »Niemand ist unverzichtbar. Ich muss meinen Dienst tun.« Immer noch quälte es mich, dass ich 1948 nicht an der Front gekämpft hatte, so wollte ich die Gelegenheit diesmal nicht versäumen. In dem Moment, als ich meine Zivilkleider gegen die Militäruniform tauschte und mit fünfzehn Soldaten in einer Baracke oder einem Militärzelt lebte, änderten sich alle Einstellungen und Werte des Lebens. Da wurden der schäbige, nach Metallgeschirr und Spülmitteln schmeckende Tee und die öligen Nudeln zur Delikatesse. Immer wieder hat mich fasziniert, wie sich auch soziale Hierarchien augenblicklich umkehrten: Der Fahrer des Generaldirektors war auf einmal Offizier und der Generaldirektor ein kleiner Gefreiter. In einem Land wie Israel, in dem das Militär eine so wichtige Rolle spielt, trägt das wesentlich zur Verflachung gesellschaftlicher Hierarchien bei. Viele Menschen, die mich als eher eigensinnigen Zeitgenossen erlebten, können sich daher kaum vorstellen, dass mir die militärische Disziplin nicht schwerfiel.

Bewaffnet waren wir mit etwa drei oder vier schweren 81-mm-Mörserkanonen, vergleichsweise leicht transportable Waffen mit einer Schussweite von fünf bis sechs Kilometern. Im Falle von Kampfhandlungen war man damit sehr nah an der Frontlinie. Zehn Tage vor Ausbruch der Kämpfe wurden wir in der Nähe von Abu Gosh in dem verlassenen Kibbuz Newe Ilan eingesetzt, wo wir täglich Übungen absolvierten und unsere Fitness trainierten. Newe Ilan lag zehn Kilometer östlich der Festung Latrun, die seit 1948 in jordanischem Besitz war. Am Morgen des 5. Juni, so unser Einsatzbefehl, sollte der Kampf um Latrun beginnen. Am Abend zuvor bezogen wir Stellung mit unseren vier Mörserkanonen. Verstärkung erhielten wir von Chawerim aus dem Kibbuz Zor'a, die mit ihrer von einem Traktor gezogenen Feldkanone zu uns stießen. Hinzu kamen drei Busse mit Infanteriesoldaten. Beim ersten Angriff am frühen Morgen stellte sich heraus, dass sich die jordanischen Truppen während der Nacht zurückgezogen hatten, sodass wir die Festung kampflos einnehmen konnten. Ich erhielt den Befehl, einige Mörsergranaten in Richtung der Nachhut der jordanischen Soldaten zu feuern, die durch die Olivenhaine in die Berge zurückwichen. Wie wir später erfuhren, verfehlten alle diese Schüsse ihr Ziel. Ich fühlte mich darüber sehr erleichtert, denn für mich beinhaltet jeder Mensch immer eine ganze Welt, unabhängig von Nationalität, Herkunft oder Religion.

Der nächste Einsatzbefehl beorderte uns in die Nähe des Kibbuz Ma'ale Hachamisha, dreizehn Kilometer vor Jerusalem. Auf dem sogenannten Radarhügel oberhalb des Kibbuz hielt eine jordanische Einheit die Stellung, die Ma'ale Hachamisha heftig unter Beschuss genommen hatte. Wir feuerten zurück, bis die Panzerbrigade eintraf, die von hier aus ins Westjordanland eindrang. Damit waren auch die Kampfhandlungen meiner Einheit beendet.

Am 5. Juni blieb das Radio still. Die strategische Entscheidung des israelischen Generalstabs, die Öffentlichkeit nicht über den Verlauf des Krieges zu unterrichten, führte in der Bevölkerung zu großer Unsicherheit. Wir wussten lediglich, dass die Jordanier uns angegriffen hatten; dass der Krieg nach der Vernichtung der ägyptischen Luftwaffe am Boden schon so gut wie gewonnen war, ahnten wir nicht. Meine Hauptsorge galt Jerusalem. Zu dessen Verteidigung stand nur eine Brigade von Reservisten zur Verfügung, da man bis zuletzt hoffte, den jordanischen König Hussein von einem Kriegseintritt abzuhalten. Nun sahen wir von ferne Rauch über dem Westteil der Stadt aufsteigen, da jordanische Einheiten Jerusalem vom Ölberg aus beschossen. Nachmittags gelang es mir, die Redaktion telefonisch zu erreichen. Ahuwah, die Telefonistin, hatte eine gute Nachricht für mich: »Es ist alles in Ordnung, mach dir keine Sorgen.« Eine Granate war zwar im Gebäude der *Jerusalem Post* eingeschlagen, der Schaden aber hielt sich in Grenzen. Und offenbar lagen der Zeitung schon Meldungen über die Vernichtung der ägyptischen Luftwaffe vor. Abends gegen sechs Uhr passierte das große Bataillon von Fallschirmspringern unter dem Kommando von Oberst Motta Gur unseren Stützpunkt an einer Tankstelle an der Hauptstraße nach Jerusalem. Jubelnd empfingen wir diese Eliteeinheit mit den roten Baretts und warfen den Kameraden gekühlte Bierflaschen auf ihre Truppentransporter. Die Einheit war aus Gaza zurückbeordert worden, um Jerusalem zu verteidigen. Unter den Kämpfern befanden sich auch Chawerim aus Chamadiya, von denen zwei den Kampf um Jerusalem nicht überlebten.

Am 6. Juni marschierten israelische Truppen in den Ostteil der Stadt ein. Es gab vergleichsweise hohe Verluste, denn zum Schutz der Zivilbevölkerung, aber auch der muslimischen und christlichen heiligen Stätten wurde auf schwere Waffen verzichtet. Fast ein Viertel der etwa achthundert israelischen Gefallenen starb in Jerusalem.

Am Donnerstag, dem 8. Juni, hatten die israelischen Truppen Jerusalem, das Westjordanland und die Sinai-Halbinsel erobert. Eine Delegation von Kibbuzniks aus dem nördlichen Galiläa eilte nach Jerusalem und forderte von Ministerpräsident Eshkol, auch die nördliche Grenze zu sichern, bevor die Kämpfe zu Ende seien. Von den Golanhöhen aus beschossen nämlich die Syrer israelische Siedlungen. Es gelang den Kibbuzniks, Eshkol zu überzeugen, dass auch die Syrer angegriffen werden sollten. Bevor Eshkol seinen Verteidigungsminister Dayan informierte, teilte er Generalstabschef Rabin und dem für den Norden zuständigen General Dado Elazar persönlich den Angriffsbefehl mit. Sehr früh am Freitagmorgen griff die israelische Armee die stark befestigten syrischen Stellungen auf den Golanhöhen an.

Das Ende der Kampfhandlungen am Abend des 10. Juni 1967 erlebte ich in Nabi Samuel, einem arabischen Dorf am Grab des Propheten Samuel auf einem Hügel nördlich von Jerusalem. Von dort konnten wir hinüber zum großen Konzertsaal in Jerusalem sehen, wo an diesem Abend, und wohl etwas verfrüht, ein Festkonzert mit den israelischen Philharmonikern und Zubin Mehta anlässlich der Waffenruhe gegeben wurde. Wir lauschten den Klängen mit unserem kleinen Transistorradio. In der Pause meldete der Sprecher, dass auf den Golanhöhen eben erst die letzten Schüsse gefallen seien und Waffenruhe herrschte.

Zwei Tage später erhielten wir die Erlaubnis, kurz nach Jerusalem zurückzukehren. Am Mandelbaumtor, dem ehemaligen Grenzübergang zwischen Jordanien und Israel, hatte man strenge Kontrollen eingerichtet, weil es üblich war, dass die israelischen Soldaten – wohlgemerkt auch Reservisten – die palästinensischen Häuser plünderten und Wertgegenstände mit nach Hause nahmen. Besonders begehrt waren Fernseher, Porzellan und Teppiche. Vom ersten Tag an verhielten sich viele israelische Soldaten wie Besatzungstruppen und demütigten die unterlegenen Palästinenser. Bei Hausdurchsuchungen mussten die Einwohner oft lange mit dem Gesicht zur Wand stehen. Die Soldaten eigneten sich die kurzzeitig von ihren palästinensischen Bewohnern verlassenen Häuser regelrecht an und benahmen sich wie neue Eigentümer. Der Kommandant meines Bataillons, mit dem ich befreundet war, hatte sich in einer eleganten Villa in Shuafat einquartiert, die dem Inhaber der jordanischen Fluggesellschaft Alia gehörte; während seiner Besuche in Ost-Jerusalem hatte König Hussein von Jordanien hier residiert. Die Villa wimmelte von Soldaten, die zum Stab des Bataillonskommandanten gehörten. Da wir einige Tage nur von Soldatenrationen gelebt hatten, freute auch ich mich darüber, mir in der gut ausgestatteten Küche ein riesiges Omelett zuzubereiten. Dass ich mich in diesem Moment selbst wie ein Besatzungssoldat verhielt, verdrängte ich.

Am 27. Juni passierte eine Novelle des sogenannten Bevollmächtigungsgesetzes die Knesset, scheinbar eine bloß formale Änderung, die es dem Innenminister ermöglichte, Gemeindegrenzen neu zu regeln. So konnten Ost- und West-Jerusalem vereinigt und die Stadtgrenzen wesentlich erweitert werden. Der Bürgermeister von Ost-Jerusalem wurde abgesetzt.

In der letzten Juniwoche erhielt ich 24 Stunden Ausgang. Spät nachmittags betrat ich, noch in Uniform, die Redaktion der Zeitung. Dort herrschte große Aufregung, denn es ging um die wichtige Frage: Wann wird die Grenze zwischen West- und Ost-Jerusalem geöffnet? Keine Viertelstunde später erhielten wir einen Anruf vom Regierungspresseamt, das uns bekanntgab, dass am nächsten Morgen um acht Uhr drei Grenzübergänge geöffnet werden sollten. Darunter befand sich auch der seit 1948 zugemauerte Übergang am Jaffa-Tor.

Der Andrang der Palästinenser war so enorm, dass man den Termin für die Grenzöffnung auf sieben Uhr vorverlegen musste. Das von den Verantwortlichen befürchtete Blutbad blieb aus, stattdessen gab es sehr viele anrührende Begegnungen. Tausende Palästinenser hatten zum ersten Mal die Gelegenheit, die Stadtviertel wieder zu besuchen, aus denen sie 1948 vertrieben worden waren. Väter liefen mit ihren Kindern durch Baka, Katamon oder die deutsche Kolonie, klingelten bei den neuen Bewohnern ihrer ehemaligen Häuser und baten, ihren Kindern zeigen zu dürfen, wo sie aufgewachsen waren. Besonders staunten die Palästinenser über die Verkehrsampeln an der Jaffa-Straße, so etwas gab es in Ost-Jerusalem noch nicht. Offiziell durften sie nur nach Jerusalem, aber die Jungen unter ihnen stiegen bei der ersten Gelegenheit in einen Bus und fuhren nach Tel Aviv, um das Strandleben auszukosten.

Einige Tage später wurde der Zugang zur Klagemauer von Minen geräumt. Am Schawuot-Feiertag strömten Tausende Israelis zu dieser für die Juden heiligsten Stätte. Kurz danach riss die Stadtverwaltung in einer Nacht-und-Nebel-Aktion das Mugrabi-Viertel ab, um vor der Klagemauer einen großen Platz zu schaffen. Diese Aktion war nicht nur bei den Palästinensern, sondern auch in weiten Kreisen der liberalen Israelis höchst umstritten. Den Einwohnern wurde kaum Zeit gewährt, ihre Habseligkeiten zu packen, bevor sie mitten in der Nacht auf Lastwagen verladen und in Ausweichquartiere gebracht wurden. Auch in der Redaktion wurde darüber erbittert gestritten. Da die Mehrheit in der *Jerusalem Post* diesen Schritt prinzipiell befürwortete, entschloss sich mein Freund, der Nachtredakteur Charley Weiss, nach mehr als fünfzehn Jahren die Redaktion zu verlassen. Er wurde Korrespondent der »Voice of America«.

Viele meiner Kontakte und Freundschaften mit Palästinensern sind nach 1967 entstanden. Es gab persönliche Begegnungen, und ich wurde in private Häuser nach Ost-Jerusalem, Bethlehem, Nablus und Jericho eingeladen, etwa bei Anwar Nusseibeh, den Ted Lurie noch aus der Zeit der *Palestine Post* kannte. Nusseibeh hatte in Cambrigde Jura studiert und stammte aus einer der ältesten palästinensischen Familien Jerusalems. Traditionell verwahrt seine Familie den Schlüssel zur Grabeskirche. In den Kämpfen von 1948 hatte er seinen linken Fuß verloren. Er war Botschafter Jordaniens bei den Vereinten Nationen und bekleidete im Laufe seines Lebens viele wichtige jordanische Regierungsposten; unter anderem amtierte er während des Sechstagekriegs als Verteidigungsminister.

Im August 1967 wollte Ted Lurie die Bekanntschaft aus der Mandatszeit erneuern und nahm mich zu dieser Begegnung mit. Nusseibehs Haus, ein altes arabisches Efendi-Haus aus dem 19. Jahrhundert, liegt schräg gegenüber dem American-Colony-Hotel. Seine Frau, die jeden Freitag Protestdemonstrationen vor dem Damaskus-Tor gegen die israelische Besatzung Jerusalems organisierte, begrüßte uns zurückhaltend und führte uns in das elegante, mit orientalischen und westlichen Möbeln eingerichtete Wohnzimmer zu ihrem Mann. Lurie und Nusseibeh tauschten Erinnerungen aus, und bald wandte sich das Gespräch der aktuellen Lage zu. Nusseibeh klagte, dass die israelischen Behörden den

Bürgermeister von Ost-Jerusalem sofort abgesetzt hatten. Um eine gute Basis mit den Palästinensern zu finden, hätte man ihn als stellvertretenden Bürgermeister für Ost-Jerusalem im Amt belassen sollen. Tief eingeprägt hat sich mir ein Schlüsselsatz Nusseibehs: »Wir haben unsere Lektion von 1948 gelernt. Dieses Mal bleiben wir und werden nicht weggehen. Denn wer sein Haus verlässt, bekommt es nie wieder zurück.« Bis Mitternacht saßen wir zusammen und leerten dabei das eine oder andere Glas Scotch. Bis heute sind mir die offenen Gespräche in Erinnerung, die ich mit diesem gebildeten Gentleman führen durfte.

1981 nahmen wir gemeinsam an der ersten israelisch-arabischen Konferenz teil, die auf Initiative des in Jerusalem geborenen griechisch-orthodoxen Palästinensers und Astrophysikers George Assousa stattfand. Als einer der beiden Vorsitzenden der Tagung leitete Nusseibeh die erste Sitzung, eine Vorstellungsrunde der Teilnehmer. Als mein Kollege Shalom Rosenfeld in seinem Eingangsdossier erwähnte, dass der Staat Israel aus den Trümmern des Holocaust erstanden sei, ertönte ein lauter Zwischenruf eines britischen Journalisten: »Müssen wir schon wieder einen Vortrag über den Holocaust hören?« Anwar Nusseibeh wies den Zwischenrufer sofort zurecht und tadelte ihn: »Ich werde es nicht zulassen, dass Sie die Gefühle unserer israelischen Teilnehmer verletzen!« Den Journalisten verwies er des Saales.

Anwar Nusseibeh starb 1984 und erhielt wegen seiner großen Verdienste um das palästinensische Volk ein Ehrengrab auf dem Tempelberg. Unter den vielen hundert palästinensischen Trauernden bei seinem Begräbnis war ich einer der wenigen Israelis. Auch für mich bedeutete sein Tod einen Trauertag. Hätte es viele Brückenbauer gleich ihm gegeben, wir stünden heute dem Frieden näher.

Ein weiterer wichtiger palästinensischer Freund aus dieser Zeit war Mahmoud Abu Salef, der Herausgeber und Chefredakteur der Zeitung *Al-Quds*. Abu Salef war ein beeindruckender, hochgewachsener, fescher Mann. Seine Bildung, seine angenehmen Umgangsformen und seine einflussreiche Position in Ost-Jerusalem machten sein elegantes Haus im Jerusalemer Vorort Shuafat zu einem beliebten Treffpunkt der palästinensischen politischen und intellektuellen Elite. Seine blonde Frau, die er beim Studium in Deutschland kennengelernt hatte, war die perfekte Gastgeberin. Alle paar Monate lud er mich zu Gesprächen mit einflussreichen Palästinensern nach Shuafat oder in sein Haus nach Jericho ein, das inmitten von Orangen- und Zitronenbäumen in einem prächtigen Garten stand. Wie viele wohlhabende Palästinenser aus Ost-Jerusalem verbrachte er im Winter und Frühjahr dort einen Teil seiner Zeit, weil es klimatisch angenehmer ist als in Jerusalem. Wir hofften damals, dass unsere persönlichen Kontakte zu einem gegenseitigen Verständnis und letztlich zum Frieden beitragen würden. Da *Al-Quds* eine gemäßigte politische Richtung verfolgte, war die Zeitung bei Jassir Arafat und der PLO verpönt.

Manchmal konnten wir Abu Salef auch praktisch helfen. Besorgt rief er mich eines Tages an: »Ari, kannst du mir bitte einen Gefallen tun? Wir haben zeitgerecht Druckpapier bestellt, aber es ist noch nicht geliefert worden.« Ich zögerte keinen Moment, sprach mich mit Ted Lurie ab und antwortete umgehend: »Deine Leute können sich sofort sechs Rollen Druckpapier von unserer Druckerei abholen.« Abu Salef dankte uns überschwänglich, denn ohne unser Papier hätte seine Zeitung am nächsten Tag nicht erscheinen können. Ein anderes Mal wandte er sich bei den Gemeindewahlen von Jerusalem im Herbst 1969 vertraulich an mich. Teddy Kollek kandidierte mit seiner Liste »Ein Jerusalem« für das Bürgermeisteramt. Als Bürger Ost-Jerusalems hatten die Palästinenser das Gemeindewahlrecht erhalten, obwohl sie jordanische Staatsbürger waren; so durfte auch Abu Salef an den Wahlen teilnehmen. Eine Stunde vor Schließung der Wahllokale um 21 Uhr rief er mich an und fragte, ob ich ihn aus der Redaktion abholen und ins Wahllokal fahren könne. Offenbar hatte er den ganzen Tag mit sich gerungen, ob er einen israelischen Kandidaten unterstützen solle; nun hatte er sich entschlossen, Teddy Kollek zu wählen, wollte dabei aber unerkannt bleiben und nicht mit seinem auffälligen weißen Mercedes vorfahren. Das Wahllokal lag in einer Schule in Sanhedria, einem ultraorthodoxen jüdischen Stadtteil entlang der ehemaligen Grenze mit Ost-Jerusalem. In allerletzter Minute kamen wir dort an. Da die frommen Wahlhelfer wussten, dass jede von einem Palästinenser abgegebene Stimme eine für Teddy Kollek sein würde, versuchten sie uns am Eintritt zu hindern. Ich bestand auf unserem Recht auf Einlass. Die anwesenden Polizisten reagierten desinteressiert auf das Handgemenge mit den Ordnern, bei dem es uns schließlich doch gelang, mit Abu Salef in den Wahlbereich vorzustoßen.

In den Tagen nach der Waffenruhe traf ich 1967 auch zum ersten Mal den freien Mitarbeiter der *Jerusalem Post*, Anan Safadi. Er stammte aus Bet Shean, von wo er als Zehnjähriger 1948 mit seiner Familie nach Nazareth geflohen war. Safadi verdiente seinen Unterhalt als Autoverkäufer, träumte aber von einer Karriere als Journalist. Seit Anfang der sechziger Jahre lieferte er uns regelmäßig Berichte und Meldungen aus Nazareth und Galiläa. Kurz nach Ende des Sechstagekrieges erschien Safadi in der Redaktion und stellte sich vor. Er hatte den Entschluss gefasst, samt seiner Familie nach Jerusalem zu übersiedeln, weil er vermutete, dass hier das Zentrum aller wichtigen Entscheidungen sein würde. Mir imponierte sein Entschluss, und ich wollte dem aufgeweckten jungen Mann eine Chance geben. Ted Lurie von dieser Idee zu überzeugen, fiel leicht, denn wir benötigten dringend einen Arabisch sprechenden Journalisten, um Kontakte in den besetzten Gebieten zu knüpfen. Schon bald wollte in der Redaktion niemand mehr auf ihn verzichten. Sowohl seine Berichte als auch seine Verbindungen zu palästinensischen Journalisten und Politikern trugen zu einem erheblichen Prestigegewinn der *Jerusalem Post* bei. Häufiger denn je wurden wir von ausländischen Blättern zitiert. Safadi regte an, regelmäßig jordanische, syrische und ägyptische Radiosender abzuhören, um arabische Quellen in die Berichterstattung miteinzubeziehen. So gelang es ihm wiederholt, mit seinen Berichten aktueller als die Nachrichtenagenturen zu sein. Im Laufe der Jahre entwickelte sich eine enge Freundschaft.

Im September 1967 lernte ich Elias Freij kennen, einen griechisch-orthodoxen Stadtrat aus Bethlehem; Teddy Kollek hatte ihn in seine Kanzlei nach Jerusalem eingeladen und mich zum zweiten Teil des Gesprächs gebeten, um einen direkten Kontakt zwischen Freij und der *Jerusalem Post* herzustellen. Thema des Gesprächs war das erste Weihnachtsfest in Bethlehem unter israelischer Militärverwaltung. Erstmals seit neunzehn Jahren war der Zugang zur Geburtskirche über die Hauptstraße möglich und damit die feierliche Prozession des römisch-katholischen Bischofs von Jerusalem nach Bethlehem. Kollek und Freij rechneten mit dem Ansturm Tausender christlicher Pilger, und Freij erhoffte sich von uns im Vorfeld dieses Ereignisses positive Berichte über die friedliche Atmosphäre in Bethlehem.

Vom ersten Moment an war ich von der Ausstrahlung und der Tatkraft dieses kleinen, rundlichen Mannes eingenommen, der seine Energie darauf verwendete, die Lebensbedingungen der Bevölkerung von Bethlehem zu verbessern. Wie Teddy Kollek gründete auch er eine Stiftung, die sich international darum bemühte, Spenden zu werben, um die Heiligen Stätten zu pflegen. Unterstützt wurde diese Stiftung vor allem von wohlhabenden Palästinensern aus Bethlehem, die im Exil lebten. 1972 wurde Freij zum Bürgermeister gewählt. Die Verbindung zu ihm bewährte sich auch in schwierigen politischen Zeiten. Ich besuchte ihn einige Male im Rathaus von Bethlehem und in seinem privaten Haus auf dem Weg nach Hebron. Freij kam auch in die Redaktion, wo er mit den Kollegen über die Möglichkeit der friedlichen Koexistenz von Israelis und Palästinensern diskutierte.

Jedes Jahr gab Freij im Holy-Land-Hotel in Bethlehem einen großen Weihnachtsempfang. Es war ein Höhepunkt in seinen Bemühungen um Verständigung, dass 1975 Ministerpräsident Rabin und Verteidigungsminister Peres an diesem Ereignis teilnahmen.

1976 stürmte Freij eines Tages aufgebracht in die Redaktion und bat mich, sofort einen Kontakt mit Peres' Büro für ihn herzustellen. Er wollte die anstehenden Bürgermeisterwahlen im Westjordanland verhindern, da er erwartete, dass nur PLO-Kandidaten gewählt würden – für den Friedensprozess damals eine fatale Entwicklung. Die Wahlen fanden aber statt, und Freij wurde wiedergewählt, als Einziger, der kein Anhänger der PLO war. 1995 ernannte ihn Arafat zum Tourismusminister der palästinensischen Regierung. Freij ist bis heute ein bekannter Name in Bethlehem, denn das große Souvenirgeschäft mit den typischen Olivenholz- und Perlmuttschnitzereien neben dem Rathaus wird von seinen Söhnen weitergeführt.

Politisch teilte ich damals die pragmatische Auffassung Moshe Dayans, der die eroberten Gebiete nicht dauerhaft annektieren wollte und ein Konzept der »offenen Brücken« vertrat. Die Palästinenser sollten nicht von ihren Nachbarn in Jordanien abgeschnitten werden, um ihre ohnehin schwierige Situation nicht durch den Verlust ihrer Absatzmärkte zu verschlimmern. Mitte Juli begann die Ernte der Wassermelonen, eines der Hauptexportgüter der palästinensischen Bauern im Westjordanland. Da sowohl die Allenby-Brücke bei Jericho als auch die Damia-Brücke östlich von Nablus im Krieg gesprengt worden waren, sprach eine Delegation der palästinensischen Melonenzüchter bei Dayan vor und erklärte ihm, dass es im Jordan zwei seichte Stellen gebe, durch die große Lkws mit Melonen passieren könnten. Dayan stimmte zu und ordnete an, die Jordan-Brücken zu reparieren, sodass bald ein lebhafter Warenaustausch und Reiseverkehr einsetzte. Ehemalige Bewohner des Westjordanlands, die inzwischen in anderen arabischen Staaten lebten, erhielten die Genehmigung, in den Ferien zu Besuch zu kommen, und Bewohner des Westjordanlands durften in Israel arbeiten. So normalisierte sich vergleichsweise schnell die Beziehung zu den Menschen in den besetzten Gebieten.

Auch Jerusalems Bürgermeister Teddy Kollek bemühte sich um einen Ausgleich, ohne auf grundsätzliche israelische Interessen zu verzichten. Obwohl die Schulen in Ost-Jerusalem dem israelischen Unterrichtsministerium unterstanden, setzte er sich gegen den entschiedenen Widerstand Golda Meirs dafür ein, dass palästinensische Schüler nach jordanischen Curricula unterrichtet wurden, denn nur mit einer in der arabischen Welt anerkannten Matura würden sie später Gelegenheit haben, in Kairo, Amman oder Beirut zu studieren. Kollek war auch dafür, die Palästinenser ihre eigenen Kriegerdenkmäler errichten zu lassen: »Wenn sie nicht um ihre Gefallenen trauern dürfen, werden sie die Denkmäler für unsere Soldaten nie respektieren«, sagte er mir einmal in einem Interview. Bis heute steht unweit des Damaskus-Tores am Weg nach Jericho ein von der Öffentlichkeit kaum wahrgenommenes Denkmal für die gefallenen jordanischen Soldaten.

Dass Kolleks Politik von einem wichtigen Teil der Palästinenser geschätzt wurde, zeigte sich bei der Bürgermeisterwahl im Jahr 1969. Er wurde unter anderem mit den Stimmen von achttausend Palästinensern wiedergewählt, nicht schlecht bei einer Gesamtbevölkerung von 70 000 palästinensischen Einwohnern in Ost-Jerusalem.

Schon 1966 hatte Kollek die Jerusalem Foundation gegründet, eine Stiftung, die weltweit Spenden wirbt. Es war ihm klar, dass Jerusalems Bevölkerung bei weitem nicht über die Mittel verfügte, seine bedeutenden Stätten zu entwickeln und zu pflegen. Die Jerusalem Foundation unterstützte im Lauf der Jahre zahlreiche Bildungs-, Kultur- und Gemeindeprojekte, die das friedliche Zusammenleben von Juden, Moslems und Christen fördern. In den 28 Jahren seiner Dienstzeit – erst 1993 wurde er im Alter von 82 Jahren von dem Likud-Politiker Ehud Olmert abgelöst – gelang es ihm, die Stadt wesentlich zu modernisieren und jedes Jahr Hunderttausende Besucher aus der ganzen Welt nach Jerusalem zu bringen. Im Volksmund gilt Kollek als »größter Bauherr Jerusalems nach König Herodes«.

In der veränderten politischen Situation von 1967 galt es nun, die Zielsetzung der *Jerusalem Post* zu überdenken. Ich besann mich auf Gershon Agrons und Ted Luries Leitartikel aus dem Jahr 1932, in dem sie ihrer Hoffnung Ausdruck gaben, das Blatt möge der Verständigung mit den Palästinensern dienen; nun wollte ich die Zeitung als Brücke zwischen Israelis und Palästinensern ausrichten. In der Redaktion stieß ich damit teilweise auf Ablehnung, die sich beispielsweise im Sprachgebrauch niederschlug. So weigerte ich mich – und weigere mich bis heute –, die eroberten Gebiete als »Judäa und Samaria« zu bezeichnen. Um auch den problematischen Begriff »occupied territories« – besetzte Gebiete – zu vermeiden, erfand ich eine neutrale Formulierung: »administered territories« – (von Israel) verwaltete Gebiete. Ich erinnere mich an heftige Wortgefechte mit einem frommen Nachtredakteur, der sich partout nicht an diese Formulierung halten wollte. Immer wieder versuchte er die Palästinenser als »Einwohner von Judäa und Samaria« darzustellen.

Für die Berichterstattung aus diesen »von Israel verwalteten Gebieten« schufen wir einen neuen Posten, den »Westbank-Reporter«, dessen

Aufgabe es war, über die zunehmenden Probleme, die die israelische Besatzung für über drei Millionen Palästinenser mit sich brachte, zu berichten. Erwähnenswert scheint mir auch die Einrichtung der Rubrik »Lost and Found«, mit der wir versuchten, Palästinensern zu helfen, deren Autos von israelischen Soldaten entwendet worden waren.

Heute, während ich über das Jahr 1967 schreibe, denke ich viel darüber nach, warum meine Empathie für die Anliegen der Palästinenser und meine Hoffnung auf einen gerechten Frieden ausgerechnet in dieser Zeit wurzeln. Warum hatte ich nicht viel früher ein Unrechtsempfinden wegen des Verhaltens vieler Israelis gegenüber den Palästinensern? Ein Unbehagen über die Zustände im Land schlummerte wohl in mir, aber erst 1967 erwachte es richtig. Israel war damals in geradezu euphorischer Stimmung. Die Tatsache, dass die Armee in nur sechs Tagen drei feindliche Heere besiegt hatte, führte zu regelrechten Großmachtphantasien. Viele Israelis fühlten sich nun und fühlen sich bis heute als »Herren des Landes«, wie Akiva Eldar und Idith Zertal in ihrer Analyse der israelischen Siedlerbewegung die Entwicklung seit 1967 treffend beschreiben. Mich erschüttert und beschämt es bis heute, wie viele meiner Landsleute, häufig Nachkommen der Opfer von Pogromen und Verfolgung, ungeniert zu Tätern wurden. Die Vertreibung aus der Heimat meiner Kindheit stand mir noch gut vor Augen, und ich konnte nachempfinden, wie es sich anfühlt, sich den Mächtigen unterwerfen zu müssen.

Damals begann auch die verhängnisvolle Siedlungspolitik. Auf dem besetzten palästinensischen Boden entstand bis heute mit Duldung sämtlicher israelischer Regierungen ein riesiges Netzwerk von jüdischen Siedlungen im Westjordanland. Fanatische Siedler vernichten jahrzehntealte Olivenhaine, die die Haupteinnahmequelle der palästinensischen Bauern bilden.

Obwohl die Arabische Liga auf ihrer Gipfelkonferenz in Khartoum im September 1967 mit drei No's – keine Anerkennung, keine Verhandlungen und kein Frieden – jeden Annäherungsversuch zunichtemachte, waren damals viele Palästinenser im Westjordanland und im Gazastreifen bereit, pragmatisch zu handeln. So gab es durchaus eine palästinensische Initiative zur Errichtung einer parlamentarischen Vertretung der

Palästinenser im Westjordanland, die bereit war, mit der israelischen Militärbehörde zu kooperieren. Doch der frühe Tod von Ministerpräsident Levi Eshkol Ende Februar 1969 sowie die Nachfolgerin Golda Meir erstickten solche Versuche der Annäherung im Keim. Eshkol wäre bereit gewesen, den Palästinensern als Schritt zum Frieden autonome Selbstverwaltung zu gewähren. In seinem letzten Interview mit der amerikanischen Wochenzeitschrift *Newsweek* im Herbst 1968 sagte Eshkol über die Zukunft des Westjordanlands: »Wir werden einige Steine und Felsen nicht den Weg zum Frieden stören lassen.« Vor dem Ende dieses Gesprächs brach er mit einem Herzanfall zusammen.

Das letzte Mal traf ich den Ministerpräsidenten im Januar 1969. Seine Mitarbeiter hatten ihn davon überzeugt, trotz seiner Krankheit eine Delegation britischer Zionisten im Hotel King David zu empfangen, um sich nach längerer Zeit wieder in der Öffentlichkeit zu zeigen. Eshkols Gesundheitszustand war entsetzlich, das Gesicht eingefallen und von fahlgrauer Farbe. Er sprach mit schleppender Stimme und verabschiedete die Gruppe sofort nach einer kurzen Begrüßung in Englisch. Dann wechselten wir noch ein paar Worte. Ich wünschte ihm gute Besserung und bat ihn, sich zu schonen. Eshkol bedankte sich, dass ich an diesem kalten Samstag meine Schabbatruhe unterbrochen hatte, damit ein Bericht über seinen Auftritt am nächsten Tag erscheinen konnte. Einen Monat später starb er.

Seine Nachfolgerin Golda Meir war der Meinung, dass es nicht einmal ein eigenes palästinensisches Volk gebe. Wiederholt behauptete sie: »Sie sind Araber wie alle anderen Araber.«

Damals hat zum ersten Mal der plötzliche Tod eines gemäßigten israelischen Politikers den Weg zum Frieden unterbrochen. Es sollte nicht das letzte Mal sein: Im November 1995 scheiterte der Friedensprozess von Oslo, als Yitzhak Rabin von einem fanatischen, frommen Jura-Studenten ermordet wurde. Der klinische Tod von Ariel Sharon im Januar 2006 schließlich, der am Ende seines politischen Lebens einen friedlichen Ausgleich mit den Palästinensern suchte, bahnte Israels heutiger rechtsnationaler Regierung den Weg. Sie blockiert jede Friedenschance.

Im Sommer 1968 wirkte zwar noch die Euphorie des Sechstagekrieges nach, doch wurde auch Israel durch den Einmarsch der sowjetischen Truppen am 21. August 1968 in Prag und die Niederschlagung des Prager Frühlings erschüttert. Mit großer Anteilnahme hatten wir die Bemühungen der tschechoslowakischen KP unter Alexander Dubček verfolgt, einen »Sozialismus mit menschlichem Antlitz« zu schaffen. Überall in Israel gab es Demonstrationen gegen die sowjetische Willkür und die Invasion der Roten Armee. An jeder Ecke erklang Arik Einsteins Lied »Schir schechalamti al Prag« (Ein Lied, das ich über Prag träumte); es beschreibt auf dramatische Weise, wie Prag von sowjetischen Soldaten zerstampft wird, und es erzählt von der Hoffnung, dass die Stadt bald einen neuen Frühling erleben werde.

Meine Sympathie für das tschechische Volk reichte drei Jahrzehnte zurück; damals, im März 1939, hatte Hitler trotz des Münchner Abkommens vom September 1938 die Rest-ČSSR besetzt. Nur neun Jahre später hatte die tschechische Regierung im Auftrag der Sowjetunion den jungen israelischen Staat mit dringend notwendigen Waffen und Kampfflugzeugen versorgt. Ich wollte daher so bald wie möglich für einige Tage nach Prag fahren, um mir ein Bild von der Lage zu verschaffen. Das brachte enorme Schwierigkeiten mit sich, da die Sowjetunion infolge des Sechstagekriegs die diplomatischen Beziehungen zu Israel abgebrochen hatte. Im Juli 1969 bot sich aber eine günstige Gelegenheit: Die österreichische Botschaft hatte mich zu einem Besuch in Wien eingeladen – eine Einladung, die ich zuvor wiederholt abgelehnt hatte und auch diesmal wieder zurückgewiesen hätte, denn ich wollte Wien nicht als Gast der österreichischen Regierung besuchen. Mit ambivalenten Gefühlen nahm ich die Einladung an, und dies, obwohl die konservative ÖVP die Alleinregierung bildete. Mithilfe von Leon Zelman vom Wiener Verkehrsbüro gelang es mir, ein dreitägiges Touristenvisum nach Prag zu organisieren. Ein Pressevisum hätte vom tschechoslowakischen Außenministerium bestätigt werden müssen – als israelischer Journalist hätte ich es sicherlich nicht erhalten.

Um die Stimmung im Land einzufangen, nahm ich für die Reise den Zug vom Franz-Josefs-Bahnhof zum Prager Hauptbahnhof. Es war eine

Reise mit vielen Erinnerungen und gemischten Gefühlen, denn im Dezember 1937 hatte ich nach meiner Bar Mitzwa die gleiche Route auf dem Weg nach Berlin genommen. Zufällig teilte ich das Abteil mit einem tschechischen Journalisten und seiner Familie, die nach dem Einmarsch der Russen nach Wien geflohen waren und nun zurückkehren wollten. Ich erzählte ihm von der großen Anteilnahme in Israel für das tschechische Volk und von Arik Einsteins Lied, von dem ich sechs Singles im Gepäck hatte, die ich ihm gerne überließ, damit er sie unter seinen Freunden und Bekannten verteilen konnte.

Mein erster Weg in Prag führte zum tschechischen Journalistenverband, bei dem ich mich auf Ratschlag meines Kollegen unbedingt anmelden sollte. Der Generalsekretär warnte mich: »Mit einem Besuchervisum dürfen Sie nicht journalistisch arbeiten.«

»Was bedeutet das?«, fragte ich.

»Sie dürfen keine Interviews machen, schon gar nicht mit den Studenten am Wenzelsplatz.« Dieses Verbot stachelte meine Neugier erst richtig an, und ich ging natürlich sofort hin. Nacht für Nacht versammelten sich dort Hunderte von Regimegegnern, die dort Blumen zur Erinnerung an Jan Palach niederlegten, der sich im Jänner 1969 aus Protest gegen die Invasion verbrannt hatte. Ich fühlte mich solidarisch mit den mutigen jungen Leuten, die die Panzer der Invasoren ignorierten, sich trotz der offiziellen Verbote in kleinen Kneipen versammelten und gegen die neuen Machthaber protestierten. »Wir bereiten uns auf einen langen Kampf vor. Auch wenn er jahrelang dauert – wir haben die Zeit und die Geduld dazu«, sagte mir ein Prager Journalist, der mir mit seiner Ruhe und Furchtlosigkeit sehr imponierte. »Nie wieder wird die Tschechoslowakei dasselbe Land sein … Wir haben das kommunistische Ideal nicht verraten … Aber wir verlangen das Recht, unseren eigenen Kommunismus zu leben – liberal und demokratisch.« Er erklärte: »Eine der wenigen Waffen, die uns im Kampf gegen die sowjetischen Machthaber bleibt, ist, klar und offen mit Ausländern zu sprechen.« Umso mehr war ich froh darüber, den Kampf dieser Tschechen zu unterstützen, indem ich zwei ausführliche Artikel schrieb, eine politische Analyse und einen Bericht über das jüdische Prag. Die deutsch-jüdische Kultur, die in Prag vor dem Zweiten Weltkrieg geblüht hatte wie kaum sonst wo, war von den Nationalsozialisten fast vollständig vernichtet worden. Nur ganz wenige der jüdischen Gemeinde hatten überlebt. Bis heute pflegen sie die historischen Bauten, etwa die Altneuschul-Synagoge aus dem 13. Jahrhundert und den alten jüdischen Friedhof mit dem Grab des berühmten Rabbi Löw. Jugenderinnerungen lebten auf, obwohl ich die Stadt zuvor nie besucht hatte, denn die Erzählungen vom Golem, die Bücher von Franz Kafka und Max Brod haben mich seit der Jugend geprägt. Einige Stunden wanderte ich allein durch die engen Gassen des ausgestorbenen jüdischen Viertels. Es wirkte auf mich wie die Kulissen einer untergegangenen Welt.

Es gehört für mich zur Faszination meines Berufs, dass es keine Routine im klassischen Sinn gibt. Menschen, Themen, Orte wechseln ständig und immer war ich darauf versessen, vom Ort des Geschehens zu berichten. Zwangsläufig führt eine solche Existenz zu einer gewissen Sprunghaftigkeit.

Im April 1970 stand ein neues Thema auf der Agenda: Durch die Vermittlung des Internationalen Presseinstituts (IPI), dem ich seit 1970 angehörte, reiste ich als israelischer Beobachter zur Gründung der Asiatischen Pressestiftung nach Manila, der Hauptstadt der Philippinen. Seit Jahren bemühte sich Israel um freundliche Beziehungen zu Indonesien, weil es einer der größten islamischen Staaten war. Wegen des angespannten Verhältnisses zu den arabischen Nachbarn verhielt sich Indonesien aber seit Jahren distanziert, nur auf informeller Ebene schien eine Annäherung möglich. Zur Reisevorbereitung sprach ich mit einigen Kennern der Region, unter anderem mit dem israelischen Botschafter in Manila und dem Leiter der asiatischen Abteilung des Außenministeriums. Da bekannt war, dass der indonesische Außenminister Adam Malik als Festredner die Veranstaltung eröffnen würde, wurde ich ersucht, einen informellen Kontakt zur indonesischen Delegation herzustellen. Das würde Außenminister Abba Ebans Annäherung bei den Vereinten Nationen erleichtern. Missionen wie diese, die eine gewisse Chuzpe erfordern, wecken in mir einen spielerischen Ehrgeiz.

Der Flug nach Manila führte über Bangkok, wo ich erneut einchecken musste. Zufällig standen vor mir drei offiziell wirkende Indonesier mit kegelförmigen Filzmützen (Sunkoks); sie gehörten offensichtlich zur Delegation von Adam Malik. Es fiel mir nicht schwer, sie in ein freundliches Gespräch zu verwickeln. Später saß ich im Flugzeug neben einem von ihnen, und unser Gespräch geriet so persönlich, dass ich ihm von meinem Auftrag berichtete. Daraufhin stellte er mich noch während des Fluges dem persönlichen Sekretär Maliks vor. Am Abend des ersten Konferenztages kam mein netter Flugzeugnachbar auf mich zu und sagte: »Es gibt einen kleinen Raum in der Ecke. Bitte seien Sie in zehn Minuten dort; Adam Malik ist bereit, Sie zu einem kurzen Gespräch zu empfangen.« Mich überraschte die Bescheidenheit, mit der mich dieser damals berühmte Staatsmann wenige Minuten später begrüßte. Ich trug ihm das Anliegen unseres Außenministers vor, und Malik antwortete, dass er gerne zu einem Gespräch mit Abba Eban bereit sei. Abschließend lud er mich zu einer Reise nach Indonesien ein. Malik wusste, dass so etwas für einen israelischen Journalisten damals unmöglich war, weshalb er mit einem Augenzwinkern hinzufügte: »Fragen Sie Ihren Mann in Singapur« – damit spielte er auf unseren Mossad-Mann an, der für die Kontakte mit Indonesien zuständig war –, »er wird wissen, was Sie tun sollen.« Natürlich versuchte ich bei der Rückreise, Maliks Einladung zu folgen, aber die Formalitäten waren ungeheuer kompliziert.

Meine Erinnerungen an die Philippinen-Reise stehen mir aber auch aus einem anderen Grund noch sehr bildlich vor Augen, denn dort erlebte ich die längsten dreißig Sekunden meines Lebens. Am 12. April befand ich mich in meinem Hotelzimmer im elften Stock, als das Gebäude plötzlich wie ein Pendel zu schwingen begann. Ein Erdbeben! Vom Fenster aus sah ich, wie Hunderte Menschen in Panik auf die Straße liefen. Es wäre völlig sinnlos gewesen zu versuchen, in dem schwankenden Gebäude über die Treppen hinunterzulaufen. Instinktiv entschloss ich mich, am Fenster stehen zu bleiben. Sollte das Gebäude zusammenbrechen, so mein Gedanke, würde ich hinausspringen. Ich fühlte mich erleichtert, als der junge philippinische Hotelpage schlotternd vor Angst in mein Zimmer kam und mir mitteilte, dass wir die einzigen Menschen auf diesem Stockwerk seien. Elend klammerten wir uns aneinander, bis der Spuk vorüber war.

Die Jahre zwischen 1967 und 1973 waren geprägt von Erlebnissen als Journalist und als Soldat, zwei Rollen, die ich nie als widersprüchlich empfunden habe. Auch dem Soldaten bleibt, wenn er allein auf Posten steht, Zeit zum Nachdenken.

Die militärische Lage blieb nach dem Sechstagekrieg angespannt, bis August 1970 gab es am Suezkanal einen regelrechten Zermürbungskrieg. Danach herrschte zwar Waffenruhe, doch Ägypten und Syrien bereiteten sich mithilfe der Sowjetunion heimlich auf den nächsten Krieg vor. Während eines arabischen Versöhnungsgipfels im September 1970 war der ägyptische Präsident Gamal Abdel Nasser gestorben. Sein Nachfolger wurde Anwar as-Sadat, der hoffte, die verlorenen Gebiete militärisch zurückerobern zu können. Der syrische Präsident Hafiz al-Assad wollte die Golanhöhen zurück; beide wähnten sich stark genug, Israel zu besiegen.

Im Januar 1971 wurde ich trotz meines damals schon hohen Alters von 46 Jahren wieder für sechs Wochen als Reservesoldat eingezogen. Treffpunkt war der Herzlberg in Jerusalem, weil er gut zugänglich für die Lkws war, die uns bis zum Hafen von Eilat am Roten Meer bringen sollten. Mit einem großen Landungsboot ging es von dort in den kleinen Hafen von Sharm el-Sheikh an der südlichen Spitze der Sinai-Halbinsel, einem der Hauptstützpunkte der israelischen Besatzungsarmee im Sinai. Der Kommandant meiner Einheit wusste, dass ich zu meinen Einsätzen immer mit dem Dienstwagen der *Jerusalem Post* anreiste, einem beigen Peugeot Station. Auch diesmal erlaubte er mir, allein nach Sharm el-Sheikh zu fahren. Das war eigentlich unverantwortlich, denn der Weg durch die Sinai-Halbinsel, vorbei an der Stadt Suez und den Golf von Suez entlang, betrug mehr als fünfhundert Kilometer und führte auf sandverwehten Straßen fast ausschließlich durch die Wüste. An der Ausfahrt von Jerusalem drängten sich wie jeden Sonntagmorgen ganze Horden junger Soldaten, die nach dem Wochenende per Autostopp zu ihren Einheiten zurückkehrten. Zwei nahm ich mit bis zum Mitla-Pass sechzehn Kilometer östlich des Suezkanals. Die militärische Situation war sehr angespannt, denn es war völlig unklar, ob Präsident Sadat die jeweils für drei Monate gültige Waffenruhe erneuern würde. Entlang des Kanals und südlich der Stadt Suez sah ich viele Panzereinheiten und Hunderte Soldaten, die die militärischen Befestigungen ausbauten. Wäre die Region 1973 noch so befestigt gewesen, hätten die Ägypter den Angriff vermutlich erst gar nicht gewagt.

Nach einer abenteuerlichen Nachtfahrt erreichte ich morgens gegen fünf Uhr Sharm el-Sheikh, kurz vor den anderen Kameraden. Unsere Aufgabe bestand in der Bewachung einer neuen mobilen Radar-Flugabwehr-Batterie auf einem flachen Hügel, die die Amerikaner kurz vorher für Israel eingerichtet hatten. Die Kameraden waren froh, dass ich ein Auto zur Verfügung hatte, so konnten wir ein wenig am Leben in Sharm el-Sheikh teilnehmen. Es gab dort schon ein paar kleine Hotels, Restaurants, Bars und eine Diskothek. Israel war drauf und dran, die Stadt für den Tourismus zu erschließen.

Eines Tages erschien Verteidigungsminister Moshe Dayan persönlich, um die neue Radaranlage zu inspizieren. Bald danach holte mich unser Offizier in das Zelt, in dem die Küche untergebracht war: »Rath, Moshe Dayan möchte dich zum Kaffee einladen.« Alle waren darüber erstaunt, und ich freute mich über die Ehre, an einem Gespräch mit dem Generalstabschef teilzunehmen, bei dem strategisch diskutiert wurde, was nun weiter geschehen solle.

Der damals von uns bewachte Radarposten wurde in den ersten Stunden des Jom-Kippur-Krieges 1973 von einer ägyptischen Kommandoeinheit erobert. Einige Soldaten fielen bei seiner Verteidigung, viele gerieten in Gefangenschaft.

Im März 1972 musste ich wieder sechs Wochen Reservedienst in Sharm el-Sheikh leisten. Meine Mörser-Granaten-Einheit wurde einer Infanteriekompanie zugeteilt, die ein Landungsmanöver auf der Insel Tiran durchführte. Die Herausforderung bestand darin, Waffen und Munition sicher in einem Schlauchboot zu transportieren und sofort nach der Landung schießbereit aufzustellen. Am vorletzten Tag der

Übung jagte unser Offizier uns noch für einige Stunden in die Hügel. Für den Abend war ein Vortrag des Polizeiministers Shlomo Hillel angekündigt, ein ehemaliger Studienkollege von der Universität in Jerusalem, mit dem ich 1957 eine Zeitlang zusammengewohnt hatte. Sein Referat wollten wir keinesfalls versäumen, und so beeilten wir uns, nach der Übung zum Vortragssaal zu gelangen. Die Tür war schon geschlossen, und der Oberst namens Buchhalter wollte uns nicht mehr in den Saal lassen: »Wenn ihr nicht gehorcht, lasse ich euch verhaften«, drohte er uns 47-jährigen Soldaten. Meine Kameraden zogen tatsächlich ab, ich aber blieb, wurde verhaftet und wegen Befehlsverweigerung in ein Zelt der Militärpolizei eingesperrt. Die Szene war absurd. Wenig später kam der Sekretär von Shlomo Hillel, der sich entschuldigte. Aber es war noch nicht zu Ende. Am nächsten Tag sollte es eine regelrechte Verhandlung meines Falles geben. Zwei Militärpolizisten holten mich ab und führten mich Oberst Buchhalter vor. Überraschenderweise lenkte der Oberst dann gleich ein; einer entschuldigte sich beim anderen, und dann wurde ich entlassen.

Ein Privatleben fand in jenen Jahren nur sehr reduziert statt. Jeden Tag arbeitete ich bis spät in die Nacht; mein Freundeskreis bestand hauptsächlich aus Kollegen von der *Jerusalem Post*, auch die wechselnden Freundinnen jener Zeit kamen aus meinem Arbeitsumfeld. Bis die Zeitung kurz nach Mitternacht in den Druck ging, herrschte in der Redaktion Hochspannung, die nach dem Andruck gelöst werden musste. Oft spielten wir noch bis drei Uhr morgens Bridge, oder wir gingen auf einen Absacker in Fink's Bar. Am Wochenende fuhr ich gelegentlich nach Chamadiya, um Avri und alte Kibbuz-Freunde zu besuchen. Gelegentlich verbrachte ich den Freitagabend im Haus meines Bruders in Tel Aviv, wo meine Schwägerin zum Erev Schabbat üppig aufkochte.

An einem Samstag Anfang Mai 1972 erhielt ich einen Anruf des amerikanischen Generalkonsuls. Ich kannte ihn und freute mich, von ihm zu hören, er aber meinte gleich: »Ich fürchte, dass ich keine gute Nachricht für dich habe.« Was konnte das sein?

»Heißt dein Vater Josef Rath?«

»Ja.«

»Und lebt er in Zürich?«

Ich bejahte erneut. Er hatte vom amerikanischen Konsulat in Zürich erfahren, dass Josef Rath die Schweiz unverzüglich verlassen müsse: Das Hotel, in dem mein Vater seit einigen Wochen, wenn nicht Monaten lebte, hatte bei der Polizei Anzeige erstattet, weil er seine Rechnungen nicht mehr bezahlte. Er hatte all sein Geld an der Börse verspielt und war tags zuvor verhaftet worden. Bei der Polizei hatte mein Vater ausgesagt, dass er in Israel zwei Söhne habe, worauf ihn die Schweizer Polizei auswies. Sofort organisierte ich ihm ein One-Way-Ticket nach Tel Aviv. Er kam am späten Abend an, wie immer in seinem Rollstuhl. Das Schweizer Hotelpersonal hatte sich keine Mühe gegeben, seine Sachen ordentlich zu verpacken, sondern alles in große Kartons geworfen. Trotz dieser unangenehmen Umstände war mein Vater recht guter Dinge. Mit trockenem Humor erzählte er meinem Bruder und mir, dass er in der Polizeihaft sogar eine eigene warme Dusche hatte.

Schon 1949 und 1955 hatte er uns in Israel besucht, damals noch mit Rita und unserer Schwester Henny. Bis heute erinnere ich mich an den Schock, der in uns fuhr, als er 1955 mit dem Rollstuhl ankam – er hatte uns bis dahin nicht erzählt, dass er nicht mehr gehen konnte – und mit einem Kran aus dem Flugzeug geladen wurde. Seine Ehe war damals schon so zerrüttet, dass Rita den Besuch vorzeitig abbrach und nach Wien zurückflog. Damals verließ sie unseren Vater endgültig. Wahrscheinlich schreckte sie die Vorstellung, ihn womöglich jahrelang im Rollstuhl herumzuschieben und gleichzeitig seinen schwierigen Charakter zu ertragen. Mein Vater kehrte allein in die USA zurück. Als seine Geschäfte mit Kuba nach der dortigen Revolution nicht mehr liefen, schloss er seinen Papiergroßhandel in New York und ging nach Europa. Er lebte zunächst in noblen Hotels, etwa im Savoy an der Bahnhofstraße in Zürich, dann zunehmend in kleineren Häusern, denn nach und nach verspielte er sein gesamtes Vermögen an der Börse. Trotz seines Rückenleidens wurde er weiter von den Frauen umschwärmt, die ihn umherschoben und viele Ausflüge mit ihm unternahmen. Vater war kein Intellektueller, er las aber täglich die Zeitung und kannte sich gut aus in der internationalen und israelischen Politik. Das lieferte uns viel Gesprächsstoff, aber es kam zwischen uns nie zu einem Gespräch über Gefühle oder meine schwierige Kindheit. Ich war ihm zugetan, kann aber nicht sagen, dass ich ihn liebte: Seine Strenge und das Schweigen über den Tod meiner Mutter hatten einfach zu viele Narben hinterlassen. Dabei schätzten ihn meine Freunde als originellen Plauderer, und er bezauberte seine Umgebung bis in seine letzten Tage mit seinem Charme und seiner Lebensklugheit.

Vom ersten Moment an war mir klar, dass ich nun unseren Vater in meiner Wohnung aufnehmen würde. Das veränderte mein Leben vollkommen, denn er war rund um die Uhr pflegebedürftig. Zudem lag meine Wohnung im zweiten Stock, ohne Fahrstuhl. Tagsüber kam eine Pflegerin; in den letzten Monaten seines Lebens nahm ihn die Leiterin der Kantine der *Jerusalem Post* in ihrem Haus auf, wo sie und ihr Mann ihn betreuten. Ich besuchte ihn fast täglich bis zu seinem Tod in der Nacht nach Jom Kippur im September 1977.

Kurz zuvor hatte er über Unwohlsein geklagt. Der Arzt vermutete ein Magengeschwür. Auf den Armen trug ich ihn die Stiegen hinunter und fuhr ihn ins Krankenhaus. Er jammerte auf Jiddisch: »Ich will zu Hause sterben.« Ich hoffte, dass er sich im Krankenhaus erholen würde, verabschiedete mich, tröstete ihn noch und ermahnte ihn, genügend zu trinken. Als ich nach dem Ende des Fastens wieder ins Krankenhaus zurückkehrte, war sein Zimmer leer. Man hatte ein Herzproblem festgestellt und ihn auf die Intensivstation verlegt. Ich eilte sofort hin und fand meinen Vater in einem der sechs Betten. Er wachte ab und zu auf, dämmerte dann wieder weg. Ich blieb in seiner Nähe, saß auch bei den Schwestern, die die Monitore beobachteten. Gegen drei Uhr früh läutete ein Alarmsignal, Ärzte kamen mit Beatmungsgeräten, schickten mich aber weg. Sie müssten sich jetzt besonders um einen Patienten kümmern. Als ich nach einer Stunde auf die Intensivstation zurückkam, erwartete mich der Arzt. Das Alarmsignal hatte meinem Vater gegolten, der einen weiteren Herzanfall erlitten hatte. Sein Leben war nicht mehr zu retten gewesen.

Die Nachricht erschütterte mich. Lange stand ich allein in der Totenkammer vor dem kleinen Bündel in weißen Leichentüchern, das mein Vater war.

Weil sein Todestag auf einen Freitag fiel, musste ich innerhalb weniger Stunden alle Formalitäten für die Beerdigung organisieren, die am Sonntag stattfand. Mein Bruder kam noch am gleichen Nachmittag aus Bonn. Fast alle Mitarbeiter der *Jerusalem Post* nahmen an der Beerdigung teil. Der Leiter der Chevra Kadischa, der jüdischen Bestattungsgesellschaft, tröstete mich: »Wenn Gott jemanden in der Nacht nach Jom Kippur zu sich ruft, dann ist das eine ganz besondere Ehre.« Er half mir, für meinen Vater ein Grab auf dem Ölberg zu bekommen, von wo aus er auf den Tempelberg blicken kann. Obwohl ich keineswegs fromm bin, bedeutet es mir viel, dass er seine letzte Ruhe in der heiligsten jüdischen Grabesstätte gefunden hat.

Nachdem Vaters Grab mit hellbrauner Erde und Steinen bedeckt worden war, sprachen mein Bruder und ich das Kaddisch. Meshulam kann dieses Trauergebet auswendig, da er es als Achtjähriger, nach dem Tod unserer Mutter, ein halbes Jahr täglich betete. Unter Tränen steckten wir eine kleine weiße Holztafel mit dem hebräisch geschriebenen Namen unseres Vaters und dem Datum seines Todestags in die frische Erde. Josef Rath starb mit 84 Jahren und viereinhalb Monaten, ich habe ihn bereits im Alter überholt. Wir blieben noch lange am frischen Grab des Vaters und blickten über den jahrhundertealten jüdischen Friedhof hinweg zum Tempelberg mit seinen beiden großen Moscheen. Meine Freunde und Kollegen von der *Jerusalem Post* blieben bei uns, bis wir endgültig Abschied von unserem Vater nahmen.

Seither wacht der palästinensische Friedhofswärter Abed über ihn. Abed ist jetzt fast achtzig Jahre alt; der fast zahnlose, kleine, kräftige Mann spricht gutes Hebräisch und auch gebrochenes Deutsch. Er weiß genau, dass wir jedes Jahr zum Todestag das Grab unseres Vaters besuchen, und so erwartet er uns am Eingang, um seine Belohnung entgegenzunehmen. Als im Oktober 2011 mein Bruder allein erschien, erkundigte sich Abed besorgt, warum ich nicht gekommen sei. Es fühlt sich gut an zu wissen, dass Abed sich um das Grab des Vaters kümmert. Die Ruhe und Schönheit des Ortes haben mich immer sehr bewegt. Der einzige Busch weit und breit wirft einen Schatten auf die flache weißgelbe Steinplatte aus Jerusalemer Kalksteinfelsen über dem Grab meines Vaters. Die in den Stein gravierten hebräischen Worte nennen nur den Namen Josef Rath – liebender und geliebter Vater und Großvater.

Im Juni 1973 lernte ich den großen Mann der deutschen Sozialdemokratie kennen, und das unter sehr dramatischen Umständen. Willy Brandt kam im Juni 1973 auf Einladung von Ministerpräsidentin Golda Meir als erster deutscher Bundeskanzler zu einem offiziellen Staatsbesuch nach Israel. Ein Höhepunkt des Besuchsprogramms bestand in einer Tour zur Festung Massada am Toten Meer, das Symbol des jüdischen Widerstands und der Tapferkeit aus römischer Zeit. Mit einer Gruppe von Journalisten wartete ich früh am Morgen auf dem Bergplateau von Massada auf den Militärhubschrauber, der Brandt und Yigael Yadin, den bekannten Massada-Forscher, sowie ihre Begleiter zur Bergfestung bringen sollte.

Unter großer Lärm- und Staubentwicklung war der Hubschrauber schon fast gelandet, die Rotoren standen bereits still, als sich das riesige Fluggerät zum Schrecken aller langsam wieder erhob. Eine starke Bö hatte den Hubschrauber erfasst und trug ihn in Richtung des Abgrunds – Massada liegt auf einem inselähnlichen Felsplateau, 450 Meter über dem Toten Meer. Wir stürzten uns auf den Hubschrauber und hängten uns an die Kufen, um ihn mit unserem Gewicht auf dem Boden zu halten. Letztlich dürfte es aber die das Plateau umgebende ein Meter hohe byzantinische Schutzmauer gewesen sein, an die der Hubschrauber prallte, welche die Insassen rettete. Die Mannschaft öffnete die Türen. Bleich vor Schrecken stiegen Willy Brandt, Yigael Yadin und ihre Entourage aus, so schnell sie konnten. Besorgt vergewisserte sich Yadin, dass Brandt unversehrt war. Beide versuchten sich nichts anmerken zu lassen und begannen unverzüglich mit dem Besuch des Denkmals, das viele Jahre lang ein Symbol israelischen Heldentums war: Mehr als neunhundert jüdische Soldaten, Frauen und Kinder hatten hier drei Jahre der Belagerung durch die Legionen des römischen Reichs Widerstand geleistet. Besonders berührt wirkte Brandt, als Yadin ihm von Flavius Josephus' historischem Bericht erzählte: Auf Befehl des Kommandanten des ersten jüdischen Aufstands, Elazar Ben-Jair, töteten alle Familienhäupter ihre Frauen und Kinder und anschließend sich selbst, um nicht in die Hände der Römer zu fallen.

Willy Brandts Besuch stand unter keinem guten Stern. Dabei genoss dieser deutsche Politiker seit seinem Kniefall in Warschau 1970, eine Demutsgeste vor den jüdischen und polnischen Opfern der Nazi-Diktatur, in Israel besondere Sympathie. Schon in seiner Ankunftsrede am Flughafen hatte Brandt betont, es sei an der Zeit, »normale Beziehungen« zwischen Deutschland und Israel zu beginnen. Der Begriff »Normalisierung« deutsch-israelischer Beziehungen wird allerdings in Israel als Versuch aufgefasst, einen Schlussstrich unter die Vergangenheit der Nazi-Verbrechen zu ziehen. Diese Erklärung eines deutschen Bundeskanzlers bei seinem ersten Besuch in Israel löste Empörung aus, auch bei mir. Trotz meiner grundsätzlichen Sympathie für Willy Brandt formulierte ich einen kritischen Kommentar: Israel erwarte vom ersten SPD-Bundeskanzler Deutschlands mehr Verständnis für das von den Nationalsozialisten verursachte Leid des jüdischen Volkes.

Vor dem Ende des Besuchs bemühten sich beide Seiten einzulenken, was auch gelang. In seinem Dankestelegramm an Golda Meir benutzte Brandt die Formel »new and normal relations of a special character«, neue und normale Beziehungen mit besonderem Charakter, die zwischen den beiden Staaten etabliert werden sollten. Brandt dankte Golda Meir weiters für einen denkwürdigen Besuch, für die Gastfreundschaft der israelischen Regierung und versicherte, dass der erste Besuch eines amtierenden deutschen Bundeskanzlers einen »weitreichenden Effekt auf die künftigen Beziehungen beider Völker« haben werde.

Ich schätzte Willy Brandt als Vorbild eines sozialdemokratischen Staatsmannes und Friedenkämpfers. Von ihm erhoffte ich mir wichtige Impulse für den Frieden im Nahen Osten, und so bedauerte ich seinen Rücktritt im Mai 1974 infolge der Guillaume-Affäre. Als langjähriger Präsident der Sozialistischen Internationale versuchte er auch später, einen friedlichen Ausgleich zwischen Israel und den Palästinensern zu fördern.

1984, während eines kurzen Besuches von Ministerpräsident Shimon Peres in Bonn, kam es zu einem Treffen der SPD-Spitze in der »Baracke«, der SPD-Zentrale, an dem ich teilnehmen konnte. Willy Brandt begrüßte die israelischen Gäste. Bei unserem Gespräch erinnerte er sich an die dramatischen Minuten auf Massada und lobte die kritische Haltung der *Jerusalem Post* während des Libanon-Kriegs 1982.

Durch meine Bekanntschaft mit Egon Bahr, der Brandts Ost-Politik wesentlich mitgestaltete, erhielt ich Einblick in die Gedanken des Ex-Bundeskanzlers bezüglich einer Normalisierung im Verhältnis zur DDR. Ich freute mich für ihn, den ehemaligen regierenden Bürgermeister von Berlin, dass er im November 1989 noch den Fall der Mauer miterleben durfte. Sein Tod im Oktober 1992 war für mich ein Trauertag. Von einem Besuch bei Freunden in München fuhr ich nach Berlin, um mich im Schöneberger Rathaus von ihm zu verabschieden. Sein prunkvoller Sarg war in einem Meer aus roten Nelken und Kränzen aus roten Rosen in der Eingangshalle aufgebahrt. Am Tag des Staatsbegräbnisses ging ich am späten Abend zum Waldfriedhof in Zehlendorf und schüttete zum Abschied einen Löffel Erde in das noch offene Grab.

Ende August 1973 brach ich wieder zu einer großen Auslandsreise auf. Wurden neue Flugrouten eröffnet, bestand für Journalisten ein Jahr lang die Möglichkeit, diese Route mit einem sogenannten Einführungsflug kennenzulernen. Diesmal hatte Air France eine neue Linie von Tahiti nach Lima eingerichtet – faktisch konnte man nun mit dieser Linie um die Welt fliegen. Um das Angebot publik zu machen, lud Air France zwei Redakteure zu einem Testflug ein, Tommy Lapid, den späteren Justizminister, der damals noch bei *Ma'ariv* arbeitete, und mich. Normalerweise habe ich solche Angebote aufgrund möglicher späterer Befangenheit immer abgelehnt, doch in diesem Fall machte ich eine Ausnahme. So konnte ich auch meinen geliebten Onkel Jakob, den zehn Jahre älteren Bruder meines Vaters, in Chile wiedersehen. Jakob und seine Frau Bassia waren nach dem Kuba-Aufenthalt im Herbst 1940 ebenfalls nach New York gegangen, anders als meinem Vater gelang es Jakob aber nicht, dort Fuß zu fassen. In ihrem kleinen Lebensmittelgeschäft in

Brooklyn mussten beide täglich mehr als zwölf Stunden arbeiten und kamen dennoch kaum über die Runden. Mein Vater hatte sich überdies mit Jakob nachhaltig zerstritten, sodass Meshulam und ich ihn nur einmal im Monat heimlich besuchen konnten. Als unsere Cousine Dolly von Kuba nach Santiago de Chile auswanderte, weil es dort eine kleine deutsch-jüdische Gemeinde gab und sie prompt den verwitweten Besitzer eines Lampenladens kennenlernte und heiratete, wandte sich auch Onkel Jakobs Schicksal zum Besseren: Dolly holte ihre Eltern nach Santiago nach, und Jakob konnte in die Firma seines Schwiegersohns einsteigen und brachte es am Ende seines Lebens zu bescheidenem Wohlstand.

Zunächst flog ich nach New Delhi, um meine indischen Kontakte zu erneuern. Von dort ging es nach Tokio, wo ich auf meine Reisebegleiter stieß: den Werbeleiter von Air France sowie den Leiter der Dan-Hotels, Micky Federmann und Tommy Lapid. Gemeinsam flogen wir nach Tahiti und machten auch einen Abstecher zu den Bora-Bora-Inseln, deren landschaftliche Schönheit für mich überwältigend war. Dann ging es weiter nach Lima. Tags darauf reiste ich allein weiter nach Chile zu Onkel Jakob. Tante Bassia war damals schon gestorben und der fast Neunzigjährige krank und bettlägerig. Obwohl er ein Sauerstoffgerät benötigte, war er geistig vollkommen fit; jeden Tag beriet er seine Freunde, wie sie angesichts der Inflation, die damals in Chile herrschte, ihr Vermögen bewahren könnten.

Am Flughafen erwartete mich sein Stiefenkel, der mich aufgeregt warnte: »Onkel Jakob lässt dir ausrichten, dass du keinesfalls im Hotel Carrera Sheraton gegenüber der Moneda übernachten sollst, weil es dort sehr stürmisch zugeht.« In der Moneda, der ehemaligen Börse, befand sich der Regierungssitz von Präsident Allende. Ich antwortete: »Lieber Junge, ich bin Journalist, natürlich werde ich dort absteigen.« Am Sonntagnachmittag, dem 2. September, checkte ich ein. Auf der Plaza de la Constitución errichteten Bautrupps gerade die Tribünen für die Paraden zum 4. September, dem dritten Jahrestag des Sieges der Unidad Popular, durch die der Sozialist Salvador Allende an die Macht gekommen war. Mit roten Fahnen geschmückte Traktoren standen bereit. Noch am selben Abend besuchte ich Onkel Jakob in seinem Einfamilienhaus in einem Außenbezirk.

Tags darauf hatte ich eine Verabredung mit dem israelischen Botschafter Moshe Tov. Wegen eines Streiks fuhren keine Taxis; so schickte mir die Botschaft eine Limousine mit Fahrer, ein junger chilenischer Jude, der auch Hebräisch sprach. Die ganze Stadt war voll mit Parolen, die ich dank meines Schullateins entziffern konnte: »Contra el fascismo«, »Ein Hoch auf den dritten Jahrestag der sozialistischen Einheit!!« Immer wieder fiel mir ein Slogan auf, dessen Bedeutung mir erst der Botschaftsfahrer entschlüsselte: »Contra el Golpe« – gegen den Putsch.

Seit seiner Wahl zum Präsidenten 1970 empfand ich große Sympathie für Allende. Seine Unidad Popular war für uns linke Israelis ein Ideal, weil er weitreichende soziale und ökonomische Reformen angestoßen hatte, ohne ein kommunistisches Regime einzuführen: eine umfassende Agrarreform und eine teilweise Nationalisierung von Banken und Industriebetrieben, besonders die Verstaatlichung der Kupferminen, die amerikanischen Firmen gehörten. Zugleich fühlten wir uns Chile nahe, weil es das einzige Land in Lateinamerika war, in dem es bis dahin keinen Militärputsch gegeben hatte.

Am 4. September versammelte sich die sozialistische Prominenz Chiles zur großen Parade. Mit meinem israelischen Presseausweis gelang es mir, mich unter die Gäste auf der Tribüne zu mischen. Ich konnte sogar bis zu Präsident Allende vordringen: »Ich komme aus Israel und möchte Ihnen gratulieren. Wir sind begeistert von Ihren Reformen und unterstützen die sozialistische Front.« Schnell kam eine Dame auf mich zu, Allendes Pressesprecherin Frida Modak, die mich freundlich, aber entschlossen zur Seite dirigierte. Von dort verfolgte ich den Aufmarsch und fragte Frida Modak, ob ich mit Allende ein Interview führen könne. »Rufen Sie mich in den nächsten Tagen an«, antwortete sie.

Die Zeit in Santiago verging wie im Flug. Inzwischen hatte das Hotel mich aus meiner dunklen, zum Innenhof gelegenen Kammer in eine Suite mit Blick auf die Moneda umquartiert. Bis auf die Kollegen von Reuters, Agence France Presse und einen Korrespondenten der schwedischen Tageszeitung *Dagens Nyheter* befanden sich kaum ausländische

Journalisten in der Stadt, denn fast alle großen Blätter, Fernseh- und Rundfunkanstalten hatten ihre Korrespondenten nach Argentinien geschickt, um von dort über die Präsidentschaftswahlen zu berichten.

Meine Reisebegleiter aus Peru waren für drei Tage gekommen, und wir gingen gemeinsam mit meiner Familie ins beste Restaurant Santiagos zum Tanzen und besuchten eine Vorstellung der israelischen Tanzkompanie Batsheva. Wir amüsierten uns prächtig, und nur die Einheimischen spürten, dass die Stimmung in der Stadt immer angespannter wurde.

Da Frida Modak telefonisch nicht zu erreichen war, machte ich mich zwei Tage nach der Parade auf den Weg zur Moneda. Der Offizier am Eingang rief bei ihr an. Sie erwies sich als völlig unkompliziert und bat mich in ihr Büro. Mit Allende, sagte sie, würde ich leider nicht sprechen können, aber dafür mit Verteidigungsminister Orlando Letelier. Pathetisch sagte sie: »An diesem Wochenende wird sich das Schicksal Chiles entscheiden. Kardinal Raúl Silva Henríquez organisiert ein Treffen zwischen Allende und dem Vorsitzenden der Demócrata Cristiano, der christlichen, bürgerlichen Partei. Davon wird abhängen, ob es zu einem Kompromiss kommen wird oder nicht.« Allende sollte sich verpflichten, keine weiteren Verstaatlichungen vorzunehmen. Zwar stimmten die Kommunisten in seinem Bündnis diesem Vorschlag zu, der sozialistisch-marxistische Zweig jedoch nicht, was die politische Lage weiter destabilisierte.

Die Frau des Kollegen von »Voice of America« lud mich ein, sie zu einem Hintergrundgespräch mit einem Beamten der amerikanischen Botschaft in ein Restaurant neben dem Präsidentenpalast zu begleiten. Unser Gespräch drehte sich um den möglichen Putsch. Der Diplomat, zweifellos ein Agent der CIA, sagte unumwunden: »Es ist nicht mehr die Frage, ob es einen Putsch geben wird, sondern nur noch wann.«

Ich fuhr zu Onkel Jakob, um mich zu verabschieden, traf ihn aber nicht mehr in seiner Wohnung an. Sein Zustand hatte sich so verschlechtert, dass er ins Klinikum Santa Maria eingeliefert worden war; er hatte sich einen Bluterguss im Unterleib zugezogen. Als ich sein Zimmer betrat, schlug er die Augen auf und sagte auf Jiddisch: »Arile, du musst morgen abreisen.« Ich antwortete: »Kommt gar nicht in Frage. Ich werde dich hier nicht allein lassen. Ich rufe jetzt Lore in Caracas an und werde warten, bis sie herkommt.« Meine Cousine Lore war damals 58 Jahre alt und etwas ängstlich. In der unsicheren politischen Situation wollte sie ungern nach Chile fliegen. »Lore, es ist dein Vater!«, ermahnte ich sie streng, und tatsächlich kam sie am 9. September nach Santiago, um sich um ihn zu kümmern.

Am 11. September meldete sich Lore zeitig am Morgen; sie hatte gerade die Nachrichten gehört: »Der Putsch hat angefangen. Sie haben schon den Hafen Valparaíso erobert und marschieren auf Santiago. Sei bitte vorsichtig.« Ich stürzte sofort ans Fenster. Die Plaza de la Constitución lag wie ausgestorben da. Um neun Uhr betrat Präsident Allende den Balkon der Moneda und richtete eine Ansprache an seine versammelten Anhänger, eine kleine Gruppe von etwa sechzig Personen. Dann fuhren grüne Busse vor, und die Carabineros zogen ab; aus dem Präsidentenpalast kam die Präsidentengarde. Gegen zehn Uhr fuhren zahlreiche amerikanische Panzer der chilenischen Armee auf, die den Platz umzingelten. Wenig später öffnete sich das Tor der Moneda. Einige Frauen und Männer mit weißen Fahnen kamen heraus und verschwanden hinter den Panzern. Allende, erfuhr ich später, hatte sich geweigert, den freien Abzug anzutreten, eine Entscheidung, mit der er sein eigenes Todesurteil aussprach. Offenbar wollte er sein Land nicht als politischer Flüchtling verlassen. Bald eröffnete das Militär mit seinen Kanonen und schweren Maschinengewehren das Feuer auf die Moneda und andere Regierungsgebäude. Von dort wurde heftig zurückgeschossen.

Inzwischen hatte das Hotelmanagement die Gäste aufgefordert, ihre Zimmer zu verlassen und in den Keller zu gehen. Ich blieb am Fenster stehen, beobachtete die Szenerie und fotografierte. Den unentwickelten Film gab ich meinem Kollegen Saul Eisendraht von *Time Magazine*. Plötzlich schlug nur einen Meter neben mir eine Maschinengewehrkugel ein. Wenig später klopfte einer der Hotelboys: »Kommen Sie jetzt endlich hinunter in den Keller.« Dort sah es aus wie in einem gestrandeten Passagierschiff: Mindestens dreihundert Leute – die Hotelgäste, das Servicepersonal, etliche Piloten und Stewardessen der SAS-Fluglinie und sogar einige amerikanische Wirtschaftsleute – saßen eingeschüchtert in den Vorratsräumen des Hotels. Im Keller befand sich auch die Küche, und so konnte uns das Hotel mit Essen versorgen, während wir uns die Zeit mit Bridge vertrieben.

Die Gefechte dauerten den ganzen Tag. Als sie gegen Mitternacht abflauten, erlaubte uns die Hotelleitung, in unsere Zimmer zurückzukehren. Weil das Licht nicht eingeschaltet werden durfte, gab man uns Kerzen. Meine Suite sah übel aus: Ein Querschläger hatte die Wand getroffen und eines der beiden Betten mit Mörtel und Staub bedeckt. Das vermittelte mir aber ein Gefühl der Sicherheit, denn ich hielt es für unwahrscheinlich, dass das Zimmer noch einmal getroffen werden würde. Trotzdem fiel es mir schwer, zur Ruhe zu kommen. Die Schusswechsel draußen hinderten mich daran. Gegen sechs Uhr früh stand ich auf. In diesem Augenblick vernebelte sich das ganze Zimmer durch eine enorme Staubwolke, und ich spürte einen stechenden Schmerz in der linken Schulter; Blut strömte über meine Kleidung und das Bett. Ein Schrapnell aus einem schweren Maschinengewehr hatte mich getroffen. Ich suchte im Badezimmer ein Handtuch, um die Blutung zu stillen, als das Telefon klingelte: »Ist alles in Ordnung mit dir?«, fragte Lore am anderen Ende. »Ja, ja«, sagte ich, beeilte mich aber, in die Hotellobby hinunterzugehen, um den Arzt zu suchen. Der sprach etwas Englisch, schaute sich die Wunde an und meinte: »Sie haben enormes Glück gehabt. Das Schrapnell ist anderthalb Zentimeter an Ihrer Halsschlagader vorbei … Und bei diesen Schießereien da draußen hätten wir Sie gar nicht in ein Krankenhaus bringen können.« Dann reinigte er die Wunde und verband sie. Mit dem linken Arm in der Schlinge war ich eine Sensation im Hotel.

Zwei Tage später beruhigte sich die Lage, und ich nutzte die zweistündige Aufhebung der Ausgangssperre, um Onkel Jakob im Spital zu besuchen. Die Ärzte dort sahen sich meine Wunde an und entschieden, das Schrapnell nicht herauszuoperieren. Bis heute trage ich es als Erinnerung an die stürmischen Tage in Chile in meinem Körper.

Onkel Jakob ging es inzwischen besser, und Lore wollte nach Caracas zurück, aber die Flughäfen waren gesperrt. So saß auch ich in Santiago fest, aber immerhin konnte ich über das Netzwerk von Reuters nach Israel berichten. Bald erhielten wir Journalisten von einem Oberst der Junta den Befehl, die Berichte einem Zensor vorzulegen. Dank meiner Erfahrungen kannte ich mich im Umgang mit solchen Behörden gut aus. Bis in die neunziger Jahre, als das Internet Zensur obsolet machte, mussten in Israel sämtliche Berichte über Militär- und Sicherheitsangelegenheiten auch von Auslandskorrespondenten einem Militärzensor vorgelegt werden. Bestimmte Nachrichten stellten wir besonders übertrieben dar, sodass dem Zensor genügend Spielraum blieb, kritische Formulierungen herauszustreichen. Nach einem Besuch im großen Fußballstadion, in dem Tausende Regimegegner inhaftiert waren, schrieb ich einen Bericht über die Bedingungen, unter denen die Häftlinge dort vegetierten. Ich verwandte die Formulierung »fürchterliche, unmenschliche Greuel«, die dem Zensor natürlich missfiel. »Señor Rath, brauchen Sie wirklich diese Adjektive?«, fragte er und gab sich zufrieden, als ich sie strich. So erfuhren die Leser aber trotzdem, dass die Bedingungen für die Häftlinge grausam waren.

Eine Woche nach Allendes Tod betrat ich einen kleinen Kopierladen in Santiago, um einige Papiere zu kopieren. Ich hatte noch nicht begonnen, als ein junger Chilene angeeilt kam, der dringend an die Kopiermaschine wollte. In der Hand hielt er ein Dokument mit dem offiziellen Briefpapier des Präsidialamts, »Presidencia de la República – Secretaria«, das sofort meine Neugier weckte. Offenbar handelte es sich um eine Mitschrift von Allendes Sekretär, der unter Angabe der Uhrzeit die letzten Worte des Präsidenten notiert hatte. »Du kannst vor, aber ich möchte eine Kopie des Dokuments«, sagte ich zu dem Jungen, und er stimmte zu. Um zehn Uhr – in diesem Moment hatte ich vom Hotelzimmer aus beobachtet, wie das Feuer auf die Moneda eröffnet wurde – vermerkte die Mitschrift unter dem Titel »Dr. Allende im Toscea-Raum« folgende Worte Allendes an seine Anhänger: »Die Frauen und Männer, die sich nicht selbst verteidigen können, sollen weggehen. Ich befehle den Kameraden – Compañeros –, die Moneda zu verlassen. Ich werde mich nicht ergeben. Ich will nicht, dass ihr sinnlose Opfer seid [...] Revolutionen werden nicht mit Schwächlingen gemacht; deshalb bleibe ich. Alle anderen sollen weggehen. Ich werde nicht abdanken. Ich danke jedem für seine Hilfe. Die Männer, die mir helfen wollen zu kämpfen, können bleiben. Meine beiden Töchter sind mit mir hier. Sie haben keinen Grund zu bleiben. Sie müssen gehen.« Auf der Rückseite des Blattes fand sich, von einer anderen Hand geschrieben, was »Allende im Keller zu seinen Töchtern« Beatriz und Maria Isabell sowie ihrem Mann René gesagt hatte. Die notierte Zeit war elf Uhr fünfzehn, eine Viertelstunde nach dem Ablauf des ersten Ultimatums der Junta. Zur gleichen Zeit hatte ich Männer und Frauen mit weißen Taschentüchern aus der Moneda kommen sehen, während Allende Abschied von seiner Familie nahm: »Geht! Ihr habt Kinder zu beschützen, ihr habt eine Mutter. Ich werde bis zum Ende widerstehen. Ich habe das Wort eines Militärs, dass sie einen Jeep für euch schicken werden. Bitte geht weg […] Maria Isabell, René, mein Sohn, ich liebe euch sehr. Ihr wart das einzig Wesentliche für mich.« Beatriz, die im sechsten Monat schwanger war, hatte einige Minuten vorher die Moneda verlassen.

Durch den Putsch fühlten sich viele jüdisch-sozialistische Familien, die zuvor keinerlei Kontakt zur israelischen Vertretung hatten, bedroht und suchten Zuflucht in der Botschaft. Die Tage verbrachten sie in den überfüllten Amtsräumen, nachts wurden sie auf verschiedene andere Botschaften verteilt. Unter Geleitschutz des stellvertretenden Botschafters Benni Oron fuhren sie in die Botschaften von Mexiko, Frankreich und Schweden.

Wenige Tage nach dem Putsch traf ein Flugzeug mit Journalisten aus Buenos Aires ein. Damit wuchs das bis dahin magere Pressekorps auf etwa fünfzig, sechzig Leute an. Jeden Morgen kam ein Sprecher der Junta zu einer Pressekonferenz ins Hotel. Eines Morgens rief man mich aus dieser Konferenz; Meshulam war es gelungen, mich im Carrera Sheraton zu erreichen. Er hatte meine Berichte in der *Jerusalem Post* gelesen und war besorgt: »Bitte, schreib nicht solche kritischen Dinge, schreib die erst, wenn du wieder abgereist bist.« Kaum war ich in den Sitzungssaal zurückgekehrt, da sprach mich schon einer der anwesenden Militärs an: »Herr Rath, melden Sie sich heute Nachmittag bei Colonel Bandoli im Hauptquartier der Junta.« Auch den neben mir stehenden

Korrespondenten von Reuters bestellte er dorthin. Das war ein alarmierendes Zeichen. Am Tag zuvor hatten Angehörige der Junta die Korrespondentin der *Washington Post* für ein paar Stunden verhaftet. Sofort versuchte ich, Benni Oron zu erreichen, den ich noch aus Jerusalem kannte, um ihm von meiner Vorladung zu berichten. In der Botschaft sagte man mir: »Oron isst gerade mit dem Leiter der Nahost-Abteilung des Außenministeriums zu Mittag«; dieser hatte den Putsch offenbar unbeschadet überstanden. Ich fand ihn und seinen Gast in dem Restaurant, das man mir genannt hatte, und sagte zu ihm auf Hebräisch: »Ich bin um fünfzehn Uhr bei der Junta vorgeladen. Wenn ich bis achtzehn Uhr nicht hier bin, müsst ihr mich suchen.« Oron bat mich, das alles noch einmal auf Englisch gegenüber seinem chilenischen Kollegen zu wiederholen. Der hörte aufmerksam zu und notierte meinen Namen.

Wie befohlen fand ich mich im militärischen Hauptquartier der Junta ein, ein zehnstöckiges Regierungsgebäude mit einer imposanten Lobby, in der es von Soldaten und Offizieren wimmelte. Schüchtern betrat ich das Büro von Colonel Bandoli, der mich sofort anschrie: »Was fällt Ihnen überhaupt ein, Presseberichte abzuschicken, Sie sind überhaupt nicht als Journalist akkreditiert!« Ich sagte: »Ich bin ja schon am 2. September gekommen und wollte eigentlich längst abreisen.«

»Wann wollen Sie abreisen?«

»Sobald die erste Air-France-Maschine fliegt.«

Er notierte sich ein mögliches Abflugdatum. Dann herrschte er mich an: »Sorgen Sie dafür, dass Sie auf jeden Fall mit diesem Flug wegkommen. An Ihrer Stelle würde ich jetzt keine Berichte mehr liefern.« Damit entließ er mich aus seinem Büro.

Ich bin überzeugt, dass mich die Begegnung mit Benni Oron kurz vorher vor Ärgerem bewahrte. Ich verzichtete nun tatsächlich auf weitere Berichte, nahm aber weiterhin an den Presseführungen teil, die zeigen sollten, wie viele Waffen die Allende-Milizen gehortet hatten. Eines Tages führte man uns in die Moneda, um uns den »Saal der Unabhängigkeit« zu zeigen, in dem der Präsident Selbstmord begangen hatte. Erschüttert stand ich vor dem Sofa mit den Blutspuren; alle Hoffnungen, die ich mit Allende verbunden hatte, waren zunichtegeworden. Es gelang mir, mich vom Trupp der Presseleute abzusetzen, und ich machte mich auf die Suche nach dem Zimmer von Frida Modak. Ihr Büro war durchwühlt, aber die Propagandaplakate, mit denen sie es geschmückt hatte, hingen unbeschädigt an der Wand. Ich nahm sechs, sieben solcher Plakate ab, rollte sie mit der weißen Seite nach außen zusammen, klemmte sie unter den Arm und kehrte ins Hotel zurück, um zu packen. Bis heute hängt in meiner Jerusalemer Wohnung ein Che-Guevara-Plakat aus der Moneda.

Am 22. September nahm Air France den Flugbetrieb wieder auf. Morgens erhielt ich einen Anruf von der Rezeption, zwei Stunden vor meiner geplanten Abfahrt zum Flughafen: »Der Wagen, den Sie bestellt haben, wartet vor der Tür.« Ich hatte keinen Wagen bestellt und war auch noch gar nicht mit dem Packen fertig. Also ging ich in die Hotellobby und fand dort einen Fahrer, der mich zu seinem Sondertaxi führte, eine Art Lieferwagen, das von acht Carabineros mit Uzi-Maschinengewehren bewacht wurde. Offenbar wollte das neue Regime sichergehen, dass ich wirklich abreiste. Mit gelassener Miene, aber heißem Herzen kehrte ich in mein Zimmer zurück und packte fertig. Die Plakate legte ich mit der Bildseite nach unten auf den Boden des Koffers. So schmuggelte ich sie vor den Augen der Junta-Soldaten aus Chile. Zwei Stunden vor dem Abflug der Air-France-Maschine kamen wir am Flughafen an. Bei der Passkontrolle fiel dem Beamten auf, dass ich zwanzig Tage im Land verbracht hatte, ohne meine Zwangseinkäufe getätigt zu haben – jeden Tag musste man für den Gegenwert von fünf Dollar einheimische Waren kaufen. So hatte ich Tausende Escudos in der Hand, die ich am Flughafen gar nicht mehr loswerden konnte. Ich kaufte ein paar Kupfersachen und war froh, als ich endlich in der Maschine Richtung Buenos Aires saß.

Ich landete in Argentinien just am Abend der Wiederwahl des aus dem Exil zurückgekehrten Präsidenten Juan Perón. 1955 hatte der damalige Präsident das Land nach einem Putsch von Marinesoldaten verlassen müssen, den nachfolgenden Regierungen war es allerdings nicht gelungen, das Land zu stabilisieren. Nun erzielte Perón bei den ersten demokratischen Wahlen sechzig Prozent aller Stimmen. Die Menschen jubelten in den Straßen, alle hofften auf bessere Zeiten. Eine Hoffnung, die sich nicht erfüllen sollte, denn Perón starb nur wenige Monate nach seiner Wiederwahl.

Ich verbrachte nun einige Tage bei meinem Freund und Chawer Federico Rottenberg, der mit mir aus Wien nach Palästina gekommen war und mit mir jahrelang im Kibbuz gelebt hatte. Im Laufe der Jahre wurde es wie meine zweite Natur, über alles und jedes zu schreiben, was ich auf meinen vielen Reisen erlebte. So verfasste ich für die Zeitung noch einige Berichte über die argentinischen Wahlen, bevor ich Anfang Oktober nach Brasilien weiterflog, wo ich mich bei Adolpho Bloch, einem Freund von Ted Lurie, von den Strapazen der zurückliegenden Wochen erholen wollte.

Ich hatte Adolpho Bloch, den Inhaber des großen Verlagshauses Manchete, einige Jahre zuvor kennengelernt. Er war Jahrgang 1908 und stammte aus einer jüdisch-ukrainischen Familie, die 1922 nach Brasilien emigriert war. Bloch begann als Drucker mit einer kleinen Handdruckmaschine, machte eine beeindruckende Karriere als Verleger und wurde schließlich zu einem Medienzar Lateinamerikas. 1952 publizierte er die erste Nummer des erfolgreichen Wochenmagazins *Manchete*. Das wunderschöne, mehrstöckige Gebäude von *Manchete* war halb in den Felsen von Rio de Janeiro eingebaut; neben der Redaktion beherbergte es auch eine Kunstgalerie und einen großen Speisesaal. Bloch hatte mich in einem kleinen Hotel in der Nähe des Ipanema-Strandes untergebracht, kümmerte sich aber darüber hinaus sehr freundschaftlich um mich. Sein Chauffeur fuhr mit mir durch ganz Rio und zeigte mir die Stadt. Ich sah die eleganten Stadtteile entlang des Strandes und die Favelas, die an den Hügeln emporwucherten.

Eines Nachmittags meldete sich Ted Lurie bei mir und schlug mir vor, von Rio de Janeiro nicht wie geplant nach Tel Aviv zurückzufliegen, sondern noch einen Zwischenstopp in Wien einzulegen. Golda Meir werde zu einem Kurzbesuch bei Bundeskanzler Bruno Kreisky erwartet, um über die Frage der Durchreise der russischen Einwanderer zu verhandeln. Zu seiner Überraschung lehnte ich dieses Mal ab: »Ich bin jetzt schon wochenlang unterwegs, die Änderung der Flugroute wird sehr teuer sein, und das ist dieses Treffen zwischen Golda und Kreisky nicht wert. Nach Jom Kippur komme ich direkt nach Hause.«

Der Jom-Kippur-Krieg und seine Folgen

Der Krieg überraschte mich am 6. Oktober in Rio de Janeiro. Ich bin nicht religiös, aber seit meinem dreizehnten Lebensjahr faste ich an diesem Tag und besuche die Synagoge. Es ist eine Tradition, die ich mein ganzes Leben im Gedenken an Großmutter Frimtsche eingehalten habe. Am Vorabend nahm ich am Kol-Nidre-Gebet in der großen aschkenasischen Synagoge im Stadtteil Copacabana teil, den nächsten Tag verbrachte ich im Hotel. Ich schlief ein wenig und schrieb einen Artikel für die Zeitung; entgegen meiner Gewohnheit hörte ich den ganzen Tag kein Radio. Am Abend ging ich in die große sephardische Synagoge zum Schlussgebet von Jom Kippur und danach zu Adolpho Bloch, der zum Ende des Fasttages traditionell seine Mitarbeiter zu einem Abendessen in die Redaktionsräume einlud.

Gegen halb sechs am Abend betrat ich die Synagoge, das entsprach halb elf Uhr abends israelischer Zeit. Gleich am Eingang sprach mich ein Bekannter an: »Was gibt es Neues vom Krieg?« Ich war irritiert und dachte, er meine den Bürgerkrieg in Chile. »Krieg?« Der Mann sagte: »Ja, haben Sie es denn noch nicht gehört? Israel wurde angegriffen.« Ich sprach ein kurzes Gebet, rannte aus der Synagoge und nahm ein Taxi in die Redaktion von *Manchete*. Dort war die Aufregung groß. Adolpho Bloch und sein Chefredakteur hatten sich kurzfristig entschieden, die schon fertige Ausgabe für die kommende Woche komplett neu zu machen, denn »La Guerra de Yom Kippur« musste auf die Titelseite. Nun war es Samstagabend, die Zeitung sollte am Montag ausgeliefert werden. Mein Angebot zu helfen nahm die Redaktion dankbar an. Über Reuters und AP liefen ununterbrochen Meldungen auf Portugiesisch ein, die ich mit meinem Schullatein entziffern konnte. Eine Äußerung des israelischen Militär-Sprechers Chaim Herzog beunruhigte mich sehr; er erklärte: »Die Situation ist schwieriger, es wird nicht so wie

1967 sein. Wir werden den Feind trotzdem schlagen.« Ich verstand das als Hinweis zwischen den Zeilen, dass es diesmal lange und schwere Kämpfe geben würde. Um ein genaueres Bild der Geschehnisse in Israel zu bekommen, versuchte ich, in der Redaktion der *Jerusalem Post* anzurufen. Das stellte sich als unmöglich heraus, immerhin gelang es mir, eine Standleitung über Telex zu aktivieren. So konnten wir ein schriftliches Ferngespräch mit David Landau und Mary Hadar in Jerusalem führen, »chatten« würde man heute sagen. Beide sollten Stimmungsberichte vom ersten Kriegstag für *Manchete* schreiben. Mir fiel die Aufgabe zu, einen Kommentar über die Lage zu verfassen. Ich schrieb: »Wir werden uns behaupten, aber dieser Krieg wird viel länger dauern und viele Opfer fordern.« Als *Manchete* am Montag erschien, enthielt es eine Doppelseite mit direkten Berichten aus Israel. Bebildert waren diese Seiten mit Agenturfotos. *Manchete* hatte aber selbst einen hervorragenden Fotografen.

»Ari, glaubst du, es zahlt sich aus, wenn er noch hinfliegt? Moshe Dayan wird den Krieg ja sicher in drei oder vier Tagen gewonnen haben«, fragte mich der Chefredakteur.

»Leider wird er noch genug Zeit haben, den Krieg zu fotografieren«, antwortete ich.

Der Jom-Kippur-Krieg traf Israel ziemlich unvorbereitet. Nach dem Sechstagekrieg fühlten wir uns fast unverwundbar, Verteidigungsminister Moshe Dayan, der Held von 1967, rechnete nicht mit weiteren Angriffen. Israels Nachrichtendienste hatten Ägyptens Landungsmanöver an einem Seitenarm des Suezkanals als harmlose Routineübungen fehlgedeutet. Präventive Maßnahmen hatten Dayan und Golda Meir abgelehnt, da Israel nicht weltweit als Aggressor dastehen wollte. Offenbar glaubte Dayan auch, Israel könne sich gegen ägyptische Angriffe leicht zur Wehr setzen.

Natürlich wollte ich nun sofort nach Israel zurückkehren, doch waren die Flugverbindungen nicht mit den heutigen zu vergleichen; Direktflüge nach Europa waren ohnehin kaum zu buchen. Die erste Möglichkeit ergab sich am 8. Oktober, ein Nachtflug von Air France mit Ankunft in Paris am 9. nachmittags. Ich hatte keine Aussicht, noch am selben Tag nach Israel weiterzufliegen. El Al, die israelische Fluglinie, nahm nur jüngere Männer, aktive Reservesoldaten oder Ärzte an Bord. Immerhin erhielt ich einen aussichtsreichen Platz auf der Warteliste einer Maschine der Air France nach Tel Aviv, die am Mittwoch, dem 10. Oktober, gegen zwölf Uhr abfliegen sollte. Ich hatte also einen guten Tag Zeit. Die französischen Zeitungen berichteten, dass das Schicksal Israels vom Verhalten König Husseins abhängen werde. *Le Monde* rechnete mit der Eröffnung einer dritten Front an der Grenze zu Jordanien, was Israel in eine schwierige Situation gebracht hätte. Deprimiert wollte ich nicht allein in Paris bleiben und entschloss mich, zu meinem Bruder nach Bonn zu fliegen. Meshulam und seine Frau Hannah waren drei Tage vorher dort eingetroffen, da er im Oktober einen Posten als Botschaftsrat antreten sollte. Sie hatten noch keine eigene Wohnung, sondern lebten in einer Pension. Wir saßen den ganzen Abend bis spät in die Nacht beieinander und redeten über den Krieg.

Am nächsten Morgen flog ich nach Paris zurück und checkte nach Tel Aviv ein. Die Air-France-Maschine stand mehr als drei Stunden abflugbereit, wer fehlte, war ein Kopilot. Piloten wie Crew flogen freiwillig, denn es ging über ein Kriegsgebiet, was für die Besatzung Gefahr bedeutete und extrem lange Arbeitsstunden. Der Pilot fand sich erst gegen Abend. Mit meinem jungen Sitznachbar, der sich als Maurice vorstellte, kam ich ins Gespräch:

»Warum fährst du jetzt nach Israel?« fragte ich ihn, »Hast du Verwandte?«

»Nein« antwortete er. Ursprünglich stamme er aus Tunesien, arbeite aber seit einigen Jahren in Paris als Stahlgroßhändler. »Seit der Krieg begonnen hat, höre ich ständig Nachrichten. Ich kann hier nicht einfach ruhig sitzen, während ihr um euer Leben kämpft. Also fahre ich hin und werde sehen, wie ich helfen kann.« Seine Entschlossenheit war beeindruckend.

Gegen Mitternacht erreichten wir unser Ziel. Tel Aviv lag vollständig im Dunklen, nur hier und da sah man den blassen Schimmer von verdunkelten Scheinwerfern. Der Flughafen war menschenleer, nur in der Ankunftshalle hatte das Militär einen kleinen Stand aufgebaut. Alle wehrfähigen israelischen Männer wurden eingetragen und aufgefordert, sich sofort in einem Sammellager zu melden, um den Streitkräften zugeordnet zu werden. Ich sagte der diensthabenden Majorin: »Sie wissen doch, wie es ist, wenn man zu einer fremden Einheit kommt. Ich verspreche Ihnen, ich fahre nach Jerusalem und bin bis morgen Mittag bei meiner Einheit in der Nähe von Jericho.« Sie war einverstanden, notierte meinen Namen und ließ mich gehen.

Überraschenderweise war die Autovermietung am Flughafen besetzt. Da ich meinen Wagen in Jerusalem zurückgelassen hatte, mietete ich mir ein Auto. Maurice wich keinen Meter von meiner Seite. Was sollte er auch sonst tun? Da er kein Israeli war, konnte er sich nicht freiwillig melden. Ich willigte ein, ihn nach Jerusalem mitzunehmen, und bot das auch einem Ehepaar an, was sie dankbar annahmen. Doch zunächst wollte ich mich über die aktuelle militärische Lage informieren. Wir fuhren also zuerst zum Pressezentrum im Sokulov-Haus in Tel Aviv. Die Atmosphäre war schlecht. Der Militärsprecher zuckte die Schultern, als er mich sah und sagte: »Ari, meine Lippen sind versiegelt, aber Micha Shagrir und Yirmiyahu Yovel sind gerade aus dem Sinai zurückgekommen.« Beide waren bekannte Kollegen, sie leisteten Reservedienst beim Militärradio und hatten an diesem Tag einen kritischen Frontabschnitt besucht. Ihre Gesichter wirkten erschöpft. Niedergeschlagen berichteten sie von ihren Eindrücken. »Du kannst es dir nicht vorstellen. Die Verhältnisse haben sich umgekehrt. Die Ägypter haben von uns gelernt, wie man kämpft. Es steht sehr schlecht, und alles hängt davon ab, wie schnell wir Verstärkung bekommen werden.« Besonders entsetzt waren sie über die offizielle Berichterstattung und die Zensur: »Du hast keine Ahnung, wie viele unserer Meldungen man einfach gestrichen hat, weil wir zu wahrhaftig berichtet haben.« Gerne hätte ich noch mehr erfahren, aber ich musste losfahren, denn bevor ich mit meinen Reisegefährten nach Jerusalem zurückkehrte, wollte ich noch kurz bei meiner Schwester Henny vorbeischauen.

In Hennys Haus hatten sich viele Leute versammelt. Eine halbe Stunde zuvor war mein Schwager Amitai Neeman von seinem Einsatz als Reservist auf dem Luftwaffenstützpunkt Ramat David in der Nähe von

Haifa zurückgekehrt. Er als Komponist und Musiker sollte die Soldaten und Piloten mit einem Akkordeon unterhalten und zum Singen animieren. Nun nahm er mich vertraulich zur Seite: »Auf einmal mussten wir das Singen unterbrechen. Der Generalstabschef und der Kommandant der Luftstreitkräfte traten vor die Soldaten: ›Jetzt können wir alle aufatmen, denn heute ist es dank der intensiven Angriffe der israelischen Luftwaffe gelungen, den Vormarsch der Syrer auf den Golan aufzuhalten.‹« Ich hörte das mit Erleichterung, denn damit war die größte Gefahr, dass nämlich die Syrer bis zum See Genezareth vorstoßen und am Ende sogar Tiberias erobern würden, gebannt. Bald verabschiedete ich mich von meiner Familie und fuhr mit meinen drei Begleitern nach Jerusalem.

Auf der kurvigen Straße hinauf sah ich in der bereits einsetzenden Morgendämmerung plötzlich Silhouetten großer Fahrzeuge: Verstärkung, dachte ich und setzte zum Überholen an. Dabei bemerkte ich zu meiner Enttäuschung, dass die Tieflader nicht Panzer, sondern Bulldozer geladen hatten. Wie sich am Morgen zeigte, blockierte das Militär damit die Straße von Jericho nach Jerusalem, für den Fall, dass Jordaniens König Hussein mit Panzern Jerusalem angreifen wollte.

Wir erreichten Jerusalem in den frühen Morgenstunden. Das Ehepaar setzte ich an der Einfahrt zur Stadt ab, ich selbst fuhr aber nicht direkt nach Hause, sondern parkte das Auto außerhalb der Altstadt. Instinktiv zog es mich zur Klagemauer. Einige Dutzend orthodoxe junge Männer sprachen dort ihre Gebete. Wie viele Gläubige schrieb ich meinen Wunsch auf ein kleines Zettelchen und steckte ihn in eine der Ritzen der uralten Mauern: »Tikwah le'nizachon ve le'shalom« – Hoffnung auf Sieg und Frieden. Danach brachte ich Maurice ins Moriah-Hotel und schlug ihm vor, den Mietvertrag meines Autos zu übernehmen. Inzwischen hatte ich mir etwas für ihn überlegt. »Wenn du dich nützlich machen willst, dann hilfst du den Reservesoldaten, die jetzt zu Tausenden unterwegs sind, zu ihren Einsatzorten oder zu ihren Familien zu gelangen. Am besten, du fährst Richtung Tiberias nach Norden und richtest einen Shuttledienst ein. So kannst du jeden Tag vielen Soldaten zu einem kurzen Urlaub verhelfen.« Maurice freute sich, etwas Konkretes tun zu können. Tatsächlich pendelte er drei Wochen zwischen Tiberias und Tel Aviv, die Zeitungen und das Radio nannten ihn den »Engel aus Paris«.

Ich holte meinen Wagen, schaute noch rasch bei meinem Vater vorbei, zog mir meine Militäruniform an und fuhr Richtung Jericho zu meiner Einheit, die wieder auf dem Hügel über der Stadt stationiert war. Wir mussten die jordanische Grenze bewachen, eine sehr ungute Aufgabe, denn für unsere Verteidigung standen keine Panzer zur Verfügung, die alle an der Suez-Sinai-Front und auf den Golanhöhen im Einsatz waren. Unsere Defensive bestand aus freiwilligen Panzerjägergruppen, zusammengesetzt aus zwei bis drei Reserveoffizieren, die zu keiner spezifischen Einheit gehörten, und ausgestattet mit amerikanischen Lau-Panzerabwehr-Granaten. Wäre die jordanische Armee tatsächlich marschiert, wären wir die lebende Panzerabwehr gewesen.

Lange war ich jedoch nicht bei meiner Einheit; mit Genehmigung des befehlshabenden Offiziers sollte ich an einer Lagebesprechung der Zeitungsredakteure mit Verteidigungsminister Dayan in Tel Aviv teilnehmen. Zwei Tage zuvor hatte er noch die großen Verluste beklagt und gewarnt, dass Israel vor der Zerstörung des Dritten Tempels stehe. Er rechnete damals offenbar wirklich mit einer Niederlage; seither aber hatte sich seine Stimmung deutlich gebessert. Er berichtete, dass es gelungen sei, den Vormarsch der Syrer auf dem Golan zu stoppen, und dass unsere Truppen in einem Gegenschlag bis vierzig Kilometer vor Damaskus vorgedrungen seien. Während der Sitzung steckte ihm sein Adjutant einen Zettel zu. Ein sarkastisches Lächeln flog über Dayans Gesicht: »Ihr wollt sicher wissen, was hier steht. Ich werde es euch sagen: Kissinger teilt mir mit, dass die amerikanische Regierung endlich bereit ist, ihre Unterstützung aufzustocken.« Auch Nathan Peled, der Minister für die Integration der Einwanderer, hatte eine Mitteilung für uns, die vorerst geheim war: Der Kreml wolle 50 000 sowjetischen Juden die Auswanderungserlaubnis erteilen. Erstaunlicherweise sickerte diese Sensation nicht an die Öffentlichkeit, denn auch die großen amerikanischen Medien wollten diese Auswanderung nicht gefährden.

Einige Tage lang hatte das Schicksal Israels in amerikanischer Hand gelegen. Dass die von Kissinger erwähnte Unterstützung keineswegs selbstverständlich war, erfuhr ich einige Tage nach Beendigung der Kämpfe von meinem Freund Mordechai Shalev, der als Gesandter in Washington lebte und die ersten Verhandlungen mit dem Außenminister führte (Israels Botschafter Simcha Dinitz, ein enger Vertrauter Golda Meirs, war damals wegen des Todes seines Vaters noch in Tel Aviv). Ich hatte den erfahrenen Diplomaten Shalev als Sprecher des israelischen Außenministeriums kennengelernt und mich mit ihm angefreundet, bevor er nach Washington entsandt wurde. Während seines kurzen Heimatbesuches in Jerusalem Anfang November 1973 rief mich Shalev an. Noch in Uniform besuchte ich ihn zu Hause, wo er mir detailliert berichtete, wie lange Henry Kissinger gezögert hatte, bevor er Israel Hilfe zusagte. Am Tag des Kriegsausbruchs hatte Shalev dringend um einen Termin bei ihm angesucht. Um Jom Kippur nicht zu entheiligen, war Shalev drei Kilometer zu Fuß bis zum Weißen Haus gegangen, wo die amerikanische Regierungs- und Militärspitze schon stundenlang im sogenannten Situation Room versammelt war, um die Lage im Nahen Osten zu verfolgen. Kissinger ließ ihn im Vorraum warten, wodurch sich Shalev so gedemütigt fühlte, dass er sich eine Zigarette ansteckte, ein Verstoß gegen den Fasttag. Kissinger war dann zwar bereit, für Nachschub von Panzerabwehrraketen zu sorgen, damit Israel die massiven Angriffe auf den Golanhöhen und im Sinai aufhalten konnte, er zögerte aber mit einer Zusage für sofortige Lieferungen von Panzerersatzteilen, Kampfflugzeugen und anderen strategisch wichtigen Gerätschaften, um Israels Verluste des ersten Kampftags zu ersetzen. Das Gespräch musste traumatisch gewesen sein. Shalev schossen Tränen der Wut in die Augen, als er mir erzählte, wie Kissinger ihn zynisch darauf hingewiesen hatte, dass Israel nach dem Sechstagekrieg von 1967 seine Grenzen für absolut sicher und verteidigungsfähig gehalten habe: »Kissinger wollte eigentlich, dass wir noch mehr bluten sollen, um, wie er sagte, Israels Hochmut zu strafen.« Als Jude übte Kissinger auf Israel in einer Weise Druck aus, wie das andere Politiker nicht gewagt hätten.

Nach der Lagebesprechung mit Dayan fuhr ich noch am gleichen Abend auf meinen Hügel bei Jericho zurück. Wir hörten damals oft das englische Programm der jordanischen Radiosender, um zu erfahren, was die gegnerische Seite plante. Am Samstagnachmittag, dem 13. Oktober, gegen halb drei wurde die aktuelle Musiksendung auf einmal unterbrochen: »Stand by for an important announcement.« Drei, vier, fünfmal wiederholte der Sprecher diese Botschaft. Ich rief sofort unseren Offizier herbei. Um kurz vor drei meldete der jordanische Radiosprecher: »Seine Majestät König Hussein, Herrscher des haschemitischen Königreichs, verkündet hiermit, dass er sich entschlossen hat, sich dem heiligen Dschihad-Krieg anzuschließen.« Sofort richteten wir die Feldstecher wieder auf die jordanische Grenze und versuchten zu erkennen, ob sich Truppen in Bewegung setzten. Der Sprecher fuhr fort: »Im Sinne dieses Entschlusses hat König Hussein bestimmt, dass Panzerregiment Nummer vierzig an den nördlichen Golanhöhen die Kräfte unserer syrischen Brüder verstärken soll.« Wir atmeten durch, denn diese Entscheidung bedeutete, dass Hussein darauf verzichtete, eine dritte Front zu eröffnen.

Von den Scherzen, die wir Soldaten uns damals erzählten, lautete einer so: König Hussein habe in seiner Amtszeit zwei kapitale Fehler begangen: Der erste war, dass er 1967 in den Sechstagekrieg eintrat; Israel wäre sonst nie ins Westjordanland und nach Ost-Jerusalem eingedrungen. Der zweite war, dass er sich 1973 nicht an den Krieg anschloss, denn ohne weiteres hätte er mit seinen Truppen und Panzern bis zu den Vororten Jerusalems vordringen können.

Der Waffenstillstand im Sinai am 28. Oktober beendete den Jom-Kippur-Krieg an der ägyptischen Front; die israelischen Truppen standen 101 Kilometer vor Kairo. Die Stellungsgefechte auf den Golanhöhen dauerten noch bis ins Frühjahr 1974 an.

1973 waren viele heilige Kühe geschlachtet worden. Die traumatische Erinnerung an den Krieg wirkt bis heute nach, anlässlich von Gedenktagen daran gibt es eine unübersehbare Zahl neuer Artikel, Filme, Bücher und öffentlicher Diskussionen. Auch meine eigene Haltung hat sich seit damals verändert. Seit der Staatsgründung hatten es die meisten Korrespondenten und politischen Journalisten akzeptiert, was vom sogenannten Defense Establishment Israels gesagt und behauptet wurde. Dessen Kompetenz und Glaubwürdigkeit war nach dem Krieg von 1973 restlos entzaubert. Bezeichnend ist der triumphale Erfolg des Buches »Ha Mechdal« (Das Versagen). Die vier Autoren, renommierte Journalisten und militärische Kommentatoren, deckten viele der seit 1967 entstandenen Mythen über Israels Unbesiegbarkeit als Phrasen auf – auch wenn wir die Kriege letztlich gewonnen hatten.

Wie bei vielen Israelis machte sich auch bei mir eine gewisse Ernüchterung breit, die mich kompromiss- und verzichtbereiter machte als je zuvor. Die Phantasien eines Groß-Israel mit Judäa und Samaria hatten sich als unhaltbar erwiesen. Eine Hauptforderung der Arbeitspartei bei den Wahlen von 1969 hatte darin bestanden, dass Israel unter allen Umständen seine territoriale Kontinuität entlang des Roten Meeres behalten müsse. Von Moshe Dayan stammte die prägende Formel: »Lieber Sharm el-Sheikh behalten ohne Frieden als einen Frieden ohne Sharm el-Sheikh.« Erst Anfang der siebziger Jahre gab Dayan diese Haltung auf und schlug einen einseitigen Rückzug Israels vom östlichen Ufer des Suezkanals vor, doch lehnten Ministerpräsidentin Golda Meir und die Mehrheit des Kabinetts diesen Vorschlag ab.

Die fünf Jahre der Regierung Golda Meir empfinde ich unverändert als Periode von seltener politischer Kurzsichtigkeit. Sie hat unserem jungen Staat erheblichen Schaden zugefügt.

Am 18. November 1973 nahm eine gerichtliche Untersuchungskommission unter dem Vorsitz des Präsidenten des obersten Gerichtshofs, Shimon Agranat, ihre Tätigkeit auf; sie sollte die militärischen Vorbereitungen und die Niederlagen des Jom-Kippur-Kriegs untersuchen. Die ursprünglich für Mitte Oktober vorgesehene Parlamentswahl wurde auf den 31. Dezember 1973 verschoben. Eine Mehrheit der Mitglieder der Arbeitspartei forderte wegen der heftigen öffentlichen Kritik an der Kriegsführung, die Kandidatenlisten wieder zu öffnen, damit neue Leute aufgestellt werden könnten. Auch ich schloss mich, gemeinsam mit dem ehemaligen Parteisekretär und Friedensaktivisten Lyova Eliav, dieser Forderung an. Fatalerweise aber stellten sich Golda Meir und die Parteigranden dagegen. Hunderte Reservisten, die aus dem Krieg zu-

Mit Simcha Dinitz und Henry Kissinger
im September 1975 in der Knesset

rückgekehrt waren, gründeten unter Führung des Jura-Professors Amnon Rubinstein die erste große Protestbewegung gegen das Präsidium der Arbeitspartei. Sie bildete die Keimzelle der neuen, Mitte-links-Partei Shinui (Änderung), die den Machtwechsel im Mai 1977 entscheidend mitbestimmen sollte.

Mit macchiavellistischem Instinkt hatte Henry Kissinger bereits am ersten Tag des Jom-Kippur-Krieges erkannt, dass dieser eine Gelegenheit bot, die Machtverhältnisse im Nahen Osten neu zu ordnen und die amerikanischen Interessen durchzusetzen. Zudem sah er eine Möglichkeit, Ägypten aus dem sowjetischen Einflussbereich herauszulösen. Während der Verhandlungen über einen Waffenstillstand gelang es ihm, Präsident Sadat davon zu überzeugen, dass er nur mithilfe der Amerikaner die an Israel verlorenen Gebiete zurückbekommen könne, keinesfalls durch weitere Kriege. Bald nach Ende der Gefechte schlug Kissinger der sowjetischen Regierung vor, für Ende des Jahres eine Friedenskonferenz in Genf einzuberufen. Die UdSSR stimmte überraschenderweise zu, diese Konferenz unter der Schirmherrschaft der Vereinten Nationen und unter dem Vorsitz der Amerikaner und der Russen zu veranstalten.

Am 5. November begann Kissinger mit seiner Pendeldiplomatie im Nahen Osten. Er reiste von Jerusalem nach Kairo, Amman und Damaskus, um den Einladungstext vorzubereiten und ihn mit allen Teilnehmern – Ägypten, Jordanien, Syrien und Israel – abzustimmen. Bei seiner Rückkehr traf er sich, wie damals häufig, mit dem Ausschuss der Tageszeitungen, ein Gremium von etwa zehn Redakteuren, zum Hintergrundgespräch. Kissinger war ein pointierter Erzähler, und ich erinnere mich mit Vergnügen an die Schilderung seiner Begegnung mit Hafiz al-Assad von Syrien, den er absichtlich zuletzt aufgesucht hatte, weil er als besonders schwieriger Verhandlungspartner galt. Assad hatte sich indes unerwartet kooperativ gezeigt und den Einladungstext ohne Änderungen akzeptiert. Zum Abschluss fragte er Kissinger, ob er nicht ein entscheidendes Detail vergessen habe. Kissinger verstand die Frage nicht, aber Assad erklärte ihm: »Sie haben vergessen zu fragen, ob wir an dieser Konferenz überhaupt teilnehmen werden …« Darauf Kissinger: »Wenn Sie mit der Einladung einverstanden sind, gehe ich davon aus, dass Sie daran teilnehmen werden.« Assad: »Wir werden aber nicht zur Konferenz kommen.«

Ted Lurie beschloss nun, Anan Safadi und mich nach Genf zu schicken. Am 21. Dezember wurde im historischen Gebäude des Völkerbunds in Genf die Konferenz unter der Schirmherrschaft von Uno-Generalsekretär Kurt Waldheim und dem gemeinsamen Vorsitz von Andrej Gromyko und Henry Kissinger eröffnet. Der Konferenztisch der syrischen Delegation blieb wie angekündigt unbesetzt. Neun Tage lang verhandelten die Delegierten über die Entflechtung der ägyptischen und israelischen Truppen am Suezkanal. Erstmals seit dem Krieg von 1967, als alle Staaten des Warschauer Paktes bis auf Rumänien die diplomatischen Beziehungen zu Israel abgebrochen hatten, trafen sich Außenminister Abba Eban und Andrej Gromyko zu einem ausführlichen Gespräch.

Eines Tages lud der ägyptische Regierungssprecher Tachsin Bashir einige Journalisten zu einem informellen Gespräch ein, auch ich zählte dazu. Colin Legum vom britischen *Observer* fragte: »Was wird aus Jerusalem?« Bashir: »Lasst uns erst einmal das Problem mit Gaza und der

Westbank lösen. Sie werden sehen, dass sich für Jerusalem von selbst eine Lösung ergeben wird.« Diese pragmatische Antwort eines hohen ägyptischen Regierungsrepräsentanten beeindruckte mich. Es deutete sich an, dass Präsident Sadat kurz nach dem Krieg ernsthaft über Frieden nachzudenken gewillt war.

Die Genfer Konferenz war meine erste Gelegenheit, mit ägyptischen und jordanischen Journalisten in Kontakt zu kommen, besonders mit dem Reuters-Korrespondenten aus Kairo freundete ich mich an. Tag für Tag saßen wir nebeneinander im engen Büro der Nachrichtenagentur, von wo aus ich meine Berichte nach Jerusalem schickte. Auf einmal sprach er mich an: »Diese Idioten – jetzt soll ich hier über Dinge berichten, die sie eigentlich dich fragen sollten.« Er sollte einen Bericht über die israelische Truppenstärke im Sinai liefern. Gemeinsam versuchten wir, das Gewünschte in Erfahrung zu bringen.

Am 30. Dezember 1973 endete die Konferenz, und einen Tag später flog ich zurück nach Israel, zufällig gemeinsam mit dem finnischen General Ensio Siilasvuo. Bei einigen Gläsern Wodka erzählte er mir, dass Israel und Ägypten kurz vor einem Kompromiss zur Entflechtung ihrer Truppen stünden: Noch vom Flughafen gab ich meine Information per Telefon an die Redaktion weiter, die den Aufmacher-Titel – »Genfer Friedensgespräche gescheitert« – neu formulieren musste, denn Ergebnisse standen nun doch in Aussicht.

Der am 1. April 1974 erscheinende Zwischenbericht der Agranat-Kommission löste ein politisches Erdbeben aus. Er bescheinigte der Armee, besonders aber ihrem Generalstabschef David Elazar und einigen hohen Generälen Versagen in mehrfacher Hinsicht: Das Militär sei ungenügend auf einen Krieg vorbereitet gewesen und habe die Angriffspläne zu spät erkannt. Inwieweit Moshe Dayan dafür politische Verantwortung trug, ließ der Bericht offen. Am gleichen Tag sollte ich als Mitglied des Ausschusses der Zeitungsredakteure die Golanhöhen besuchen, wo uns David Elazar über die militärische Situation informieren wollte. Überraschenderweise begleitete er uns nicht auf den Flug, sondern erläuterte die Situation noch auf dem Flughafen in Tel Aviv, weil er von Golda Meir dringend nach Jerusalem beordert worden war. Auf dem Weg zum Hubschrauber sagte er noch zu mir: »Sicher geht es darum, ob wir weitere Reservetruppen mobilisieren müssen.«

Mittags saß ich mit den Kollegen im zentralen Militärlager Nafach auf den Golanhöhen, das die syrischen Truppen während des Kriegs kurzzeitig erobert hatten. Die Gerüchte begannen zu brodeln, dass die Agranat-Kommission den Rücktritt Elazars gefordert hatte. Als wir am späten Nachmittag wieder in Jerusalem ankamen, war Elazar bereits entlassen. Die Aufregung war groß, dass Moshe Dayan straflos davonkam.

In der Arbeitspartei gab es nun heftige Debatten. Vor allem die Mitglieder des aktivistischen Achdut-Avodah-Flügels forderten Dayans Rücktritt, dieser weigerte sich aber, sein Amt als Verteidigungsminister niederzulegen, solange er Golda Meirs Vertrauen hatte. Der auch von mir angeregte Vorschlag, ihn als Minister für Friedensverhandlungen einzusetzen, fand kein Gehör. Als der öffentliche Druck auf Dayan nicht aufhörte, rief Golda Meir Ende April eine dringende Sitzung der Arbeitspartei-Fraktion in der Knesset zusammen, zu der ich eingeladen wurde. Zur Überraschung aller Anwesenden verkündete sie ihren Rücktritt als Ministerpräsidentin. Das bedeutete auch den Rücktritt des gesamten Kabinetts, einschließlich Dayans.

Am 3. Juni 1974, nach dem Ende der Waffenstillstandsverhandlungen mit Syrien, übernahm der ehemalige Generalstabschef und Botschafter in Washington, Yitzhak Rabin, das Amt des Ministerpräsidenten, Shimon Peres wurde Verteidigungsminister. Es gefiel mir, dass mit dem 52-jährigen Rabin zum ersten Mal ein Politiker meiner Generation an die Macht kam, ein Sabre, politisch integer und charismatisch. Obwohl ich eigentlich eher zu Peres neigte, den ich seit 1945 kannte und mit dem ich seit der Gründung der Rafi-Partei eng zusammengearbeitet hatte, schien mir Rabin eine gute Wahl und das Symbol einer neuen Ära.

Als Verteidigungsminister sollte Peres viel für den Aufbau von Israels Streitkräften nach dem Jom-Kippur-Krieg leisten, doch die Rivalität mit Rabin überschattete die drei Jahre dieser Regierung. Rabin litt darunter, dass er, der ehemalige Generalstabschef, nicht zugleich das Amt des Verteidigungsministers bekleidete, wie es in Israel viele Jahre üblich war; Peres wiederum war enttäuscht, dass er die Wahl im Zentralkomitee der Arbeitspartei mit nur wenigen Stimmen gegen Rabin verloren hatte, dabei hatte die hohe Zahl der auf ihn entfallenen Stimmen alle überrascht. In seiner Autobiografie nannte Rabin Peres den »unermüdlichen Intriganten«. So ist es fast ein politisches Wunder, dass in der zweiten Rabin-Regierung, die im Juni 1992 gebildet wurde, beide gut zusammenarbeiteten: Rabin als Premier- und Verteidigungsminister, Peres als Außenminister. Das harmonische Verhältnis zwischen beiden ermöglichte letzten Endes das Abkommen von Oslo. Viele Israelis können sich daran erinnern, wie am Ende der großen Friedenskundgebung in Tel Aviv am 4. November 1995 Rabin und Peres Arm in Arm das Friedenslied sangen. »Sagt nicht, der Frieden wird kommen – bringt den Frieden.« Wenige Minuten später wurde Rabin ermordet.

Da die Syrer 1973 nicht an der Genfer Konferenz teilgenommen hatten, verhandelte Kissinger im Mai 1974 mit ihnen direkt über die Entflechtungslinien auf den Golanhöhen. Für vier Wochen operierte das State Department gleichsam aus dem King-David-Hotel. Beim ersten Besuch in Syrien übernachtete die amerikanische Delegation in Damaskus, kehrte aber mit verdorbenen Mägen zurück, worauf Kissinger entschied, zukünftig auch spätabends noch ins King-David-Hotel zurückzukehren. Das gab uns israelischen Journalisten Gelegenheit, aus erster Hand Informationen über die Verhandlungen mit den Syrern zu erhalten. Jahre später, Kissinger hatte sein Amt als Außenminister bereits abgegeben, erläuterte er einmal bei einem privaten Besuch seinen Verhandlungsstil, der mir zeigte, wie gut er sich in die Psychologie seines Gegenübers einzuarbeiten wusste: »Man muss verstehen, wo die absolute Grenze des Verhandlungspartners ist, über die er unter keinen Umständen hinausgehen wird. Die eigene Position muss in realistischem Abstand dazu gewählt werden – und innerhalb dieses Bereichs wird sich ein Kompromiss finden.« Auch im israelisch-syrischen Konflikt erwies sich diese Strategie als erfolgreich: Bis heute besteht die damals vereinbarte Waffenstillstandsgrenze; Israel gab die Stadt Kuneitra an die Syrer zurück. Während Ägypten die Städte am Suezkanal wiederaufbaute, entschied sich Syrien, Kuneitra als Ruine zu erhalten – eine stete Erinnerung an die Kriege und Warnung vor dem israelischen Feind.

Anfang 1975 verhandelte Israel mit den USA über die nächste Phase des Rückzugs der israelischen Truppen von der Sinai-Halbinsel. Kissinger agierte als Fürsprecher Ägyptens, um den Rückzug Israels zu beschleunigen, eine Haltung, gegen die ich in der *Jerusalem Post* wiederholt Stellung bezog. Anfang März flog der Ausschuss der Zeitungsredakteure in Begleitung der israelischen Militärsprecher zum Mitla- und zum Gidi-Pass, sechzehn Kilometer östlich des Suezkanals, von wo aus die beiden Hauptstraßen in den Sinai kontrolliert wurden. Die Sonne brannte unerträglich, als wir nach zwei wenig vergnüglichen Stunden im lärmenden Hubschrauber landeten. Der neue Generalstabschef Mota Gur begleitete uns mit seinen Generälen, um zu erklären, wie gefährlich es für Israel sei, ohne ein Friedensabkommen mit Ägypten auf diese strategischen Pässe zu verzichten. Als Kissinger kurz darauf nach Jerusalem kam, war er zutiefst enttäuscht, denn er hatte in den verschiedenen Vorverhandlungen den Eindruck gewonnen, dass Israel kompromissbereit sein würde. In der Lobby des King-David-Hotels erklärte er vor israelischen Journalisten, dass er seinen Besuch vorzeitig beenden werde, behauptete aber, dass er Israel nicht die Schuld am Scheitern der Verhandlungen gebe. Zur gleichen Zeit informierte der Sprecher des State Department im Stockwerk darüber die amerikanischen Journalisten, dass Israel dafür die Verantwortung trage. Wenige Stunden später, als Kissinger und die amerikanischen Journalisten in Rom landeten, zitierten sie den »Senior Official im Flugzeug mit Kissinger« (hinter dem sich Kissinger immer selbst verbarg), dass die amerikanische Regierung eine Neubewertung (reassessment) der Beziehungen mit Israel vornehmen werde. Im Klartext bedeutete dies, dass die USA die Lieferung fast aller strategischen Waffen an Israel einstellten. Kissinger übte heftigen Druck aus, und dieser verfehlte seine Wirkung nicht: Sechs Monate später, im September 1975, flogen wir mit denselben Generälen erneut auf die Höhen des Gidi- und des Mitla-Passes. Mit gleicher Überzeugung erklärten sie uns, dass, solange Israel die Höhen kontrolliere, wir ohne weiteres die Pässe selbst zurückgeben könnten. Siegesgewiss reiste Kissinger wieder an, um gemeinsam mit Rabin das Abkommen mit den neu definierten Entflechtungslinien zu unterzeichnen. Als Gegenleistung verpflichteten sich die Vereinigten Staaten, nicht mit der PLO zu verhandeln. Achtzehn Jahre später war es ausgerechnet Rabin, der in seiner zweiten Amtsperiode als Ministerpräsident die PLO im Abkommen von Oslo als Verhandlungspartner erstmals anerkannte.

Von den politischen Entwicklungen ist mir der Massenprotest der damals noch jungen jüdischen Siedlerbewegung am stärksten in Erinnerung: Hunderte Siedler, teilweise mit Stöcken und Steinen bewaffnet, belagerten den Hügel, auf dem die Knesset steht, und demonstrierten gegen den Präzedenzfall, dass Israel eroberte Gebiete zurückgab. Trotz des hohen Polizeiaufwands dauerte es nicht lange, bis es den Siedlern gelang, das Gebäude zu umzingeln. Sie bedrohten den Minister Fuad Ben-Eliezer auf dem Weg zu einem Empfang in die Knesset und demolierten sein Auto. Nur mühsam gelang es der Polizei, die Menge zu bändigen. Schon damals empfand ich diese Szene als böses Omen für Israels Zukunft.

Im selben Herbst 1975 ernannte der Aufsichtsrat eine neue Doppelspitze für die *Jerusalem Post*: Ich wurde Managing Director and Editor – Herausgeber und Chefredakteur –, mein langjähriger Kollege Erwin Frenkel Editor. Im Mai 1974 war Ted Lurie während einer Japan-Reise überraschend einem Gehirnschlag erlegen. Um die Ernennung eines neuen Chefredakteurs von außen zu verhindern, bestanden Erwin Frenkel und ich darauf, dass der Aufsichtsrat Lea Ben-Dor als Nachfolgerin für Lurie ernennen sollte, die seit vielen Jahren stellvertretende Chefredakteurin war. Unsere Loyalität wurde von ihr allerdings übel missbraucht, denn schon bald versuchte sie, den ehemaligen stellvertretenden Leiter des Mossad, Dave Kimche, als Chefredakteur zu lancieren. Die Redaktion reagierte entsetzt. In den nun ausbrechenden Kämpfen in der Redaktion und im Aufsichtsrat versuchten Erwin Frenkel und ich, uns gemeinsam zu behaupten, was uns schließlich gelang. Bis zur Übernahme der Zeitung durch die Hollinger AG 1989 bildeten wir beide ein gutes Team, über das unsere ehemaligen Kollegen in einem Rückblick im April 1991 schrieben: »Obwohl Frenkel, der in

Deutschland geborene Harvard-Absolvent, und Rath, der in Wien geborene Ex-Kibbuznik […] diametral entgegengesetzte Temperamente hatten, arbeiteten sie gut zusammen: Frenkel, der stille und pragmatische Intellektuelle, Rath, der Querkopf mit einem hitzigen Gemüt und einem weiten Herz.«

Hoffnungen und Rückschläge

Nach Jahrzehnten der Herrschaft verlor die Arbeitspartei im Mai 1977 die Wahlen. Menachem Begin, der rechtsnationale Oppositionspolitiker, der achtmal erfolglos zu Wahlen angetreten war, gewann sie beim neunten Mal. Nun drängte es ihn zu einer historischen Tat. Den Staat Israel konnte er nicht noch einmal gründen, das hatte David Ben-Gurion schon getan. Aber er konnte der erste Ministerpräsident Israels sein, dem es gelang, einen Frieden mit einem arabischen Nachbarstaat zu schließen. Als ehemaligem nationalistischen Terroristen fehlten ihm dafür aber die nötigen diplomatischen Verbindungen. So wandte er sich an Moshe Dayan, der ursprünglich für die Arbeitspartei kandidiert hatte, obwohl er dort nach dem Jom-Kippur-Debakel umstritten war. Dayan sah seine Chance, sich politisch zu rehabilitieren. Er wurde Außenminister und traf sich kurz nach der Regierungsbildung heimlich in London im Haus von Lord Mishcon mit König Hussein von Jordanien. Als Dayan sah, dass mit Jordanien kein Frieden möglich war, solange Israel kein Einverständnis mit den Palästinensern erlangt hatte, nahm er Ägypten ins Visier. Mit Perücke und Sonnenbrille getarnt, flog er im September 1977 heimlich nach Marokko, um dort mit dem stellvertretenden ägyptischen Ministerpräsidenten Hassan Tohami über einen Friedensschluss sowie Details eines möglichen Besuchs von Präsident Sadat in Israel zu sprechen. So wusste Sadat schon vor seinem Staatsbesuch, dass er den Sinai in großen Teilen, möglicherweise sogar vollständig zurückerhalten könnte.

Die Bedeutung dieser Annäherung ist nicht zu überschätzen: Dass der Präsident des mächtigsten arabischen Staates bereit war, in die von der internationalen Gemeinschaft nicht anerkannte israelische Hauptstadt Jerusalem zu kommen, dort im Parlament der Knesset eine Ansprache zu halten und sich mit der politischen Führung zu treffen, war eine Sensation. Die arabischen Länder straften diese Provokation sofort ab; Sadat wurde quasi exkommuniziert, und die Arabische Liga verlegte ihren Hauptsitz umgehend von Kairo nach Tunis, sämtliche internationale arabische Gremien trennten sich von Ägypten.

Natürlich war die *Jerusalem Post* dicht am historischen Geschehen. Am 9. November 1977 winkte mich Anan Safadi beim Abhören des ägyptischen Nachrichtensenders aufgeregt zu sich: Er hatte gerade erfahren, dass Sadat eine wichtige Rede vor dem ägyptischen Parlament halten werde. Am selben Tag hatten unsere Truppen aus der Luft Fatah-Stellungen im südlichen Libanon bombardiert. Wir rechneten damit, dass Sadat diesen Angriff verurteilen würde. Aber weit gefehlt: Zu unserer riesigen Überraschung sprach er nur vom Frieden und sagte: »Ich erkläre hier mit vollem Ernst, dass ich bereit bin, ans Ende der Welt zu gehen – und die Israelis werden überrascht sein, dies zu hören –, sogar in ihr Haus, in die Knesset selbst, um mit ihnen zu sprechen, wenn ich damit den Tod eines einzigen ägyptischen Soldaten verhindern kann.«

Sofort riefen wir den Staatssekretär des Ministerpräsidenten, Elijahu Ben-Elissar, an und berichteten, was Sadat seinem Parlament verkündet hatte. Er reagierte sehr positiv mit einem traditionellen arabischen Ausspruch: »Ahlan wa Sahlan« – Herzlich willkommen. Als einzige Zeitung konnten wir diese sensationelle Meldung drucken und trugen damit zu einer Dynamik der Ereignisse bei, die schließlich im Besuch Sadats gipfelte. Zwei Tage später gab Begin vor den arabischen Fernseh- und Radiostationen eine Friedenserklärung ab.

Sadats Besuch in Jerusalem kam schneller als erwartet. Am Donnerstag, dem 17. November, hörte ich nachmittags im Radio, er werde am Samstagabend nach Israel kommen, nicht erst in zehn Tagen, wie ich zunächst vermutet hatte, sondern schon 48 Stunden später. Mir war klar, dass wir für diesen Anlass eine Sonderausgabe der Zeitung vorbereiten mussten. Die Spitze der ägyptischen Regierung und Tausende Journalisten aus aller Welt würden zur Berichterstattung nach Israel reisen und bei ihrer Ankunft keine israelischen Informationsquellen zur Verfügung haben. Das konnten wir nur mit der *Jerusalem Post* tun und damit unserem internationalen Ruf gerecht werden. Aber wie sollte ich

Mit Ägyptens Präsident Anwar as-Sadat in Ismailia, Dezember 1977

unserem frommen Betriebsratsvorsitzenden der Druckereiarbeiter Chananja Levin erklären, dass die Mitarbeiter der Druckerei am Schabbat würden arbeiten müssen? Ich bat ihn zu mir und berief mich auf die jüdische Tradition. Die Torah-Auslegungen erlauben nämlich auch Ausnahmen – Lebensgefahr zum Beispiel verschiebt den Schabbat. Ein Kranker etwa darf ins Krankenhaus gefahren werden, obwohl an diesem Tag das Autofahren streng verboten ist. Ich berief mich auf meinen Rabbiner-Onkel und überzeugte Levin davon, dass der Staatsbesuch Sadats unter die Kategorie Lebensrettung falle, denn ein Frieden mit Ägypten werde viele Leben retten. Tatsächlich ließ er sich auf einen Kompromiss ein: Er werde mitmachen, wenn wir die Druckmaschinen erst nach Ende des Schabbats anschalteten. Zum Glück ist das im Spätherbst einigermaßen früh, und so schafften wir es tatsächlich, vor der Ankunft Sadats unsere Sonderausgabe und die ersten tausend Exemplare rechtzeitig fertigzustellen. Auf der Titelseite prangte in rot gedruckten, handgeschriebenen Lettern auf Arabisch die Überschrift »Herzlich willkommen, Präsident Sadat«.

Ich vermute, dass diese Verletzung des Schabbats aber nicht ohne Folgen blieb, denn fromme Menschen können ein gutes Gedächtnis haben: Vor einigen Jahren scheiterte die Initiative der ehemaligen stellvertretenden Bürgermeisterin Jerusalems, Judith Hübner, selbst eine nationalreligiöse Politikerin, mich zum Ehrenbürger Jerusalems zu ernennen. Jedes Jahr erhalten zwölf Jerusalemer Bürger, die älter als achtzig Jahre sind, diese Auszeichnung. Die Prüfung für diese Ehrung durch einen von der Stadt unabhängigen Ausschuss ist streng, Orthodoxe gewinnen darin zunehmend an Einfluss, und mich fand er für die Ehrung nicht würdig genug.

Mittags am 19. November, einem Samstag, wurde das gesamte King-David-Hotel zur Sicherheitszone erklärt; nur Leute mit Sonderausweisen der Sicherheitsbehörden durften hinein oder hinaus. Jede Zeitung bekam nur einen Ausweis; unserer war für Anan Safadi vorgesehen. Dank meiner Bekanntschaft mit den Hotelbesitzern gelang es mir aber, zwei zusätzliche Passierscheine für Angestellte des Hotels zu erhalten. So konnte ich mich dort frei bewegen und schaffte auch unsere Sonderausgabe ins Hotel – immerhin zwei Zentner Papier.

Als ersten Ägypter traf ich im Hotel Mohammed Gawad wieder, den Chefredakteur der Middle-East News Agency (MENA), den ich im Juni des gleichen Jahres bereits in Oslo bei einer Konferenz des Internationalen Presseinstituts kennengelernt hatte. Damals hatten wir uns ausführlich über die neue Begin/Dayan-Regierung unterhalten. Ich hatte eine Friedensinitiative im Bereich des Möglichen gesehen, Gawad hingegen war viel pessimistischer gewesen. Nie werde ich vergessen, wie wir nun gemeinsam aus seinem Zimmerfenster auf die erleuchtete Altstadt von Ost-Jerusalem blickten und den historischen Moment genossen. Gawad bekannte: »Ich habe Sadat damals von deiner Einschätzung der Lage erzählt, aber ich hätte nie gedacht, dass der Frieden so nahe ist.«

Heute kann man sich die euphorische Aufbruchstimmung von damals nicht mehr vorstellen. Sadat blieb zwei Tage und hielt eine emotionale Rede in der Knesset, die er mit der Anrufung Gottes »Bismallah«

begann; darin betonte er, dass er auf einer Friedensmission sei. Zugleich aber warnte er schon damals davor, dass ein dauerhafter Frieden zwischen Israel und Ägypten ohne eine gerechte Lösung der palästinensischen Frage nicht möglich sei. »Da wir wahrhaftig Frieden suchen, heißen wir Sie wahrhaft willkommen, unter uns [zwischen den arabischen Staaten, A. R.] in Sicherheit und Frieden zu leben.« Sadat traf sich mit den Abgeordneten aller großen Parteien, um in direkten Kontakt mit Politikern der Regierung, aber auch der Opposition zu treten. Im Sitzungssaal der Fraktion der Arbeitspartei beobachtete ich eine kleine Szene, die die Stimmung dieser Tage gut wiedergibt: Golda Meir gab Sadat eine Kette für sein neugeborenes Enkelkind und fragte ihn dann in anklagendem Tonfall: »Warum sind Sie nicht schon gekommen, als ich Ministerpräsident war?«

In Begleitung von Teddy Kollek ging Sadat auf den Tempelberg und betete in der Al-Aksa-Moschee. Auf den Straßen jubelten die Menschen und winkten mit ägyptischen und israelischen Fahnen. Trotz all dieser Euphorie machte der Präsident von Anfang an klar, dass die Palästinenserfrage die Crux des Problems bilde, ohne deren Lösung ein umfassender Frieden unmöglich sei. Noch vor seinem Besuch in Jerusalem hatte er sich verpflichtet, das »Recht auf Selbstbestimmung« für die Palästinenser zu erreichen, ein Begriff, der bei Begin jedes Mal eine zornige Reaktion auslöste. Um dem vorzubeugen, fuhr Begin kurz nach Sadats Besuch nach Washington, im Gepäck seinen etwas absurden Plan der Autonomie für die »palästinensischen Araber in Judäa und Samaria«, wie er die Palästinenser im Westjordanland nannte. Wohlgemerkt: eine Autonomie nur für die Menschen, nicht für das Land, als würden die Palästinenser wie auf Chagall-Gemälden durch die Lüfte schweben.

Nach zwei Tagen in Jerusalem kehrte Sadat nach Kairo zurück. Wir saßen gebannt in meinem Sitzungszimmer in der Redaktion vor dem Fernseher, um zu sehen, wie er von den Ägyptern aufgenommen werden würde. Auch dort jubelten die Menschen, und so entschlossen wir uns spontan, die historischen Ereignisse der vergangenen Tage und die Bilder der jubelnden Massen in den Straßen von Jerusalem und Kairo in einem Album mit dem Titel »Sadat in Jerusalem« festzuhalten. Es wurde eine heißbegehrte Publikation. Auch Sadat ließ durch sein Büro zweihundert Exemplare ordern, um sie bei den Verhandlungen Mitte Dezember an seine Gäste zu verteilen.

Schon im Dezember 1977 begannen die politischen Vorbereitungen für ein Friedensabkommen. Anan Safadi und ich sollten wieder gemeinsam Bericht aus Kairo erstatten. Wir nahmen die bestellten Alben mit, deklariert als persönliches Gepäck. Schon bei der Ankunft in Kairo spürten wir die begeisterte Stimmung. Der Weg vom Flughafen zu den Pyramiden war voller Menschen, die den eintreffenden Delegierten und Beobachtern der Konferenz zujubelten. Über dem Mena-House-Hotel prangte ein riesiges Transparent mit der Aufschrift »Vorbereitungsgespräche zur Fortsetzung der Genfer Nahostfriedenskonferenz«. Anan und ich bezogen unser gemeinsames Zimmer und machten uns mit den Kollegen bekannt. Als jüdisch/arabisch-israelisches Team zogen wir einige Aufmerksamkeit auf uns, denn es war damals nicht üblich, dass Journalisten mit solch unterschiedlichen Biografien so eng zusammenarbeiteten. Überall machte Anan deutlich, dass er sich als arabischer Israeli verstehe – eine Haltung, die bei seinen ägyptischen Kollegen meist auf Unverständnis stieß.

Früh am nächsten Tag begannen die Verhandlungen. Israels Vertreter war Elijahu Ben-Elissar, Begins Staatssekretär, der auch den Besuch Sadats in Jerusalem koordiniert hatte. Ihm stand Meir Rosenne zur Seite, Rechtsberater des Außenministeriums, später Botschafter in Washington. Jeden Abend informierte er David Landau und mich exklusiv über den Verlauf der Konferenz – auf Jiddisch, weil er fürchtete, abgehört zu werden.

Wir genossen die freundschaftliche Atmosphäre; die Ägypter erwiesen sich als perfekte Gastgeber und ermöglichten es uns, gemeinsam mit allen Sicherheitsleuten zum Schabbat ein festliches Abendessen zu veranstalten, bei dem wir ausgelassen hebräische Lieder sangen. Zwei Wochen lang leitete ich die Redaktionsarbeit aus Kairo; jeden Nachmittag verfasste ich die Liste der Berichte, die am nächsten Tag veröffentlicht werden sollten, so wie ich es auch in Jerusalem jeden Abend machte.

David Landau, Anan Safadi und ich schrieben täglich detaillierte Konferenzberichte.

Anan allerdings fühlte sich von den arabischen Kollegen nicht richtig akzeptiert, weil er für die *Jerusalem Post* schrieb und nicht für ein arabisches Blatt. Zudem konnte er in Kairo nicht die arabischen Sender abhören, wodurch eine wichtige Quelle seiner Berichterstattung ausfiel. Sein Frust gipfelte darin, dass er nicht zu einem Interviewtermin für israelisch-arabische Journalisten mit Präsident Sadat eingeladen wurde. Alle meine Versuche, den Enttäuschten von seiner vorzeitigen Abreise aus Kairo abzuhalten, scheiterten; Safadi fuhr nach Hause.

Die Verhandlungen im Mena-House-Hotel standen unter Zeitdruck, denn am 25. Dezember wurden Ministerpräsident Begin, Verteidigungsminister Ezer Weizman und Außenminister Dayan in Ismailia erwartet. Wir Journalisten fuhren alle dorthin; während wir auf die Ankunft der israelischen Staatsmaschine warteten, knüpfte ich ein Gespräch mit dem ägyptischen Generalstabschef Mohamed Abdel Ghani al-Gamassi, dem eigentlichen Architekten des Jom-Kippur-Krieges, an. Er war ein sehr gebildeter Mann, sprach hervorragend Englisch und bestätigte mir, dass es 1973 nie zum Krieg gekommen wäre, hätte Golda Meir dem Rückzugsplan Dayans zugestimmt und die israelischen Truppen seinerzeit bis auf sechzehn Kilometer östlich des Suezkanals zurückgezogen.

Schon im Vorfeld von Begins Gegenbesuch in Ägypten war Sadat über den beschränkten Autonomieplan des israelischen Ministerpräsidenten verärgert gewesen, und so wurde Begin am 25. Dezember auf dem Militärflughafen in Ismailia ziemlich frostig empfangen: Es gab keine Fahnen, keine Hymnen und keine Ehrengarden wie sonst bei solchen Gelegenheiten. Sadat schickte seinen Vizepräsidenten Hosni Mubarak, um Begin zu begrüßen, Verteidigungsminister Ezer Weizman wurde von General Gamassi empfangen, für Außenminister Moshe Dayan allerdings fehlte ein entsprechendes Gegenüber, denn der neue ägyptische Außenminister, Ibrahim Kamal, den Sadat erst wenige Stunden zuvor berufen hatte, war noch nicht vereidigt. Sein Vorgänger, Ismail Fahmi, hatte aus Protest gegen Sadats Besuch in Jerusalem sein Amt niedergelegt.

Mubarak begleitete Begin zu Sadats Villa, wo er zunächst der Vereidigung Kamals beiwohnte. Dann sprachen die beiden eine halbe Stunde lang unter vier Augen. Da ich das Haus schon kannte, plazierte ich mich direkt an den Eingang, um gleich ein Statement abfangen zu können. Als die beiden heraustraten, fragte ich Begin auf Englisch: »Können Sie uns sagen, was Sie besprochen haben?«

Begin: »Präsident Sadat möchte Ihnen eine Mitteilung machen.«

Sadat: »In den nächsten Tagen wird ein gemeinsamer ägyptisch-israelischer politischer Ausschuss in Jerusalem und ein Verteidigungsausschuss in Kairo oder Alexandria tagen. Israel und Ägypten werden den Ausschüssen abwechselnd vorsitzen.« Sadats Zustimmung, die Sitzungen des politischen Ausschusses in Jerusalem abzuhalten, der international nicht anerkannten Hauptstadt Israels, war eine besonders versöhnliche Geste gegenüber Begin.

Während die Journalisten zu den Telefonen stürzten, um diese sensationelle Neuigkeit durchzugeben, lud Sadat, der an diesem Tag seinen 59. Geburtstag beging, Begin zu einer einstündigen Spazierfahrt à deux in seinem Cabrio den Suezkanal entlang ein. Ich hatte in Erfahrung bringen können, dass die israelische Delegation in Ismailia in der Villa von Ferdinand de Lesseps, dem Erbauer des Kanals, übernachten würde, ein Gebäude im französischen Kolonialstil. Da es dort nur begrenzte Unterbringungsmöglichkeiten gab, sollten alle israelischen Journalisten nach Kairo zurückfahren. Ich aber versteckte mich im Garten des Hauses. Außer mir war auch noch Shlomo Kital von Radio Kol Israel auf diese Idee gekommen. Nachdem die Kollegen abgereist waren, gingen wir zum Gästehaus. Man lud uns zum Abendessen mit ein, und die Ägypter organisierten uns schließlich noch ein Einbettzimmer in einem schäbigen Quartier. Die Delegationen verhandelten bis spät am Abend, aber es gelang Dayan und Weizman nicht, Begin davon zu überzeugen, einer Kompromissformel mit Ägypten über den Status der Palästinenser im Westjordanland und im Gazastreifen zuzustimmen.

Am nächsten Tag traten Sadat und Begin in einem für den großen Andrang errichteten Zelt vor die internationale Presse, wobei der israelische Ministerpräsident einen schwerwiegenden Fehler machte: In der

Palästinenser-Frage zwang er Sadat, das Westjordanland als »Judäa und Samaria« zu bezeichnen. Allein diese Formulierung bedeutete für die Ägypter einen Affront. Die Enttäuschung der ägyptischen und palästinensischen Journalisten, ja, des gesamten Pressekorps überhaupt war spürbar, besonders bei Shlomo Kital und bei mir. Dabei versuchte Menachem Begin Optimismus zu verbreiten und verkündete: »Ich kam her als hoffnungsvoller Ministerpräsident und fahre weg als glücklicher Mensch.«

Bei meiner Ankunft im Mena-House-Hotel am selben Abend begegnete ich Osama El-Baz, dem Vertrauensmann von Mubarak und Sadat, der eben vom Friseur kam und mir sagte: »Sie haben keine Vorstellung, wie groß die Enttäuschung unter den Leuten hier ist.«

Wie sehr Sadat trotzdem an einer Annäherung an Israel interessiert war, zeigt die Tatsache, dass er der *Jerusalem Post* ein Interview versprach; es war sein erstes mit einer israelischen Zeitung. Tagelang warteten David Landau und ich auf den geeigneten Moment, aber ich konnte nicht ewig in Ägypten bleiben. So besuchte Landau Sadat einige Tage später allein in seiner Winterresidenz, einer direkt am Nil gelegenen Villa in Assuan. Sadat sprach ganz offen über seine Enttäuschung, dass Israels Regierung trotz seiner Friedensbemühungen nicht bereit sei, auf die besetzten Gebiete zu verzichten. Zugleich kritisierte er, dass Israel den Palästinensern keine wirkliche Autonomie einräumen wolle.

Anfang Januar 1978 entschloss sich Präsident Carter, Sadat in Assuan zu besuchen, um die Friedensverhandlungen voranzubringen. Für das Palästinenser-Problem hatte er sich eine eigene Formel überlegt, die besagte, man müsse ihr »Recht an der Mitbestimmung ihrer Zukunft« anerkennen. Zuvor hatte Alfred (Roy) Atherton, der für den Nahen Osten zuständige stellvertretende US-Außenminister, Jerusalem besucht, um der israelischen Seite diese fast talmudische Formulierung zu vermitteln. Ich kannte ihn gut, und wir machten ab, diese Formel unter der Berufung auf »verlässliche Quellen« in der *Jerusalem Post* zu veröffentlichen, um zu prüfen, ob sie in der israelischen Öffentlichkeit akzeptiert werden würde. Das geschah denn auch, und so verwendeten Sadat und Carter diese sogenannte »Assuan-Formel« in ihrer gemeinsamen Erklärung am

4. Januar. Am gleichen Tag allerdings verkündete Begin die Errichtung von vier neuen Siedlungen im Sinai. Einem dieser Siedlungsprojekte wollte er sich persönlich anschließen – ein verheerendes Signal für die Unterredungen.

Die von Sadat angekündigten Verhandlungen begannen am 18. Januar 1978 in Jerusalem. Begin wollte unbedingt persönlich an der Eröffnungssitzung im Rahmen eines feierlichen Abendessens teilnehmen und setzte seinen Konfrontationskurs fort, indem er eine polemische Rede hielt. Wir israelischen Beobachter schauten uns verlegen an; es war ein schlechter Auftakt für den Beginn der formellen Verhandlungen am nächsten Tag. Nachmittags wurde bekanntgegeben, dass die ägyptische Delegation noch am selben Abend abreisen werde. Der ägyptische Außenminister Kamal hatte Sadat empfohlen, die Gespräche abzubrechen. Ägyptische wie israelische Teilnehmer der Verhandlungen regierten gleichermaßen entsetzt. Der ägyptische Diplomat Osama El-Baz, mit dem ich mich zum Gespräch verabredet hatte, brach in Tränen aus, als er von mir erfuhr, dass er nun seine Koffer packen müsse.

Erfolgreicher verliefen die Gespräche im Verteidigungsausschuss, weil zwischen Sadat und Verteidigungsminister Ezer Weizman die Chemie besser stimmte. Beider Familien hatten in den Kämpfen um den Suezkanal Opfer bringen müssen: Weizmans Sohn hatte nur knapp einen Kopfschuss überlebt, ein Bruder Sadats war dort gefallen. Obwohl sie einander zunächst mit Misstrauen begegneten, entwickelten die beiden eine lebenslange Freundschaft. Aus dem Falken Weizman wurde eine Taube, ohne sein herausragendes Engagement ist der Frieden von damals schwer vorstellbar. Das sollte allerdings noch etliche Monate dauern, denn auch die Konferenz von Leeds im Frühjahr 1978 erbrachte noch keine konkreten Resultate, obwohl die Stimmung auf beiden Seiten deutlich besser war. Ungelöster Streitpunkt blieb der Status der Palästinenser im Westjordanland, in Ost-Jerusalem und im Gazastreifen. Moshe Dayan kehrte aber aus England zurück mit den Worten: »Wir konnten dort zwar keine konkreten Vereinbarungen treffen, aber jetzt bin ich überzeugt, dass die Ägypter Frieden wollen. Denn nur wer so akribisch über jedes i-Tüpfelchen verhandelt, meint es ernst.«

Erst Präsident Carter schaffte es, bei den dreizehntägigen Verhandlungen in Camp David im September 1978 einen Kompromiss zwischen Israel und Ägypten auszuhandeln, der schließlich zur Unterzeichnung eines Friedensvertrages führte. Im Dezember 1978 erhielten Begin und Sadat gemeinsam den Friedensnobelpreis, am 26. März 1979 wurde, nachdem Jimmy Carter noch kurz zuvor in Kairo und Jerusalem die Feinabstimmung vorgenommen hatte, der Friedensvertrag in Washington unterzeichnet. Die Israelis verpflichteten sich zum Rückzug aus dem Sinai, beide Länder versprachen die Aufnahme diplomatischer Beziehungen und Handelsverbindungen.

Da es für uns Journalisten in der Ära vor Internet und Mobiltelefon deutlich schwieriger war, über das Geschehen an mehreren Orten zugleich informiert zu sein, bemühte sich die *Jerusalem Post* immer, an allen wichtigen Schauplätzen einen Berichterstatter zu plazieren. So konnte man auch den Manipulationsversuchen der Regierungssprecher trotzen. Ein Beispiel: Wolf Blitzer, unser amerikanischer Korrespondent, kam mit Carters Delegation nach Jerusalem. Dort fand am Nachmittag im Hotel Hilton eine Pressekonferenz statt, in der den Journalisten erklärt wurde, die Verhandlungen seien gescheitert, die Delegation werde noch am gleichen Tag abreisen. Ich hielt diese Ankündigung aber für eine gezielte Fehlinformation, um den Druck auf die israelische Delegation zu erhöhen. Ich war nämlich zur gleichen Zeit im King-David-Hotel, wo mich unser Botschafter in Washington, Eppi Evron, mit dem engsten Berater von Carter, Hamilton Jordan, zu einem Drink einlud. Wir plauderten über Nebensächliches, aber es stellte sich dabei heraus, dass Carter sehr wohl über Nacht bleiben und dass er Begin am nächsten Morgen zum Frühstück treffen werde. Das endgültige Ergebnis stand also noch gar nicht fest – ein klassisches Beispiel für den Versuch, die Medien zu manipulieren. So war die *Jerusalem Post* die einzige Zeitung, die eine ausgewogene Meldung brachte. Tatsächlich kam es am nächsten Tag auch zu einer Einigung, und der Weg zum Frieden war gebahnt. Carters Sprecher musste sich auf dem Rückflug noch für die Fehlinformation entschuldigen und wurde bald abgelöst.

An der feierlichen Unterzeichnung des Friedensvertrages nahm ich als Angehöriger des offiziellen israelischen Pressekorps teil, das Begin in seiner Sondermaschine nach Washington begleitete. Im Gepäck hatte ich fünf Exemplare des Albums »Sadat in Jerusalem«. Es war ein herrliches Gefühl, Dutzende ägyptische, israelische und amerikanische Diplomaten und Ehrengäste gemeinsam in ausgelassener Stimmung im Garten des Weißen Hauses zu erleben. 31 Jahre nach der Staatsgründung und nach vier verlustreichen Kriegen konnte Israel mit dem wichtigsten arabischen Staat Frieden schließen. Auch die lauten Protestrufe von Palästinensern, die gegenüber dem Weißen Haus demonstrierten, konnten diese Atmosphäre nicht stören. Ich stellte mich mit meinen Alben hinter die Hauptbühne, auf der die feierliche Unterzeichnung stattfinden sollte. Als alles vorüber war, standen Sadat, Begin und Carter noch auf dem Rasen herum. Ungehindert von den strengen Sicherheitskontrollen, ging ich mit meinem dicken Kuvert auf Sadat zu, denn ich wollte die Alben von allen drei Protagonisten signieren lassen. Dazu kam es aber erst am Abend beim festlichen Gala-Diner für mehr als fünfhundert Gäste, das in einem großen Zelt im Garten des Weißen Hauses stattfand. Die Gastgeber hatten an jeden Tisch je drei Amerikaner, drei Ägypter und drei Israelis plaziert; bis spät in die Nacht spielte die Kapelle hebräische, amerikanische und arabische Musik.

Im März 1979 gab Israel die strategisch bedeutsame Sinai-Stadt El Arish an Ägypten zurück. In Sadats Anwesenheit holten israelische Soldaten die blau-weiße Nationalflagge ein, und ägyptische Soldaten hissten ihre Fahne – ein erster konkreter Schritt zum Rückzug vom besetzten arabischen Boden. Nach dieser eindrucksvollen Zeremonie flogen Begin und Sadat nach Beer Sheva zum Beginn der sogenannten Autonomieverhandlungen. Wenig später wurden gegen den starken Widerstand von Siedlern auch zehn Siedlungen im nördlichen Sinai und die Wüstenstadt Yamit geräumt. Damals war es noch möglich, dass eine rechte Regierung um des Friedens willen auf besetzten Boden verzichtete.

Anfang Juli wurden die Verhandlungen in Alexandria fortgesetzt. Am Abend vor der Abreise hatte der amerikanische Botschafter zu einem Empfang aus Anlass des amerikanischen Unabhängigkeitstags in seine

Residenz in Herzlia eingeladen. Dort konnte ich eine von Begins vielen Empfindlichkeiten erleben, die das Verhandeln mit ihm für die Ägypter so schwierig machten: Ich stand mit Begin, Botschafter Sam Lewis und einigen Bekannten im Garten beisammen. Begin ärgerte sich: Man wollte ihn in Alexandria im vornehmsten Haus am Platz unterbringen, einem neu gebauten Hotel namens Falastin – Palästina. Er sagte abfällig zu mir: »Du kannst ja ruhig in das Hotel Falastin gehen, du bist ja auch von der *Palestine Post.*« Aber er selbst bestand darauf, im alten Hotel Savoy zu wohnen, das deutlich weniger komfortabel war und nicht einmal Klimaanlagen hatte, dafür aber einen weniger provokanten Namen trug. Die Ägypter hatten allerdings für Begins Forderung wenig Verständnis, hatten sie doch seinerzeit an Verhandlungen in Herzlia teilgenommen und sich nicht darüber beschwert, dass diese an einem nach dem Gründer der zionistischen Bewegung und Autor des Buches »Der Judenstaat« benannten Ort stattfanden.

Begin hatte nicht Außenminister Dayan, einen der Architekten des Friedensvertrags, zum Verhandlungsführer ernannt, sondern Innenminister Joseph Burg beauftragt, der zugleich Vorsitzender der Nationalreligiösen Partei war; Begin verstand die Verhandlungen über die Autonomie der Palästinenser nämlich als innenpolitische Angelegenheit des Staates Israel. Dayan war darüber so empört, dass er zurücktrat. Ezer Weizman blieb noch im Amt, legte es aber nach einem halben Jahr ebenfalls nieder. In einem langen offenen Brief warf er Begin vor, dass Israel seinen Verpflichtungen zum Frieden nicht nachkomme. Es war ein strategischer Fehler, dass Weizman und Dayan nicht gleichzeitig zurücktraten, denn ein gemeinsamer Schritt hätte die Regierung zu Fall gebracht. So aber blieb Begin an der Macht, und nach und nach erstarben alle Hoffnungen, in der Frage der palästinensischen Autonomie Fortschritte zu erzielen.

Auch wenn sich also auf politischer Ebene schon schwere Konflikte abzeichneten, auf einer Alltagsebene brachte der Friedensschluss mit Ägypten doch weitere Erleichterungen. So finde ich unter meinen Artikeln aus dieser Zeit eine mehrseitige Reportage aus dem Januar 1980, in der ich über die Öffnung des Landwegs von El-Arish über den Suezkanal nach Kairo berichtete: »Israel ist nicht länger eine isolierte Insel, die von den Landmassen Asiens und Afrikas umschlossen ist.« Zum ersten Mal seit 1948 wurde die wichtige Überlandstraße entlang der Mittelmeerküste geöffnet, was wir freudig begrüßten: »Von diesem Monat an wird die Küstenstraße durch den nördlichen Sinai der Sache des Friedens dienen, schrittweise den Tourismus und Handelsverbindungen zwischen Israel und Ägypten fördern und langsam das Gefühl von Klaustrophobie abbauen, an dem Israel bisher gelitten hat.«

Seit Beginn der Annäherung zwischen Israel und Ägypten hatte ich davon geträumt, dass man die *Jerusalem Post* eines Tages auch in Kairo kaufen werde können, und schon mehrfach mit dem großen internationalen Zeitungshändler Hachette verhandelt, aber erst nach dem offiziellen Friedensabkommen konnten wir Details besprechen. So begleitete mich damals unser Vertriebsleiter, um unsere ägyptischen Verhandlungspartner zu treffen. Mit einer improvisierten Fähre aus den Resten einer Pontonbrücke aus dem Jom-Kippur-Krieg setzten wir über den Suezkanal über. Der Moment bewegte uns alle, auch die ägyptischen Offiziere und Soldaten, die den Fährverkehr regelten. Sie winkten uns herzlich zu und riefen »Salam« – Frieden! In Kairo handelten wir mit unseren ägyptischen Partnern eine Vereinbarung aus, dass die *Jerusalem Post* im Stadtzentrum an Kiosken und in den großen Hotels verkauft werden sollte. Für einige Monate – das Projekt kam nie über die Erprobungsphase hinaus, weil sich der Aufwand letztlich doch nicht rechnete – zeigte Ägypten auf diese Weise, dass es sich Israel gegenüber geöffnet hatte.

Auch im Privaten waren die späten siebziger Jahre von positiven Erlebnissen geprägt. Wie heute erinnere ich mich an den warmen Frühlingsabend im Mai 1978, als ich zu einem Empfang in die Residenz des schwedischen Botschafters eingeladen war; Anlass war der Geburtstag des Königs. Ich hatte mich schon verabschiedet, als ich in der Nähe des Ausgangs eine auffallend schöne, blonde junge Dame mit blaugrünen Augen bemerkte. Da ich annahm, sie sei eine der schwedischen Diplomatinnen, bedankte ich mich bei ihr für den Empfang. Entrüstet entgegnete sie: »Ich bin eine Finnin, bin hier selbst zu Gast. Mein Name ist Anneli Halonen, wie chalon katan (kleines Fenster) auf Hebräisch.« Ihre Visitenkarte wies sie als Vizekonsulin der finnischen Botschaft und Leiterin der Abteilung für die sowjetischen Interessen in Israel aus (nach dem Sechstagekrieg 1967 hatte Finnland die Vertretung der sowjetischen Interessen übernommen). Anneli war zwanzig Jahre jünger als ich, sie hatte in Helsinki Politikwissenschaft studiert und sprach sieben Sprachen, darunter fließend Russisch. Gleich nach dem Studium war sie Diplomatin geworden und hatte bereits in der finnischen Botschaft in Moskau und später auch im finnischen Außenministerium gearbeitet. Seit 1976 lebte sie in Israel.

Anneli erlaubte mir, sie bei nächster Gelegenheit zum Abendessen einzuladen, aber meine Versuche, sie telefonisch zu erreichen, waren vergeblich. Zwar sagte eine weibliche Stimme – wie sich später herausstellte, ihre Mutter – mit finnischem Akzent immer wieder: »Anneli ist in Finnland«, aber mehr Konversation war nicht möglich. Erst einige Monate später, während eines Abschiedsempfangs für den stellvertretenden britischen Botschafter, der zu einer Bootsfahrt entlang der Küste von Tel Aviv eingeladen hatte, sah ich sie wieder. Wir küssten uns auf die Wangen und vereinbarten, dass ich sie eine Woche später zu einem Abendessen abholen würde.

Der Empfang in ihrer Residenz in Herzlia war etwas ungewöhnlich: Ihr kleiner Hund Otto griff Unbekannte ohne Vorwarnung an, nicht einmal mit meiner ausgeprägten Zuneigung zu Hunden konnte ich sein wildes Bellen beruhigen. Und bevor es Anneli gelang, ihn zurückzuhalten, hatte er die Hose meines Anzugs schon zerrissen.

Nach dieser peinlichen Begrüßung bot Anneli mir einen Drink an, und wenig später fuhren wir Richtung Jaffa zu einem kleinen Restaurant. Kaum bogen wir auf die Hauptstraße ein, sagte sie mir in ihrer unnachahmlich direkten Art: »Wenn du mit mir ausgehst, weil du glaubst, etwas über meine Arbeit zu erfahren, dann können wir gleich wieder zurückfahren. Du verschwendest deine Zeit.« Es wurde dann doch noch ein schöner Abend, der Anfang einer Beziehung, die trotz vieler Ups and Downs beinahe zwanzig Jahre hielt. Anneli wurde bald meine offizielle

Begleiterin und ein beliebter Gast bei Empfängen und Abendessen mit israelischen Politikern und Generälen – Yitzhak Rabin, Abba Eban, Ezer Weizman und Ehud Barak. Auch meine Familie und Freunde schlossen sie ins Herz. Mein Bruder Meshulam, der sich in meiner Kindheit so vehement dagegen gewehrt hatte, dass mein Vater sich mit der Christin Maria Hauer verband, hätte gerne gesehen, wenn wir geheiratet hätten. Er wusste, dass ich das Drama mit Maria nie vergessen hatte. Eines Tages lud er Anneli zu einem Gespräch ein, bei dem er ihr versicherte, er würde auch eine Nicht-Jüdin in unserer Familie herzlich begrüßen.

Anneli sprach fließend Hebräisch und kannte sich im Judentum gut aus. Wir besuchten auch gemeinsam ihre Familie in Finnland, mit der ich mich trotz des Sprachproblems gut verstand. Sie ist die Frau, mit der ich mit Abstand am längsten zusammen war. Als sie 1984 ihren diplomatischen Posten in Israel verlassen musste und zurück nach Helsinki ging, erwogen wir zu heiraten. Aber trotz unserer vielen gemeinsamen Interessen – Politik, klassische Musik, Reisen durch ganz Israel, den Sinai und sogar nach Beirut –, trotz unserer gemeinsamen Besuche in Europa, den USA, Mexiko und Venezuela, waren unsre Temperamente so verschieden, dass es immer wieder zu heftigen Auseinandersetzungen kam. Letztlich lebten wir doch in eigenen Welten, und beide waren wir nicht bereit, unsere beruflichen Ambitionen für die Beziehung zurückzustellen. Anneli setzte ihre Karriere als Botschaftsrätin für Kultur in Moskau, Berlin, London und Washington fort. Ein letzter, schon etwas halbherziger Versuch, es doch noch miteinander zu versuchen, scheiterte während einer Alaska-Reise im Sommer 1995. Seither gehen wir getrennte Wege, sind aber bis heute Freunde geblieben.

Der New Yorker Psychiater, den ich Jahre zuvor in anderem Zusammenhang konsultiert hatte, sollte recht behalten: Beim Blick auf meine Lebensgeschichte fiel ihm auf, dass ich mich immer mit Frauen zu verbinden versuchte, bei denen schon am Anfang feststand, dass die Beziehung keine wirkliche Zukunft haben würde. Sie stammten aus anderen Milieus, waren viel zu jung oder verheiratet.

Nicht lange nach dem Friedensschluss mit Ägypten, im Mai 1980, sollte ich Gelegenheit haben, den österreichischen Bundeskanzler Bruno Kreisky näher kennenzulernen, der in Israel aus zwei Gründen höchst umstritten war: Zum einen hatte er im September 1973, noch unter dem Eindruck des Massakers bei den Olympischen Spielen in München 1972, der Forderung palästinensischer Terroristen nachgegeben, das Durchgangslager Schönau, eine wichtige Station für sowjetische Juden bei der Einwanderung nach Israel, zu schließen. Gleichzeitig hatte er allerdings auf Österreichs Recht auf Gewährung von Transit bestanden und ein neues Durchgangslager in Traiskirchen eröffnet. Zum anderen erkannte Österreich unter Kreiskys Kanzlerschaft 1980 als erster westlicher Staat die PLO als legitimen Vertreter des palästinensischen Volkes an.

Kreisky, 1911 in eine jüdische Familie geboren, hatte sich schon als Schüler für die Sozialdemokratische Partei engagiert, er verstand sich als Agnostiker und trat 1931 aus der Israelitischen Kultusgemeinde aus. In der Zeit des Austrofaschismus war er ein Jahr lang im Anhaltelager Wöllersdorf inhaftiert; 1936 kam er frei und konnte sein Jus-Studium noch beenden, bevor er 1938 nach Schweden emigrierte. 1951 kehrte er dauerhaft nach Wien zurück, wo er in der SPÖ trotz des antisemitischen Klimas im Nachkriegs-Österreich Karriere machte. Seine Rolle bei der Verhandlung des Staatsvertrages mit der Sowjetunion 1955 war ausschlaggebend; 1959 wurde er Außenminister, 1967 Vorsitzender der SPÖ und 1970 bis 1983 Bundeskanzler.

1974 reiste Kreisky zum ersten Mal mit einer Fact-Finding-Mission der Sozialistischen Internationale nach Israel, um sich nach dem Jom-Kippur-Krieg über die Konfliktlage im Nahen Osten zu informieren. Es war der Beginn seiner langjährigen Beziehung zu Jassir Arafat. Im Vorfeld besuchte ich Kreiskys älteren Bruder Paul, der seit 1938 in Palästina/Israel lebte. Er war leicht geistig behindert, wohnte in Jerusalem bei einer bucharischen Pflegefamilie und hausierte mit Schreibwaren. Gelegentlich kam er bei der Redaktion vorbei, und ich kaufte ihm Teetassen oder anderen Krimskrams ab. Anders als viele böse Zungen behaupteten, bekannte sich Kreisky zu seinem Bruder und unterstützte ihn monatlich über die österreichische Botschaft. Paul Kreisky sagte: »Wissen Sie, wir waren beide Freimaurer in den zwanziger Jahren und sind dann in die Sozialistische Partei eingetreten. Aber als ich sah, wie nach dem Bürgerkrieg 1934 so viele ehemalige Sozialisten zu den Nazis überliefen, wollte ich nach Palästina.« Dort wurde er auch religiös und trug immer eine Kippa.

1974 erlebte ich Kreisky nur von ferne, erst bei einer Tagung der Sozialistischen Internationale in Haifa 1978 lernte ich ihn kennen. Im Rahmen dieser Konferenz kam es zu einer halbherzigen Versöhnung zwischen Kreisky und Golda Meir, die ihm nie die Schließung von Schönau verziehen hatte. 1980 lud Kreisky mich dann zur offiziellen 25-Jahr-Feier des Staatsvertrags nach Wien ein. Neben viel politischer Prominenz nahmen auch einige Exilösterreicher teil. Die Veranstaltung war sehr vornehm, alle Gäste waren im Hotel Bristol untergebracht, und ich fuhr mit Anneli hin. Höhepunkt der Feierlichkeiten war der große Empfang im Belvedere, mit viel Champagner und elegantem Buffet. Als Kreisky mich mit der bildhübschen Anneli erblickte, kam er schnurstracks auf uns zu. »Küss die Hand«, sagte er mit unverwechselbarem Wiener Charme und machte uns mit einigen seiner Gäste bekannt.

Wenige Tage später traf ich den Bundeskanzler in seinem Büro im Palais am Ballhausplatz zu einem ausführlichen Gespräch, das unter dem Titel »Understanding ›Kaiser Bruno‹« am 30. Mai in der *Jerusalem Post* erschien. Kreisky empfing mich freundlich, sagte aber gleich: »Sie müssen darauf gefasst sein, dass ich unser Gespräch mehrmals unterbrechen werde, denn ich organisiere gerade eine Mission der Sozialistischen Internationale mit Willy Brandt, Olof Palme und dem Spanier Felipe Gonzalez nach Teheran« – infolge der Revolution im Iran hatten islamische Studenten im Dezember 1979 52 Angehörige der amerikanischen Botschaft als Geiseln genommen, monatelang bemühte sich die internationale Diplomatie um eine friedliche Lösung der Krise.

Dann wandte Kreisky sich mir konzentriert zu. Er kannte sich mit der Politik Israels und des Nahen Ostens beinahe genauso gut aus wie mit österreichischen Angelegenheiten. Ich begann das Gespräch mit der provokanten Frage, ob er für die Araber mehr Sympathien als für die

Chefredakteur der Jerusalem Post, 1985 (auf dem großformatigen Foto dahinter ist David Ben-Gurion abgebildet)

Israelis empfinde. Entrüstet wehrte er ab, eine solche Behauptung sei »reiner Wahnsinn«, denn: »Als Sozialist verbietet sich mir eine solche Einstellung. Meine Sorge für das Schicksal anderer Völker erwächst aus meinem sozialistischen Bewusstsein. Wir müssen das Problem der Palästinenser lösen, denn sonst ist Israels Existenz bedroht.« Kreisky rechnete damit, dass man bald atomare Waffen frei einkaufen könne, was eine lebensbedrohliche Gefahr für Israel darstelle: »Sogar heute gibt es viele radikale arabische Regime, die gerne Krieg gegen Israel führen wollen, nur das eint sie [...] Wir müssen dem entgegentreten, indem wir ein Einverständnis mit den Palästinensern finden. Dies ist der einzige Ausweg«, betonte er wiederholt. Kreisky äußerte sich zu meiner Verwunderung sogar respektvoll über Begins Haltung, fand aber auch klare Worte dafür, dass dessen Politik jeden Versuch einer Annäherung unmöglich mache. Solches wollte man damals in Israel natürlich nicht hören, aber es erwies sich als zutreffend und gilt bis heute. Er fragte mich noch, wie es seinem Bruder Paul und seinem Neffen in Israel gehe, und wandte sich dann wieder seiner Rettungsinitiative in Teheran zu.

Als Kreisky im Jänner 1981 seinen siebzigsten Geburtstag feierte, kam mir die Idee: Es wäre doch nett, wenn ihm sein Bruder telefonisch gratulierte. Ich suchte ihn bei seiner Pflegefamilie auf und machte ihm den Vorschlag.

»Ich hab doch schon ein Telegramm geschickt«, meinte Paul Kreisky.

»Aber willst du nicht mit ihm sprechen?« Ich rief in Kreiskys Sekretariat an und fragte: »Ist es recht, wenn Kreisky heute noch von seinem Bruder zum Geburtstag angerufen wird?« Ich spürte die Verblüffung am anderen Ende der Leitung, aber nach zwei Minuten meldete sich eine freundliche Stimme: »Ja, beste Grüße vom Herrn Bundeskanzler. Am besten, Sie rufen heute Abend um neun Uhr beim Herrn Bundeskanzler zu Hause an.« Paul freute sich sehr über diese Nachricht und kam vor lauter Aufregung schon um achtzehn Uhr in mein Büro; zur angegebenen Zeit gratulierten wir dann beide Bruno Kreisky zum Geburtstag. Politisch neugierig, wie er war, fragte er mich sofort ausgiebig nach den letzten Entwicklungen.

Meine letzte Begegnung mit ihm fand 1984, sechs Jahre vor seinem Tod, in seiner Wiener Wohnung statt, wo er sich gerade von einer Nierentransplantation erholte. Kreisky litt jahrlang an einer Nierenkrankheit und musste noch als Bundeskanzler seine Reisen mit den Dialyse-Terminen koordinieren. In einem blauen Trainingsanzug saß er nun im Wohnzimmer, mit seinem rötlichen Bart und dem blassen Gesicht erinnerte er mich an einen frommen Juden. Tatsächlich beteuerte er mir im Gespräch, dass seine Sorge immer der Zukunft Israels gegolten habe. Nur deshalb habe er für eine Anerkennung der PLO plädiert: »Ohne mit den Palästinensern zu verhandeln, wird es für Israel keine Sicherheit geben.« Mit dieser Ansicht war er seiner Zeit weit voraus.

Heute werden Kreiskys politische Leistungen differenzierter betrachtet, und es hat mich gefreut zu sehen, dass es zu seinem hundertsten Geburtstag zahlreiche Gedenkveranstaltungen gab. Meine Verbindung zu Kreiskys Familie reichte über seinen Tod hinaus: Als sein Sohn Peter

2010 starb, betete ich im Auftrag der Familie bei der Beisetzung seiner Urne das Kaddisch.

Aus drei Gründen sticht für mich als Herausgeber der *Jerusalem Post* das Jahr 1982 besonders hervor: Im Frühjahr veröffentlichten wir drei offene Briefe des palästinensischen Journalisten Jamil Hamad, die viel Aufsehen erregten, im Juni begann der Libanon-Krieg und damit ein ganz neues Kapitel unserer Berichterstattung, und im Dezember feierte die Zeitung ihr fünfzigjähriges Bestehen.

Unter den palästinensischen Journalisten, denen ich nach dem Sechstagekrieg begegnet war, beeindruckte mich Jamil Hamad besonders. Ursprünglich stammte er aus Rafat, südöstlich von Jerusalem; auch seine Familie hatte ihr Heimatdorf im Krieg von 1948 verlassen müssen und zog nach Bethlehem. Ich hatte Hamad 1967 unter sonderbaren Umständen näher kennengelernt: Der Chefredakteur der kleinen palästinensischen Zeitung *Al-Fajar* (Der Horizont), für die Hamad als Redakteur arbeitete, war unter mysteriösen Umständen verschwunden, und Hamad geriet in Verdacht, dabei die Hand im Spiel gehabt zu haben. So bat er mich, ihm beim Beweis seiner Unschuld zu helfen, was schließlich gelang, weil ich ihm über Teddy Kolleks Berater für die palästinensischen Einwohner von Ost-Jerusalem einen neuen Anhörungstermin bei den zuständigen israelischen Behörden vermittelte. Durch dieses Ereignis hatte Hamad Vertrauen zu mir gewonnen, und wir freundeten uns an.

1982 lud mich Hamad in sein Haus ein, das außerhalb von Bethlehem frei und ungeschützt in der Landschaft stand, ziemlich gefährlich für einen Oppositionellen. An diesem Abend sprachen wir ganz offen über die unerträgliche Situation der Palästinenser unter der israelischen Besatzung. Am Ende des Abends kam uns die Idee, Hamads Gedanken in drei offenen Briefen an König Hussein von Jordanien, an PLO-Chef Jassir Arafat und an den Kommandanten der Zivilverwaltung im Westjordanland, Menachem Milson, zu adressieren. Sein Sohn übersetzte die Briefe ins Englische und im Mai und Juni veröffentlichten wir sie im Abstand von einigen Tagen unter dem Pseudonym Abu Zerr el-Gaffari auf den Meinungsseiten der *Jerusalem Post*. Hamad nahm kein Blatt vor den Mund: In seinem Brief an Milson deckte er die Missstände in den besetzten Gebieten auf, die Korruption und Ungerechtigkeiten gegenüber der palästinensischen Normalbevölkerung. Scharf kritisierte er die Unfähigkeit der Mitarbeiter der israelischen Zivilverwaltung. In seinem Brief an König Hussein wiederum empörte er sich über die Korruption der jordanischen Verwaltung. Die Palästinenser sollten nicht mehr länger der Spielball jordanischer Interessen im Nahen Osten sein: »Wir sind nicht mehr die Gleichen, die wir 1967 waren. Wir denken anders als jene, die in Amman, Jerash und Irbid leben [...] Wir haben gelernt, was Demokratie ist, und was nicht [...] Ministerpräsident und Regierungsmitglieder stehen nicht über dem Gesetz.« Zum Abschluss forderte Hamad, die Palästinenser an Friedensgesprächen zu beteiligen.

Hamads Briefe riefen ein weltweites Echo hervor, zahlreiche internationale Zeitungen druckten sie nach, darunter auch die *Frankfurter Allgemeine Zeitung* und die *New York Times*.

Am 3. Juni 1982 saß ich in fröhlicher Stimmung im Jerusalemer Hilton-Hotel bei einem Abendessen zum Abschied des deutschen Außenministers Hans-Dietrich Genscher, dessen Besuch in Israel gut verlaufen war. An meinem Tisch saß auch der ägyptische Botschafter Mohammed Bassiouni. Er teilte die Meinung hoher israelischer und deutscher Regierungsbeamter, dass der Frieden zwischen Ägypten und Israel von 1977 das politische Klima im Nahen Osten wesentlich verbessert habe. Wir alle schätzten die Lage als relativ stabil ein, obwohl im Libanon seit 1975 zwischen muslimischen und christlichen Fraktionen Bürgerkrieg herrschte. Immer wieder feuerte die Fatah – die Kampfeinheit der PLO – von dort Katjuscha-Raketen auf Dörfer und Städte im Norden Israels.

Auf dem Heimweg fuhr ich noch an der Redaktion vorbei, um zu sehen, welche Meldungen der Nachtredakteur für die Titelseite ausgewählt hatte. Automatisch stellte ich das Radio auf meinem Schreibtisch an, wo gerade die mitternächtliche Nachrichtensendung ausgestrahlt wurde. Schon bei den ersten Worten fuhr mir der Schreck in die Glieder: Der Sprecher berichtete, dass Shlomo Argov, der israelische

Botschafter in London, von palästinensischen Terroristen der radikalen Abu-Nidal-Gruppe im Zentrum von London angeschossen worden sei und in Lebensgefahr schwebe. Ich war entsetzt, denn der 52-jährige Diplomat war ein Freund; seine Frau, die Mutter seiner drei Kinder, war als junges Mädchen im November 1938 auf der *Galilea* mit mir von Wien nach Palästina gekommen.

Die Nachricht wollte ich unbedingt am nächsten Tag in der Zeitung haben, aber die Leute, die die sogenannten Photonmaschinen bedienten, mit denen wir damals den Satz der Zeitung herstellten, waren schon nach Hause gegangen. Als erste israelische Zeitung hatten wir auf moderne Druckverfahren umgestellt, Texte wurden nicht mehr mit Blei gesetzt. Die Grafiker montierten aus den in Spalten gesetzten Texten und Bildern einen Klebeumbruch, der schließlich belichtet und im Offsetverfahren gedruckt wurde. Naturgemäß arbeiteten sie oft bis spät in die Nacht. Ich schrieb also auf meiner Schreibmaschine eine kurze Meldung über das Attentat; den neun mal vier Zentimeter kleinen Zettel montierten die Gestalter auf die Titelseite, und die Meldung erschien am nächsten Morgen exklusiv in der *Jerusalem Post*. Die Ausgabe vom 4. Juni 1982 mit der handgetippten Meldung wurde zum Sammlerexemplar.

Ich ahnte in dieser Nacht nicht, dass Israels Verteidigungsminister Ariel Sharon, der gerade einige Tage Urlaub in Rumänien machte, das Attentat als Begründung für eine Invasion Israels in den Süd-Libanon ausnützen würde. Sharons Plan war es, die Fatah-Einheiten in den dort angesiedelten palästinensischen Flüchtlingslagern anzugreifen.

Schon am 6. Juni 1982 begann der Libanon-Krieg. Israelische Panzer und Infanterie marschierten in drei Kolonnen in den Süd-Libanon ein. Journalisten durften die Nachzugstruppen begleiten und direkt von der Front sowie aus den schnell eroberten libanesischen Dörfern berichten. Als Chefredakteur musste ich schnell entscheiden, welche unserer Journalisten diese Aufgabe übernehmen sollten. Sie hatten nur wenige Stunden Zeit, um sich darauf vorzubereiten und sich von ihren Familien zu verabschieden. Und sie mussten über Themen berichten, die für sie völliges Neuland waren: über die palästinensischen Flüchtlingslager, über die schiitische Amal-Miliz, die sich gegen die PLO positionierte, und über die Vertreter der christlichen Phalangisten aus Beirut, die zu Israels neuen Verbündeten wurden. Damals führte ich ständig den Spruch über den Unterschied zwischen einem Experten und einem Journalisten im Munde: Während der Experte immer mehr über immer weniger wissen muss, ist es beim Journalisten genau umgekehrt; er weiß oft immer weniger über immer mehr Themenfelder.

Offiziell erklärte die Regierung, das israelische Militär solle nur vierzig Kilometer bis zum Litani-Fluss vorstoßen, um die unmittelbare Bedrohung für Israels Norden abzuwehren. Deswegen gab sie der Intervention den unschuldig klingenden Namen »Operation Frieden für Galiläa«. Ministerpräsident Menachem Begin, der immer Ehrfurcht vor populären Generälen hatte, vertraute den verwirrenden täglichen Kabinett-Berichten seines Verteidigungsministers Ariel Sharon, der das eigentliche Kriegsziel zu verschleiern versuchte: die Eroberung der Hauptstadt Beirut.

Ich stand damals in persönlichem Kontakt mit Sharons Stellvertreter, Mordechai Zippori, einem Reservebrigadier, der zwar ein Gründungsmitglied der rechtsnationalen Likud-Cherut-Partei war, aber als integrer Politiker galt. Zippori zog Sharons Berichte von der Front in Zweifel und wagte zu widersprechen. Seine in einem Hintergrundgespräch geäußerte Vermutung, dass Sharon einen Vorstoß bis Beirut plane, veröffentlichten wir unter Berufung auf eine »hohe Regierungsquelle« und trugen so zu einer kritischen Berichterstattung über den Krieg bei.

In der letzten Juni-Woche 1982 fuhr auch ich zum ersten Mal in den Libanon. Um den dichten Verkehr zu vermeiden, brach ich an einem Samstag um vier Uhr früh mit meinem Dienstwagen vom Büro aus auf, nachdem ich mir noch einen offiziellen Brief der Zeitung an die israelischen Militärbehörden ausgestellt hatte. Die Fahrt ging nach Ost-Beirut, das unter Kontrolle der israelischen Truppen stand. Nach einer dreistündigen Fahrt Richtung Norden erreichte ich den Kibbuz Gesher Hasiv, wenige Kilometer vor dem Grenzübergang. Jeder Journalist, egal ob Auslandskorrespondent oder Israeli, der keine permanente Einreisegenehmigung hatte, musste ab hier von einem bewaffneten Militärsprecher begleitet werden. Angenehmerweise teilte man mir meinen Kollegen Jakob Friedler zu, der im zivilen Leben Leiter unseres Korrespondentenbüros in Haifa war.

Nach der letzten Grenzkontrolle an den markanten weißen Felsen von Rosh Hanikra begann die abenteuerliche Reise entlang der Küstenstraße bis Sidon und Damour, dann die steile Straße die Shuf-Berge hinauf, ins Kernland der Drusen, und schließlich nach Ba'abde, dem hoch gelegenen christlichen Stadtteil Ost-Beiruts. Zwei Stunden brauchten wir für die letzten achtzig Kilometer der Strecke. Kurz nach neun Uhr traf ich bei Bruce Kashdan ein, dem vom israelischen Außenministerium ernannten Presseoffizier, der mit dem internationalen Pressekorps in West-Beirut in Verbindung stand. Ziel meiner ersten Reise in den Libanon war es, den Vertreter des libanesischen Informationsministers zu treffen, der die *Jerusalem Post* den Auslandskorrespondenten und den christlichen Intellektuellen in Beirut zugänglich machen wollte. Er erhoffte sich noch vor einem formellen Friedensvertrag eine Normalisierung der Beziehungen zwischen dem christlichen Libanon und Israel.

Die Rückfahrt führte uns durch zahlreiche schiitische Dörfer im Süd-Libanon, in denen die Amal-Miliz herrschte. Während einer Kaffeepause auf einem Dorfplatz sprach mich ein großer, gutaussehender Kämpfer auf Englisch an. Er stellte sich als regionaler Kommandant der Amal-Miliz vor und erklärte mir, die palästinensischen Fatah-Kämpfer wagten es nicht, in die Nähe der von ihnen kontrollierten Gebiete zu kommen: »Wir 60000 Shiahs im Süd-Libanon sind eure wahren Verbündeten. Es ist in Israels Interesse, mit uns zu kooperieren.« Wir tauschten Telefonnummern aus, um in Kontakt zu bleiben. Nach Jerusalem zurückgekehrt, erzählte ich Neville Lamdan von der Begegnung. Er hatte erst kurz zuvor seinen Dienst als britischer Diplomat quittiert und war nach Israel eingewandert, wo er die neu eingerichtete Libanon-Abteilung im israelischen Außenministerium leitete. Daraufhin lud er eine Delegation der Amal-Miliz nach Jerusalem ein, um mit ihnen Kontakte aufzubauen. Diese Verbindungen waren aber nicht von Dauer, da die christlichen Phalangisten von Bashir Gemayel strikt gegen diese Kooperation waren.

Irrtümlicherweise dachten Begin und Sharon, dass Israel nach einer Vertreibung der PLO aus dem Libanon im Bündnis mit dem christlichen Präsidenten Bashir Gemayel eine neue politische Ordnung im Nahen Osten schaffen könne. Diese Hoffnung hörte ich selbst aus Sharons Mund noch während des Krieges: Am 23. Juli 1982 hatte der ägyptische Botschafter Mohammed Bassiouni aus Anlass des Nationalfeiertags zu einem großen Empfang in den Garten des Accadia-Hotels in Herzlia eingeladen. Als der Ehrengast Sharon die große Marzipantorte mit den ägyptischen und israelischen Nationalfarben aufschnitt, erklärte er feierlich: »Jetzt weiß ich, wer der zweite arabische Staat ist, der mit Israel Frieden schließen wird.«

Die Entscheidung Sharons, sich der Forderung der Phalangisten zu fügen, sollte sich dann als ein schwerer strategischer Fehler herausstellen. Es dauerte nicht lange, bis die von Israel abgelehnten schiitischen Amal-Milizen den Kern der radikalen Shiah Hisbollah unterstützten.

Im August fuhr ich auf Einladung des Militärpresseamtes mit dem Ausschuss der Zeitungsredakteure erneut nach Beirut. Man führte uns auf die Dachterrasse der sechsstöckigen Notre-Dame-Schule, wo sich das Hauptquartier der israelischen Fallschirmjägerdivision befand. General Amos Yaron zeigte uns die beiden palästinensischen Flüchtlingslager Sabra und Shatila in West-Beirut, die man mit bloßem Auge deutlich erkennen konnte. »Diese Lager sind uns ein Dorn im Auge«, erklärte er. Offenbar überlegten die israelischen Generäle schon damals, wie man diese Hochburgen der PLO niederschlagen könnte, und warteten nur auf eine günstige Gelegenheit. Sie ergab sich am 14. September 1982, als Bashir Gemayel, der Führer der christlichen Phalangisten, während einer Versammlung mit politischen Vertrauten in seinem Hauptquartier durch ein Bombenattentat ermordet wurde. Obwohl der erste Verdacht auf die syrischen Geheimdienste fiel, marschierte die israelische Armee auf alleinigen Befehl Sharons, unterstützt von christlichen Phalangisten-Einheiten, in das von der PLO kontrollierte West-Beirut ein. Zwei Tage später erreichten die Phalangisten-Soldaten Sabra und Shatila.

Die drei Tage und Nächte vom 16. bis 18. September 1982 wurden zu einer der beschämendsten Episoden in den Annalen des israelischen

Militärs. Hunderte Kämpfer der christlichen Phalangisten verursachten unter dem Kommando von Eli Hobeika ein Massaker. Gnadenlos ermordeten sie palästinensische Kinder, Frauen und Männer – je nach Quelle liegt die Zahl zwischen achthundert und dreitausend Opfern –, während die israelische Armee die Gegend hermetisch abgesperrt hatte und die Nacht mit Leuchtraketen und Scheinwerfern taghell beleuchtete. Wie sich später herausstellte, erfuhr Ministerpräsident Begin, der zum Neujahrsfest in seiner Residenz weilte, erst durch die BBC von den Ereignissen.

Die Empörung in Israel und in der ganzen Welt war grenzenlos. Nur wenige Tage nach den Ereignissen nahm ich an der Massenprotestkundgebung auf dem Rathausplatz von Tel Aviv teil, die 300 000 Menschen auf die Straße brachte. Auch Staatspräsident Yitzhak Navon trat auf dieser Veranstaltung auf und kritisierte (als Staatsoberhaupt!) öffentlich die Regierung. Unter stürmischem Applaus der Demonstranten forderte er die gerichtliche Klärung der Ereignisse. Ministerpräsident Begin sah sich gezwungen, durch den Obersten Gerichtshof die Ernennung einer Untersuchungskommission zu veranlassen, die im Februar 1983 die Entlassung von Sharon als Verteidigungsminister und die Degradierung von Brigadier-General Yaron für drei Jahre beschloss.

Schweren Herzens fuhr ich einige Monate später an den zerstörten und verlassenen Lagern Sabra und Shatila vorbei, um von den ersten Friedensverhandlungen zwischen Israel und dem Libanon in einem kleinen Hotel in Chalde südlich von Beirut zu berichten. Zwar kam es zur Unterzeichnung eines vorläufigen Abkommens zwischen beiden Seiten, aber das libanesische Parlament ratifizierte dieses Friedensabkommen nie, weil der Kompromiss nur mit der christlichen Partei ausgehandelt worden war. Erst im Jahr 2000 veranlasste Ministerpräsident Ehud Barak die Räumung des Libanon bis zur internationalen Grenze.

Im Dezember 1982 feierten wir das fünfzigjährige Bestehen der *Jerusalem Post*. Zu diesem Zweck hatten wir ein Festkomitee gebildet, um die vielfältigen Veranstaltungen vorzubereiten, mit denen wir dieses Jubiläum nicht nur in der Redaktion, sondern auch mit unseren Kollegen und den Lesern feiern wollten. An erster Stelle war dies eine große internationale Konferenz mit dem Thema »Der Krieg und die Medien«. Im Zentrum stand der Vergleich der journalistischen Herangehensweisen bei der Berichterstattung über den Libanon-Krieg und den Falkland-Krieg – zwischen April und Juni 1982 hatten Großbritannien und Argentinien im südlichen Atlantik Krieg gegeneinander geführt. Während im Libanon die Presse vergleichsweise freien Zugang auf beiden Seiten der Front hatte und die Berichterstattung fast ungehindert erfolgte, konnten Journalisten während des Falkland-Krieges nur über das Kommunikationsnetzwerk der britischen Flotte berichten. Die Israelis erhielten bei diesem Vergleich gute Noten.

Mitglieder der Redaktion hatten einen Film über die Geschichte der Zeitung gedreht, der in Anwesenheit von Staatspräsident Yitzhak Navon im Jerusalemer Theater präsentiert wurde. Die Kollegen der israelischen Presse und Korrespondenten ausländischer Medien äußerten sich anerkennend über unsere Arbeit. In den fünfzig Jahren ihres Bestehens hatte sich die *Jerusalem Post* in der israelischen Zeitungslandschaft eine eigene Nische geschaffen und erheblich zur Modernisierung des Pressewesens in Israel beigetragen, denn die englische Zeitungssprache war immer sachlicher und präziser gefasst.

Besonders wichtig war mir das Mittagessen an einem Freitag im King-David-Hotel, zu dem ausschließlich Mitarbeiterinnen und Mitarbeiter der Zeitung aus Redaktion, Verwaltung und Druckerei eingeladen waren. Als Überraschung hatte ich den Star-Komiker Tuvia Zafir eingeladen, der die konservativen Politiker Menachem Begin und Ariel Sharon imitierte und ihnen eine Laudatio auf unser Blatt in den Mund legte. Da beide Erzfeinde der *Jerusalem Post* waren, verfehlte dieser Auftritt seine satirische Wirkung nicht: Der Saal tobte vor Begeisterung.

Ich hatte mich auf die Moderation dieser lustigen Veranstaltung gefreut, doch ein persönlicher Schicksalsschlag machte sie zu einer der schwierigsten Aufgaben meines Lebens. In der Nacht zuvor war mein neunzehnjähriger Neffe Adi, der Sohn meiner Schwester Henny, an einem Asthma-Anfall gestorben. Ich hatte die ganze Nacht mit meiner Familie in Tel Aviv verbracht und war erst kurz vor der Veranstaltung nach

Jerusalem zurückgekommen, da ich wusste, dass ohne mich die Feier nicht stattfinden würde. Um die freudige Stimmung nicht zu trüben, erzählte ich nur drei meiner engsten Mitarbeiter, was geschehen war, nach der Veranstaltung aber konnte ich die Tränen nicht mehr zurückhalten. Ich verabschiedete mich schnell von den Freunden und Kollegen und eilte zurück nach Tel Aviv. Zahlreiche Mitarbeiter der Zeitung standen mir und meiner Familie zwei Tage später bei der Beerdigung zur Seite.

Für das Jubiläum hatten wir auch eine Sonderausgabe kreiert. Zwei lange Nächte plagte ich mich mit der Formulierung eines programmatischen Textes, der wie kein anderer mein journalistisches und politisches Ethos und das der damaligen *Jerusalem Post* zum Ausdruck brachte. Bis heute ist mir dieses »Credo einer Zeitung« besonders wichtig:

»In modernen, freien und wirklich demokratischen Gesellschaften sind Zeitungen nicht nur dazu da, ihre Leser über berichtenswerte Fakten und Ereignisse zu informieren […] Um ihrem Auftrag gerecht zu werden, müssen Redakteure den Mut haben, ihre Überzeugungen zu artikulieren, wie unpopulär diese auch sein mögen.

Da politische Parteien in modernen Demokratien – das gilt für Regierungs- ebenso wie für Oppositionsparteien – dazu tendieren, den gewohnten Bahnen etablierten Denkens zu folgen, fällt der Presse oft die Rolle einer außerparlamentarischen Opposition zu […] Es gibt in der israelischen Gesellschaft Protagonisten von Vernunft und Mäßigung, die fest daran glauben, dass Israel mit seinen arabischen Nachbarn in diesem Teil der Welt […] Frieden schließen müsse, insbesondere mit den Palästinensern […] Zudem hätten fünfzehn Jahre der Besatzung in der Westbank und dem Gazastreifen bereits zu einer starken Verwerfung einiger der grundlegenden sozialen und moralischen Werte Israels geführt, eines Israel, das zu einer permanenten Besatzungsmacht geworden sei und Kontrolle über eine Bevölkerung ausübe, die zunehmend feindselig werde […]

In der nationalen Debatte geht es um viel mehr als um engstirnige Parteipolitik. Es geht um die fundamentalsten Werte und Prinzipien der sozialen und nationalen Wiedergeburt. Wie es sich so oft in der Vergangenheit gezeigt hat, schuldet Israel einen großen Teil seiner unvergleichlichen Entwicklung und seines politischen Fortschritts der Tatsache, dass die Stimmen der Vernunft, der Mäßigung und des politischen Realismus in den entscheidenden Augenblicken seiner jüngeren Geschichte stets die Oberhand behielten. Dies gilt in noch größerem Maße für die wichtigen Entscheidungen, vor denen Israel heute steht.

Zusammen mit der überwältigenden Mehrheit der Menschen in Israel hat die *Jerusalem Post* vor fünf Jahren den Frieden gewählt, als die erste Regierung Begins in einem seltenen Moment von politischer Weisheit und Mut den ägyptischen Präsidenten Sadat in Jerusalem willkommen hieß. Es war damals so klar wie heute, dass dies der erste Schritt zu einem umfassenderen Frieden sein sollte, der Anfang zu einer neuen Ära im Nahen Osten.

Um Frieden zu erreichen, muss Israel bereit sein, einen Teil der Territorien aufzugeben, die es seit 1967 besetzt hat – und zwar nicht nur den Sinai. Von einer Nation, die den Frieden gewählt hat, muss man verlangen, dass sie eine durchgehende Friedenspolitik verfolgt, solange ihre Sicherheit nicht gefährdet ist. Die Regierung, die den ersten großen Schritt in Richtung Frieden machte, muss daher ebenso wie die Opposition, die diese Regierung unterstützte, konsequent bei dieser Politik bleiben […]

Die Redakteure der *Jerusalem Post* werden daher auch in Zukunft die Regierung und die Opposition auf der Basis ihrer Politik beurteilen, wie sie es in den letzten sieben Jahren getan haben, ungeachtet der Persönlichkeiten, die diese Politik befürworten. In dieser wichtigen nationalen Debatte, die jeden Israeli als wichtigstes Thema beschäftigt, kann die *Jerusalem Post* nicht neutral bleiben. Denn zu den entscheidenden Fragen zu schweigen, vor denen die Nation steht, würde bedeuten, dass sie ihre Rolle als eine lebendige Zeitung aufgibt.«

In den dreißiger Jahren gab es im jüdischen Palästina eine vielfältige Zeitungslandschaft, entstanden in der Tradition des mittel- und osteuropäischen Pressewesens; zahlreiche jüdische Redakteure waren dort tätig. Jede Partei unterhielt ihre eigene Zeitung. Spalteten sich Fraktionen aus politischen Gründen ab, gründeten sie sogleich ihre eigenen Blätter: Hat man keine eigene Zeitung, ist man auch keine Partei, lautete das Prinzip. Die verschiedenen Parteizeitungen pflegten ein erstaunlich hohes publizistisches Niveau und hatten sogar literarische Beilagen, sie waren nicht nur Sprachrohr ihrer Partei. Anfang der achtziger Jahre mussten die meisten Parteizeitungen aus finanziellen Gründen aufgeben, eine Ausnahme bildeten die Blätter der drei religiösen Parteien.

Zwei bedeutende Zeitungen sind bis heute im Familienbesitz geblieben: *Yediot Achronot* (Die letzten Nachrichten) und *Haaretz* (Das Land). *Yediot Achronot*, die mit einem Marktanteil von einem guten Drittel noch bis 2009 als meistgelesene Zeitung Israels galt, wurde in den späten dreißiger Jahren als erste Abendzeitung im britischen Mandatsgebiet gegründet und ist seit den vierziger Jahren im Besitz der Familie Moses. Trotz des populären Stils und der kurz gehaltenen Meldungen ist *Yediot Achronot* keine Boulevardzeitung. Die Kommentatoren des Blattes zählen zu Israels wichtigen Meinungsmachern. Im Februar 1948 spaltete sich die Zeitung *Ma'ariv* (Der Abend) von *Yediot* ab. Nach zahlreichen Eigentümerwechseln gehört sie heute der Nimrodi-Familie und verfolgt einen gemäßigt konservativen Kurs.

Die damals sehr kleine Zeitung *Haaretz* wurde 1939 von dem aus Zwickau stammenden Geschäftsmann und Verleger Salman Schocken gekauft und von seinem Sohn Gershom zu einem bedeutenden Blatt gemacht. Mehr als fünfzig Jahre lang, bis kurz vor seinem Tod 1990, prägte er *Haaretz* als Herausgeber und Chefredakteur und bildete Generationen von Israels besten Journalisten aus. Schocken legte Wert auf literarische Feuilletons und Beilagen in der Tradition der großen deutschen Tageszeitungen, aber letztlich kam keine der israelischen Zeitungen je an das intellektuelle Niveau einer *Frankfurter Allgemeinen*, einer *Süddeutschen* oder *Neuen Zürcher Zeitung* heran.

Obwohl Schocken viele Jahre ein politischer Gegner Ben-Gurions war, schätzte ich an ihm, dass er auch in Kriegszeiten nicht bereit war, auf die Pressefreiheit zu verzichten. In wichtigen Fragen, wie dem steten Kampf gegen die Einschränkungen des Militärzensors, der dringenden Notwendigkeit eines friedlichen Ausgleichs mit den Palästinensern und der scharfen Kritik gegen die jüdischen Siedler in den besetzten Gebieten, waren wir derselben Meinung. Die *Jerusalem Post* war die erste Zeitung, die Schocken frühmorgens las, da er die Fahnen von *Haaretz* schon in der Nacht gelesen hatte. Seine Mitarbeiter, unter denen ich Freunde hatte, erzählten mir, dass er sie bei der täglichen Redaktionssitzung scharf tadelte, wenn die *Jerusalem Post* Scoops hatte – Nachrichten, die exklusiv nur bei uns erschienen.

Wir bemühten uns um gute Beziehungen zu beiden Abendzeitungen. Obwohl die *Jerusalem Post* der Arbeitspartei nahestand, legte ich Wert auf eine unabhängige und kritische Berichterstattung. Das änderte sich drastisch nach April 1989, als die *Jerusalem Post* verkauft und ich einige Monate später entlassen wurde. Fortan fehlte in Israel eine liberale, den Frieden fördernde Stimme auf Englisch. Ich setzte mich daher dafür ein, dass *Haaretz* auch eine englischsprachige Ausgabe herausgab. Seit nunmehr fast zwanzig Jahren erscheint die englische *Haaretz* mit der internationalen *Herald Tribune* – ein großer Erfolg, der der *Jerusalem Post* heute starke Konkurrenz macht.

Der israelische Zeitungsmarkt ist in den letzten fünf Jahren stark in Bewegung geraten, seit der konservative amerikanische Multimilliardär Sheldon Adelson die Gratiszeitung *Israel HaYom* (Israel heute) herausgibt. Dieses Blatt, das etwa ein Drittel der Leserschaft in Israel erreicht, unterstützt bedingungslos den rechtskonservativen Ministerpräsidenten Benjamin Netanjahu – in meinen Augen eine große Bedrohung für die Demokratie.

Zu den wichtigen persönlichen Erlebnissen in den achtziger Jahren gehört meine Begegnung mit Saleh Turujman, der mir wie ein eigener Bruder ans Herz gewachsen ist. Ohne Übertreibung kann ich sagen, dass er einer der treuesten Freunde ist, die ich je hatte. Saleh wurde 1941 in Jerusalem geboren und ist der Nachfahre einer der ältesten palästinensischen Familien in Jerusalem. Sein Vater war ein wohlhabender Rechtsanwalt mit liberaler Weltanschauung und einem Freundeskreis, in dem die Konfession keine Rolle spielte. Einen Teil seiner Einkünfte erzielte er mit Häusern, die er selbstverständlich auch an Christen und Juden vermietete, wofür er von Anhängern der muslimischen Gemeinde kritisiert wurde. Er besaß zahlreiche Grundstücke im West- und Ostteil der Stadt, wichtige Gebäude wurden nach 1948 darauf errichtet. Offenbar rechnete Salehs Vater nicht mit der Gründung eines jüdischen Staates, denn er brachte sein Geld nicht außer Landes, sondern investierte sogar in Jerusalem, was sich als fataler Fehler erweisen sollte: Noch im ägyptischen Exil musste er jahrelang die Kredite der Arab-Bank bedienen, für ein Haus, das er 1946 im jüdischen Stadtteil hinter dem Mandelbaumtor erbaut hatte und das 1948 in die Hände des israelischen Verwalters für »verlassenes feindliches Eigentum« fiel, wie im Übrigen auch die anderen Grundstücke.

Im April 1948 verließ Salehs Familie ihre Mietwohnung in der Nähe von Mea Shearim im Herzen von Jerusalem. Sie hatte dort jahrelang in guter Nachbarschaft mit einer christlichen und einer jüdischen Familie gelebt, bis Salehs Eltern Drohungen erhielten, das Haus werde in die Luft gesprengt. Verängstigt flüchteten die Turujmans nach Jordanien, später nach Alexandria in Ägypten, wo sie unter vielen palästinensischen Flüchtlingen lebten. Saleh erinnert sich trotz der Flucht an eine schöne Kindheit. In Alexandria wuchs er behütet auf, absolvierte das renommierte Victoria-College, das nicht nur von König Hussein von Jordanien, sondern auch von vielen jüdischen Schülern besucht wurde, und schloss Freundschaft vornehmlich mit Ägyptern. Nach der Schule ging er – wie auch seine Geschwister – zum Studium in die Vereinigten Staaten, wo er seither lebt. Längst ist er amerikanischer Staatsbürger und arbeitet seit vielen Jahren als Leiter der Forschungsabteilung im amerikanischen Gesundheitsministerium, wo er sich um die Zulassung für neue Medikamente und Lebensmittelzusätze kümmert. Saleh spricht sehr gut Deutsch, von 1964 bis 1966 absolvierte er Deutschkurse in München und Wien. Seine Verbindung zu Jerusalem ist nie abgerissen, zumal seine Eltern in den achtziger Jahren dorthin zurückkehrten, in eine kleine Wohnung in Beit Hanina, einige Kilometer nördlich des Stadtzentrums.

Ich hatte Saleh schon Anfang der achtziger Jahre gelegentlich auf Partys in Jerusalem flüchtig kennengelernt; im liberalen Journalisten- und Intellektuellenmilieu war der umtriebige Bonvivant ein gern gesehener

Gast. Unser enger Kontakt begann aber erst Mitte der achtziger Jahre, als mich eine gemeinsame Bekannte bat, ihm zu helfen. Trotz seines amerikanischen Passes hatten ihm die israelischen Grenzbehörden die Einreise auf dem Landweg über den Sinai nach Israel verweigert, schlimmer noch: Sie stempelten seinen Pass mit einem Vermerk, der ihm die Einreise grundsätzlich verwehrte, sowohl auf dem Land- als auch auf dem Luftweg. Saleh war empört, zumal ihm keinerlei Begründung für diese Maßnahme mitgeteilt wurde.

Ich nutzte eine Tagung des Internationalen Presseinstituts im März 1983 in Kairo, um Saleh zu treffen und mit ihm zu überlegen, was wir tun könnten. »Das ist ein Fall für Ezer Weizman«, dachte ich. Als Minister ohne Portfolio in der israelischen Regierung kümmerte er sich um Fragen des israelisch-palästinensischen Zusammenlebens. »In arabischen Ländern ist es eine Tradition, Briefe an die Regierenden zu schreiben«, erklärte mir Saleh. Er hatte damit auch wiederholt positive Erfahrungen gemacht und beispielsweise 1974, als er von König Faisal von Saudi-Arabien eine Unterstützung für sein Studiums erbeten hatte, prompt tausend Dollar erhalten.

Wir beschlossen also, auch an Weizman zu schreiben. Mehrere Stunden formulierten wir an unserem Brief herum, überlegten alle möglichen Reaktionen und tippten das Ergebnis schließlich in meine tragbare Hermes-Schreibmaschine, die mich überallhin begleitete. Saleh unterschrieb unser Meisterwerk, und ich übergab es nach meiner Rückkehr dem Büro von Weizman. Die Wirkung ließ nicht lange auf sich warten: Weizman hatte unser Brief so gut gefallen, dass er Saleh Turujman unbedingt kennenlernen wollte. Außerdem fand er für ihn in Absprache mit dem zuständigen Innenministerium eine individuelle Lösung: Wann immer er nach Israel wollte, ließ Saleh über seinen Rechtsanwalt dem Innenministerium ausrichten, wo und wann er einreisen werde, und problemlos gelang es ihm, die Grenze zu passieren.

Seit unserer Begegnung in Kairo wurden Saleh und ich enge Freunde, eine Freundschaft, die sich auch auf unsere Familien erstreckte. So besuchte ich jahrelang Salehs Eltern in Beit Hanina. Wann immer sie nach Washington reisten, um ihre Kinder dort zu besuchen, fuhr ich mit ihnen zum Flughafen, um ihnen beim Passieren der Sicherheitskontrollen zu helfen, die palästinensische Reisende in jüdischer Begleitung weit weniger schikanieren als ohne. Nachdem Salehs Vater 1995 einen Schlaganfall erlitten hatte und gestorben war, kümmerte ich mich fortan um seine Mutter. Sie wusste, dass sie sich auf mich verlassen konnte, und ich erinnere mich mit Rührung an einen Ausspruch bei Salehs Hochzeit in Washington im August 1997. Freunde seiner jungen polnischen Frau fragten sie, warum sie allein in Jerusalem und nicht bei ihren Kindern in den USA lebe. Sie antwortete entrüstet: »Aber wieso? Ich bin ja nicht allein. Ich habe ja den Ari dort.« Erst als sie an Krebs erkrankte, zog sie schließlich zu ihren Kindern, wo ich sie noch besuchte, bevor sie im Juni 2002 starb.

Auch die Verbindung zwischen Ezer Weizman und Saleh blieb bestehen; selbst nachdem Weizman 1993 Präsident geworden war, sahen sich die beiden regelmäßig. Wegen verheimlichten Geldgeschenken eines reichen Freundes musste Weizman im Sommer 2000 von seinem Amt zurücktreten, bald darauf erkrankte er an Krebs. Wir besuchten ihn noch vor seinem Tod in seiner Villa in Cäsarea. Auf philippinische Pfleger gestützt, kam er uns entgegen. Wir waren beide erschüttert, diesen großen, immer so starken und gutaussehenden Mann so leiden zu sehen.

Weizman starb am 24. April 2005, einem Sonntag. Sofort rief ich Saleh an.

»Wann ist das Begräbnis?«, fragte Saleh.

»In zwei Tagen.«

»Ich komme«, sagte Saleh, ohne auch nur einen Moment zu zögern. Ich hatte etwas Bedenken, denn Weizman sollte ein Staatsbegräbnis bekommen, und ich fürchtete, dass man einen gebürtigen Palästinenser vielleicht nicht zulassen würde. Aber diese Sorgen erwiesen sich als unbegründet, als ich Ruma Weizman, Ezers Witwe, anrief, um ihr mitzuteilen, dass Saleh kommen würde. Sie sagte gleich: »Ich setze eure Namen auf die Liste für das Präsidentenhaus.« So nahmen wir gemeinsam Abschied von Ezer Weizman, der auf einem kleinen Friedhof in Or Akiva beerdigt wurde. Saleh verlor auf dem Weg dorthin seine Kippa.

Ehud Barak kam ihm zu Hilfe: »Ich habe ja einen Hut, du kannst meine Kippa nehmen«, sagte er. Nach dem Begräbnis fuhren wir zum Haus der Witwe. Ruma empfing Saleh besonders herzlich; sie war gerührt, dass er den weiten Weg aus Washington auf sich genommen hatte.

Politik hat in unserer Freundschaft immer nur eine untergeordnete Rolle gespielt, zu ähnlich sind unsere Einschätzungen der Lage und Akteure. Beide wissen wir: Gäbe es mehr Freundschaften wie unsere, im Nahen Osten herrschte längst Frieden.

Anfang der achtziger Jahre erhielt ich wenige Tage vor Pessach einen Anruf von Vicky Meroz, der Frau des ehemaligen israelischen Botschafters in Bonn, Jochanan Meroz: »Ari, könntest du ausnahmsweise auf den Seder-Abend mit deiner Familie verzichten und ihn bei uns im engsten Kreis begehen? Wir haben nämlich hohen Besuch. Der regierende Bürgermeister von Berlin, Richard von Weizsäcker, und seine Frau Marianne werden den Abend mit uns verbringen.« Ich sagte zu, unter der Bedingung, dass ich Anneli mitbringen könne.

Es wurde einer meiner interessantesten und nettesten Seder-Abende. Zu acht saßen wir um einen runden Tisch in der bescheidenen Jerusalemer Wohnung der Familie Meroz; außer den Weizsäckers waren nur Meroz' Sohn und seine Freundin zugegen. Wir hatten die Hagadah-Gebetbücher mit englischer und deutscher Übersetzung vor uns. Jochanan, ein Neffe des deutsch-amerikanischen Philosophen und Wissenschaftlers Herbert Marcuse, erklärte den Weizsäckers die Bräuche und die Bedeutung der verschiedenen Erzählungen der Hagadah, während Weizsäcker aufmerksam zuhörte und nachfragte.

Dieser gemeinsame Seder-Abend in Jerusalem war der Anfang einer Bekanntschaft, die auch fortbestand, nachdem Weizsäcker 1984 zum sechsten deutschen Bundespräsidenten gewählt worden war. Sein erster offizieller Staatsbesuch führte ihn für einen Tag nach Jerusalem. Präsident Chaim Herzog lud mich zu dem Empfang für seinen deutschen Amtskollegen ein, und wir hatten Gelegenheit, Erinnerungen an die gemeinsame Pessach-Feier auszutauschen.

Am 8. Mai 1985 hielt Weizsäcker zum vierzigsten Jahrestag des Zusammenbruchs des Hitler-Regimes seine berühmte Rede im Bundestag: »Der 8. Mai war ein Tag der Befreiung. Er hat uns alle befreit von dem menschenverachtenden System der nationalsozialistischen Gewaltherrschaft [...] Wir dürfen nicht im Ende des Krieges die Ursache für Flucht, Vertreibung und Unfreiheit sehen. Sie liegt vielmehr in seinem Anfang und im Beginn jener Gewaltherrschaft, die zum Krieg führte. Wir dürfen den 8. Mai 1945 nicht vom 30. Januar 1933 trennen [...] Wir haben allen Grund, den 8. Mai 1945 als das Ende eines Irrweges deutscher Geschichte zu erkennen, das den Keim der Hoffnung auf eine bessere Zukunft barg.« Die Rede beeindruckte mich in ihrer Aufrichtigkeit, zu Recht gilt sie heute als ein Meilenstein in der Auseinandersetzung der Deutschen mit ihrer nationalsozialistischen Vergangenheit. Ich entschied mich, den vollständigen Wortlaut in englischer Übersetzung am folgenden Tag in der *Jerusalem Post* zu veröffentlichen. Der Presseattaché der deutschen Botschaft in Tel Aviv bedankte sich bei mir dafür im Namen der Kanzlei des Bundespräsidenten.

1992 begegnete ich Weizsäcker erneut, als er als Gastredner beim zionistischen Wohltätigkeitsverband Keren Hajessod in Berlin auftrat. Im Vorfeld der Veranstaltung hatte er von unserem Botschafter Avi Primor gehört, dass ich auch eingeladen war, und er bat ihn, vor Beginn der Veranstaltung einige Minuten mit mir allein sprechen zu können. Ich wartete am Eingang zum Festsaal im Hotel Kempinski. Weizsäcker kam in Begleitung des Botschafters und der Gastgeber, begrüßte mich und führte mich in eine ruhige Ecke des Foyers. Er wollte hören, welche Bedeutung ich der Wahl Yitzhak Rabins zum Ministerpräsidenten für die Zukunft des Landes beimaß. Ich erklärte ihm, dass nun die Aussichten für einen friedlichen Ausgleich mit den Palästinensern besser seien. Obwohl die Leute im Saal auf ihn warteten, fragte er in aller Ruhe nach verschiedenen Details und ließ sich von der wachsenden Ungeduld der Gastgeber nicht irritieren. Einmal mehr zeigten sich hier seine menschliche Offenheit und sein Interesse an Israel.

An das Format Weizsäckers musste ich 1986 häufiger denken; in diesem Jahr lernte ich den österreichischen Bundespräsidenten Kurt Waldheim kennen. Sein Name war damals wegen der sogenannten Waldheim-Affäre in aller Munde, bis heute ist sie eines der wichtigsten international beachteten politischen Ereignisse in Österreich. Letztlich hat sie das Land wesentlich verändert.

Es begann mit dem Wahlkampf des ehemaligen Wehrmachtsoffiziers und späteren UN-Generalsekretärs Kurt Waldheim um das Amt des österreichischen Bundespräsidenten. In seiner Biografie hatte der konservative Politiker keinerlei Angaben zu seinen Tätigkeiten in der Wehrmacht gemacht, woraufhin das österreichische Nachrichtenmagazin *profil*, die *New York Times* und der World Jewish Congress eigene Recherchen anstellten. Demnach hatte er Wehrmachtseinheiten angehört, die schwere Kriegsverbrechen, unter anderem Judendeportationen, begangen hatten. Waldheim bestritt, davon Kenntnis gehabt zu haben. Bereits im März 1986 beantragte der World Jewish Congress, Waldheim auf die »Watchlist« für mutmaßliche Kriegsverbrecher zu setzen, worauf große Teile der österreichischen Öffentlichkeit empört reagierten. In den folgenden Monaten inszenierte die ihn unterstützende ÖVP Waldheim erfolgreich als Opfer einer Hetzkampagne. Am 8. Juni 1986 wurde er in einer Stichwahl zum Präsidenten gewählt. Umgehend berief die israelische Regierung unseren Botschafter Michael Elitzur aus Wien ab; bis 1992 wurde die Botschaft nur von einem Chargé d'Affaires geführt.

Drei Monate nach der umstrittenen Wahl lud mich die Stadt Wien zu einem einwöchigen Aufenthalt ein. »Wien ist anders« hieß die Kampagne, mit der die Initiatoren versuchten, das Image Österreichs im Ausland zu verbessern. Am ersten Abend ging ich ins Akademietheater, zur Premiere der Neuaufführung des Stücks »Herr Karl« von Helmut Qualtinger, der wenige Tage zuvor plötzlich gestorben war. Ich begleitete Leon Zelman, mit dem ich seit Ende der sechziger Jahre befreundet war. Zelman, 1928 in Polen geboren, hatte das Ghetto Łodz und das Vernichtungslager Auschwitz überlebt und war schließlich halbverhungert in einem Nebenlager von Mauthausen von den amerikanischen Truppen befreit worden. 1946 kam er nach Wien, wo er unter die Fittiche der

Jungsozialisten geriet. Er studierte Publizistik, gründete die Jahresschrift *Jüdisches Echo* und arbeitete nach seiner Promotion im Jahr 1954 beim Österreichischen Verkehrsbüro, dem größten Reisebüro Österreichs, wo er vor allem Israel-Reisen organisierte. Dabei spürte er auch ein großes Interesse ehemaliger Wiener an ihrer Geburtsstadt. Da für viele die Reise zu teuer war, bemühte sich Zelman um eine finanzielle Unterstützung und gründete 1980 den Jewish Welcome Service. Bis zu seinem Tod im Juli 2007 prägte er das kulturelle Leben Wiens. Er hat wesentlich dazu beigetragen, in der Stadt ein Klima zu erzeugen, das es mir heute möglich macht, hier – zumindest zeitweise – zu leben.

Nach dem Theaterabend stellte mir Zelman Gerold Christian vor, den Pressesprecher Waldheims. Die Wahl Waldheims hatte auch in den israelischen Medien zu erheblichem Aufruhr geführt, sodass Christian die Gelegenheit nutzen wollte, mit dem Vertreter einer israelischen Zeitung ins Gespräch zu kommen. Er bot an, mich im Hotel zu treffen, aber ich hatte nichts dagegen, ihn in der Kanzlei in der alten Hofburg zu besuchen. Unser einstündiges Gespräch kreiste um die Frage, wie man Waldheims internationale Isolation aufbrechen könne. Ich führte das Beispiel des ehemaligen deutschen Bundestags- und Bundespräsidenten Carstens an, in dessen offizieller Biografie klar stand, dass er zwischen 1934 und 1938 Mitglied der Partei gewesen war, und der doch 1978 von Menachem Begin und Yitzhak Shamir mit allen Ehren in Jerusalem empfangen worden war. Carstens hatte seine Vergangenheit im Unterschied zu Waldheim nicht zu verbergen versucht. Christian stimmte mir zu, dass Waldheim so bald wie möglich zu den Vorwürfen in einer offenen Rede Stellung nehmen müsse. Am Ende des Gesprächs versicherte er mir erneut, »der Chef« sei nicht im Haus, und führte mich durch den Prunkraum der Präsidentenkanzlei, die einst Maria Theresias Arbeitszimmer gewesen war.

Während ich mit Christian vor dem kleinen Aufzug wartete, der mich zum Ausgang bringen sollte, öffnete sich die Tür des Fahrstuhls und heraus trat – Waldheim. Als Christian meinen Namen und *Jerusalem Post* erwähnte, erinnerte sich Waldheim an unsere Begegnung in Jerusalem bei seinem Besuch als Uno-Generalsekretär einige Jahre zuvor. »Ich habe noch ein wenig Zeit bis zu meinem Termin am Mittag und würde gerne ein wenig mit Ihnen plaudern«, sagte Waldheim. Unmöglich konnte ich diesen Vorschlag ablehnen, also ging ich mit ihm zurück in sein Arbeitszimmer. Ich bat, dass auch Christian an unserem Gespräch teilnehmen solle, da wir ja bereits über Waldheims isolierte Lage gesprochen hatten. Als neuestes Beispiel dafür erzählte ich dem Bundespräsidenten, dass Leonard Bernstein, der am nächsten Tag ein Benefizkonzert im Musikvereinssaal geben wollte, öffentlich gedroht hatte, er werde offene Worte sprechen, sollte Waldheim erscheinen. »Wir haben ohnehin Terminschwierigkeiten«, entgegnete Waldheim und begann dann zornig gegen Edgar Bronfman und den Jüdischen Weltkongress zu wettern. In einer kurzen Atempause fragte ich ihn: »Aber wie soll es denn nun weitergehen, Herr Bundespräsident?« Zu meiner Überraschung wechselte er die Tonlage und wurde persönlich: »Sie ahnen nicht, wie mich diese Situation quält.« Dann sprach er darüber, dass er in New York viele jüdische Bekannte habe. Ich wiederholte meinen Vorschlag, er solle offen Stellung zu den Vorwürfen beziehen. »In dieser Rede müssen Sie sich auch einmal klar zur Mitschuld Österreichs am Nazismus bekennen; mit einer solchen Rede können Sie Geschichte schreiben«, sagte ich zu ihm. »Ja, so etwas wie die Weizsäcker-Rede«, erwiderte er. Dann erzählte er mir, er plane als Geste der Versöhnung, am kommenden Jom-Kippur-Tag in den Stadttempel in der Seitenstettengasse zu gehen. »Herr Bundespräsident, davon würde ich Ihnen derzeit abraten«, entgegnete ich.

Während des Gesprächs fühlte ich mich merkwürdig. Ich, der Judenbub, der 48 Jahre zuvor aus Wien vertrieben worden war, saß mit dem Präsidenten der Republik Österreich in der Hofburg am Ballhausplatz und nahm die Rolle des Mahners und Ratgebers ein. Da fiel mir ein, dass Waldheim am 26. Oktober aus Anlass des österreichischen Nationalfeiertags eine Fernsehansprache halten würde: »Das ist doch eine hervorragende Gelegenheit, eine öffentliche Erklärung abzugeben«, schlug ich ihm vor. Zu dritt überlegten wir, welche Punkte Waldheim in der Rede erwähnen sollte. Christian schrieb mit, und beide versicherten sich, dass sie mit mir vor der Rede jederzeit in Kontakt treten könnten. Damit der

Text auch ein breites internationales Publikum erreichen würde, sollte er vorab ins Englische und Französische übersetzt werden.

Am Ende unseres Gesprächs – was aus Waldheims Mittagstermin geworden war, blieb im Unklaren – begleitete er mich zum Korridor und bedankte sich. Auf dem Weg zum Aufzug wiederholte auch Christian diesen Dank und betonte, dass seit seiner Wahl noch niemand so freimütig mit Waldheim über die Probleme gesprochen habe. »Sie müssen verstehen: Als Mitarbeiter kann ich diese Dinge eben nicht so deutlich ansprechen«, meinte er.

Einige Tage später reiste ich nach Budapest und Bonn weiter und kehrte genau zwei Wochen nach unserer Begegnung nach Wien zurück. Zufällig traf ich Christian Freitagmittag am Burgtheater. »Na, wie geht es voran mit der großen Rede?« fragte ich ihn ziemlich direkt, worauf er verlegen antwortete, viel werde man da nicht ausrichten können, denn man habe dem Bundespräsidenten nur fünf Minuten Redezeit eingeräumt. Ich schüttelte ungläubig den Kopf: »Es ist zwar nicht meine Angelegenheit, aber ich nehme an, der Bundespräsident als Souverän würde doch sicher dreißig Minuten Redezeit zugebilligt bekommen, wenn Sie die vom ORF verlangen.« Daraufhin meinte Christian, dass es auch um die Glaubwürdigkeit Waldheims gehe. »Eben«, sagte ich, »je länger er eine Stellungnahme hinauszögert, desto mehr verspielt er sie.«

Christian bestand darauf, mich tags darauf, dem Tag vor meiner Abreise, noch einmal zu treffen. An jenem 18. Oktober überbrachte er mir herzliche Grüße und den erneuten Dank des Bundespräsidenten. Christian hatte ihm von unserer Begegnung berichtet; angeblich habe Waldheim daraufhin seine Pläne geändert und plane nun, die Rede wie damals verabredet zu halten. Sein Pressesprecher und ich gingen noch einmal die verschiedenen Punkte durch, die erwähnt werden sollten, und verabschiedeten uns.

Am 26. Oktober sprach Waldheim dann aber doch nur über allgemeine Themen und forderte Österreichs Bürger auf, bei den anstehenden Wahlen ihre demokratische Pflicht zu erfüllen. Angeblich hatte die Führung der ÖVP davor gewarnt, so kurz vor den Wahlen eine Mitschuld-Erklärung abzugeben.

International geriet Waldheim indes immer weiter in Isolation. Die USA erließen gegen den »mutmaßlichen Kriegsverbrecher« im April 1987 sogar ein Einreiseverbot. Einige Monate später, am 8. Februar 1988, veröffentlichte die von der österreichischen Regierung eingesetzte Historikerkommission ihre Ergebnisse: Beweise für persönlich von Waldheim begangene Kriegsverbrechen hatte sie nicht gefunden, aber es hieß: »Auch wenn er als Subalternoffizier in Stabsstellungen keine Exekutionsbefugnisse hatte, war er dank seiner Bildung und seinem Wissen sowie infolge der Einblicke, die er als Dolmetscher in die entscheidenden Führungsvorgänge erhielt, besonders aber aus seiner Tätigkeit im zentralen Nachrichtendienst der Heeresgruppe und seiner örtlichen Nähe zu den Geschehnissen, hervorragend über das Kriegsgeschehen orientiert.« Ganz klar hieß es: »Er hat […] wiederholt im Zusammenhang rechtswidriger Vorgänge mitgewirkt und damit ihren Vollzug erleichtert.«

Erst siebzehn Monate nach meiner Begegnung mit Waldheim, am Abend des 10. März 1988, hielt er aus Anlass des fünfzigsten Jahrestages des »Anschlusses« eine wichtige Fernsehansprache im ORF. Sie enthielt zahlreiche Formulierungen, die mir noch aus unseren Gesprächen geläufig waren. Waldheim sagte, der Holocaust sei eine der größten Tragödien der Weltgeschichte, und erinnerte daran, dass »viele Österreicher unter den schlimmsten Nazischergen waren«. Er betonte, dass es keine Kollektivschuld gebe: »Trotzdem möchte ich mich als Staatsoberhaupt der Republik Österreich für jene Verbrechen entschuldigen, die von Österreichern im Zeichen des Nationalsozialismus begangen wurden.« Weil Waldheim untersagt worden war, am offiziellen Staatsakt am 11. März zu reden, war dies die einzige öffentliche Ansprache, die der Präsident fünfzig Jahre nach dem »Anschluss« hielt. Sie konnte sein Ansehen nicht mehr retten.

Wie 1938 fiel auch der Gedenktag an den »Anschluss« im Jahr 1988 wieder auf einen Freitag. Ich hatte mich entschlossen, diese Woche in Wien zu verbringen, um selbst zu erleben, wie die Österreicher mit dem Schicksalsdatum umgingen. Meine Jugenderinnerungen waren noch so lebhaft, dass ich wenigstens einige der ehemaligen Befürworter des »Anschlusses« zur Rede stellen wollte.

Mit dem österreichischen Bundeskanzler Franz Vranitzky 1993 in Israel

Auch der seit 1986 amtierende sozialdemokratische Bundeskanzler Franz Vranitzky war sich bewusst, dass er an diesem Datum Stellung beziehen musste. Er lud Vertreter der ausländischen Presse zu einer Konferenz ein und erklärte, die Kontroverse über die Wahl Waldheims habe dazu beigetragen, dass dieser Jahrestag des »Anschlusses« ein so großes mediales Interesse hervorgerufen habe. Tatsächlich gab es in der Stadt eine fast unüberschaubare Fülle von Veranstaltungen, Kundgebungen, Konferenzen und Gedenkfeiern. Es schien, als wolle Österreich, wenn auch mit großer Verspätung, einen ernsten Versuch unternehmen, sich mit seiner Vergangenheit auseinanderzusetzen.

Ursprünglich war ich für zwei Vorträge im Club Alpha eingeladen, einem Diskussionsforum, das damals von der ÖVP-Politikerin und späteren Ministerin Maria Rauch-Kallat geleitet wurde. Außerdem baten mich etliche Radiosender und Fernsehanstalten als Zeitzeuge in ihre Sendungen und interviewten mich über meine Wiener Erinnerungen aus dem Jahr 1938. Nachdem ich mich kritisch über ein Podiumsgespräch nach einem Film von Wolfgang Glück über das Jahr 1938 geäußert hatte, bat mich der Filmemacher, noch einen Tag länger in Wien zu bleiben, um als Zeitzeuge bei der Veranstaltung »Zerreißproben« im Theater in der Josefstadt teilzunehmen. Wie beim Podiumsgespräch über Glücks Film gab es nämlich viele österreichische Zeitzeugen, die den »Anschluss« verteidigten. Die »Zerreißproben« wurden vom ORF aufgenommen und auch in Deutschland und der Schweiz ausgestrahlt. Noch heute freue ich mich, dass es mir gelang, einen wichtigen Satz zu plazieren, nämlich dass »das dramatische Zusammentreffen des deutschen, politischen Nationalsozialismus mit Österreichs tief verwurzeltem Antisemitismus den Prozess der Judenverfolgung so beschleunigte, dass in den ersten fünf Monaten nach dem ›Anschluss‹ in Österreich viel schlimmere Ausschreitungen stattfanden als in allen fünf vorausgegangenen Jahren im Dritten Reich«.

Am letzten halben Tag meines Wiener Aufenthalts besuchte ich meinen ehemaligen Turnlehrer Franz Stefan aus dem Wasagymnasium, den ich als strammen Nazi in Erinnerung hatte. Stefan war Jahrgang 1904, aber immer noch sehr rüstig, und er begrüßte mich mit festem Händedruck. Ich zeigte ihm einen Artikel aus dem *Jüdischen Echo*, in dem ich ihn als einen der aktivsten Nazis im Wasagymnasium erwähnte.

»Wie kommen Sie denn darauf«, fragte er mich überrascht. »Haben Sie je etwas Antisemitisches in meinem Unterricht gespürt?«

Ich erinnerte ihn daran, dass er nach dem »Anschluss« sofort auch in der Klasse das runde, rot eingerahmte NSDAP-Parteiabzeichen getragen hatte und dass er zudem lange vor dem »Anschluss« seine Sympathien für die Nazis bekundet hatte. Stefan wand sich in Ausflüchten. Auf die direkte Frage: »Waren Sie in der Partei oder nicht?«, fabulierte er: »Man könnte vielleicht sagen, dass ich mündlich beigetreten bin. Ich habe nie etwas unterschrieben.« Es waren solche Halbwahrheiten, Unwahrheiten und Ausflüchte, die mir das Leben in Österreich jahrzehntelang vergällt haben.

Es dauerte noch einmal drei Jahre, bis sich Bundeskanzler Vranitzky in einer eindringlichen Rede vor dem Nationalrat am 8. Juli 1991 deutlich zur Mitschuld von Österreichern am Nationalsozialismus bekannte und der bis dahin auch von offizieller Seite stets vertretenen Opferthese, wonach Österreich erstes Opfer der Aggressionspolitik Hitlers gewesen sei, eine klare Absage erteilte. In seiner Rede sagte Vranitzky: »Es gibt eine Mitverantwortung für das Leid, das zwar nicht Österreich als Staat, wohl aber Bürger dieses Landes über andere Menschen und Völker gebracht haben [...] Wir bekennen uns zu allen Taten unserer Geschichte und zu den Taten aller Teile unseres Volkes, zu den guten wie zu den bösen; und so wie wir die guten für uns in Anspruch nehmen, haben wir uns für die bösen zu entschuldigen – bei den Überlebenden und bei den Nachkommen der Toten.«

1992 beendete Kurt Waldheim seine Präsidentschaft. International hatte er sich aus der Isolation nie befreien können, und auch innenpolitisch hatte er so wenig Erfolg, dass er auf eine erneute Kanditatur verzichtete – und geändert hatte er seine Ansichten auch nicht, wie sein Buch »Die Antwort« bewies. In bester antisemitischer Manier wetterte er darin gegen die vermeintliche internationale Macht der jüdisch kontrollierten Medien.

Mitte der achtziger Jahre geriet die Zukunft der *Jerusalem Post* als liberale Zeitung zunehmend in Gefahr. Die Gruppe amerikanisch-jüdischer Investoren, die in den sechziger Jahren eine Viertelmillion Dollar zur Modernisierung der Zeitung investiert und dafür fünfzig Prozent der Aktien erhalten hatte, löste sich Anfang der achtziger Jahre auf. Die Aktien, die inzwischen einen Wert von vier Millionen hatten, wurden treuhänderisch vom gewerkschaftsnahen Koor-Industriekonzern übernommen, mit der Verpflichtung, die wirtschaftliche Unabhängigkeit der *Jerusalem Post* zu bewahren und die Aktien nicht zu veräußern. Als Koor wenige Jahre später vom Bankrott bedroht war, begann das Schachern um die Zeitung, denn die Gewerkschaft Histadrut und ihre Arbeiterbank scherten sich keinen Deut um ihre Verpflichtung. Dieses Verhalten erschütterte nicht nur meinen Glauben an die israelische Arbeiterbewegung, in der ich aufgewachsen bin, sondern wirkte sich auch erheblich auf meinen Arbeitsalltag aus: Mit aller Energie und großem Zeitaufwand versuchte ich ein liberales jüdisches Konsortium zu schaffen, das die Freiheit der Redaktion garantieren würde. Ich reiste in die Schweiz, England und in die USA, führte zahllose Gespräche mit potenziellen Investoren, verfasste Dutzende von Briefen, telefonierte und diskutierte mögliche Lösungen. Daneben musste auch meine Redaktionsarbeit weitergehen. Wie immer nahm ich an den täglichen Redaktions- und Ressortleiterkonferenzen teil, in denen nicht nur die nächste Ausgabe besprochen wurde, sondern wo ich auch meine Blattkritik anbrachte. Kurzum: Für das Schreiben eigener Artikel fehlte mir in jenen Jahren die Zeit. Ausnahmen bildeten einige Artikel aus Anlass von Jahres- und Gedenktagen.

Trotz aller Anstrengung scheiterten meine Bemühungen, die *Jerusalem Post* zu retten. Im April 1989 kaufte die kanadische Aktiengesellschaft Hollinger International das Blatt. Deren Geschäftsführer David Radler kam zu einem ersten Besuch nach Jerusalem und brüstete sich in Interviews damit, dass die *Jerusalem Post* neben dem *Daily Telegraph* nun eines der Flaggschiffe seines Unternehmens sei. Natürlich fragte ich ihn nach seinen Plänen für das Blatt: »Im Januar 1990 werde ich 65 Jahre alt, ich habe genug Resturlaub und kann morgen zu arbeiten aufhören.« Radler gab sich überrascht: »Wie kommen Sie darauf, aufzuhören … Ich habe schon mit Redakteuren zusammengearbeitet, die über achtzig waren. Sie müssen natürlich unbedingt bleiben.«

Einige Wochen nach der Übernahme setzte er Yehuda Levi, einen Kollegen aus Vancouver und israelischen Reserveoffizier, als Präsident der *Jerusalem Post* ein, einen Posten, den es bis dahin nicht gegeben hatte. Das Klima in der Redaktion änderte sich von einem Tag auf den anderen. Nach meiner ersten Begegnung mit Levi wusste ich, dass er nicht mit mir zusammenarbeiten wollte. Im August kam er in mein Büro und sagte mir ganz offen: »Ari, dein Schatten ist zu groß, ich möchte, dass du so bald wie möglich gehst.« Er schrieb mir später auch einen Brief, worin er erklärte, er könne nachvollziehen, dass dieser Schritt für mich sehr schwer sei, schließlich werde die Zeitung in der Öffentlichkeit mit meinem Namen identifiziert.

Nach dem Gespräch mit Levi rief ich Erwin Frenkel an und berichtete ihm die Neuigkeiten. Dann verließ ich die Redaktion, denn ich brauchte etwas Zeit, um die Sache zu verdauen. Als ich zurückkam, rief mir unsere gemeinsame Sekretärin ganz aufgeregt entgegen: »Ari, du wirst es nicht glauben: Erwin hat wie ein Mann reagiert. Er hat gesagt: ›Wenn Ari gehen muss, dann gehe ich auch.‹«

»Das werden wir noch sehen«, antwortete ich.

Am nächsten Tag hatte Frenkel sein Gespräch mit Levi. Als ich danach sein Büro betrat, um zu hören, was er beschlossen hatte, sagte er mir verlegen: »Wir haben darüber gesprochen, dass du deine Idee – eine französische und arabische Wochenausgabe der *Post* – umsetzen könntest.« Er selbst sollte die Redaktion weiterführen und ich mit Sonderprojekten abgespeist werden. Obwohl ich geahnt hatte, dass er so reagieren würde, war ich von Frenkel enttäuscht, warnte ihn aber: »Yehuda Levi will der Chefredakteur der Zeitung werden und wird niemand anderen neben sich zulassen.«

Kurz bevor der Aufsichtsrat im September 1989 zum ersten Mal unter Leitung von David Radler tagte, gab es einen Appell, dass ich unbedingt bleiben müsse. Das Schreiben, das von etwa hundert Mitarbeitern der Zeitung unterzeichnet worden war, hing im Korridor der Redaktion. Als Radler es sah, ordnete er an, es unverzüglich zu entfernen.

Wenige Tage später versammelte sich in unserem Tel Aviver Büro der Aufsichtsrat der Zeitung. Der Raum war gut gefüllt, sämtliche Mitglieder waren angetreten, darunter viele Personen, die auf meinen Vorschlag hin ernannt worden waren. Levi berichtete von den anstehenden Veränderungen: Die Schlüsselfiguren der Verwaltung, der Business-Manager und der für Inserate zuständige Mitarbeiter, würden kurz- bis mittelfristig ausscheiden, der Finanzdirektor sei noch bereit, die Bilanz für das laufende Jahr zu verabschieden. Unvergesslich ist mir, wie Levi dann in einem halben, fast völlig verschluckten Satz nachschob: »And a similar thing will apply to Ari Rath.« Etwas Ähnliches werde auch auf Ari Rath zutreffen. Der Satz fiel in eine betretene Stille. Keiner der Anwesenden gab auch nur einen Mucks von sich. Ich kann mit Worten kaum beschreiben, wie sehr mich dieses Schweigen verletzte. Es war der vollständige Verrat. Mühsam brachte ich einen Satz heraus: »Könnten Sie bitte erklären, was das bedeutet?« Radler wiegelte ab: »Komm, Ari, lass gut sein, wir wissen doch alle, was das heißt.« Dann wandte er sich dem nächsten Punkt der Tagesordnung zu.

Die Kollegen wussten, welch bitteren Schlag das für mich bedeutete. Wohin ich ging, versuchten sie ihr Mitleid zu überspielen: »Hallo Ari, du siehst ja wunderbar aus.« Man behandelte mich wie einen Krebskranken im finalen Stadium.

Bis zu meinem letzten Arbeitstag blieben noch einige Wochen. Ich begann mein Arbeitszimmer auszuräumen, jeden Tag packte ich Kisten mit Zeitungen, Broschüren, Manuskripten in mein Auto und trug sie zu Hause unbesehen in den Keller. Als ich vor einigen Jahren von Motza in meine Wohnung nach Rehavia übersiedelte, nahm ich die Kartons mit. Ich hatte bis heute nicht die Energie, sie noch einmal durchzusehen, sicher mag darin noch mancher Schatz schlummern.

Mein Gehalt erhielt ich noch bis Ende November, aber der letzte Tag in der Redaktion war Dienstag, der 31. Oktober 1989. An meinem letzten Abend als diensthabender Redakteur saß ich in meinem ausgeräumten Redaktionszimmer und verfolgte die Abendnachrichten im Radio. Die Einwohner der Siedlerstadt Ma'ale Adumim blockierten aus Protest die Hauptstraßen zwischen Jerusalem und Jericho, denn am späten Nachmittag war der Pkw einer Siedlerfamilie in Jerusalem von Palästinensern mit Steinen beworfen worden. Ich erkundigte mich bei der Nachtredaktion, wer darüber berichten werde. Ein Kollege war zwar bestellt, erschien aber auch nach einer halben Stunde nicht. Es hätte mir alles egal sein können, aber der Reporter in mir war stärker: Kurzentschlossen setzte ich mich ins Auto und fuhr zum Ort des Protests. Die Einfahrt nach Ma'ale Adumim war noch immer blockiert, ich fand aber einen Nebenweg, der mich ins Zentrum brachte. Mit Erschrecken sah ich ein großes gelbes Taxi mit palästinensischem Nummernschild, aus dem Rauch quoll. Weit und breit war niemand zu sehen. Ich nahm einen Wassereimer, den ich zufällig unter einem Hahn in einer Einfahrt entdeckte, und löschte das Feuer. Dann entdeckte ich auf einem Hausdach zwei verängstigte Gestalten, die sich langsam näherten: die palästinensischen Fahrer des Wagens, die sich vor dem Mob in Sicherheit gebracht hatten. Ich nahm sie mit zur nächsten Polizeistation, wo wir Anzeige gegen unbekannt erstatteten. Die Polizisten reagierten hilfsbereit und kümmerten sich auch darum, die beiden Palästinenser nach Hause zu bringen. Später erfuhr ich von den beiden, dass sie von den israelischen Behörden für ihr Taxi eine Entschädigung erhalten hatten, als »Opfer eines terroristischen Anschlags«.

Noch von Ma'ale Adumim aus telefonierte ich einen Bericht in die Redaktion, fuhr selbst kurz dort vorbei, verabschiedete mich und fuhr nach Hause.

Wenige Tage später kehrte ich Jerusalem den Rücken. Durch Vermittlung meines treuen Freundes Peter Galliner, Direktor des Internationalen Presseinstituts, fuhr ich nach Moskau, wo die sowjetische Nachrichtenagentur Novosti zum ersten Mal seit Bestehen der Sowjetunion eine Konferenz mit Zeitungsredakteuren aus dem Westen veranstaltete, zu der auch oppositionelle Journalisten eingeladen waren. Thema der Konferenz war die Pressefreiheit zu Zeiten von Perestrojka – Reformen des wirtschaftlichen, gesellschaftlichen und politischen Systems der Sowjetunion, die von Präsident Michail Gorbatschow seit Anfang 1986 eingeleitet worden waren. Der Fokus der Journalisten richtete sich naturgemäß auf Glasnost, die Meinungs-, Presse- und Informationsfreiheit, die Gorbatschow als Grundvoraussetzung einer demokratischen Gesellschaft eingeführt hatte. Mich überraschte, wie offen sowjetische Journalisten ihre Kritik an Gorbatschow artikulierten, weil er sich trotz seines Bekenntnisses zur Transparenz bei der Besetzung von Chefredakteursstellen der Zeitungen *Isvestija* und *Prawda* eingemischt habe. Die sowjetischen Kollegen berichteten auch von scharfen Auseinandersetzungen mit dem Regierungschef, der in einer Meinungsumfrage des Magazins *Argumenti I Fakti* nur geringe Popularitätswerte erzielt hatte. Große Verblüffung ernteten wir westlichen Journalisten, als wir erzählten, dass unsere Leitartikel nicht von Politikern, sondern von unabhängigen Redakteuren verfasst wurden. Die Stimmung unter den Tagungsteilnehmern war sehr angeregt, gerade in den Konferenzpausen ergaben sich viele inoffizielle Gespräche, in denen auch das Alltagsleben unter den veränderten Bedingungen eine wichtige Rolle spielte. Die härtesten Gefechte lieferten sich Journalisten aus der Sowjetunion mit den Kollegen aus den ehemaligen Bruderstaaten ČSSR und DDR, deren Parteilinie strikt gegen den sowjetischen Reformkurs war.

Moskau überraschte mich. Ich hatte nicht damit gerechnet, als Israeli so freundlich willkommen geheißen zu werden. Jahrelang hatte es keine diplomatischen Verbindungen zwischen Israel und der Sowjetunion gegeben. Höhepunkt der Tagung war ein Besuch im Kreml bei Jewgenij Primakow, Mitglied im Zentralkomitee der KPdSU. Obwohl sein Geburtsname Finkelstein lautete – ob er jüdischer Abstammung war oder nicht, ließ Primakow immer im Ungewissen –, war er lange Zeit *der* Experte für den Nahen Osten. Er empfing uns in seinem riesigen Büro, problemlos passten die dreißig Besucher an den Konferenztisch. Auf Knopfdruck öffnete er die Türen zum nebenan liegenden Saal des Obersten Sowjets. Am Ende des offiziellen Gesprächs nutzte ich die Gelegenheit, Primakow zu fragen, wann Ministerpräsident Shimon Peres nach Moskau reisen könne – ich wusste, dass die israelische Regierung auf einen solchen Besuch hinarbeitete. »Sagen Sie Ihren Freunden, dass so ein Besuch wahrscheinlicher wird, je weniger Druck sie ausüben«, empfahl er.

Der Aufenthalt in Moskau, mein erster in der sowjetischen Hauptstadt, gab mir auch Gelegenheit, einige Tage mit Anneli zu verbringen, die erst in der Woche zuvor ihren Posten als Botschaftsrätin für Kultur in der finnischen Botschaft angetreten hatte. Sie holte mich am Flughafen Scheremetjewo ab und hielt plötzlich unterwegs in Khimki, einer Vorstadt von Moskau. Wir stiegen aus dem Wagen und standen vor einem Denkmal zur Erinnerung an den Ort, an dem der Vormarsch der deutschen Wehrmachtspanzer im Dezember 1941 gestoppt worden war. Es schockierte mich zu sehen, dass die Truppen Hitlers erst neunzehn Kilometer vor dem Kreml zum Stehen gekommen waren.

Moskau überwältigte mich mit seinen breiten Boulevards, den reichgeschmückten Metro-Stationen und Theaterpalästen. Fast jeden Abend waren Anneli und ich gemeinsam unterwegs, wir besuchten das Bolschoi-Theater, und dank ihres Sprachtalents fanden wir uns ohne Schwierigkeiten in einheimischen Restaurants zurecht, wo wir traditionell russisch aßen und Wodka tranken. Ich wohnte im eleganten Hotel Oktober, das damals noch zu den geheimen Orten für Funktionäre und Gäste der Partei zählte und auf Stadtplänen nicht verzeichnet war. Als ich einmal im Intourist-Büro nach dem Weg fragte, wollte man mir erst Auskunft geben, nachdem ich meinen Hotelausweis vorgezeigt hatte. Zu meiner Verblüffung funktionierte die Orientierung sonst recht gut, obwohl alles – auch die Metro-Stationen – in kyrillischen Buchstaben bezeichnet ist. Offenbar hatte ich im Griechischunterricht im Wasagymnasium doch etwas gelernt, auch wenn er mehr als ein halbes Jahrhundert zurücklag.

Als ich eine Woche später aus Moskau nach Jerusalem zurückgekehrt war, schaute ich noch einmal in der Redaktion vorbei. Dabei fiel mein Blick auf einen Brief, der offen in Frenkels Posteingangsfach lag. In dem Schreiben stand, dass Yehuda Levi beantrage, in den Ausschuss der Zeitungsredakteure aufgenommen zu werden – jenen Elitezirkel, der nur den Spitzen der israelischen Redakteure vorbehalten war und in dem ich mit Frenkel seit Jahren die *Jerusalem Post* vertreten hatte. Meine Vermutungen bewahrheiteten sich schneller als erwartet.

Die erste Reise, die ich offiziell als »ehemaliger Chefredakteur der *Jerusalem Post*« unternahm – ein Titel, den ich bis heute mit Stolz trage –, führte mich im Dezember 1989 nach Deutschland. Ich wollte mir einen eigenen Eindruck von den Veränderungen nach dem Fall der Mauer am 9. November 1989 machen, auch wenn es keine Zeitung gab, in der ich von meinen Eindrücken berichten konnte.

Ich flog zunächst nach Berlin-Tegel und mietete mir am Flughafen ein Auto, um möglichst mobil zu sein, denn ich rechnete damit, dass es schwierig sein würde, mich in der DDR fortzubewegen. Der erste Eindruck der Veränderung, die seit meinem letzten Besuch stattgefunden hatte, waren die vielen Ostdeutschen und Polen, die zu Hunderten in den Geschäften Westberlins Fernsehapparate und Waschmaschinen einkauften. Auch der Kurfürstendamm war überschwemmt mit Menschen aus dem Osten, die vom Überfluss des Westens überwältigt schienen.

Nach zwei Tagen auf einer kleinen Konferenz des Aspen-Instituts in

Wannsee – wie sich herausstellte, auf dem Grundstück der Villa von Joseph Goebbels – brach ich zu meiner Erkundungstour auf. Zunächst akkreditierte ich mich im Pressebüro der DDR. Der Beamte war überrascht, dass ein israelischer Journalist sich für ostdeutsche Parteitage interessierte, händigte mir die Akkreditierung aber ohne weiteres aus. Am 16. Dezember nahm ich dann im legendären Kosmos-Kino an der Karl-Marx-Allee am Sonderparteitag der Ost-CDU teil, auf dem der ehemalige – und künftige – Bürgermeister Eberhard Diepgen als Gastredner auftrat. Obwohl die CDU damals auf bundesweiter Ebene noch nicht zu Gesprächen mit der Ost-CDU bereit war, weil sie zu Zeiten der DDR zu den Regierungsparteien gehört hatte, sprach Diepgen bei diesem Parteitag schon von Fusion. Heftig diskutiert wurde auf dem Parteitag auch die Problematik der sogenannten Koffergelder, mit denen die Sozialistische Einheitspartei (SED) Blockparteien wie die Bauernpartei und die DDR-CDU finanziert hatte – eine, wie ich erst damals verstand, geniale Propaganda der Kommunisten, ein demokratisches System mit mehreren Wahlmöglichkeiten vorzutäuschen. Ich hatte nicht erwartet, nur wenige Wochen nach der Wende schon einen solch offenen und demokratischen Parteitag zu erleben.

Tags darauf fuhr ich nach Leipzig. Erster Anlaufpunkt war die Nikolaikirche, das Symbol der Protestbewegung, danach besuchte ich die Gründungsveranstaltung der Partei »Demokratischer Aufbruch« (DA), die aus der ehemaligen Bürgerrechtsbewegung der DDR hervorgegangen war. Damals wurde Wolfgang Schnur zum Vorsitzenden gewählt – eine verhängnisvolle Entscheidung, weil er 1990 als Mitarbeiter der Stasi entlarvt wurde und die Partei dadurch letztlich keine Zukunft hatte. Anders übrigens als Angela Merkel, die beim DA zunächst ehrenamtlich mitarbeitete, bald Pressesprecherin der Partei wurde und nach deren Fusion mit der CDU im August 1990 ihre fulminante Karriere begann. Die Debatten dauerten bis spät in die Nacht.

Am nächsten Morgen fuhr ich direkt zur Dynamo-Halle in Ostberlin, wo die SED ihren letzten großen Parteitag veranstaltete. Die Halle barst vor Menschen; 2600 Delegierte und eintausend internationale Journalisten drängten sich in dem Gebäude, die Korridore waren völlig verstopft, man erstickte dort fast von dem Zigarettenqualm – Ausdruck der inneren Anspannung der vielen Teilnehmer, die um das Ende ihrer Partei trauerten. Gregor Gysi hielt eine leidenschaftliche Rede, in der er zum Zehn-Punkte-Programm von Helmut Kohl Stellung nahm, das eine Vereinigung der DDR und der Bundesrepublik vorsah. Anders als Kohl rechnete Gysi damit, dass der Vereinigungsprozess beider Staaten viele Jahre dauern würde. Außerdem plädierte er für den Fortbestand der SED unter einem neuen Namen. Ein Sonderausschuss, der für Pressevertreter zugänglich war, verhandelte stundenlang über einen möglichen neuen Namen und einigte sich schließlich auf die Bezeichnung PDS – Partei des Demokratischen Sozialismus.

Am nächsten Tag, einem Montag, erschien das ehemalige Staatsorgan der DDR, das *Neue Deutschland*, zum ersten Mal ohne kommunistisches Emblem.

Anders als viele Zeitgenossen beobachtete ich die Entwicklungen in Deutschland mit viel Sympathie und Gelassenheit. Ich erinnere mich gut an die Stimmen in Frankreich, Polen und selbstverständlich auch in Israel, die fürchteten, durch politische Veränderungen und eine Wiedervereinigung drohe eine erneute Vormachtstellung Deutschlands in Europa. Ministerpräsident Yitzhak Shamir hatte schon wenige Tage nach dem Fall der Mauer eine Rede im Forum der Likud-Partei gehalten, in der er vor der Schaffung eines neuen, mächtigen Deutschland warnte, das die Sicherheit Europas und der Welt wieder bedrohen könnte. Ich teilte diese Ansicht gar nicht, und die Anspielung auf eine Vergleichbarkeit der Bundesrepublik mit dem Dritten Reich schien mir abwegig: Ich hatte in den vergangenen Jahrzehnten so viele Kontakte mit Deutschen geknüpft, so häufig das ernsthafte Bemühen um eine Aufarbeitung der Vergangenheit erlebt, dass ich mir sicher war, die Demokratie in Deutschland sei inzwischen fest verankert. Auch Shamir ruderte bald zurück. In der Mitte einer schweren Koalitionskrise in Israel schickte er Außenminister Moshe Arens nach Bonn – ein Gang nach Canossa –, um sich bei Kohl zu entschuldigen. Auch die israelische Regierung sehe nun in einem »vereinigten europäischen Deutschland« keine Bedrohung für den Frieden mehr.

Epilog
Zwischen Jerusalem und Wien

Wenige Wochen vor meinem 65. Geburtstag im Januar 1990 war also meine Tätigkeit bei der *Jerusalem Post* zu Ende gegangen. Es dauerte eine ganze Weile, bis ich die Enttäuschung über den Verrat meiner langjährigen Kollegen überwand. Mit großer Dankbarkeit erinnere ich mich hier an die Loyalität meines Freundes Teddy Kollek. Von den vielen Kollegen und Weggefährten war er der Einzige, der mich anrief, um sich nach mir zu erkundigen. Zudem bot er mir einen Job an: Er schlug mir vor, als Sonderberater der Jerusalem Foundation zu arbeiten und ihn bei der Vorbereitung und Realisierung eines Großprojekts »3000 Jahre David-Stadt Jerusalem« im Jahr 1999 zu unterstützen: Sosehr ich Kollek und sein Engagement schätzte – die Arbeitsatmosphäre bei der Stiftung war nicht in meinem Sinn, und ich kündigte nach drei Jahren.

Die neue Freiheit gab mir jedoch Gelegenheit, mich politisch aktiver zu betätigen. Ich knüpfte enge Beziehungen zu palästinensischen Intellektuellen und nahm als unabhängiger politischer Berater und Nahost-Experte an zahlreichen Konferenzen teil. Besondere Bedeutung hatte für mich dabei die Teilnahme an einem der ersten gemeinsamen israelisch-palästinensischen Gespräche, die, wie sich herausstellen sollte, ein Auftakt für den Prozess von Oslo waren. Impulse für eine Annäherung zwischen Israel und den Palästinensern gingen Anfang der neunziger Jahre ursprünglich von der sozialdemokratischen schwedischen Regierung und ihrem Außenminister Sten Andersson aus. Im Frühsommer 1991 lud er eine Delegation israelischer Vertreter und eine Delegation Palästinenser, darunter auch PLO-Leute, zu ersten Gesprächen auf eine Halbinsel in Stockholm ein. Offiziell wurde diese Tagung als Universitätsseminar unter die Schirmherrschaft des Dag-Hammarskjöld-Lehrstuhls für Friedens- und Konfliktforschung der Universität Uppsala gestellt, weil es für Israelis nur im Rahmen von akademischen Veranstaltungen erlaubt war, sich mit Mitgliedern der PLO zu treffen. Neben Abrasha Tamir, einem hohen General, und dem Sozialwissenschaftler Yochanan Peres gehörte auch ich zu der sechsköpfigen israelischen Delegation. Peres hatte in seinen Forschungen herausgefunden, dass auch viele Anhänger der Schas-Partei eine Zweistaatenlösung durchaus begrüßen würden. Diese Partei wird traditionell von religiösen irakischen und marokkanischen Einwanderern unterstützt und gilt als besonders konservativ.

Schon die Sitzordnung bei den Gesprächen erwies sich als diplomatische Herausforderung, denn die israelischen Delegierten durften nur neben Palästinensern aus Ost-Jerusalem, dem Gazastreifen und dem Westjordanland sitzen, nicht aber neben PLO-Vertretern aus den arabischen Ländern. Die Verhandlungstische bildeten ein Hufeisen, sodass die offiziellen PLO-Vertreter neben Abgesandten aus Schweden und den USA saßen und wir gegenüber. Entscheidend für das Gelingen der Veranstaltung war die erste Sitzung, bei der die Teilnehmer ihren jeweils links sitzenden Nachbarn vorstellen mussten. Neben mir saß Ziad Abu Zayyad, ein palästinensischer Rechtsanwalt und politischer Aktivist aus Ost-Jerusalem, mit dem ich schon seit vielen Jahren befreundet war. Sein Nachbar war Abrasha Tamir und neben ihm wiederum saß Faisal Husseini, der Sohn des 1948 beim Kampf um die Castell-Festung gefallenen palästinensischen Offiziers Abdul Kader el Husseini. Tamir, der dort selbst gekämpft hatte, würdigte Faisals Vater als tapferen Kämpfer und palästinensischen Helden. Dieser respektvolle Umgang schuf zwischen den Teilnehmern der Tagung eine konstruktive Atmosphäre.

Abends saßen wir beisammen und erzählten Witze. An einem Abend fuhr ich mit der palästinensischen Botschafterin in Paris und einer israelischen Kollegin in die Altstadt von Stockholm. Das ging natürlich nur mit großen Sicherheitsvorkehrungen – wir fuhren im gepanzerten Wagen, begleitet von drei Sicherheitsleuten –, trotzdem amüsierten wir uns gut. Nach einigen Tagen verabschiedeten sich die Teilnehmer der Tagung in geradezu freundschaftlicher Atmosphäre. Zuvor hatten wir mit unseren schwedischen Gastgebern verabredet, im Herbst 1991 eine weitere Zusammenkunft zu veranstalten, bei der die Delegationen Friedensverhandlungen simulieren sollten.

Es kam nicht mehr dazu, denn Mitte Juli 1991 marschierte Saddam Hussein in Kuwait ein und brachte diese Initiative vorübergehend zum Erliegen. Palästinenserführer Arafat unterstützte den irakischen Diktator und beging damit einen fatalen Fehler, weil er sich dadurch bei seinen arabischen Bruderstaaten in Misskredit brachte. Zugleich erwies es sich aber mittelfristig als eine gute Voraussetzung für Friedensverhandlungen. Der geschwächte Arafat war nach dem verlorenen Krieg bereit, den Rat seines Vertrauten und Verwalters seiner Finanzen, Abu Ala, anzunehmen und die ersten informellen Kontakte zwischen der PLO und israelischen Vertretern zuzulassen.

Im Juni 1992 gewann in Israel die Arbeitspartei unter dem Vorsitz von Yitzhak Rabin die Wahlen. Die neue israelische Regierung mit Shimon Peres als Außenminister zeigte sich bereit, erneut Friedensgespräche anzuknüpfen. Rabin wagte sich auch an die umstrittene Frage der Siedlungen in den besetzten Gebieten heran, deren Erweiterung er zumindest rhetorisch vehement ablehnte.

In Schweden hingegen hatten die Sozialdemokraten die Wahl verloren, sodass der ehemalige Außenminister Andersson seinen norwegischen Kollegen Johan Jørgen Holst bat, die Gespräche zwischen Israelis und Palästinensern weiterzuführen. Holst beauftragte den Diplomaten Terje Røed Larsen und seine Frau Mona Juul, offizielle Gespräche zwischen der PLO und einer offiziellen israelischen Delegation in einem Chalet südlich von Oslo zu organisieren. Bei diesen Gesprächen kam es zu einem entscheidenden Durchbruch, denn Israel signalisierte seine Bereitschaft, die PLO künftig als legitimen Vertreter des palästinensischen Volkes anzuerkennen. Dieses Ergebnis wurde danach von Peres und Mahmud Abbas, dem damaligen Stellvertreter Arafats, heimlich im Grand Hotel Oslo unterzeichnet; es ging als »Oslo-Abkommen« in die Geschichte ein, obwohl viele der nachfolgenden Verhandlungen an anderen Orten stattfanden.

Im September 1993 kam es zu einem offiziellen Briefaustausch zwischen Arafat und Rabin. Holst verhandelte in Paris eine ganze Nacht mit Arafat über einen Passus, in dem er sich dazu bereiterklären sollte, sämtliche Konflikte am Verhandlungstisch zu lösen und auf jegliche Gewalt zu verzichten. Das Amt des Ministerpräsidenten in Jerusalem hatte etwa dreißig Personen eingeladen, bei diesem historischen Moment anwesend zu sein: Politiker, Regierungsbeamte und einige Journalisten, darunter auch mich. Wir warteten einige Stunden auf die Ankunft des norwegischen Außenministers, der Arafats Brief überbringen sollte. Endlich betrat Holst den Raum und legte Rabin Arafats Schreiben vor, das sogleich verlesen wurde. Arafat erklärte, Israels Existenzrecht in Frieden und Sicherheit anzuerkennen; zugleich übernahm er die Verantwortung dafür, dass alle Gruppen innerhalb der PLO diese Vereinbarung einhalten würden. Als Gegenleistung unterzeichnete Rabin den vorbereiteten Antwortbrief, in dem der Staat Israel die PLO als legitime Vertretung des palästinensischen Volkes anerkannte. Als Rabin den Stift aus der Hand legte, erhoben wir uns, applaudierten und jubelten – eine Erinnerung, die mir heute geradezu surreal vorkommt.

Die Tragödie ist, dass mit der Ermordung Rabins schon zwei Jahre später die Vertrauensfigur verschwand, die Arafat so schätzte. Er fühlte sich geehrt, dass dieser große General mit ihm auf Augenhöhe sprach, und nannte Rabin immer wieder »meinen mutigen Partner für den Frieden«. Deutlich stehen mir die Fernsehbilder vom 13. September 1993 vor Augen: Auf der grünen Rasenfläche vor dem Weißen Haus reichten einander Rabin und Arafat unter einem wolkenlosen Himmel die Hand zur Versöhnung.

Das Oslo-Abkommen sah vor, den Friedensprozess in Etappen zu vollziehen. Zunächst erhielten die Palästinenser im Rahmen des Gaza-Jericho-Abkommens vom Mai 1994 Autonomie über den Gazastreifen und die Stadt Jericho, zum ersten Mal seit 1967. Die Verständigung mit den Palästinensern ermöglichte im Oktober 1994 auch den bis heute anhaltenden Friedensschluss mit Jordanien, ein Ereignis, das ich unter keinen Umständen versäumen wollte. Kurzentschlossen setzte ich mich ins Auto und fuhr Richtung Rotes Meer, bis vor Eilat, wo die Zeremonie zur Unterzeichnung des Friedensvertrags stattfinden sollte. Häufig war ich diese Strecke gefahren, diesmal trug ich besondere Zuversicht im Herzen, denn zum ersten Mal waren die Dörfer am anderen Ufer des Toten Meeres und entlang der Grenze nicht mehr Feindesland.

Die Zeremonie fand auf einer großen, mitten in der Wüste aufgebauten Bühne statt, die von jordanischen und israelischen Soldaten bewacht wurde. Unter den Augen des amerikanischen Präsidenten Bill Clinton sowie der amerikanischen und sowjetischen Außenminister umarmten sich Yitzhak Rabin und König Hussein, die einander vorher schon einige Male getroffen hatten. Danach lud Hussein alle offiziellen Gäste in seinen Palast nach Akaba ein, wo sie den Friedensschluss feierten.

Im Dezember 1994 erhielten Rabin, Peres und Arafat in Oslo gemeinsam den Friedensnobelpreis. Rabin setzte fortan seine ganze Energie für den Frieden im Nahen Osten ein und scheute auch nicht davor zurück, klare Worte für die jüdischen Siedler in den besetzten Gebieten zu finden, die seiner Meinung nach den Frieden bedrohten. Am 28. Februar 1995 erklärte er in der Knesset: »Ihr seid nicht Teil der israelischen Gemeinschaft. Ihr seid nicht Teil des demokratischen, nationalen Lagers, dem wir alle in diesem Hause angehören, und sehr, sehr viele im Volk verabscheuen euch. Ihr habt nicht teil am zionistischen Werk. Ihr seid ein Fremdkörper, seid Unkraut. Das vernunftbegabte Judentum speit euch aus. Ihr habt euch außerhalb des jüdischen Rechts gestellt. Ihr seid eine Schmach für den Zionismus und ein Schandfleck für das Judentum.«

Im September kam es zur Verabschiedung des Interimsabkommens über den Gazastreifen und das Westjordanland, wobei das palästinensische Gebiet in drei territoriale Zonen A–B–C aufgeteilt wurde, in denen die palästinensische Autonomiebehörde und das israelische Militär unterschiedliche Befugnisse haben. Zone C, in der das israelische Militär noch weitgehende Befugnisse hatte, sollte schrittweise in das palästinensische Autonomiegebiet integriert werden.

Meine letzte Begegnung mit Yitzhak Rabin fand am 24. Oktober 1995 in New York statt. Rabin hielt aus Anlass der Fünfzig-Jahr-Feier der Vereinten Nationen eine aufsehenerregende Rede, in der er Arafat für seinen Mut lobte, Israels Partner für den Frieden zu sein. Die meisten arabischen Delegationen blieben im Saal und applaudierten. Ich war von dem Eindruck, Zeuge einer neuen Ära zu sein, zu Tränen gerührt und schloss mich dem stürmischen Applaus an. Eine kleine Gruppe Israelis versammelte sich anschließend in den Räumen der israelischen UN-Delegation und gratulierte Rabin für seine mutigen Worte. Offensichtlich noch sehr aufgewühlt von seinem Auftritt rauchte er eine Zigarette nach der andern. Wir erhoben unsere Gläser zu einem herzlichen »Le'chaim« – Auf das Leben! Es war das letzte Mal, dass ich mit ihm sprechen konnte.

Es erfüllt mich mit großer Trauer, dass der damals so hoffnungsvoll beschrittene Weg mit der Ermordung Yitzhak Rabins am 4. November 1995 durch einen national-religiösen Fanatiker ein jähes Ende fand. Ich hätte gerne an der großen Friedenskundgebung in Tel Aviv teilgenommen, die für diesen Tag vorgesehen war, war aber noch bei Freunden in New York. In einem Schuhgeschäft in Manhattan, in dem ich für meine Schwester Henny ein Paar jener typischen amerikanischen Pantoletten kaufte, die ich ihr immer mitbringen musste, erfuhr ich von der Katastrophe. Ich bezahlte gerade mit meiner Kreditkarte, als der afro-amerikanische Verkäufer erkannte, dass es eine israelische war, und mich teilnahmsvoll fragte, ob ich aus Israel käme.

»Heißt Ihr Ministerpräsident Rabin?« Ich bejahte. »Ich habe eine schlimme Nachricht für Sie, Rabin wurde erschossen.« Ich konnte es zunächst gar nicht glauben, nahm ein Taxi und fuhr ins Haus meiner Freunde zurück. Sie saßen vor dem Fernseher und verfolgten Clintons Trauerrede. Er hielt mühsam die Tränen zurück und schloss mit »Shalom, Chawer« – Friede mit dir, Kamerad.

Noch immer unter Schock reiste ich am gleichen Abend – wie ohnehin geplant – nach Tel Aviv zurück. Im Flugzeug herrschte Totenstille. Nach meiner Ankunft am Sonntagnachmittag legte ich zu Hause das Gepäck ab und ging zur Knesset, wo Rabins Sarg, umhüllt mit der blauweißen Nationalfahne und von sechs Generälen bewacht, auf dem großen Vorplatz aufgebahrt war. Tausende Menschen strömten dorthin, um Abschied von ihm zu nehmen. Der amerikanische Generalkonsul kam mir entgegen, sichtlich aufgewühlt. Wir umarmten uns spontan. Er sagte: »Ich komme gerade von Arafat aus Gaza, er ist ebenfalls erschüttert und sehr besorgt um die Zukunft.«

Die Trauer um Rabin machte erst deutlich, welche Sehnsucht nach Frieden in weiten Teilen der israelischen Gesellschaft herrschte. In einem Nachruf für die *Zeit* beschrieb ich die Stimmung im Land: »Sie kommen am Tag und in der Nacht und verharren in stiller Andacht vor dem frischen, mit Blumen, Kränzen und Plakaten bedeckten Grab auf dem Herzlberg in Jerusalem. Sie zünden Gedächtniskerzen an, schreiben Gedichte und Briefe, singen leise Lieder und bitten Yitzhak Rabin um Verzeihung, dass sie ihn nicht rechtzeitig unterstützt und beschützt haben [...] Sie versprechen, Rabins Werk fortzusetzen und sein politisches Erbe, den Frieden, zu erfüllen. Die schweigende Mehrheit des Landes bietet jetzt dem toten Regierungschef, was ihm im Leben nicht vergönnt war.«

Shimon Peres, der noch in der Nacht nach dem Attentat zum Ministerpräsidenten ernannt wurde, machte damals einen schwerwiegenden Fehler, indem er darauf verzichtete, Neuwahlen anzusetzen. Sogar die Nationalreligiöse Partei zeigte damals Reue, und es ist anzunehmen, dass das Friedenslager damals große Zugewinne erzielt hätte. Stattdessen eskalierte die Situation: Nach der Ermordung Rabins kündigte der Direktor der Geheimdienste, Carmi Gillon, seinen Rücktritt an. Um ihm zum Schluss seiner Karriere noch zu einem Erfolg zu verhelfen, erhielt er von Peres die Erlaubnis, einen wichtigen palästinensischen Terroristen hinzurichten: Abu Ajasch, genannt »der Ingenieur«, hatte zwar schon längere Zeit keine Selbstmordanschläge mehr initiiert, wurde aber von den israelischen Geheimdiensten genau beschattet. Von einem Nachbarn in Gaza, einem Kollaborateur der israelischen Geheimdienste, wurde Abu Ajasch in eine Falle gelockt, eine Drohne riss ihm den Kopf ab. Die Wirkung dieses Schlags war verheerend: Wie in Goethes »Zauberlehrling« wurden die Israelis die gerufenen Geister nicht wieder los. Eine ganze Generation junger Palästinenser wollte den Tod Abu Ajaschs rächen und beweisen, dass sie auch ohne ihren Anführer schlagkräftig seien. Im Laufe des Jahres 1996 kam es zu zahlreichen fürchterlichen

Selbstmordattentaten. Jede Woche – meistens sonntags, wenn viele junge Soldaten auf dem Weg zu ihren Einheiten sind – sprengten palästinensische Terroristen Busse in die Luft und ermordeten Dutzende unschuldige Menschen. Erst viel zu spät verstand Arafat, dass er diesen Anschlägen Einhalt gebieten musste, weil sie Israels Friedenslager empfindlich schwächten.

Von den Auswirkungen der Ermordung Rabins hat sich der Friedensprozess bis heute nicht erholt, auch wenn es in den letzten fünfzehn Jahren immer wieder halbherzige Friedensbemühungen gegeben hat. Halbherzig, weil die israelische Seite nicht aufrichtig an einer Lösung interessiert ist. Beinahe beschämt erinnere ich mich an den zweiten Friedensgipfel in Camp David im Jahr 2000, als Arafat von der israelischen Delegation völlig respektlos behandelt wurde; Ministerpräsident Ehud Barak machte mit seiner unvergleichlichen Arroganz das bis dahin Erreichte zunichte.

Trotzdem gingen die Gespräche auch nach dem gescheiterten Gipfel von 2000 weiter, obwohl es inzwischen vielfach zu Zusammenstößen zwischen Palästinensern und israelischem Militär und Polizei in den besetzten Gebieten kam – die sogenannte Zweite Intifada. Offizielle Delegationen beider Seiten setzten die Verhandlungen bis Ende 2000 fort und erzielten sogar gute Fortschritte. Doch der Rücktritt von Barak und die Wahl von Ariel Sharon zum Ministerpräsidenten setzten dem ein Ende.

Der US-Senator George Mitchell, der bereits im Nordirland-Konflikt erfolgreich tätig gewesen war, wurde nun von Präsident George W. Bush als Nahost-Vermittler eingesetzt. Im Juni 2002 stellte Bush die Grundsätze der sogenannten Roadmap vor, einen von der Uno, den USA, der Europäischen Union und Russland ausgearbeiteten »Fahrplan für den Frieden«, der ergebnislos blieb. Auch der Genfer Initiative aus dem Jahr 2003, in der führende Palästinenser und Israelis einen detaillierten Plan für eine Zweistaatenlösung erarbeitet hatten, gelang es nicht, den Friedensprozess erneut anzuschieben. Der Vorschlag sah vor, einen palästinensischen Staat in den Gebieten des Westjordanlandes und des Gazastreifens zu gründen. Grenze zu Israel wäre die sogenannte »grüne

Linie« gewesen, die Waffenstillstandslinie von 1949. Etwa zwei Prozent des Westjordanlandes, wo die größten israelischen Siedlungen errichtet worden waren, sollten Israel zugeschlagen werden, der palästinensische Staat dafür eine entsprechend große Landfläche im Süden als Kompensation erhalten. Da etwa 100 000 Israelis aus den noch verbleibenden Siedlungen nach Israel umgesiedelt hätten werden müssen, sollten sich die Palästinenser auf ein symbolisches Rückkehrrecht beschränken, das mit Israel ausgehandelt werden sollte.

Ich habe die vielen Friedensbemühungen mit großer Hoffnung verfolgt und zugleich im persönlichen Bereich versucht, zu einer Annäherung zwischen Israelis und Palästinensern beizutragen. Seit 1998 nahm ich an einem Projekt teil, das Henning Niederhoff, der Leiter des neu gegründeten Länderbüros der Konrad-Adenauer-Stiftung, in Ramallah initiiert hatte. Er kam 1996 in die palästinensischen Autonomiegebiete und bemühte sich, einen Trialog zwischen Israelis, Palästinensern und Deutschen in Gang zu bringen. Ich teilte seine Auffassung, dass Frieden nur dann möglich ist, wenn jede Konfliktpartei ein Verständnis für das erlittene Leid der anderen entwickelt. Israelis wie Palästinenser sind häufig viel zu sehr auf ihr eigenes Narrativ fixiert. Es gelang Niederhoff, eine Gruppe von etwa fünfzehn Teilnehmern zusammenzustellen. Im Frühjahr 1998 besuchten wir Israels nationale Gedenkstätte zur Erinnerung an die Shoah, Yad Vashem. Ich war sehr beeindruckt, mit welcher Aufmerksamkeit die palästinensischen Teilnehmer die Ausstellung studierten, die in vielen Details die Vernichtungsgeschichte der europäischen Juden durch den Nationalsozialismus thematisiert. Anstoß erregte bei ihnen nur ein Bild des Großmuftis von Jerusalem, der in unmittelbarer Nähe eines Massengrabes im KZ Bergen-Belsen gezeigt wurde. So entstand der Eindruck, der Großmufti trage dafür die Verantwortung. Moniert wurde auch, dass es nur hebräische und englische Beschriftungen der Exponate gab.

An einem Tag im Februar 1999 fuhren wir in Begleitung des palästinensischen Historikers Saleh Abdel Jawad nach Lifta und Zuba, palästinensischen Dörfern bei Jerusalem, die 1948 zerstört wurden. Jahrelang hatte er an der palästinensischen Birzeit-Universität über die »Nakba« geforscht und mit seinen Studenten in den palästinensischen Flüchtlingslagern Zeitzeugenberichte gesammelt. »Nakba« ist das arabische Wort für Katastrophe oder Unglück; es bezeichnet die Flucht und Vertreibung der palästinensischen Bevölkerung aus etwa 450 Dörfern im israelischen Teil des vormals britischen Mandatsgebietes. Aus diesen Besuchen ergaben sich fruchtbare Diskussionen. Yad Vashem, das sich zeitweise um eine Öffnung für palästinensische Besucher bemühte, war an den Ergebnissen unseres Trialogs interessiert: In der 2005 eröffneten Ausstellung im Neubau des Museums wurden unsere Hinweise berücksichtigt. Heute gibt es dort arabische Audioguides.

Nach Niederhoffs Rückkehr nach Deutschland und dem Ausbruch der Zweiten Intifada im Jahr 2000 stagnierte der Trialog. Zur gleichen Zeit lud mich Ziad Abu Zayyad ein, dem Redaktionsausschuss des *Palestine-Israel-Journal* beizutreten, ein etwa 120-seitiges Magazin, das zwei- bis dreimal jährlich erscheint. 1994 im Kontext des Friedensprozesses von Oslo gegründet, bemüht sich diese englischsprachige Zeitschrift, Hintergrundberichte und Analysen aus den Bereichen Politik, Wirtschaft und Kultur zu liefern und damit auf beiden Seiten zu einem tieferen Verständnis beizutragen. Diese ungewöhnliche israelisch-palästinensische Koproduktion hat selbst die schwierigsten Zeiten politischer Spannung in guter Zusammenarbeit überstanden. 2012 hat das Magazin in London den internationalen Medienpreis der Next Century Foundation für seinen »herausragenden Beitrag zum Frieden« erhalten: »Das *Palestine-Israel-Journal* ermutigt zum Frieden und ermöglicht Annäherung auf diesem schwierigsten aller Felder«, hieß es in der Begründung.

Seitdem Dave Kimche sich 1975 vergeblich für den Chefredakteurposten bei der *Jerusalem Post* beworben hatte, waren wir in freundlichem Kontakt geblieben. Nach seinem Rücktritt von allen Regierungsämtern Ende der achtziger Jahre stellte er sein ungewöhnliches Talent, mit Menschen umzugehen, in den Dienst des Friedens. Mit ägyptischen, palästinensischen und jordanischen Politikern gemeinsam gründete er die sogenannte Kopenhagen-Gruppe, die von der dänischen Regierung unterstützt wurde. Regelmäßig veranstaltete sie inoffizielle Gespräche mit Intellektuellen aus dem Nahen Osten, um die häufig stockenden Friedensverhandlungen voranzubringen. 2005 rief er mich an: »Was hältst du davon, für die Kopenhagen-Gruppe eine israelisch-palästinensische Internet-Zeitung herauszugeben?« Die Idee, wieder regelmäßig als Redakteur tätig zu sein, verlockte mich, und ich sagte zu. Wir nannten unsere englischsprachige Zeitung *Partners for Peace* und fanden nach kurzer Zeit den idealen palästinensischen Koredakteur: Ata Qaimary, ein etwa fünfzigjähriger palästinensischer Journalist und Inhaber eines Übersetzungsbüros in Jerusalem. Schon in unseren ersten Gesprächen erklärte er mir, warum er so vehement für den Frieden mit Israel eintrete. Der Weg des Terrors, den er als Mitglied der radikalen Palästinensischen Front für die Befreiung Palästinas (PFLP) in seiner Jugend selbst beschritten hatte, führe nirgendwohin. Mehrere Jahre hatte Qaimary in israelischen Gefängnissen verbracht und dort fließend Hebräisch gelernt, bevor er in Jerusalem eine Familie gründete und Friedensaktivist wurde.

Auf unserer Website veröffentlichen wir Artikel über israelisch-palästinensische Projekte und Kommentare auch aus arabischen Ländern, die den Friedensprozess unterstützen. 2007 stellte die dänische Regierung ihre Finanzierung des Projekts ein; es gelang uns nicht, Sponsoren zu finden, die es fortsetzen wollten.

Heute muss ich erkennen, dass diese Bemühungen Einzelinitiativen geblieben sind. Der Friedensprozess stagniert, weil es zu wenige Menschen gibt, die sich aktiv für einen Ausgleich zwischen Palästinensern und Israelis einsetzen. Das Provisorium von Oslo scheint zur Dauerlösung geworden zu sein. Die Lebensbedingungen der Palästinenser, die dadurch eigentlich hätten verbessert werden sollten, haben sich deutlich verschlechtert: Als der Gazastreifen und das Westjordanland unter israelischer Verwaltung standen, waren die Grenzen offen; täglich fuhren bis zu 70 000 Palästinenser allein aus dem Gazastreifen zur Arbeit nach Israel. Heute sind beide Länder strikt voneinander separiert. Über weite Strecken ist die Grenze durch eine unüberwindbare Mauer getrennt. Deren unbestreitbarer Vorteil, palästinensische Selbstmordattentäter erfolgreich vor dem Eindringen nach Israel abzuhalten, hat aber eine Kehrseite, die den Unfrieden zementiert: Der Grenzverlauf berücksichtigt eine Reihe von illegalen israelischen Siedlungen und trennt palästinensische Dörfer von ihren Feldern und Obstplantagen. So misst die Grenzmauer, die bei geradem Verlauf etwa 350 Kilometer lang wäre, heute mehr als 700 Kilometer.

Mein Leben lang habe ich mit Optimismus in die Zukunft geblickt, und trotz aller Hindernisse schien mir die Zukunft des Staates Israel sicher. Heute bin ich pessimistischer denn je. Mit der gegenwärtigen Regierung Israels ist der Frieden in weite Ferne gerückt. Die Entfremdung der arabischen Staaten gegenüber Israel nimmt trotz der formell bestehenden Friedensabkommen mit Ägypten und Jordanien weiterhin zu, wobei die Entwicklungen durch den Arabischen Frühling noch nicht abzusehen sind.

Noch nie hatten in Israel nationalistische und orthodox-religiöse Parteien so viel Macht. Liberale oder ausgleichende Stimmen werden zunehmend marginalisiert, rassistische und ultraorthodoxe Ansichten durchdringen weite Teile der Gesellschaft. Die Siedlerbewegung diktiert direkt und indirekt wichtige Entscheidungen der Regierung. Selbst die vom Obersten Gerichtshof angeordnete Räumung illegaler Siedlungen wird häufig nicht durchgeführt. Statt über künftige Entflechtungen nachzudenken, genehmigt die Regierung weitere Siedlungen auf palästinensischem Boden, trotz internationalem Protest. Die häufig demütigenden Kontrollen und Schikanen gegenüber Palästinensern an den Grenzübergängen und bei den Behörden halten weiter an. Die jahrzehntelange Besetzung der palästinensischen Gebiete hat die israelische Gesellschaft brutalisiert und demoralisiert. Die Botschaft hinter dieser völkerrechtswidrigen Praxis ist klar: In der israelischen Regierung gibt es keine Bereitschaft, besetztes Land zu räumen, und damit, ungeachtet aller Lippenbekenntnisse, keinen aufrichtigen Friedenswillen.

Dabei scheinen mir die Palästinenser heute zu mehr Zugeständnissen bereit denn je. Im Dezember 2011 hatte ich im Wiener Kreisky-Forum Gelegenheit, Mahmud Abbas (Abu Masen), den Vorsitzenden der PLO und Präsidenten der palästinensischen Autonomiebehörde, zu erleben.

Zur Überraschung des Auditoriums bekannte Abbas: »Es war ein Fehler, dass wir 1947 den Teilungsplan abgelehnt und bekämpft haben.« Damals hätten die Palästinenser mehr als vierzig Prozent des britischen Mandatsgebiets erhalten; heute wären sie sogar mit den nach dem Waffenstillstand von 1949 verbliebenen 22 Prozent des Landes zufrieden. Aber dieses Gebiet ist zu mindestens einem Drittel mit jüdischen Siedlungen bedeckt – zu wenig Raum und Entwicklungsmöglichkeit für ein Volk von über vier Millionen Menschen.

Anders als vor zwanzig Jahren ist es heute ungewiss, ob die Mehrheit der israelischen Bevölkerung einer Zweistaatenlösung zustimmen würde. Die Orthodoxen werden immer militanter, und viele Neueinwanderer aus der ehemaligen Sowjetunion, Frankreich und auch den Vereinigten Staaten prägen mit ihren häufig fanatisch nationalistischen Ansichten das Gesicht der israelischen Gesellschaft. Seit der Staatsgründung konnte der Klerus in die israelische Zivilgesellschaft eingreifen: Eheschließungen etwa sind nur vor einem Rabbiner, Kadi oder Priester möglich. Einzig der Bürgermeister im zypriotischen Nikosia mag dankbar dafür sein, denn Hunderte von säkularen israelischen Brautpaaren machen Gebrauch von seinem Pauschalangebot – standesamtliche Trauung im Bürgermeisteramt, Champagnerempfang und Hochzeitsnacht inklusive.

Religiöser Fanatismus macht sich immer breiter: Wer die Ruhe des Schabbats bricht, muss inzwischen nicht mehr nur in orthodoxen Vierteln damit rechnen, von Strenggläubigen beschimpft oder sogar mit Steinwürfen attackiert zu werden. In einigen Städten oder Stadtteilen gibt es heute sogar schon eine strikte Trennung zwischen Frauen und Männern auf Gehsteigen und in Bussen.

So sehr es mich schmerzt, dies niederzuschreiben: In der gegenwärtigen israelischen Gesellschaft fällt es mir zunehmend schwer, mich zu Hause zu fühlen.

Der Rückzug aus dem aktiven Tagesjournalismus erlaubte mir neben meinem Engagement in Israel seit 1990 auch eine Hinwendung zu meinem Geburtsland. Ich unternahm zahlreiche Reisen und stellte zu meiner Überraschung und Freude fest, dass dort nach der Ära Waldheim ein neues, deutlich offeneres Klima entstanden war.

Auf einem Empfang des österreichischen Botschafters nahm mich im Juni 2005 dessen ehemaliger Fahrer, Leo Luster, zur Seite. Er selbst hatte während des Kriegs viel gelitten, Theresienstadt und Auschwitz überlebt, und ermahnte mich freundschaftlich: »Ari, du bist jetzt achtzig Jahre alt. Du reist viel herum, und es kann dir jederzeit etwas passieren. Gib den Österreichern doch wenigstens jetzt die Chance, sich um dich zu kümmern. Wenn ich es getan habe, kannst du es auch tun.« Wie mein Bruder schon Jahre zuvor entschloss ich mich noch an jenem Abend, die österreichische Staatsbürgerschaft wieder anzunehmen. Nach einem Schnellverfahren erhielt ich wenige Wochen später aus den Händen von Außenministerin Ursula Plassnik meine Staatsbürgerschaftsurkunde.

Auch meine Kontakte nach Deutschland habe ich in den vergangenen zwanzig Jahren erheblich ausgebaut: Auf zahlreichen Reisen und Seminaren habe ich viele Menschen kennengelernt, die sich offen mit der Nazi-Vergangenheit auseinandersetzen. Dabei macht mir besonders die Begegnung mit jungen Menschen Freude. Im Wintersemester 2002/03 hielt ich an der Universität Potsdam ein Seminar mit dem Titel »Der Untergang der israelischen Arbeiterbewegung« – ein Titel, der damals als provokant empfunden wurde, sich aber inzwischen als zutreffend erwiesen hat.

Als Teil der Auseinandersetzung mit meiner Herkunft und Familiengeschichte unternahm ich im Jahr 2008 endlich die langersehnte Reise in die Ukraine, um nach den Spuren meiner Familie in Galizien und der Bukowina zu suchen. Mein Leben lang wollte ich ein Kaddisch am Grab der Omama Frimtsche in Stryj beten und auch jenes Haus finden, das sie meinem Bruder und mir vererbt hatte. Außerdem wollte ich Kolomea, die Geburtsstadt meines Vaters, besuchen, ebenso Czernowitz, wo der Familiengeschichte zufolge mein berühmter Rabbiner-Onkel gewirkt hatte.

An einem Septemberabend 2008 bestieg ich in Begleitung von Stefanie Oswalt und einer Freundin, die für uns dolmetschte, kurz vor Mit-

Ari Rath und Stefanie Oswalt 2008 in Czernowitz

ternacht am Berliner Ostbahnhof den Nachtzug nach Krakau. Nach einer unbequemen Nacht im Liegewagen und einem kargen Frühstück im Bahnhofsrestaurant fuhren wir weiter bis zur polnischen-ukrainischen Grenze östlich von Przemyśl. Der Zug hielt an einer kleinen Bahnstation in der Mitte von Nirgendwo, von wo wir einige hundert Meter zu einem alten ukrainischen Bus gehen mussten. Nach längerer Wartezeit brachte uns dieses brüchige Gefährt über die polnisch-ukrainische Grenzstation und nach einer dreistündigen Fahrt über marode Straßen ins achtzig Kilometer entfernte Lwiw/Lemberg. Mit dem Taxi fuhren wir ins Stadtzentrum, über gepflasterte Straßen mit Straßenbahnschienen in der Mitte, die den Eindruck erweckten, wir seien in einem Vorortbezirk von Wien. Trotz jahrzehntelanger sowjetischer Besatzung und ukrainischer Herrschaft sind in Lemberg die Spuren der Habsburgermonarchie noch deutlich präsent. Es war schon Abend, als wir im imposanten Hotel George ankamen, das 1901 im Auftrag Kaiser Franz Josephs im Neorenaissance-Stil erbaut wurde. Der breite, von Säulen bekränzte Treppenaufstieg erinnerte an die ehemalige Eleganz, die dieses Hotel in der Hauptstadt des österreichischen Galizien einmal ausgestrahlt hatte.

Vor der Reise hatte ich per E-Mail auf Jiddisch Kontakt mit Boris Dorfmann aufgenommen, einem 83-jährigen, pensionierten jüdischen Apotheker, der schon früher Gäste aus Israel betreut hatte. Er beauftragte seinen Großneffen, uns während der Woche zu begleiten und bei der Spurensuche behilflich zu sein. Sascha hatte sich darauf wie auf eine Magisterarbeit vorbereitet und kannte fast alle historischen und politischen Daten der Orte auf unserem Reiseplan. Am ersten Tag machten wir einen Rundgang durch das historische Lemberg, bis hinauf auf den hohen Berg der alten Festung, von wo sich ein einzigartiger Blick auf die Altstadt, Vororte und Industriegebiete eröffnet. Statt mit dem ursprünglich versprochenen Mercedes machten wir uns tags darauf in einem klapprigen alten Lada Station auf den Hunderte Kilometer langen Weg nach Stryj, Kolomea, Drohobycz und Czernowitz – Orte, deren Namen mich seit meiner Kindheit begleitet hatten.

Die kleinen einstöckigen Häuser mit den schmiedeeisernen Balkonen, die das Stadtbild von Stryj prägen, entsprachen genau meiner Vorstellung. Zu meiner großen Enttäuschung aber konnten wir die Kraszewskiego-Straße mit dem Haus der Omama Frimtsche nicht finden; die Ukrainer hatten alle Straßen umbenannt. Auch mein Wunsch, an ihrem Grab das Kaddisch zu beten, blieb unerfüllt. Unter der sowjetischen Regierung hatten die Ukrainer den jüdischen Friedhof dem Erdboden gleichgemacht und auf dem Areal einen modernen Industriepark errichtet. Die Grabsteine zersägten sie, um sie als Pflastersteine zu verwenden, eine große Knochenmühle zermahlte die sterblichen Überreste der Skelette zu Dünger für die Landwirtschaft. Einen solch grausamen Umgang mit einem jüdischen Friedhof hatten sich nicht einmal die Nazis ausgedacht.

Auch vom kleinen jüdischen Friedhof in der Altstadt war nur ein Denkmal zur Erinnerung an eine Rabbinerdynastie geblieben, die im Mittelalter in Stryj berühmt war. Ich nahm mein kleines schwarzes hebräisches Gebetbuch aus der Brusttasche und betete dort für das Andenken und Seelenheil meiner Omama Frimtsche und meiner Mutter Laura.

Der einzige Beweis dafür, dass der größte Teil der Bewohner von Stryj

Ari und Meshulam im Jahr 2000 in der Wohnung ihrer Eltern in der Wiener Porzellangasse

einst jüdisch war, ist die riesige Ruine der Synagoge, deren vier Meter hohe Mauern in den Himmel ragen und von Bäumen und Sträuchern überwachsen sind. Den Weg dorthin weisen schwarze Graffiti: Hakenkreuze mit antisemitischen ukrainischen Hetzparolen.

In Kolomea, wo mein Vater und Onkel Jakob geboren wurden, hielten wir uns nur kurz auf. Ein wohlhabender jüdischer Computerhändler, der einen Teil des Jahres in China verbringt, erwartete uns in der Synagoge, der einzigen – von ehemals mehr als fünfzig in der Stadt. Mit eigenen Mitteln hatte er das Gotteshaus vollkommen neu erbaut.

Rosch Haschana, das jüdische Neujahrsfest, feierte ich schließlich in Czernowitz, der Hauptstadt der ehemaligen Bukowina. Überall in der Innenstadt werkelten Bauarbeiter und Handwerker, um das Straßenbild für die Europäische Fußballmeisterschaft 2012 zu verbessern, sogar der riesige jüdische Friedhof der Stadt, dessen Tausende Gräber den Krieg überdauert hatten, wurde von Dutzenden Steinmetzen sorgfältig renoviert. Am Abend ging ich in die einzige aktive kleine Synagoge, in der zu meiner Überraschung auch viele jüngere Männer beteten. Ein kurzer Blick in das Gebetbuch meiner Nachbarn zeigte, dass sie in Ukrainisch geschriebenem phonetischem Hebräisch ihre jüdischen Gebete sagten, da sie keine hebräischen Buchstaben lesen konnten. Nach dem Gottesdienst bekam jeder ein Glas Sliwowitz, und wir tranken auf das Wohl des jüdischen Neuen Jahres; der Rabbiner begrüßte mich herzlich als Gast aus Jerusalem.

Traurig, weil keine Spuren meiner Familie mehr auffindbar waren, und erschöpft von den Strapazen der Reise kehrte ich nach zehn Tagen über Warschau und Berlin nach Jerusalem zurück. Es war mein endgültiger Abschied von der verlorenen Welt meiner Eltern.

Meinen Wiener Wurzeln hingegen konnte ich mich wieder annähern. 2010 ergab sich die Gelegenheit, die Folgen einiger gesundheitlicher Malaisen in Österreich auszukurieren. Aus den eigentlich nur auf wenige Wochen angelegten Kuraufenthalten wurden Monate, und inzwischen lebe ich einen Teil des Jahres wieder in meiner Geburtsstadt. Diese Entwicklung hätte ich noch vor drei Jahren für unmöglich gehalten. Ich bin überwältigt von den vielen herzlichen und hilfsbereiten Menschen, die mir in dieser Zeit begegnet sind. Viele Freundschaften sind entstanden. Eine von ihnen hätte eigentlich schon vor achtzig Jahren geschlossen werden können, aber erst im Oktober 2009 bin ich Eric Pleskow begegnet, dem erfolgreichen amerikanischen Filmproduzenten und Präsidenten des Wiener Filmfestivals Viennale. Pleskow, im April 1924 ebenfalls in Wien geboren, wuchs in meiner direkten Nachbarschaft in der Porzellangasse auf. Es mag an dem heute unerheblichen, damals aber entscheidenden Altersabstand von acht Monaten gelegen haben, dass wir uns zuvor nie begegnet waren. Im August 1939 gelang es ihm und seiner Familie im letzten Augenblick, aus Österreich zu fliehen. In den USA begann er als Autodidakt mit fünfzehn Jahren als Assistent eines Filmemachers zu arbeiten, ab 1951 war er bei United Artists für den Verleih von Filmen nach Europa zuständig und begann selbst Filme zu produzieren, unter anderem »Einer flog über das Kuckucksnest« und »Das Schweigen der Lämmer«. Insgesamt gewann er mit seinen Produktio-

Porzellangassenbuben:
Ari und Eric Pleskow 2011 in Wien

nen vierzehn Oscars. Über unsere späte Begegnung wurde ein Film gedreht, »Die Porzellangassenbuben«, und im ORF gesendet.

Es bereitet mir Genugtuung zu sehen, dass es in Österreich heute ein wachsendes Interesse an der Aufarbeitung der nationalsozialistischen Vergangenheit gibt. Auch die Auseinandersetzung mit jüdischem Leben und der Kultur in Israel findet auf vielfältigen Ebenen statt. Wien unterhält seit zwanzig Jahren ein Jüdisches Museum; seit 2009 existiert das Hamakom-Theater im Nestroyhof, außerdem gibt es das alljährliche Jüdische Filmfestival – es vergeht kaum eine Woche, in der nicht mindestens eine wichtige Veranstaltung zu jüdischen Themen stattfindet. Die etwa neuntausend Mitglieder zählende Israelitische Kultusgemeinde unterhält eine jüdische Volks- und Mittelschule und den Hakoah-Sportclub; 2011 richtete die Gemeinde die europäischen Makkabi-Sportspiele aus, an denen zweitausend internationale Sportler teilnahmen.

Trotzdem sind die Schatten der Vergangenheit immer noch präsent. Die rechtspopulistische Freiheitliche Partei Österreichs (FPÖ) ist mit nur geringem Abstand die drittgrößte Partei des Landes; obwohl sie rassistisches Gedankengut verbreitet, würden ihr heute 25 Prozent der Wähler ihre Stimme geben. Da die Medien Spiegelbild der Gesellschaft sind, beunruhigt mich auch das Phänomen *Kronenzeitung*: Diese Boulevardzeitung mit häufig xenophoben Untertönen erreicht mehr als vier Millionen Leser täglich, die Hälfte der österreichischen Bevölkerung. Ihre Berichterstattung ist sensationsheischend, oberflächlich und häufig auch antieuropäisch. In Wien ist es zudem möglich, dass der Besitzer einer bekannten österreichischen Ladenkette die Anbringung einer Gedenktafel für den jüdischen, in Auschwitz ermordeten Pädagogen Aaron Menczer an einem seiner Häuser mit dem Argument verweigert, er wolle es nicht zum Ziel für Vandalismus machen. Auch dass schlagende Burschenschaften am Holocaust-Gedenktag einen Ball in der Hofburg organisieren, empfinde ich als unerträgliche Provokation, und ich werde auch künftig die aufrechten Demokraten unterstützen, die gegen solche Missstände vorgehen.

Zu den Höhepunkten meines neuen Wiener Lebens zählte fraglos die Verleihung des »Großen Ehrenzeichens für Verdienste um die Republik Österreich« im Parlament am 29. November 2011 durch die Präsidentin des Nationalrats, Barbara Prammer. Der ehemalige Bundeskanzler Franz Vranitzky hielt die Laudatio. Diese Ehrung bedeutet mir viel. Gleichwohl schmerzt es, und diesen Gedanken brachte ich auch in meiner Dankesrede zum Ausdruck, einer der wenigen Verbliebenen zu sein, denen es überhaupt vergönnt war, sich um Österreich verdient machen zu dürfen. Wie viele tausend österreichische Juden meiner Generation und ihre Eltern hätten mit Begeisterung diesem Land zu Ruhm und Glanz verholfen, hätte man ihnen eine Chance dazu gegeben.

Ich habe vieles erlebt, was ich zuvor für unmöglich hielt. Mein sehnlicher Wunsch ist es, den Aufbruch zum Frieden in meiner Heimat noch zu sehen.

Danksagung

»Jetzt hast du Zeit, dein Leben aufzuschreiben.« Die Worte standen auf einem Zettel, den mir mein Freund Peter Galliner 1989 in Moskau zum Abschied unter der Hoteltür hindurchgeschoben hatte. Es sollte noch gute zwanzig Jahre dauern, bis sie wahr wurden.

Für das Zustandekommen dieses Buches habe ich vielen Menschen zu danken: Vor allem danke ich meinem Verleger Herbert Ohrlinger für sein Vertrauen, seine Geduld und sein persönliches Engagement. Dass er die ersten Kapitel des Buches selbst lektoriert hat, empfinde ich als Ausdruck seiner Wertschätzung, die mich besonders ehrt. Mein Dank gebührt auch Brigitte Hilzensauer, die das Lektorat umsichtig und sensibel zu Ende geführt hat.

Dem Österreichischen Zukunftsfonds, namentlich Dr. Kurt Scholz und Prof. Herwig Hösele sowie Anita Dumfahrt, danke ich für die großzügige Unterstützung der Arbeit von Stefanie Oswalt.

Gertraud Auer Borea danke ich dafür, dass sie das Projekt von Anfang an mit großem Enthusiasmus begleitet und wichtige Kontakte hergestellt hat.

Die Unterstützung von David Rubinger, Orit Zaslavsky, Carmel Zamir, David Brauner und Avremel Israeli war unentbehrlich, um das Buch zu bebildern. Ein Extradank gebührt Jenny Nash, die keine Mühe gescheut hat, den Brief zu finden, den ich am 2. November 1938 auf der *Galilea* an ihren Vater für unserer Beserlparkbande geschrieben habe.

Judy Siegel-Itzkowich, Alexander Zvielli und Louise Loveall von der *Jerusalem Post* standen uns dankenswerterweise immer für Auskünfte und Recherchen zur Verfügung.

Herzlicher Dank gebührt Renata Schmidtkunz, Nadja Fratzl-Zelman und Peter Fratzl, Celia Isabel Gaissert und Thea Radt, die uns in Wien, Berlin und Israel mit ihrer großzügigen Gastfreundschaft unterstützt haben. Benjamin Kaufmann war bei Computerproblemen stets zur Stelle, wofür ich ihm danke.

Dieses Buch wäre nie zustande gekommen ohne die Initiative und beharrliche Mitarbeit meiner Koautorin Stefanie Oswalt. Viele Jahre hat sie lange Gespräche mit mir aufgezeichnet und akribisch Unterlagen über mein Leben gesammelt. »Ikerimma« (eine gute Sache kann durch Schwierigkeiten nicht zerstört werden) – so lautet ihr nigerianischer Name – wurde das Motto unseres Projekts.

Mein besonderer persönlicher Dank gilt Philipp Oswalt und Stefanies Vater, Dieter Brauer, ohne deren Verständnis und Unterstützung unsere Arbeit unmöglich gewesen wäre: Beide haben in den langen Monaten unserer Zusammenarbeit in Wien und Berlin sowie während Stefanies Recherchen in Israel ihre Kinder betreut.

Das Buch ist zuerst meiner Mutter Laura gewidmet, aber auch meiner Familie: meinem verstorbenen Vater Josef, meinem Bruder Meshulam und seiner Frau Hannah, meiner verstorbenen Schwester Henny und meinem Schwager Amitai, meinen Nichten Orit und Carmel, meinen Großneffen und -nichten Oren, Guy, Noga, Eden, Tal und Ran, meinem Urgroßneffen Yanai und seiner Mutter Tali. Und Paul, David und Yael Oswalt.

Ari Rath, im Juni 2012

Editorische Notiz

Die Idee zu diesem Buch ist beinahe so alt wie unsere Freundschaft, die an einem heißen Sommernachmittag 1993 in den frostigen Seminarräumen des Dan-Panorama-Hotels in Tel Aviv ihren Anfang nahm, wo Ari Rath uns dreißig Teilnehmern einer von der Bundeszentrale für politische Bildung organisierten Reise eine Einführung in den israelisch-palästinensischen Konflikt gab. Ich hatte gerade mein Geschichts- und Germanistikstudium in München abgeschlossen, einige Monate später sollte ich in Potsdam als wissenschaftliche Mitarbeiterin und Doktorandin am Moses-Mendelssohn-Zentrum für europäisch-jüdische Studien anfangen. Ich kannte Israel von einem mehrmonatigen Kibbuz-Aufenthalt 1987, hatte mich im Studium mit der Geschichte des Landes und mit der deutsch-jüdischen Beziehungsgeschichte befasst und freute mich nun darauf, israelische und palästinensische Intellektuelle kennenzulernen und mein Wissen zu vertiefen. Die Begegnung mit Ari – laut Visitenkarte ein »political consultant« – beeindruckte mich sehr. Sein Wissen und sein Anekdotenschatz schienen mir unendlich, sein Humor und österreichischer Charme weckten sofort meine Neugier. Wenige Tage später begegneten wir uns bei einem Empfang und plauderten den ganzen Abend. Ari schlug vor, mich in Deutschland zu besuchen, um das Gespräch fortzusetzen, und tatsächlich tauchte er einige Monate später auf, wie immer auf der Durchreise.

Seither haben wir uns regelmäßig alle paar Monate getroffen, in München, Rotterdam, Potsdam, Berlin und Jerusalem, wir haben zusammen einige Reisen unternommen: nach Köln und Wien, aber auch mehrmals kreuz und quer durch Israel; 2008 begleitete ich ihn auf der Suche nach den Spuren seiner Familie in die Ukraine.

1998 fragte ich Ari, wann er endlich seine Memoiren schreiben wolle. »Du bist nicht die Erste, die das wissen will«, antwortete er, aber ihm fehle die Zeit und die Geduld. Er willigte begeistert ein, als ich ihm vorschlug, ihm bei einem solchen Projekt behilflich zu sein. Ich begann zu sammeln: Artikel, die Ari in verschiedenen deutschen und österreichischen Zeitungen schrieb, Beiträge und Dokumentationen über ihn. Ich wusste, dass er sich nie länger als ein paar Tage an einem Ort aufhalten würde, aber immerhin erzählte er mir, wo und wann immer wir uns begegneten, aus seinem Leben. Zwischen 2002 und 2010 entstanden so etwa vierzig Stunden Tonmaterial, die einen Zeitraum bis Anfang der 1980er Jahre abdecken; 2005 erschien im Auftrag des Moses-Mendelssohn-Zentrums in Potsdam eine Sammlung seiner Artikel und Essays unter dem Titel »Auf dem Weg zum Frieden«. Die Erlebnisse unserer Fahrt in die Ukraine dokumentierte 2009 ein Radio-Feature für den RBB.

Erst als Ari sich 2011 entschloss, zeitweise in Österreich zu leben, eröffneten sich realistische Möglichkeiten, das Biografie-Projekt voranzubringen, zumal der Zsolnay Verlag Interesse an dem Buch zeigte und der Österreichische Zukunftsfonds uns seine Unterstützung zusagte.

Das Buch ist im intensiven Gespräch entstanden, wobei die Transkripte des umfangreichen Audiomaterials den Ausgangspunkt bilden. Diese haben wir gemeinsam durchgearbeitet, umformuliert und mit Passagen aus Aris zahlreichen Artikeln ergänzt. Mehrere Passagen hat er selbst geschrieben, andere nachträglich auf Band erzählt.

Obwohl Deutsch seine Muttersprache ist, hat Ari den Großteil seines Lebens Hebräisch gesprochen, und das Hebräische verbindet ihn auch mit den Menschen, die ihm am nächsten stehen. Als Journalist schrieb er fast ausschließlich auf Englisch, erst in den Jahren nach der *Jerusalem Post* trat er auch als deutschsprachiger Autor in Erscheinung. Die Rückkehr zum Deutschen für dieses Buch ist ihm zunächst nicht leichtgefallen. Sein Leben mit den drei Sprachen spiegelt sich in der Schreibweise hebräischer Namen und Begriffe im Buch: Bis auf einige Ausnahmen, die im Deutschen bereits Standard sind, verwenden wir die englische Schreibweise.

Die größte Herausforderung dieses Buches stellte der Perspektivenwechsel dar: Ari hat sein Leben lang politische und historische Zusammenhänge, aber auch seine Umgebung genau beobachtet, um dann als Journalist möglichst unvoreingenommen darüber zu schreiben. Nur in Ausnahmefällen ging es dabei um sein persönliches Erleben. Hier nun steht er selbst im Mittelpunkt des Interesses, geht es um *seinen* Blick auf historische Ereignisse und Persönlichkeiten. Diese individuellen, manchmal auch schmerzvollen Erinnerungen aus seinem fast unerschöpflichen Wissen herauszufiltern war nicht immer einfach. Um manche Episode haben wir gerungen – und oft erst Tage oder Wochen später die Form gefunden, die nun im Buch steht.

Stefanie Oswalt, im Juni 2012

Namensregister

Bildnachweis

Faksimile und S. 13, 14, 21, 22, 73, 83, 104, 114, 171, 324 © Ari Rath
S. 68, 77 © Israeli, Kibbuz Chamadiya
S. 141, 199, 247, 297 © David Rubinger
S. 257 © Moshe Millner/Government Press Office, Israel
S. 273 © David Brauner
S. 322 © Katrin Schulze
S. 326 © neuland&medienGmbH Wien, 2012

Inhalt

Anne Frank

Gesamtausgabe

Tagebücher – Geschichten und Ereignisse aus dem Hinterhaus – Erzählungen – Briefe – Fotos und Dokumente

Herausgegeben vom Anne Frank Fonds, Basel

Aus dem Niederländischen von Mirjam Pressler

Band 19531

Zum ersten Mal sind sämtliche Texte von Anne Frank in einem Band vereinigt, darunter auch bislang Unveröffentlichtes: die verschiedenen Fassungen des Tagebuchs, ihre Erzählungen und Essays sowie ihre Briefe und Aufzeichnungen. Ergänzt wird diese sorgfältig edierte, teilweise neu übersetzte Gesamtausgabe durch zahlreiche Fotos, Faksimiles und Dokumente sowie durch kenntnisreiche Einführungen in die Lebens- und Familiengeschichte Anne Franks (Mirjam Pressler), in den historischen Kontext (Gerhard Hirschfeld) sowie in die Wirkungsgeschichte des Tagebuchs (Francine Prose). Eine Zeittafel, ein Familienstammbaum und eine Auswahlbibliographie runden diese Edition ab und tragen dazu bei, dass sie auf Jahrzehnte die verbindliche Gesamtausgabe der Werke Anne Franks bleiben wird.

»Die Ausgabe ist […] von größter Solidität.«
Katharina Hacker, Frankfurter Allgemeine Zeitung

fi 19531 / 1

Simon Sebag Montefiore
Jerusalem
Die Biographie
Aus dem Englischen von
Ulrike Bischoff und Waltraud Götting
880 Seiten. Gebunden

Jerusalem ist die Stadt der Städte, die Hauptstadt zweier Völker, der Schrein dreier Weltreligionen, der Schauplatz des jüngsten Gerichts und der Brennpunkt des Nahost-Konflikts. Jerusalems Geschichte bedeutet 3000 Jahre Glauben, Fanatismus und Kampf, aber auch das Zusammenleben unterschiedlichster Kulturen.
Packend und farbig schildert der Bestsellerautor Sebag Montefiore in seiner fulminanten Biographie die zahlreichen Epochen dieser sich ständig wandelnden Stadt, ihre Kriege, Affairen, Könige, Propheten, Eroberer, Heiligen und Huren, die diese Stadt mitgeschaffen und geprägt haben. Basierend auf dem neuesten Stand der Forschung und teilweise unbekanntem Archivmaterial macht er die Essenz dieser einmaligen Stadt greifbar und lässt sie in ihrer Einzigartigkeit leuchten. Denn nur Jerusalem existiert zweimal: im Himmel und auf Erden.

»Dieses gewaltige und glanzvolle Portrait Jerusalems ist von Anfang bis zum Ende absolut überwältigend.«
Sunday Times

Das gesamte Programm finden Sie unter
www.fischerverlage.de

fi 1-050611 / 1

Volker Ullrich
Adolf Hitler
Die Jahre des Aufstiegs 1889 - 1939
1088 Seiten. Gebunden

Die neue große Hitler-Biographie für unsere Zeit

Wer war Hitler wirklich? Eindrucksvoll zeichnet der Historiker und Publizist Volker Ullrich ein neues, überraschendes Porträt des Menschen hinter der öffentlichen Figur des »Führers«. Sichtbar werden dabei alle Facetten Hitlers: seine gewinnenden und abstoßenden Züge, seine Freundschaften und seine Beziehungen zu Frauen, seine Begabungen und Talente, seine Komplexe und seine mörderischen Antriebskräfte. Der erste Band schildert den Weg des Diktators von seinen frühen Jahren in Wien und München bis zum scheinbaren Höhepunkt seiner Macht im Frühjahr 1939. Eine glänzend erzählte Biographie, die Hitler nicht als Monster zeigt, sondern als Meister der Verführung und Verstellung – und gerade dadurch nicht nur die Abgründe seiner Persönlichkeit, sondern auch das Geheimnis seines Aufstiegs greifbar macht.

»Das Buch besticht durch eine klare Sprache, umsichtige Interpretationen und eine grosse Kenntnis von Quellen und Literatur: ein grosser Wurf.«
Rudolf Walther, Tages-Anzeiger